# ALBUM 50-LECIA
## Klubu Kultury im. Heleny Modrzejewskiej

Maja Trochimczyk, Elżbieta Kański,
Elżbieta Trybuś, red.

Moonrise Press

# ALBUM 50-LECIA KLUBU KULTURY IM. HELENY MODRZEJEWSKIEJ

Maja Trochimczyk, Elżbieta Kański,
Elżbieta Trybuś, red.

Moonrise Press

**Moonrise Press © 2021**

*Album 50-Lecia Klubu Kultury im. Heleny Modrzejewskiej* to praca zbiorowa wydana przez Moonrise Press. P.O. Box 4288, Los Angeles – Sunland, CA 91041-4288.
www.moonrisepress.com.

© Copyright / Prawa autorskie 2021 Moonrise Press for this compilation only.
Wszelkie prawa zastrzeżone 2021 przez Moonrise Press wyłącznie dla tej kompilacji.
Projekt okładki – Elżbieta Czajkowska. Logo 50-lecia – Maja Trochimczyk.
Czcionka: Castellar i Book Antiqua w tytule. Times New Roman w treści.

REDAKCJA. Redaktor Naczelny – dr Maja Trochimczyk. Redaktorzy: Elżbieta Kański i dr Elżbieta Trybuś. Komitet Redakcyjny: Ewa Barsam, Beata Czajkowska, Elżbieta Czajkowska i Syl Vès. Korekta: Krystyna Kuszta, Jolanta Zych i dr. Isabella Żuralski-Yeager.

AUTORZY zachowują prawa autorskie do własnych tekstów zebranych w tej kompilacji: Anna Maria Anders, Tadeusz Bociański†, Krysta Close, Zofia Cybulska-Adamowicz, Dorota Czajka-Olszewska, Witold Czajkowski, Zofia Czajkowska, Leonidas Dudarew-Ossetyński†, Jadwiga Inglis, Michał Jasień, Tomasz Kachelski, Elżbieta Kański, Klub Kultury im. Heleny Modrzejewskiej w Los Angeles, Krystyna Kuszta, Jarosław Łasiński, Andrzej Maleski, dr Mira N. Mataric, Marta Ojrzyńska, Maria Piłatowicz, Edward Piłatowicz, dr Kleofas Rundzio†, Andrzej Seweryn, Katarzyna Śmiechowicz, Jacek Świder, dr Maja Trochimczyk, dr Elżbieta Trybuś i Jolanta Zych. Za wyjątkiem indywidualnych praw autorskich opisanych powyżej, żadna część tej książki nie może być reprodukowana ani wykorzystywana w jakiejkolwiek formie i za pomocą jakichkolwick środków, elektronicznych lub mechanicznych, w tym kopiowania i nagrywania, lub w jakimkolwiek systemie przechowywania i wyszukiwania informacji, bez pisemnej zgody wydawcy.

Wyprodukowano w Stanach Zjednoczonych Ameryki

**Dane o Publikacji dla Biblioteki Kongresu / The Library of Congress Publication Data:**

Trochimczyk, Maja, 1957–; Trybuś, Elżbieta. 1941–; Kański Elżbieta, 1949–; redakcja, Album 50-Lecia Klubu Kultury im. Heleny Modrzejewskiej / Maja Trochimczyk, redaktor; Elżbieta Trybuś, redaktor; Elżbieta Kański, redaktor.
380 stron (368 stron plus xii stron); 8.5 cali x 11 cali. (21.59 cm x 27.94 cm). Tekst w języku polskim, z fotografiami w kolorze.
Tematy: 1.Historia Polski. 2. Historia polskiej emigracji. 3. Historia organizacji polonijnych. 4. Historia kultury

**ISBN 978-1-945938-53-5. Praca w formacie cyfrowym PDF**
**ISBN 978-1-945938-50-4. Tom w twardej oprawie, druk w kolorze**
**ISBN 978-1-945938-51-1. Tom w miękkiej oprawie, druk w kolorze**

10  9  8  7  6  5  4  3  2  1

## ALBUM 50-LECIA KLUBU KULTURY IM. HELENY MODRZEJEWSKIEJ

### KOMITET REDAKCYJNY

Redaktor Naczelny – Maja Trochimczyk
Redaktorzy – Elżbieta Kański i Elżbieta Trybuś

Komitet Redakcyjny w składzie:
Ewa Barsam, Beata Czajkowska, Elżbieta Czajkowska i Syl Vès

### AUTORZY

Anna Maria Anders, Tadeusz Bociański †, Krysta Close, Dorota Czajka-Olszewska, Zofia Czajkowska, Witold Czajkowski, Zofia Cybulska-Adamowicz, Leonidas Dudarew-Ossetyński †, Jadwiga Inglis, Michał Jasień, Tomasz Kachelski, Elżbieta Kański, Krystyna Kuszta, Jarosław Łasiński, Andrzej Maleski, Mira N. Mataric, Marta Ojrzyńska, Maria Piłatowicz, Edward Piłatowicz, Kleofas Rundzio †, Andrzej Seweryn, Katarzyna Śmiechowicz, Jan Świder, Maja Trochimczyk, Elżbieta Trybuś i Jolanta Zych

## SPIS TREŚCI

Komitet Redakcyjny – v

Spis Treści – vi

Przedmowa – ix

ODROBINA HISTORII – 1

- Zarys Historii Klubu ≈ Maja Trochimczyk – 2
- Lista Zarządów Klubu ≈ Elżbieta Trybuś – 25
- Patronka Klubu Helena Modrzejewska ≈ Maja Trochimczyk – 32
- Założyciel Klubu Leonidas Dudarew-Ossetyński ≈ Maja Trochimczyk – 43

SPIS SPOTKAŃ 1971-1978 – 55
- Spotkania podczas kadencji Prezesa Leonidasa Dudarew-Ossetyńskiego, 1971-1978 ≈ Maja Trochimczyk – 56
- O *Requiem* Romana Maciejewskiego ≈ Maja Trochimczyk – 63
- Wieczory Klubu Kultury, circa 1971-1982 ≈ Maja Trochimczyk, red. – 65
- Sprawozdanie z Siedmiu Lat ≈ Leonidas Dudarew-Ossetyński – 67

SPIS SPOTKAŃ 1979-1996 – 74
- Pierwsze 25 Lat – Przedruk Albumu Rocznicowego – 75
- Polemika o Aleksandrze Małachowskim, 1984 („Prelegent z Polski" ≈ Michał Jasień, „Nietaktowne Rady" ≈ Edward Piłatowicz, „Protest" ≈ Tadeusz Bociański – 143

SPIS SPOTKAŃ 1997-2010 – 147
- Spotkania podczas kadencji Prezesa Edwarda Piłatowicza, 1997-1998 ≈ E. Piłatowicz – 148
  - 25 Lat Temu… Edward Piłatowicz – 155

- Spotkania podczas kadencji Prezes Jolanty Zych, 1998-2000 ≈ Krystyna Kuszta – 156

- Spotkania podczas kadencji Prezes Jolanty Zych, 2000-2002 ≈ Krystyna Kuszta – 164
  - Roman Maciejewski – Portret Kompozytora ≈ Maja Trochimczyk – 172
  - Dwa Głosy o *Pastorałce* Leona Schillera ≈ Jan Świder i Kleofas Rundzio – 177
  - Bal 30-Lecia Klubu, 9 Lutego 2002 ≈ Maja Trochimczyk – 181

- Spotkania podczas kadencji Prezes Jolanty Zych, 2002-2004 ≈ Krystyna Kuszta – 183
  - „Krzyż Kawalerski dla Prezesa Klubu Kultury im. Modrzejewskiej oraz Andrzej Seweryn w Santa Monica" ≈ Jadwiga Inglis, przekład Maja Trochimczyk – 191

- Spotkania podczas kadencji Prezes Jolanty Zych, 2004-2006 ≈ Krystyna Kuszta – 193
  - Moje Cztery Kadencje ≈ Jolanta Zych – 200

- Spotkania podczas kadencji Prezes Doroty Czajka-Olszewskiej, 2006-2008 ≈ Dorota Czajka-Olszewska – 204

- Spotkania podczas kadencji Prezesa Andrzeja Maleskiego, 2008-2010 – 213
  - Spotkanie z Januszem Kamińskim ≈ Andrzej Maleski – 217
  - „*Modjeska – Woman Triumphant*. Premiera Filmu w Los Angeles" ≈ Jadwiga Inglis, przekład Maja Trochimczyk – 222

SPIS SPOTKAŃ 2010-2021 – 225
  - Spotkania podczas kadencji Prezes Mai Trochimczyk, 2010-2012 – 226
  - Doroczny Biuletyn Prezesa 2011 ≈ Maja Trochimczyk – 228
  - Mickiewicz Dzisiaj - Sprawozdanie z Los Angeles ≈ Dr Mira N. Mataric, przekład Maja Trochimczyk – 235
  - Doroczny Biuletyn Prezesa 2012 ≈ Maja Trochimczyk – 240
  - Górecki błyszczy w Jacarandzie ≈ Krysta Close, przekład M. Trochimczyk – 251
  - W ogrodzie Arden, Program Balu 40-lecia Klubu – 254
  - Anegdoty i zdjęcia ≈ Andrzej Maleski i Edward Piłatowicz – 273

- Spotkania podczas kadencji Prezes Mai Trochimczyk, 2012 ≈ Maja Trochimczyk – 282

- Spotkania podczas kadencji Prezes Elżbiety Kańskiej, 2013 ≈ Elżbieta Kański – 287

- Spotkania podczas kadencji Prezesa Andrew Z. Dowena, 2013-2014 ≈ E. Kański – 290
- Spotkania podczas kadencji Prezesa Andrew Z. Dowena, 2014-2016 ≈ E. Kański – 298
  - Wspomnienia Sybiraczki ≈ Zofia Cybulska-Adamowicz – 304
- Spotkania podczas kadencji Prezesa Andrew Z. Dowena, 2016-2018 ≈ E. Kański – 308
- Spotkania podczas kadencji Prezes Mai Trochimczyk, 2018-2020 – 315
  - Biuletyn Prezesa, Kadencja 2018-2020 ≈ Maja Trochimczyk – 318
  - Sto Lat Polski w Muzyce ≈ Maja Trochimczyk – 327
  - Święto Stu Lat Odzyskania Niepodległości ≈ Konsul Jarosław Łasiński – 335
  - Przemówienie Senator Anny Marii Anders – 337
  - Spektakl *Helena* Marty Ojrzyńskiej w Santa Monica ≈ Marta Ojrzyńska – 339
- Spotkania podczas kadencji Prezes Mai Trochimczyk, 2020-2022 – 340
  - O sztuce aktorskiej mówi Andrzej Seweryn ≈ Katarzyna Śmiechowicz i Andrzej Seweryn, redakcja Elżbieta Trybuś – 347
- Bal 50-lecia Klubu Kultury im. Heleny Modrzejewskiej – 364

# PRZEDMOWA

Zapraszamy Państwa do wizyty w Klubie Kultury im. Heleny Modrzejewskiej w Los Angeles. W 2021 roku obchodzimy nasze 50-lecie i niniejsza publikacja jest częścią naszych obchodów. Założony w 1971 roku Klub jest organizacją dedykowaną promocji polskiego dziedzictwa kulturalnego oraz nauki i sztuki polskiej w Kalifornii. W swych bujnych dziejach, Klub był sponsorem ważnych wydarzeń kulturalnych. Zorganizowaliśmy wiele premier teatralnych, filmowych i muzycznych, oraz spotkań z artystami i naukowcami z Polski albo działającymi w USA, Kanadzie lub Anglii.

Obok imprez tylko dla naszych członków, zaprezentowaliśmy liczne koncerty, pokazy, wykłady, spektakle, wystawy i filmy dla zainteresowanych przedstawicieli Polonii kalifornijskiej i mieszkańców hrabstw Los Angeles i Orange. Na wykłady i występy w Klubie zapraszaliśmy setki wybitnych gości z Polski a programy przedstawialiśmy naszej publiczności we współpracy z takimi instytucjami akademickimi i kulturalnymi jak Polski Festiwal Filmowy w Los Angeles, Muzeum Bowers w Santa Ana, Centrum Muzyki Polskiej w Uniwersytecie Południowej Kalifornii, Klub PAPA, Klub PIE, Polski Salon Artystyczny w San Diego, Polski Salon Teatralny w Toronto i inne organizacje. Cieszymy się również z bliskiej współpracy z Konsulatem Rzeczpospolitej Polskiej w Los Angeles, jednym z fundatorów niniejszej publikacji, sponsorowanej również przez wydawnictwo Moonrise Press. Serdecznie dziękujemy Konsulatowi za grant, który umożliwił nam przygotowanie naszego zbioru dokumentów, zdjęć, wspomnień, esejów i wywiadów.

Wśród słynnych wydarzeń sponsorowanych przez Klub, wymienić można amerykańską premierę monumentalnego *Requiem* Romana Maciejewskiego w wykonaniu Los Angeles Master Chorale (1975) – dzięki ogromowi pracy założyciela Klubu, Leonidasa Dudarew-Ossetyńskiego; koncert grupy muzyki współczesnej Jacaranda New Music prezentujący muzykę Henryka Mikołaja Góreckiego oraz wywiady nagrane do filmu dokumentalnego o genialnym kompozytorze (2012) – projekt Mai Trochimczyk; czy wystawienie *Pastorałki* Schillera siłami Klubu i klubowiczów (2002) w reżyserii Marii Piłatowicz, podczas kadencji Prezesa Jolanty Zych. W wydarzeniach organizowanych przez Klub wzięło udział tysiące widzów i słuchaczy. Publiczność składała się w równej mierze z przedstawicieli Polonii jak i publiczności amerykańskiej.

Listę gości Klubu, którzy opowiadali nam o swoich osiągnięciach znaleźć można na stronach naszego albumu. Są wśród nich takie nazwiska jak: Andrzej Wajda (nagrodzony Oskarem), Czesław Miłosz (laureat nagrody Nobla), Jerzy Antczak (film *Noce i Dnie* nominowany do Oskara), Jadwiga Barańska, Adam Zagajewski, Piotr Anderszewski, czy Urszula Dudziak. To luminarze naszej kultury. Odwiedzili nas przedstawiciele następujących dziedzin: teatr i film (reżyserzy, operatorzy, aktorzy oraz grupy teatralne z Polski, Kanady i Australii); literatura (pisarze, poeci, historycy i krytycy literaccy); muzyka (soliści, kompozytorzy i zespoły muzyki poważnej, jazzu oraz muzyki popularnej); polityka i ekonomia; sztuka (artyści oraz kuratorzy wystaw); nauki ścisłe i humanistyczne; podróże i odkrycia.

Działalność Klubu i jego władz została nagrodzona wieloma odznaczeniami, w tym sześć nagród dla całego Klubu, oraz liczne nagrody indywidualne dla prezesów i członków Zarządu. Z okazji 40-lecia Klubu w 2012 roku medale Ministra Kultury Rzeczpospolitej Polskiej, „zasłużony dla kultury polskiej" otrzymało aż 19 członków zarządu, byłych prezesów i aktywnych działaczy Klubu. Z tej samej okazji, Leonidas Dudarew-Ossetyński (1910-1989), założyciel Klubu, otrzymał Krzyż Kawalerski Orderu Zasługi Rzeczypospolitej Polskiej. Dwadzieścia medali jednego dnia (15 marca 2013) – to polonijny rekord! Informacje o spotkaniach klubowych pojawiały się w prasie krajowej i zagranicznej, w polskiej telewizji i na falach radiowych, a nawet na konferencjach naukowych, w tym Polsko-Amerykańskiego Towarzystwa Historycznego czy Polskiego Instytutu Naukowego w Ameryce.

W niniejszym albumie postanowiliśmy umieścić materiały nigdy wcześniej nie publikowane, które staną się ważnym źródłem historii nie tylko naszej organizacji, ale także historii Polonii w Kalifornii i w świecie. Stąd nietypowy format naszej pracy – almanachu, gdzie znajdują się przedruki z albumów okolicznościowych celebrujących 25-lecie czy 40-lecie Klubu, sprawozdania i listy spotkań, wspomnienia prezesów, wywiady, teksty wykładów wygłoszonych na spotkaniach klubowych, przedruki artykułów prasowych, i in. Po obecnej wersji polskiej w formacie PDF oraz wydaniu drukowanym, w miękkiej lub twardej oprawie, ukaże się wersja angielska.

Dziękujemy wszystkim autorom i redaktorom tekstów zamieszczonych w naszym Albumie. Są wśród nich, obok dr Mai Trochimczyk (Prezes w latach 2010-12 i 2018-22), Elżbiety Kańskiej (Prezes w roku 2013), i dr Elżbiety Trybuś (Sekretarz i Wiceprezes w latach 2018-2021), także Beata Czajkowska, Elżbieta Czajkowska, i Syl Vès, wolontariuszki, które pracowały nad transkrypcjami nagrań, czy skanowaniem dokumentów. Nad korektą cierpliwie trudziły się także Jolanta Zych (Prezes w latach 2000-2006) oraz Krystyna Kuszta, wieloletni Wiceprezes i Sekretarz Klubu, oraz autorka wielu tekstów. Skorzystaliśmy z istniejących sprawozdań i materiałów Klubu napisanych przez Leonidasa Dudarew-Ossetyńskiego, Tadeusza Bociańskiego, Marię i Edwarda Piłatowicz, Zofię i Witolda Czajkowskich, Krystynę Kusztę, Jolantę Zych, Dorotę Czajka-Olszewską, Tomasza Kachelskiego, Andrzeja Maleskiego, Jana Świdra i Kleo Rundzio. Doboru zdjęć dokonały Maja Trochimczyk i Ewa Barsam, korzystając z fotografii zeskanowanych do publikacji na stronie internetowej Klubu (bez podania autorów indywidualnych zdjęć). Wiemy, że fotografią zajmowali się Stefan Pasternacki, Jerzy Gąssowski, Jacek Nowaczyński, Lucyna Przasnyski, Maria Kubal, Maja Trochimczyk, i wielu innych członków Klubu, ale nasze cyfrowe archiwa nie identyfikowały autorów fotografii, więc za ten brak informacji naszych fotografów z góry przepraszamy.

Materiały prasowe dostarczyła Jadwiga Inglis. W archiwalnych poszukiwaniach pomagali nam Peter J. Obst (Amerykańska Rada Polskiej Kultury, czyli American Council for Polish Culture), Małgorzata Kot i Julita Siegel z Muzeum Polskiego w Ameryce (Polish Museum of America) w Chicago, Valerie Dudarew-Ossetyńska Hunken, córka założyciela Klubu (archiwa prywatne), Jerzy Zagner i Jolanta Zych (archiwa prywatne). Szczególne wyrazy wdzięczności kierujemy na ręce Valerie Dudarew-Ossetyńskiej Hunken, bo bez jej pomocy nie udało by się odtworzyć biografii jej ojca. Pani Hunken ofiarowała Klubowi zestaw slajdów ze spotkań klubowych, który po zeskanowaniu wzbogacił nasze archiwum i dostarczył materiału ikonograficznego wykorzystanego w naszym Albumie.

Niniejsze opracowanie dotyczy wydarzeń klubowych na przestrzeni 50 lat, od początku założenia Klubu przez Leonidasa Dudarew-Ossetyńskiego w roku 1971 do chwili obecnej. Okazuje się, że Klub miał przez ten czas aż 14 prezesów, którzy pracowali przez kilka kadencji pod rząd, albo z przerwami, tzn. powracając po pewnym czasie. Klub organizował comiesięczne spotkania, nawet czasem w miesiącach wakacyjnych, czyli od 10 do 15 wydarzeń w jednym roku. Łatwo zatem policzyć, że było ich w sumie ponad 500! Ogromnym plusem naszych spotkań był i jest bezpośredni kontakt ze słynnymi aktorami, reżyserami, artystami, dziennikarzami, czy wybitnymi muzykami lub autorami książek. Nasze salonowe wykłady i wywiady stwarzają okazję do wymiany zdań i dyskusji, a przede wszystkim do nawiązania więzi i budowania przyjaźni. Dla wielu członków Klub był wręcz zastępczą rodziną: przyjechali tu sami, szukali kontaktów z pobratyńcami na obczyźnie, i tęsknili za językiem polskim.

W ciągu 50 lat naszej historii zmieniali się prezesi i zarządy (wszyscy pracowali jako wolontariusze), przybywali nowi członkowie, odchodzili dawni. Cieszymy się, że mamy nadal wiernych klubowiczów, uczestniczących w naszych działaniach niemal od samego początku. Dziękujemy im za ich wkład i uczestnictwo w spotkaniach oraz za ich ochotniczą pracę w Klubie i gotowość pomocy. Mamy nadzieję, że te tradycje wzajemnej pomocy i koleżeńskiej atmosfery będą nadal podtrzymywane i będziemy mogli wspólnie organizować ciekawe spotkania klubowe. Zawsze staramy się, aby nadal wszyscy, zarówno goście odwiedzający nas, jak i członkowie, czuli się w Klubie wspaniale. Witamy mile nowych członków, którzy pragną kultywować nasze tradycje i propagować ojczystą kulturę w Ameryce.

Zdajemy sobie również sprawę, że mogliśmy pominąć jakiś indywidualny szczegół, który umknął naszej uwadze w tym obszernym opracowaniu, ale głęboko wierzymy, że dla większości członków Klubu będzie to miła pamiątka wspomnień i wrażeń oraz pożyteczna lektura o 50-letniej historii Klubu Kultury im. Heleny Modrzejewskiej w Los Angeles. Opracowanie to jest też dowodem, że pomimo wzlotów i potknięć, Klub nasz przetrwa następne 50 lat, czego wszystkim życzymy.

W imieniu Komitetu Redakcyjnego wszystkim współpracownikom i autorom tekstów do historii Klubu serdecznie dziękujemy. Życzymy jak najwspanialszych następnych 50 lat!

*Maja Trochimczyk*
*Elżbieta Kański*
*Elżbieta Trybuś*

**Konsulat Generalny Rzeczypospolitej Polskiej w Los Angeles**

## ALBUM 50-LECIA KLUBU KULTURY IM. HELENY MODRZEJEWSKIEJ

## ODROBINA HISTORII

# ZARYS HISTORII KLUBU
## Dr Maja Trochimczyk

Założony w 1971 roku, Klub Kultury im. Heleny Modrzejewskiej jest organizacją apolityczną, dedykowaną promocji polskiego dziedzictwa kulturalnego, oraz nauki i sztuki polskiej w Kalifornii.[1] Jako organizacja charytatywna typu 501(c)(3), z zatwierdzonym przez IRS numerem EIN 20-3491956, Klub jest sponsorem wydarzeń kulturalnych w Los Angeles i okolicach. Finansowany dochodami ze składek członkowskich oraz indywidualnych donacji, Klub organizuje spotkania z artystami, naukowcami, dziennikarzami i muzykami, oraz prezentuje publiczne koncerty, przedstawienia teatralne, filmy i wystawy.

*Klub na wystawie Modrzejewskiej w Laguna Art Museum, po wykładzie Prezes Mai Trochimczyk, marzec 2019. Od lewej: Maria Kubal, Chris Justin, dr Elżbieta Trybuś, dr Maja Trochimczyk, Evan Inglis, Jadwiga Inglis, Danuta Król, dr Andrew Inglis, Katarzyna Sądej, Monika Chmielewska-Lehman, Krystyna Kuszta, Anna Briscoe.*

Patronką Klubu jest polska aktorka Helena Modrzejewska (1840-1909), która wyemigrowała do Kalifornii w latach 70-tych XIX wieku i została jedną z najsłynniejszych aktorek szekspirowskich epoki, występując w wielu krajach w ponad 4.300 przedstawieniach, w tym 2.250 wystąpień w sztukach Szekspira. Helena

---

[1] Tekst oparty na informacjach zebranych z wielu źródeł, w tym, Maria Piłatowicz, red. *Pierwsze 25 Lat…* (1997), materiały archiwalne Klubu, klubowe Księgi Spotkań, archiwa American Council of Polish Culture, Polish Museum of America, i w zbiorach prywatnych: Valerie Dudarew-Ossetyńska Hunken, Jerzy Zagner, Jolanta Zych, i in.

Modrzejewska była nie tylko aktorką, reżyserem teatralnym, i producentem, ale także kostiumografem, sponsorem takich słynnych osobistości, jak Ignacy Jan Paderewski i Władysław Benda, muzą artystów (pisarz Henryk Sienkiewicz, poeci Henry Wadsworth Longfellow, Richard Watson Gilder, John Steven McGroarty), projektantką wnętrz, ikoną stylu, pisarką, czy ilustratorką. Później była także rolnikiem, właścicielem ziemskim, ogrodnikiem i znawcą botaniki, a zwłaszcza róż. Ciekawe, że tak wiele organizacji w południowej Kalifornii wybrało ją sobie za patronkę. Fundacja im. Heleny Modrzejewskiej od 1991 roku opiekuje się Arden, posiadłością Modrzejewskiej w hrabstwie Orange (https://www.helenamodjeska.net). Towarzystwo im. Heleny Modrzejewskiej zbierało dokumenty, zamawiało repliki kostiumów czy portretów gwiazdy. Krótkotrwały Polsko-Amerykański Zespół Teatralny im. Heleny Modrzejewskiej w Los Angeles, założony w 1983 roku przez Hannę hr. Tyszkiewicz i Henryka Rozpędowskiego, wystawiał polskie sztuki.[2] Od 2007 roku, działa Teatr Modrzejewskiej (Modjeska Playhouse, http://www.mphstage.org) w hrabstwie Orange.

Nasz Klub jest najstarszą z istniejących do dzisiaj organizacji polskich w Los Angeles i prowadzi najbardziej intensywną działalność. Poprzedziły nas tutaj: a) Komitet Upamietniający Modrzejewską (Modjeska Commemoration Committee) z 1949 roku; b) Teatr im. Modrzejewskiej (Modjeska Players), założony i prowadzony przez Leonidasa Dudarewa-Ossetyńskiego w latach 1955-57, oraz c) Komitet Pomnika Heleny Modrzejewskiej (Helena Modjeska Memorial Committee) Stanisława Szukalskiego, aktywny na przełomie lat 1960-tych i 1970-tych. Obecnie Klub zaprasza wybitnych gości z Polski i współpracuje z takimi instytucjami akademickimi i kulturalnymi regionu, jak Polski Festiwal Filmowy w Los Angeles, Centrum Muzyki Polskiej w Uniwersytecie Południowej Kalifornii, Bowers Museum w Santa Ana, Helena Modjeska Foundation w Orange County, Arden – Helena Modjeska Historic Home, UCLA, Klub PAPA, Klub PIE, Polski Salon Artystyczny w San Diego, Polski Salon Teatralny w Toronto, i inne. Cieszymy się również z bliskiej współpracy z Konsulatem RP w Los Angeles. Członkowie Klubu to profesjonaliści (lekarze, prawnicy, profesorowie uniwersytetów, biznesmeni, artyści, muzycy i inni), którzy często biorą aktywny udział w przygotowaniu spotkań. Działalność Klubu im. Heleny Modrzejewskiej i jego władz została nagrodzona wieloma polskimi odznaczeniami państwowymi. Przez pięćdziesiąt lat aktywności Klub zorganizował setki wydarzeń kulturalnych, w tym: publiczne spotkania z zasłużonymi przedstawicielami kultury i nauki polskiej, wykłady, projekcje filmów, koncerty muzyki klasycznej i jazzowej, oraz prezentacje sztuk teatralnych, monodramów i spektakli kabaretowych. Spotkania podzielone były po równi między imprezy otwarte dla szerokiej publiczności amerykańskiej i przygotowane we współpracy z polskimi i lokalnymi instytucjami kulturalnymi, oraz spotkania prywatne, dostępne tylko dla członków Klubu, odbywające się w domach prywatnych. W wydarzeniach zorganizowanych przez Klub wzięło udział tysiące widzów i słuchaczy; publiczność składała się w równej mierze z przedstawicieli Polonii jak i innych mieszkańców Kalifornii.

*Papier listowy Modjeska Players, projekt Stanisława Szukalskiego, Zbiory Valerie Dudarew-Ossetyńskiej Hunken.*

Podczas siedmioletniej kadencji założyciela Klubu, aktora i reżysera, Leonidasa Dudarew-Ossetyńskiego (1910-1989), Prezesa w latach 1971-1978, głównym celem Klubu była promocja kultury polskiej wśród publiczności amerykańskiej, w wydarzeniach o wielkim znaczeniu historycznym. Przykładem mogą tu być obchody 500-lecia urodzin Mikołaja Kopernika w 1973 roku, uczczone wydaniem specjalnych kopert ze stemplem zaprojektowanym przez artystę Stanisława Szukalskiego (1893-1987), członka Klubu w latach 1971-78, czy niezrealizowane projekty pomnika Heleny Modrzejewskiej, nad którymi Szukalski pracował już na przełomie lat 1960/70-tych.

---

[2] Zob. Czesław Czapliński, *Polski Teatr w Los Angeles*. "Przegląd Polski", 17 września 1982, s. 9.

*Koperta ze stemplem okolicznościowym Stanisława Szukalskiego (1893-1987), przygotowana z okazji 500-lecia urodzin Mikołaja Kopernika (19 luty 1973, znaczek wydany 23 kwietnia 1973).*
*Archiwum Klubu. Dar Polish Museum of America w Chicago*

W niedatowanym liście do Ossetyńskiego, Szukalski sportretował aktorkę w swej rzeźbie jako tancerkę z sercem, koroną i księżycem w rękach (w stylu kastanietów flamenco), wznoszącej się nad Bazyliką Mariacką w Krakowie, „najcharakterystyczniejszym zabytkiem Krakowa" i „najpiękniejszą świątynią". Intencją rzeźbiarza było spowodowanie, że cudowna aktorka: „na publiczność obcych narodów promieniuje swem dumnem sercem odbicie swego narodowego pochodzenia".[3] Szukalski został członkiem pierwszego zarządu Klubu, ale projekt pomnika, ważny element genezy naszego Klubu, nigdy nie został zrealizowany.

 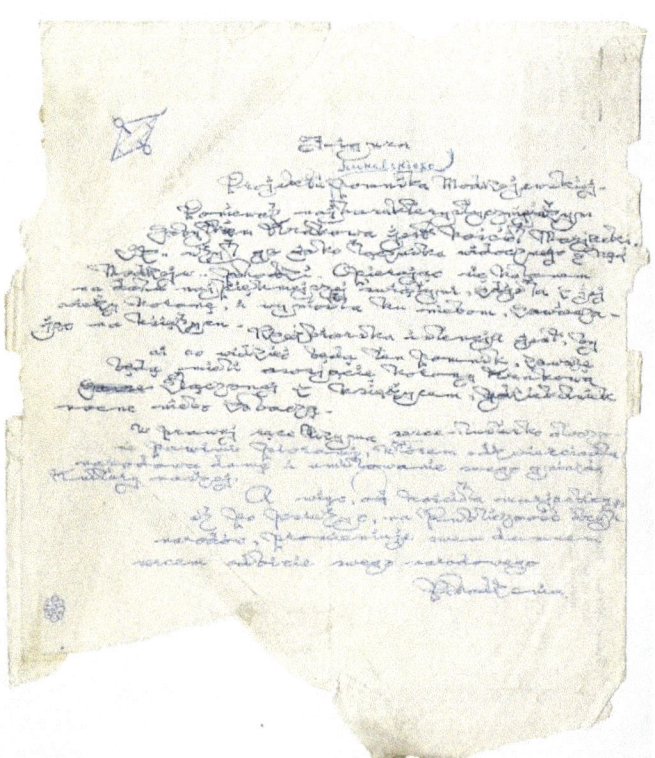

*Stanisław Szukalski, projekt pomnika Heleny Modrzejewskiej z Archives Szukalski w Los Angeles, którym kieruje Glenn Bray. Rękopis listu Szukalskiego do Leonidasa Dudarew-Ossetyńskiego z opisem planowanego pomnika. Zbiory Archiwum Polish Museum of America, Chicago.*

---

[3] Niedatowany list od Stanisława Szukalskiego do Leonidasa Dudarew-Ossetyńskiego, z nadrukiem „Helena Modjeska Memorial Committee" na kopercie. Oryginał w zbiorach Polish Museum of America w Chicago.

Inny przykład to amerykańska premiera monumentalnego *Requiem* Romana Maciejewskiego (1910-1998) wystawionego w 1975 roku przez 235 muzyków z Los Angeles Master Chorale i orkiestry pod batutą Rogera Wagnera. Zaplanowanie i sfinansowanie tego ogromnego i niebywale ważnego wydarzenia to jedno z największych osiągnięć Klubu – a właściwie etap jego genezy. W materiałach archiwalnych Ossetyńskiego w Polish Museum of America w Chicago znajdują się dokumenty z 1965 roku – listy i programy koncertów zorganizowanych przez Komitet na rzecz Amerykańskiej Premiery *Requiem* Romana Maciejewskiego (Committee for the American Premiere of THE REQUIEM by Roman Maciejewski). Prezesem Komitetu był Ossetyński, a przewodniczącym Rady Nadzorczej kompozytor muzyki filmowej, zdobywca Oskara, Bronisław Kaper (1902-1983). Artur Rubinstein był honorowym przewodniczącym, a w zarządzie znajdowali się Stefan Pasternacki (1891-1981) i Jerzy Stefański (później członkowie pierwszego zarządu Klubu, od 1971 roku) oraz Henry Vars, Mihkail Chekhov i inni luminarze europejskiej emigracji w Kalifornii.

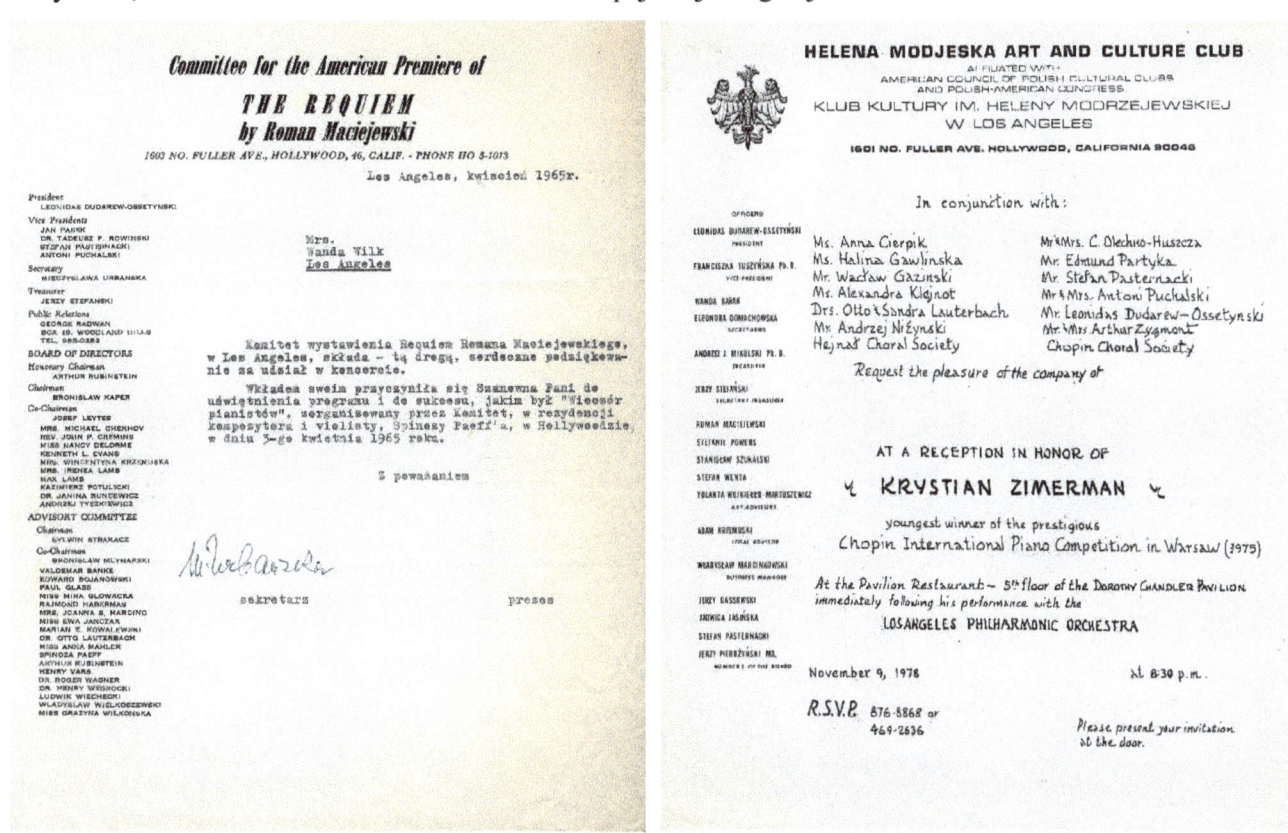

*List do Wandy Wilk od Komitetu na rzecz Amerykańskiej Premiery* Requiem *Romana Maciejewskiego z podziękowaniem za udział w koncercie w kwietniu 1965 roku, w jednym z wielu wydarzeń dla zbierania funduszy na premierę. Zaproszenie Klubu na przyjęcie z okazji występu Krystiana Zimermana w Los Angeles z Filharmonią Los Angeles, 9 listopada 1978 roku. Szukalski, Maciejewski, Stefan Wenta, Pasternacki, Stefański figurują tu jako członkowie Zarządu.*

W pożegnalnym przemówieniu w listopadzie 1978 r. założyciel Klubu tak opisywał jego początki:[4]

„pewnego księżycowego wieczoru zebraliśmy się w Chacie Piasta dla przedyskutowania sprawy, która od dawna leżała nam na sercu. Chodziło o założenie jakiejś organizacji, która zamiast dziwacznych opłatków i święconek, nie mających nic wspólnego z obyczajem obchodzonych takowych w kraju; zajęła by się aspektami powiązanymi z rodzimą kulturą i sztuką. Dwóch kompozytorów, Wacław Gaziński, Stefan Pasternacki, p. Eleonora Domachowska i ja, przemyśliwaliśmy jakby to uskutecznić. Jakby wypełnić pustkę i brak takowych na tutejszym terenie. Ziarno zostało rzucone".

---

[4] Zob. w tym tomie, "Sprawozdanie z Siedmiu Lat - Sprawozdanie Leonidasa Dudarew-Ossetyńskiego, Prezesa Klubu Kultury im. Heleny Modrzejewskiej w Los Angeles na Walnym Zebraniu, 17-tego listopada 1978 roku." Maszynopis w zbiorach Polish Museum of America, Chicago.

Od założenia Klubu odbywały się spotkania i wykłady w domach prywatnych – pełne humoru i artyzmu, jak można zobaczyć na odręcznym zaproszeniu w staropolskim stylu z 1973 roku, podpisanym przez „monarchę" Klubu, Leonidasa I-szego Niewyparzonego, herbu Brodaty Ozór. Tematem spotkania w domu znanej aktorki Stephanie (lub Stefanie) Powers (członka honorowego Klubu od 2012 r.) było wysłuchanie polskiego nagrania *Requiem* Romana Maciejewskiego – niewątpliwie, aby zachęcić klubowiczów do pracy nad przygotowaniem amerykańskiej premiery wielkiego dzieła w 1975 roku. W zaproszeniu Dudarew-Ossetyński pisał:

„Ja, łaskawie panujący na Fullerowie Północnym [aluzja do adresu prezesa] zarządzający Bractwem Kulturalnem w Grodzie Aniołów – zapraszam Jaśnie Wielmożnych Państwa pod gościnną strzechę sławetney białogłowy Stefanji i Małżonka Jej Imć Pana Grzegorza Lockwooda na ucechy dworskie w czasie których to Imć. Pan Maciejewski Roman, kompozytor znakomity rodem z Lechistanu, nowożytnym zapisem magnetofonicznym *Requiem* własney kompozycyi, otworzyć nam raczy. Stoły i piwniczka obficie zaopatrzone będą w krzeczne potrawy i konfekty rozmayte. [...] Impertunem wstęp wzbroniony".

*Zaproszenie w stylu staropolskim na spotkanie 16 września 1973 roku, zbiory Archiwum Polish Museum of America, Chicago. Piastowski orzeł służył jako godło Klubu im. Modrzejewskiej do wczesnych lat 1980-tych.*

Staropolszczyzna, Lechistan oraz „Bractwo" – to echa fascynacji i pomysłów członka pierwszego zarządu Klubu, oryginalnego artysty i filozofa sztuki Stanisława Szukalskiego (1893-1987), założyciela Szczepu Rogatego Serca (1929-1936), pasjonata tematów pra-i-pan-słowiańskich. Członkowie jego Szczepu przybierali staropolsko-brzmiące pseudonimy artystyczne, np. sam Szukalski nazwał się Stachem z Warty; blisko stąd do Leonidasa I i „Jaśnie Wielmożnych Państwa". Gospodarzami spotkań byli patrioci polscy, jak m.in. kompozytor muzyki filmowej Stefan Pasternacki, właściciel Chaty Piasta udekorowanej w stylu podhalańskim oraz współzałożyciel Towarzystwa im. Karola Szymanowskiego (The Szymanowski Society) promującego muzykę kompozytora w latach 1977-1992.

Nawiasem mówiąc, nazywanie prezesów Klubu królami przetrwało rządy Leonidasa I, bo jego następcy sformułowali cały Poczet Królów, gdzie Leonidas I otrzymał nowy tytuł „Samozwaniec Dudarew" a po nim rządzili Klubem Jerzy Zgodliwy (Gąssowski) czy Tadeusz Złotousty (Bociański)...Warto zauważyć, że w czasach Króla Leonidasa I oprócz wielkich projektów artystycznych, odbywały się też w Klubie spotkania naukowe; wykładała między innymi dr Franciszka Tuszyńska, historyk, wiceprezes Klubu, założycielka polskiej szkoły oraz Biblioteki Millennium w Los Angeles. W 1976 r. Klub planował wydanie pracy zbiorowej o Aleksandrze Janta-Połczyńskim (1908-1974), niesłusznie zapomnianym poecie, bibliofilu, historyku Polonii i muzyki polskiej. Projekt nie został jednak doprowadzony do końca po zmianie władz Klubu w 1978 roku.

Stanisław Szukalski i Roman Maciejewski, genialni artyści, przedstawiciele przedwojennej inteligencji na emigracji, byli członkami zarządu Klubu w jego pierwszych latach (zob. listę Zarządów w niniejszym tomie). Wśród wykładowców i gości Klubu przeważała właśnie ta grupa ludzi o wybitnych osiągnięciach w Drugiej Rzeczpospolitej, którzy nie mogli lub nie chcieli powrócić po wojnie do już-nie-wolnej Polskiej Rzeczpospolitej Ludowej. Przykładami są: Aleksander Janta-Połczyński, poeta, pisarz, bibliofil, który uratował przez rozproszeniem ważne dokumenty historii polskiej kultury; dziennikarz i pisarz Henryk Rozpędowski (ur. 1923), który pracował dla Radia Wolna Europa jako „Stanisław Julicki" i wielokrotnie wykładał w Klubie; piloci polscy zasłużeni w Bitwie o Anglię, Stanisław Skalski (1915-2004) i Generał Stanisław Karpiński (1891-1982); czy reżyserzy filmowi Roman Gantowski (kalifornijczyk) lub Zygmunt Sulistrowski (ur. 1922) z Brazylii. Występowali również w Klubie goście z socjalistycznej Polski, jak np. Wojciech Dzieduszycki (1912-2008) czy Elżbieta Jodłowska (ur.1947), ale stanowili zdecydowaną mniejszość.

*Leonidas Dudarew-Ossetyński i Roman Maciejewski po premierze Requiem w Los Angeles Music Center, 1 listopada 1975. Archiwum Klubu. Dar córki Prezesa, Valerie Dudarew-Ossetyńska Hunken.*

Na wersji zaproszenia z 1973 r. w kolekcji prywatnej Jerzego Zagnera, Leonidas I samookreślił się jako „Brodaty i Zawiedzony" – być może dlatego, że jego plany ambitnej działalności publicznej dla i wśród Amerykanów nie miały poparcia większości członków Klubu. Jak wynika z pożegnalnego przemówienia założyciela z 1978 roku (reprodukowanego w tym zbiorze), celem klubowiczów było raczej utrzymywanie kontaktów z kulturą i językiem polskim oraz budowanie więzi społecznościowych wśród polskiej inteligencji i kalifornijskiej Polonii. Promocją kultury polskiej „na zewnątrz", tj. dla angielsko-języcznej publiczności kalifornijskiej, interesowali się zdecydowanie mniej. Po zakończeniu pracy jako Prezes, założyciel Klubu nadal kontynuował energiczną działalność w sferze teatralno-filmowej. Do udziału w przez siebie wyreżyserowanym spektaklu *Matka* Witkacego zaprosił z Polski w 1982 roku (w okresie stanu wojennego i represji ruchu Solidarność) znakomitą aktorkę Barbarę Krafftówną. W 1983 roku surrealistyczny i wizjonerski spektakl zdobył aż 11 nagród! Było to niewątpliwie wydarzenie roku oraz ogromny sukces polskiego teatru nad Pacyfikiem. Szkoda jednak, że nie był to sukces Klubu. Gwiazda pozostała w Kalifornii; wielokrotnie występowała w Klubie – a w 2012 roku otrzymała nagrodę im Heleny Modrzejewskiej.

Po odejściu założyciela Klubu i nagłej śmierci drugiego Prezesa, Andrzeja Mikulskiego w 1978 roku, „pałeczkę" przejął na dwie dwuletnie kadencje Jerzy Gąssowski (1978-1982). Jego zasługą było uratowanie Klubu przed rozwiązaniem oraz transformacja misji zgodnie z życzeniami członków, utrzymujących Klub ze swoich składek. Prezes Tadeusz Bociański (1983-1989), menadżer polskich aktorów na występach w USA, miał dostęp do największych wówczas gwiazd polskiego teatru i filmu, prezentując wywiady z wybitnymi gośćmi dla członków Klubu a ich występy dla szerokiej publiczności. Ten model pracy był możliwy, gdyż wyjazdy do Kalifornii były dla polskich artystów z PRL-u bardzo atrakcyjne przez wiele lat, nawet po zmianie systemu politycznego w Polsce. Prywatno-publiczny dwoisty format działalności zastosowano np. w 1987 roku, gdy Klub zorganizował wystawy grafik polskiego artysty Juliana Żebrowskiego w salach parafialnych polskich kościołów w Los Angeles i Yorba Linda a jednocześnie zaprosił klubowiczów na prywatne spotkanie i rozmowę z artystą. Wizyta jednego z najsłynniejszych gości Klubu, laureata nagrody Nobla, Czesława Miłosza w 1984 roku została zorganizowana wspólnie z innymi organizacjami polonijnymi – Biblioteką Polską

Millennium, Parafią Matki Boskiej Jasnogórskiej, Polską Falą Radiową oraz Polsko-Amerykańską Siecią Kulturalną. Publiczny wykład odbył się w Centrum Badań Filozoficznych na ulicy Los Feliz w Los Angeles.

W działalności publicznej, Klub pomagał także innym organizacjom polskiej kultury, np. zbierał fundusze na założenie Centrum Muzyki Polskiej (PMC) w Uniwersytecie Południowej Kalifornii przez Państwa Stefana i Wandę Wilk w 1985 roku. Doroczne wspieranie projektów PMC stało się klubową tradycją. Obecnie nasza organizacja wspiera finansowo Wykłady-Recitale im. Ignacego Paderewskiego w PMC, prezentujące luminarzy muzyki polskiej co roku w październiku. Dotacje od Klubu otrzymały również festiwale filmowe.

Model ustanowiony przez Prezesa Tadeusza Bociańskiego (występy aktorów na prywatnych spotkaniach klubowych podczas tournee po zachodnim wybrzeżu USA) przetrwał przez dekady, gdy Klubem „rządzili" następcy Prezesa Bociańskiego i jego osobiści przyjaciele, w tym Witold Czajkowski (1990-1993), Zofia Czajkowska (1994-1995) oraz Edward Piłatowicz (1996-1998). Zaprzyjaźnieni działacze przygotowali uroczyste 25-lecie Klubu w 1997 r. i otrzymali z tej okazji polskie odznaczenia państwowe (lista nagrodzonych znajduje się poniżej, a opis wydarzenia w spisie spotkań).

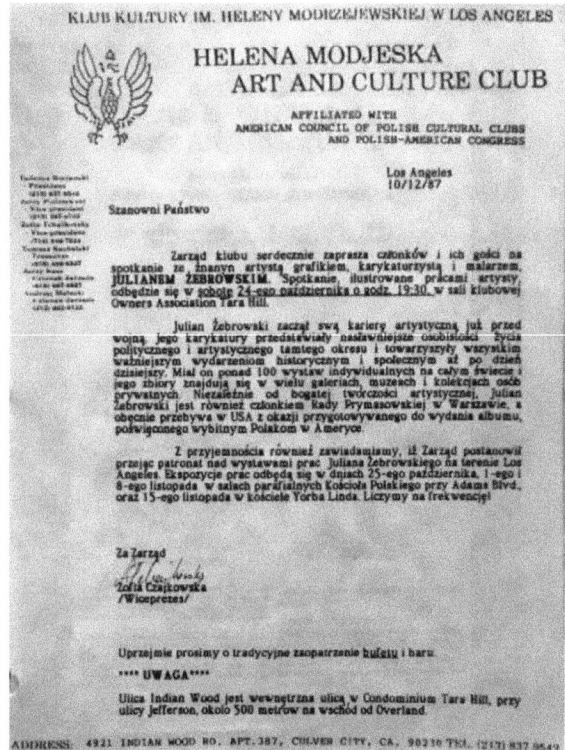 

*Zaproszenie na spotkanie z grafikiem Julianem Żebrowskim 24 października 1987 roku dla członków Klubu oraz plakat wystaw jego prac w salach polskich kościołów w Los Angeles i Yorba Linda.*

Jolanta Zych przejęła prezesurę w Klubie w 1998 roku i pracowała w tej roli aż przez cztery kadencje. Kontynuowała format spotkań w domach prywatnych z wybitnymi gośćmi, np. reżyserem Andrzejem Wajdą z okazji otrzymania Oskara w 2002 roku, ale również organizowała wydarzenia publiczne, np. wystawę fotografii Jana Pawła II, czy spektakl *Pastorałki* Leona Schillera przygotowany siłami Klubu i klubowiczów zrzeszonych w Teatrzyku Dyletantów. Przedstawienie w reżyserii Marii Piłatowicz (2002) odbyło się w teatrze Magicopolis w Santa Monica (2002); nieco później 30-lecie Klubu uhonorowano uroczystym balem.

W 2003 roku Jolanta Zych otrzymała Krzyż Kawalerski Orderu Zasługi Rzeczpospolitej Polskiej za zasługi dla szerzenia kultury polskiej za granicą. Ceremonia miała miejsce przy okazji występu Andrzeja Seweryna w Santa Monica. Sprawozdanie w polonijnym piśmie „The Voice/Głos" opublikowała Jadwiga Inglis. Prezes Zych napisała potem do Jadzi: „Miło nam, że rozsiewasz wieści o naszej działalności wśród całej Polonii. Z pewnością przyczyniają się one do wzrostu naszej popularności. Dzięki za Twój entuzjazm i energię".[5] W 2006 roku, z okazji swego pierwszego występu w Klubie im. Modrzejewskiej, aktor Jan Matyjaszkiewicz napisał: „Przyjazd do Kalifornii jest dla mnie pewnym zwieńczeniem mojego życia, jako że nie planowałem tego wyjazdu na krańce ziemi. Zrobiliście mi Państwo, z Panią Jolą Zych na czele, ogromną niespodziankę, która okazała się dla mnie i dla mojej partnerki, Pani Ani Seniuk rajskim ogrodem marzeń!" Aktorka Elżbieta Jodłowska stwierdziła: „Jestem szczęśliwa, spotykając się ponownie z publicznością, która rozpieszcza mnie komplementami…" Piosenkarka Magda Umer napisała tylko kilka słów: „Bardzo dziękuję za łzy i uśmiechy..." Musiał jej występ być bardzo wzruszający.

*Z Magdaleną Zawadzką rozmawia Prezes Tadeusz Bociański. Agnieszka Holland i Prezes Andrzej Maleski.*

Prezes Zych przeprowadziła także ważną operację ustanowienia publicznego statusu Klubu jako charytatywnej korporacji uznanej przez IRS w 2006 r. czyli organizacji typu 501(c)(3). Aż 35 lat upłynęło od założenia Klubu do uzyskania statusu charytatywnego! Ten fakt uwidacznia brak większego zainteresowania klubowiczów działalnością publiczną, szukaniem grantów, itp. W okresie do 1998 roku, Klub był związany organizacyjnie (opłacając składki) z dwoma polonijnymi instytucjami – Amerykańską Radą Polskich Klubów Kulturalnych (American Council of Polish Cultural Clubs, nazwa zmieniona na American Council for Polish Culture w 1997 roku) i Kongresem Polsko-Amerykańskim (Polish-American Congress). Historia ACPCC zawiera taką wiadomość: „Podczas Zjazdu w 1972 roku w American University w Waszyngtonie, D.C. członkostwo tego Klubu zostało zatwierdzone przez aklamację." Dołączenie Klubu do ACPCC ułatwiło mu działanie jako publiczny nonprofit. Drugi tom historii ACPC z 1998 roku stwierdza, że Klub im. Modrzejewskiej już nie był częścią tej federacji.[6]

W czasie kadencji Prezes Zych, gdy sprawowałam funkcję Dyrektora Centrum Muzyki Polskiej (dr Maja Trochimczyk) przeprowadziłam w Klubie badania naukowe, wsparte przez grant Uniwersytetu Południowej Kalifornii. Badania dotyczyły roli polskich tańców ludowych i narodowych w kształtowaniu się świadomości narodowej i etnicznej Polonii. Owocami pracy były: książka wydana przez Columbia University Press, strona o tańcach ludowych i grupach tanecznych w PMC, oraz kilka artykułów.[7] Kwestionariusze rozdawane na

---

[5] Email Jolanty Zych do Jadwigi Inglis, 29 sierpnia 2003. Jadwiga Inglis, „Cavalier Cross for President of Modjeska Art and Culture Club and Andrzej Seweryn", w „The Voice/Głos", 1 września 2003, s. 10-11.

[6] Charles Allan Baretski, *The History of the American Council of Polish Cultural Clubs, 1948-1973*, wydana w 1973 roku, strona 87; Anna Chrypinska, *The History of the American Council for Polish Culture*. Vol. 2, *Our Second Quarter Century, 1973-1998*, wydana w 1998 roku, s. 91. Informacje przesłał Peter J. Obst, manager internetowy ACPC. http://www.polishcultureacpc.org/

[7] Maja Trochimczyk, *Polish Dance in Southern California.* East European Monographs Series, Columbia University Press, 2007; „The Impact of State Ensembles Mazowsze and Śląsk on Polish Folk Dance Movement in California," „Polish American Studies" 63, no. 1 (2006): 5-39.

spotkaniach i wypełniane przez członków Klubu porównane były z zebranymi wśród parafian Kościoła Matki Boskiej Jasnogórskiej w Los Angeles z ciekawymi wynikami. Odmiennie od parafian, klubowicze byli w większości dwujęzycznymi emigrantami urodzonymi w Polsce a mieszkającymi w Kalifornii ponad dziesięć lat, z podwójnym obywatelstwem i wysokim poziomem wykształcenia. Sondaże wykazały m.in., iż klubowicze uznają poloneza za główny taniec narodowy polski. Natomiast wiadomo, że wśród starszej Polonii na wschodnim wybrzeżu rolę sztandarowego tańca polskiej grupy etnicznej odgrywa polka, a jest to taniec czeski, popularny też w wśród miejskiego proletariatu i na obszarach graniczących z Niemcami i Czechami.

Kultywowanie języka i kultury polskiej nad Pacyfikiem to jeden z najważniejszych celów Klubu, tak zdefiniowany w jego konstytucji korporacyjnej (Articles of Incorporation) w 2006 roku: „Specyficznym celem tej korporacji jest: poszerzanie wiedzy o kulturze polskiej wśród jej członków i szerokiej publiczności; sponsorowanie publicznych spotkań, aby poszerzyć wiedzę o kulturze polskiej wśród nie-Polaków, organizując wystawy, wykłady, koncerty i spotkania, umożliwiając tym samym polskim artystom prezentację swoich prac". Ta dwoista misja, ukierunkowana wewnętrznie i zewnętrznie jest potwierdzona w Statucie Klubu (Bylaws): „Klub jest organizacją charytatywną, społeczną i apolityczną, której cele to: 1. Popularyzacja wśród swoich członków wiedzy o polskim dziedzictwie i kulturze. 2. Organizowanie publicznych przedstawień, koncertów, wykładów i wystaw w celu zapoznania szerokiej publiczności ze sztuką i kulturą Polski." (obecny statut z 2018 r.).

Od początku, podstawą Klubu była jego elitarność, oparta na wspólnej fascynacji rodzimą sztuką i kulturą, intelektualnej ciekawości, głębi zainteresowań i wiedzy. Warto podkreślić, że wśród współzałożycieli Klubu było dwóch kompozytorów i aktor-reżyser, czyli twórcy kultury. Ich „elitarność" oparta była na osiągnięciach, dorobku życia, czyli tzw. „meritocracy". Korzenie takiej elitarności tkwią w tradycjach polskiej poszlacheckiej inteligencji. Zamiast „pochodzenia" biletem wstępu do grupy o wyjątkowych talentach jest sam talent właśnie, oraz jego owoce. Późniejsza, amerykańska elitarność oparta o stan zamożności i pozycję społeczną lekarzy, prawników, menadżerów lub właścicieli firm, nie wymagała już głębokiej wiedzy o kulturze, ani osiągnięć w jej praktykowaniu. Wystarczyło samo zainteresowanie oraz przynależność do tej samej grupy społeczno-ekonomicznej: zamożnych, dobrze już w nowym kraju zakorzenionych emigrantów, szukających związków z krajem, gdzie się wychowali.

*Andrzej Wajda w Klubie im. Modrzejewskiej z Tadeuszem Podkańskim, Alicją Szwaglis i Jolantą Zych (2002). Po prawej; Krystyna Kuszta, Barbara Krafftówna, Jolanta Zych i Tadeusz Podkański (2003).*

Tradycje języka polskiego, kultury i sztuki rodzimej kultywowano w Klubie przez kolejne kadencje Prezesów Doroty Olszewskiej (2006-2008) oraz Andrzeja Maleskiego (2008-2010). Koncerty, wystawy, czy projekcje filmów były jak zawsze dostępne dla szerokiej publiczności. Spotkania z gwiazdami w salonach – nie. Prezes Olszewska założyła Teatrzyk Śnieżynka z budującym serca programem świątecznym; natomiast Prezes Maleski zaprezentował prapremierę filmu dokumentalnego o Helenie Modrzejewskiej jaki zrealizowała Barbara Myszyńska w 2009 roku.[8] Współpraca z Festiwalem Filmów Polskich w Los Angeles od jego

---

[8] Jadwiga Inglis, „*Modjeska-Woman Triumphant'* Film Premiere in Los Angeles", „The Post Eagle", 14 paźdz. 2009.

założenia 20 lat temu miała charakter „publiczno-prywatny." Klub wspierał Festiwal dorocznymi dotacjami w gotówce, pisał listy z gratulacjami do drukowanego programu, ale też organizował doroczne prestiżowe przyjęcia dla najwybitniejszych gości Festiwalu i klubowiczów. Organizowanie „zamkniętych" przyjęć jest jednocześnie doskonałym sposobem na zwiększenie liczby członków i zbieranie składek: w 1980-83 składki roczne w wysokości $15 od osoby płaciło ok. 40 członków, w 2018 roku, składki były dziesięciokrotnie wyższe, $150 od osoby, a płaciło je ok. 100 członków, umożliwiając tym samym działalność z większym rozmachem. Zbieranie składek to syzyfowa praca w okresie „pandemii" od marca 2020 r. – bo skoro nie ma eksluzywnych imprez, to jak prosić o opłaty?

Kiedy zostałam wybrana jako Prezes w 2010 roku (dr Maja Trochimczyk) dzieliłam pasję Dudarewa-Ossetyńskiego, nawet jeszcze nie wiedząc nic o jego osiągnięciach. Jako muzykolog z obszerną listą publikacji naukowych i popularnych o muzyce poważnej i kulturze Polonii oraz dyrektor Centrum Muzyki Polskiej w Uniwersytecie Południowej Kalifornii przez osiem lat, w sposób naturalny grawitowałam do koncepcji Klubu, w której ważną rolę gra kulturalna działalność publiczna – promowanie polskiej kultury i sztuki we współpracy z amerykańskimi instytucjami oraz szerzenie informacji w dwóch językach, polskim i angielskim. W poprzednich latach prowadziłam wykłady dla Klubu, przedstawiając m.in. muzykę polskich kompozytorów współczesnych, Marty Ptaszyńskiej i Romana Maciejewskiego. Prowadziłam rozmowy z Hanną Kulenty, Krzesimirem Dębskim, Piotrem Adamczykiem, Danutą Szaflarską czy Urszulą Dudziak. W trakcie pierwszej kadencji zorganizowałam ponad 30 wydarzeń kulturalnych, w większości otwartych dla publiczności, nawiązując do tradycji założyciela, uzyskując granty na działalność, itp. Klub rozpoczął współpracę m.in. z Bowers Museum w Santa Ana, gdzie wystawił sztukę *Modjeska! – The Artist Dream* Ewy Boryczko, wykład prof. Beth Holmgren o Modrzejewskiej, oraz mój wykład o XIX-wiecznej pianistce-kompozytorce Marii Szymanowskiej z muzyką w interpretacji Wojciecha Kocyana w 2013. To ostatnie wydarzenie, z ponad 300 osobami na sali, reklamowane w „OC Register" i innych mediach, miało miejsce już w kadencji Andrew Dowena, ale przygotowania rozpoczęły się ponad sześć miesięcy wcześniej. Ciekawe spotkania odbywały się również w eleganckiej sali koncertowej Biblioteki Południowej Pasadeny (koncerty, kabarety, czy wykłady).

We współpracy z Konsulatem RP w Los Angeles, zorganizowaliśmy koncert Jacaranda Music, pt. *Songs of Stones (Pieśni kamieni)* prezentujący muzykę Henryka Mikołaja Góreckiego w pierwszą rocznicę śmierci kompozytora. Koncert reklamowały „LA Weekly" i inne lokalne media a bardzo chwalił interpretacje dzieł Góreckiego recenzent „Los Angeles Times". Występ nagrany był też (wraz z wywiadami z dyrygentem i muzykami) do filmu dokumentalnego o kompozytorze, wyprodukowanego w Polsce przez Instytut Adama Mickiewicza w 2012 roku, *Please Find – Henryk Mikołaj Górecki* w reżyserii Violetty Rotter-Kozery.

*L: Krzysztof Zanussi, Jolanta Zych i Andrzej Maleski. P: Barbara Krafftówna otrzymuje Nagrodę Modrzejewskiej, Modjeska Prize 2012 od Mai Trochimczyk na otwarciu Polskiego Festiwalu Filmowego.*

W 2010 roku postanowiliśmy uhonorować naszą patronkę, której setna rocznica śmierci przypadła w 2009 roku, oraz podnieść publiczny profil Klubu przez nadawanie nagród imienia Heleny Modrzejewskiej, *Modjeska Prize*. Pomysł przyniosłam do Klubu z pracy w agencjach charytatywnych w Kalifornii: wszystkie one dają doroczne nagrody, aby uhonorować wybitne osoby, ale także promować swoją misję i pracę. Pierwszą nagrodę Modjeska Prize 2010 otrzymał wspaniały aktor Jan Nowicki. Ten polski aktor teatralny, filmowy i telewizyjny, reżyser teatralny, pedagog, felietonista, pisarz i poeta ma olbrzymi dorobek artystyczny. Wystąpił w ponad 90 filmach! Wydarzenie sfilmowała ekipa TV Polonia a sprawozdanie wielokrotnie nadawała polska telewizja w migawkach informacyjnych emitowanych w kraju i na świecie, obecnie na Vimeo i YouTube. Inny sposób podwyższenia profilu publicznego organizacji, to obchody rocznic. Po balu 25-lecia i balu 30-lecia nadszedł czas na bal 40-lecia w lutym 2012 r. Była to okazja uhonorowania dwudziestu działaczy i działaczek Klubu dyplomami od hrabstwa i miasta Los Angeles. Dwadzieścia medali, o które wystąpiłam do rządu polskiego we współpracy z Konsul Generalnym RP Joanną Kozińską-Frybes, przyznano dopiero w 2013 roku. Dzięki Pani Konsul specjalny plakat na 40-lecie Klubu zaprojektował słynny polski artysta, Lech Majewski.

Niecałe pół roku Prezesem była Elżbieta Kański (wcześniej, od 2010 r., pracowała w zarządzie jako Wiceprezes). Przejęła władzę po moim odejściu w szóstym miesiącu mej drugiej kadencji, która trwała do 8 grudnia 2012 roku. Przepracowałam się przygotowując tak wiele imprez Klubu, prowadząc promocję, sama wożąc sprzęt, pisząc zaproszenia, podania o granty i medale. Ostatnim moim projektem był występ Anny Seniuk w Magicopolis w dniu 2 grudnia 2012. Ciężka praca zaowocowała wieloma ważnymi wydarzeniami kulturalnymi. W dniu 15 marca 2013 r., już podczas kadencji Prezes Kańskiej, odbyła się uroczystość wręczenia 20 medali prezesom i członkom zarządu z okazji 40-lecia Klubu. Konsul Joanna Kozińska-Frybes nadała założycielowi pośmiertnie Krzyż Kawalerski Orderu Zasługi Rzeczypospolitej Polskiej. Pozostałych 19 działaczy Klubu otrzymało medale od Ministerstwa Kultury, „zasłużony dla kultury polskiej". To prawdziwy rekord ilości polonijnych nagród!

W kwietniu 2013 roku Andrew Z. Dowen, poprzednio członek zarządu od 2010 r., został prezesem na trzy kadencje, do 2018 roku. W tym czasie, oprócz eleganckich spotkań z gwiazdami ekranu tylko dla członków, Klub przedstawił wiele ważnych, publicznych wydarzeń, jak występy teatru Fantazja z Sydney, Australia; oraz koncerty, recitale czy sztuki w wykonaniu muzyków i aktorów z Polski. Spotkania odbywały się, m.in., w teatrze Odyssey w Los Angeles, teatrze Magicopolis w Santa Monica, bibliotece Beverly Hills, uroklym McGroarty Arts Center w górach, prawie w stylu podhalańskim, idealnym miejscu na spotkania świąteczne, oraz w domach prywatnych. Klub rozwinął skrzydła otrzymując wiele grantów od Konsulatu RP w Los Angeles i przygotowując wspólne wydarzenia kulturalne, np. koncert Grażyny Auguścik (marzec 2015) lub sztuka Sławomira Mrożka, Emigranci (wrzesień 2015). Organizowano rownież eleganckie bale sylwestrowe w oryginalnej oprawie artystycznej, zaprojektowanej przez Krystynę Okuniewską.

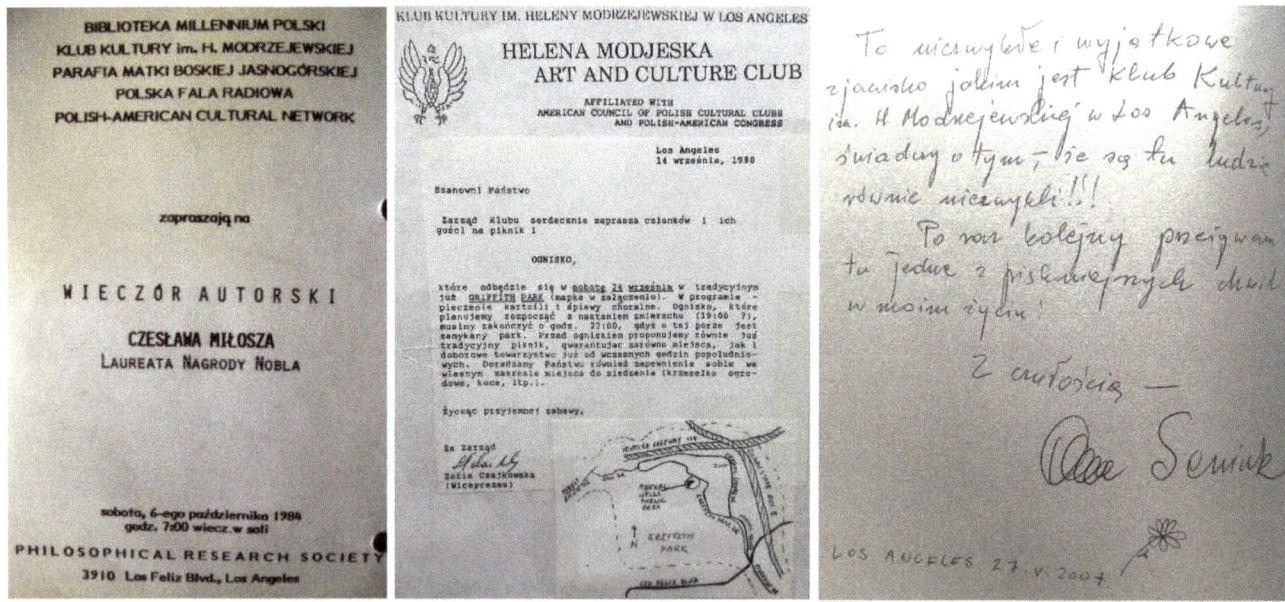

*Program wieczoru autorskiego Czesława Miłosza (1984). Zaproszenie na ognisko „Sobótkowe" w parku Griffith w Los Angeles (1988). Wpis aktorki Anny Seniuk do Księgi Spotkań z podziękowaniem (2007).*

Największe projekty moich dwóch kadencji od czerwca 2018 roku to obchody 100-lecia odzyskania niepodległości przez Polskę w 2018 roku, oraz obchody 50-lecia Klubu w 2021 roku. W 2018 r. pomogliśmy Konsulatowi zorganizować koncert rocznicowy w Colburn School of Music, z wsparciem finansowym Polskiej Fundacji Narodowej. Utwory Chopina, Paderewskiego i Beethovena usłyszeliśmy w wykonaniu znakomitej pianistki Kate Liu. Przemówienia wygłosili Senator Anna Maria Costa Anders i Konsul Generalny RP Jarosław Łasiński. Na klubowym koncercie pt. „Sto Lat Polski w Muzyce", w eleganckiej rezydencji Państwa Kołodziey w Beverly Hills wystąpiła mezzosopran Katarzyna Sądej z akompaniamentem Barbary Bochenek, oraz kompozytor-pianista Miro Kępiński. Ostatnim spotkaniem „osobistym" był wzruszający koncert poezji śpiewanej Dominiki Świątek z pianistą Andrzejem Perkmanem w wypełnionej po brzegi sali biblioteki Santa Monica w lutym 2020. Laureat nagrody Emmy, Andrzej Warzocha, zapewnił im cudowną oprawę dźwiękową. Planów na marzec już nie mogliśmy zrealizować, bo gubernator ogłosił stan wyjątkowy. Od września 2020 roku ze względu na zakaz spotkań osobistych przez stan Kalifornia organizujemy co-miesięczne rozmowy w formacie wirtualnym Zoom; niestety frekwencja nie dopisuje jak na eleganckich przyjęciach w Beverly Hills. Musimy się uzbroić w cierpliwość. Natomiast format wirtualny ma swoje zalety, gdyż mieliśmy możliwość przeprowadzenia prezentacji i dyskusji z gośćmi z Polski, Kanady oraz Anglii.

Technologia miała i ma wielki wpływ na działania klubowe, od maszyny do pisania z przebitką, zaproszeń pisanych ręcznie a wysyłanych pocztą, do komputera i wiadomości emailowych. Od ręcznych wycinanek i przyklejanek na zaproszeniach (nie było GPS, więc potrzebne były mapki z instrukcjami o dojeździe) do telefonów komórkowych i grafiki cyfrowej… Od spotkań osobistych, niezapomnianych, nie wszystkich utrwalonych na zdjęciach, do nagrań wideo w formacie Zoom. Dziwny ten świat widziany przez Zoom. Niby zapisane cyfrowo jest każde słowo, każdy gest, a jednak czegoś brakuje – tej niepowtarzalnej atmosfery osobistego kontaktu, nieprzewidzianego przebiegu wieczoru, wraz ze spontanicznymi przerywnikami czy dygresjami… Jednym słowem, żywych i prawdziwych ludzi.

Dokumentację archiwalną działalności Klubu stanowiły Księgi Spotkań z zaproszeniami i podpisami gości. Dokumentacja publiczna wydarzeń klubowych to strona internetowa założona w 1996 roku, zaprojektowana i prowadzona przez artystkę Ewę Chodkiewicz-Świder (1950-2019) na serwerze iPower (Modjeska.org), uzupełniona o wersję angielską w 2010 roku (ModjeskaClub.org w formacie w pełni dwujęzycznym, opartym na projekcie graficznym Ewy). W czerwcu 2010 roku powstał blog „ModjeskaClub.blogspot.com" po angielsku, aby szerzej informować Amerykanów o kulturze polskiej i wydarzeniach kulturalnych w Kalifornii. Do dzisiaj nasz angielski blog miał 84.792 gości, opublikowano 86 wiadomości, w tym najpopularniejsze o balu 40-lecia, programie kosmicznym Andrew Dowena w JPL i balecie Stefana Wenty. W 2013 r. strona Modjeska.org została zaprojektowana od nowa i przeniesiona na inny serwer goDaddy przez Jacka Roszkowskiego, tracąc piękny układ i dwujęzyczność, a zyskując „nowoczesność" języka oprogramowania. Obecnie zaś musi być rekonstruowana z powodu zmiany systemu na niekompatybilny z poprzednim przez firmę goszczącą naszą stronę (praca w trakcie). Trudną w obsłudze stronę internetową wspomaga blog angielski oraz blog z informacjami po polsku, „KlubModrzejewskiej.blogspot.com" (od 2018 r.).

*Jan Englert, Tadeusz Bociański, 2000. Jerzy Antczak, Jan Kidawa-Błoński, Jadwiga Barańska, 2011. Andrzej Seweryn, 2003.*

Publikacje o Klubie Kultury im. Heleny Modrzejewskiej ukazywały się w prasie, radiu i telewizji. O Klubie pisały w Polsce gazety, tygodniki i miesięczniki, m.in.: „Literatura", „Kultura", „Perspektywy", „Przekrój" (Mieszanka Firmowa Rogowskiego), „Kobieta i życie", „Ruch Muzyczny". Za granicami kraju sprawozdania publikowały: „Wiadomości" (Londyn) i „Kultura" (Paryż) w latach 1970-tych, oraz w USA i Kanadzie: „Gwiazda Polarna", „Gazeta" (Toronto), „The Cosmopolitan Review", „Culture Avenue", „Przegląd Kwartalny" („Quarterly Review") ACPCC, „Polonia Kalifornijska", „Polish American Journal", „ Post Eagle", „White Eagle/Biały Orzeł", „The Voice/Głos", „Nowy Dziennik", „News of Polonia", „PAHA Newsletter", i blogi, Chopin with Cherries czy PAHA News. Stacje telewizyjne i radiowe nadawały programy o Klubie: TV Polonia, TVP 1 – program „Pegaz", Polska Fala Radiowa w Los Angeles, Radio Accent On! LA Talk Radio, i in. Tematów dostarczały unikalne wydarzenia klubowe, w tym wiele prapremier i amerykańskich premier muzycznych, teatralnych i filmowych. Oprócz *Requiem* Maciejewskiego w 1975 r. Klub zorganizował amerykańską premierę jego Tria *Matinata* (2001); *Elegii o świerku* Wacława Gazińskiego (1980); *Koncertu Jankiela* z XIX. wieku (2011), *Inspiracji* Miro Kępińskiego (2018), i in. Dziełem Klubu były prapremiery filmów *Niemcy* Zbigniewa Kamińskiego (1996) oraz *Modjeska – Woman Triumphant* Barbary Myszyńskiej (2009). W Klubie odbyły się pierwsze w świecie prezentacje słynnej sztuki *Emigranci* Sławomira Mrożka (połowa lat 1970-tych) i nowej, eksperymentalnej sztuki pt. *Helena* Marty Ojrzyńskiej (2019).

*Przyjęcia dla Polskiego Festiwalu Filmowego. Strona Księgi Spotkań z wpisami młodych filmowców: Bartek Gliniak, Marta Honzatko, Anna Kostrzewska, Beverly Hills, październik 2011. | Zarząd Klubu z Krzysztofem Zanussim, Beverly Hills, październik 2014. Lila Chmielewska, Wanda Presburger, Wiceprezes Krystyna Bartkowska, K. Z., Jolanta Uniejewska, Prezes Andrew Dowen, Danuta Zuchowska, Krystyna Okuniewska, Andrzej Maleski. Fot. Jadwiga Inglis.*

### GOŚCIE KLUBU

Lista gości Klubu od 1971 roku zawiera nazwiska luminarzy kultury polskiej z wielu dziedzin. W okresie 1971-1982, było wśród nich wielu emigrantów, przedstawicieli inteligencji, weteranów Armii Krajowej, czy Armii Andersa, którzy nie mogli powrócić do kraju po drugiej wojnie światowej, oraz emigrantów, jacy wyjechali z Polski wcześniej. Od 1983 roku zdecydowanie przeważali goście ze „Starego Kraju. Zapewniał im przyjazd „impresario" Tadeusz Bociański i jego następcy, a członkowie Klubu stracili zainteresowanie kulturą polską tworzoną na emigracji, kierując spojrzenie na PRL, a po 1989 roku – Trzecią Rzeczpospolitą.

Do dziś, na całym świecie sławni są głównie ci artyści polscy, jakich wykreowali propagandyści PZPR. Generacja AK-owców, czy Sybiraków została zagubiona w tumulcie historii; odtworzenie ich wkładu do kultury polskiej to zadanie na przyszłość. Aby łatwiej namówić polskie gwiazdy sceny i ekranu do przyjazdu do Kalifornii, Klub im. Modrzejewskiej współpracował z innymi lokalnymi klubami, organizując gościom kilka występów – w Polskim Salonie Artystycznym w San Diego (Prezes Jerzy Barankiewicz) i w Klubie PIE w Riverside (Prezes Witold Frączek). Gości „politycznych" często dzielił z Klubem Konsulat RP w Los

Angeles (np. Ambasador Janusz Reiter, Minister Leszek Balcerowicz, Redaktor Adam Michnik). Aktorzy i reżyserzy, którzy przyjeżdżali na Polski Festiwal Filmowy w Los Angeles brali udział w ekskluzywnych, galowych przyjęciach, jakie Klub organizował dla gości Festiwalu.

*Andrzej Seweryn, nagroda Modjeska Prize 2020 w Zoom, od lewej od góry: dr Elżbieta Trybuś, dr Maja Trochimczyk, Anna Sadowska, Maria Kubal, dr Andrzej Targowski, dr Irmina Targowska, Krystyna Kuszta, Katarzyna Śmiechowicz, Jolanta Zych, Andrzej Seweryn, Elżbieta Kańska. | Monika Chmielewska-Lehman w Helladzie, 2018.*

**Teatr i film – reżyserzy, operatorzy:** Jerzy Antczak (członek honorowy Klubu), Filip Bajon, Balbina Bruszewska, Ryszard Bugajski (laureat Modjeska Prize 2013), Eugeniusz Czekalski, prof. Janusz Degler, Zofia Dobrzańska, Leonidas Dudarew-Ossetyński, Jerzy Grotowski, Robert Gliński, Jerzy Hoffmann, Agnieszka Holland, Grzegorz Jarzyna, Zbigniew Kamiński, Janusz Kamiński, Dorota Kędzierzawska, Jan Kidawa-Błoński, Lech Majewski, Wojciech Maciejewski, Krzysztof Malkiewicz, Barbara Myszyńska, Maria Piłatowicz, Mark Robson, Zbigniew Rybczyński, Jerzy Skolimowski, Jolanta Siemieniewska, Witold Starecki, Zygmunt Sulistrowski (Brazylia), Stefan Szlachtycz, Matt Szymanowski, Jerzy Stuhr, Henryk Tomaszewski, Andrzej Wajda, Stefan Wenta, Ophra Yerushalmi, Krzysztof Zanussi, Janusz Zaorski i Zbigniew Zamachowski.

**Teatr i film – aktorzy:** Piotr Adamczyk, Jadwiga Barańska (laureatka Modjeska Prize 2018), Balbina Bruszewska, Marek Chodaczyński, Piotr Cyrwus, Kazimierz Cybulski, Renata Dańska, Zofia Dobrzańska, Jan Englert (wielokrotnie, laureat Modjeska Prize 2021), Monika Ekiert, Romuald Gantkowski, Paulino Garcia, M. Gerlicz-White, Robert Gliński, Stanisław Górka (wielokrotnie), Artur Gotz, Jerzy Grotowski, Marcin Harasimowicz, Marta Honzatko, Alina Janowska (wielokrotnie), Krzysztof Janczar, Grzegorz Jarzyna, Emilian Kamiński, Janusz Kamiński, Aleksandra Kaniak, Dorota Kędzierzawska, Jerzy Kopczewski (wielokrotnie), Tomasz Kot, Tola Korian, Barbara Krafftówna (wielokrotnie, Laureatka Modjeska Prize, 2011), Tomasz Krzysztofik, Ewa Krzyżewska, Szymon Kuśmider, Elżbieta Libel, Andrzej Mikulski, Jan Machulski, Maria Mamona, Jan Matyjaszkiewicz, Stanisław Michno, Jan Nowicki (laureat Modjeska Prize, 2010), Maria Nowotarska i Agata Pilitowska (wielokrotnie, laureatki Modjeska Prize, 2019), Anna Nehrebecka, Marta Ojrzyńska, Daniel Olbrychski, Marian Opania, Stephanie Powers, Jan Pietrzak, Małgorzata Potocka, Beata Poźniak (laureatka Modjeska Prize, 2021), Marek Probosz, Omar Sangare, Zofia Saretok, Beata Ścibakówna, Andrzej Seweryn (wielokrotnie, laureat Modjeska Prize, 2020), Anna Seniuk (wielokrotnie), Justyna Sienczyłło, Katarzyna Śmiechowicz, Danuta Stenka, Jerzy Stuhr, Danuta Szaflarska, Grażyna Szapołowska, Joanna Szczepkowska, Włodzimierz Staniewski; Jerzy Stefański, Jerzy Trela, Marcin Walewski, Teresa Warras, Zbigniew Zamachowski, Andrzej Zaorski, Magda Zawadzka, Wiktor Zborowski i Artur Żmijewski.

*Marta Ojrzyńska, 2019. Fot. Bartosz Nalazek; Lech Majewski w rozmowie z Elżbietą Kańską, 2018.*

**Grupy teatralne:** Kabaret Wojciecha Dzieduszyckiego z Krakowa, Kabaret Starszych Panów z Klubu PIE, Kabaret Polskiego Klubu z Las Vegas, Teatr Gardzienice, Teatr Provisorium, Teatr ZAR, Teatr Fantazja z Sydney, Australia, Teatr Polski z Polskiego Salonu w Toronto (5 razy, laureat Nagrody im. Heleny Modrzejewskiej), T.E.O.R.E.M.A.T, Teatr Polskiego Esperanta, Teatr Eskulap z Warszawy, Wrocławski Teatr Lalek i grupy Klubowe, Teatrzyk Dyletantów i Teatrzyk Śnieżynka.

**Literatura**: Jarosław Abramow-Neverly, prof. Jerzy Bralczyk, Olgierd Budrewicz, Marek Jan Chodakiewicz, Kazimierz Cybulski, Krzysztof Dzikowski, Leszek Długosz, Artur Domosławski, Wacław Gaziński, Magdalena Grzebałkowska, John Z. Guzlowski, Ryszard Holzer, Aleksander Janta-Połczyński, red. Julita Karkowska, Jan Kott, prof. Leonard Kress, prof. Roman Koropeckyj (UCLA), Wiesław Kuniczak, red. Michał Maliszewski, Roman Makarewicz, Czesław Miłosz (Noblista), Anna Maria Mickiewicz (Londyn), Jan Nowak-Jeziorański, Kazimierz Ostaszewicz, Maria Piłatowicz, prof. Iwo Cyprian Pogonowski, Edward Redliński, dr Janusz Rek, Henryk Rozpędowski, dr Kleofas Rundzio, Michał Rusinek, Harvey Sarner, Stefan Sołtysik, Jan Tadeusz Stanisławski, Adrianna Szymańska, dr Leszek Szymański, Jerzy Surdykowski, prof. Tymon Terlecki (Chicago), Olga Tokarczuk, Teresa Torańska, dr Franciszka Tuszyńska, Ewa Wojdyłło, Adam Zagajewski oraz Szczepan Zimmer.

**Muzyka poważna:** Piotr Anderszewski, Dorota Anderszewska, Michał Białek, Barbara Bochenek, Joanna Bruzdowicz, Halina Czerny-Stefańska, Janice Foy, Wacław Gaziński, Kwartet Gitarowy – Poznań, Tomasz Golka, Maciej Grzybowski, Barbara Hesse-Bukowska, Mark Alan Hilt, Jacaranda New Music Group, Kevin Kenner, Adam Kośmieja, Wojciech Kocyan, Róża Kostrzewska-Yoder, Monika Kozłowska, Veronika Krausas, Teresa Kubiak, Hanna Kulenty, Roman Maciejewski, Karolina Naziemiec, Jan Jakub Omsky, Jan Kanty Pawluśkiewicz, Małgorzata Piętkiewicz-Jedynak (wykład), Joanna Różewska-Kulasińska, Katarzyna Sądej, Stanisław Skrowaczewski, Marek Szpakiewicz, dr Maja Trochimczyk (wykłady o Romanie Maciejewskim, Marii Szymanowskiej i tango, spotkania z Martą Ptaszyńską, Hanną Kulenty i Krzesimirem Dębskim), Krystian Tkaczewski, Joanna Trzeciak, Bartosz Urbanowicz, Wanda Wilk, Marta Wryk, Bracia Kasper, Łukasz i Dominik Yoder, Krystian Zimmerman i Marek Żebrowski (wielokrotnie).

**Jazz, muzyka filmowa i popularna:** Grażyna Auguścik z Paulinho Garcia, Adrianna Biedrzyńska, Ewa Błaszczyk, Stan Borys, Jacek Cygan, Diane Davidson oraz Dixy Co., Urszula Dudziak, Krzesimir Dębski, Krzysztof Dzikowski, Marta Honzatko, Elżbieta Jodłowska (wielokrotnie), Anna Kostrzewska, Jan A.P. Kaczmarek, Miro Kępiński, Konrad Mastyło, Los Angeles Jazz Quartet, Wojciech Młynarski, Karolina Naziemiec, Arkadiusz Niezgoda, Darek Oleszkiewicz (wielokrotnie), Stefan Pasternacki (wielokrotnie), Jan Kanty Pawluśkiewicz, grupa Piramidy (Piotr Kajetan Matczuk i Tomasz Imienowski), Piotr Rubik, Beata Rybotycka, Zbigniew Sekulski, Dominika Świątek z Andrzejem Perkmanem, Mikołaj Stroiński, Andrzej Sikorowski, duet akustyczny Shandy i Eva (Shandrelica Casper i Ewa Żmijewska), Grzegorz Turnau, Wiktoria Tracz, Magda Umer, Jacek Wójcicki, Aga Zaryan i Maciej Zembaty.

**Polityka i ekonomia:** Sekretarz Stanu i Senator RP Anna Maria Anders, Prof. Włodzimierz Anioł, prof. Leszek Balcerowicz, Konsul Generalny RP Mariusz Brymora, Konsul RP Roman Czarny, Ambasador RP Przemysław Grudziński, Konstanty Gebert i Joanna Podolska, Maciej Henzler, Pierwsza Dama RP Maria Kaczyńska, Jan Karski, Jacek Kalabiński, Julita Karkowska („Nowy Dziennik"), Gen. Stanisław Karpiński (uczestnik Bitwy o Anglię), Konsul Generalny RP Krzysztof Kasprzyk, Krzysztof Kozłowski, Maciej Kozłowski, prof. Andrzej Korboński, Antoni Macierewicz, Aleksander Małachowski, Jan Małek, Adam Michnik (3 razy), Leszek Moczulski, Jan Nowak Jeziorański (dwa razy), dr Bogdan Oppenheim, Ks. Biskup Tadeusz Pieronek, Małgorzata Piętkiewicz-Jedynak, Witold Osiatyński, Jerzy Pujdak, Ambasador RP Janusz Reiter, pułkownik Stanisław Skalski (uczestnik Bitwy o Anglię), Muzia Sierotwińska, Władysław Siła-Nowicki, prof. Kazimierz Stańczak, Jerzy Surdykowski, Konsul Generalny RP Jan Szewc, Konsul Generalny RP Krystyna Tokarska-Biernacik Konsul RP Tomasz Trafas, Teresa Torańska, Bronisław Wildstein, Janusz Zawadzki, Minister Kultury Bogdan Zdrojewski, oraz Sybiracy, ofiary represji i deportacji sowieckich podczas drugiej wojny światowej.

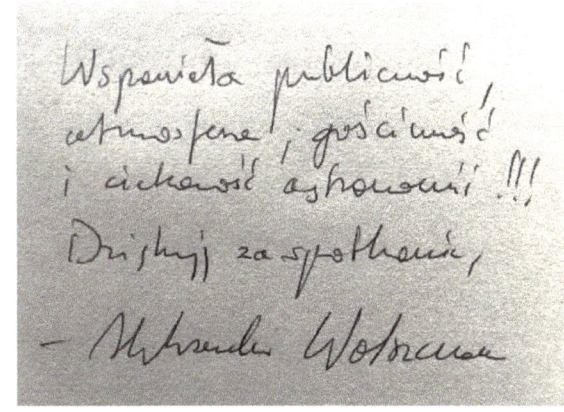

*Wpis Prof. Wolszczana do Księgi Spotkań 20 marca 2004.*

**Sztuka:** Magdalena Abakanowicz, Marek Duda (wykład), Barbara Hulanicka, Janusz Kapusta, Andrzej Kołodziej, Leonard Konopelski, Ewa Matysek-Mazur, Prof. dr hab. Andrzej Mazur, dr Danuta Künstler-Langer, Monique Lehman, Rafał Olbiński, Andrzej Olszewski, dr Irena Olszewska, Prof. dr Andrzej Strachocki, Prof. dr hab. Andrzej Rottermund, Ewa Świder, Jerzy Szeptycki (emigracyjny architekt), Stanisław Szukalski, Leszek Szurkowski, Władysław Wątróbski, Hanna Wojciechowska-Roman i Julian Żebrowski.

**Wystawy:** Fotografie Ojca Świętego Jana Pawła II (Adam Bujak, Grzegorz Gałązka, Arturo Mari, Ryszard Rzepecki), Witold Kaczanowski, Polski Plakat Filmowy w Autry Museum, Monika Lehman (w galerii domowej w Pasadenie oraz w galerii Hellada), Tomasz Misztal, Rafał Olbiński, Prof. dr hab. Jan Wiktor Sienkiewicz, Anna Socha VanMatre, Alina Szapocznikow (wystawa rzeźby w Hammer Muzeum), Leszek Szurkowski, Bruno Schultz (we współpracy z San Diego Muzeum), Julian Żebrowski (wystawa karykatur).

**Nauka i odkrycia (podróże):** Artur Bartosz Chmielewski, Andrew Dowen, prof. Norman Davies, Witold Frączek, Jarosław Garncarz, dr Krzysztof Górski, dr Góryński, prof. Beth Holmgren, dr Jan Iwańczyk, dr Bogusław Kuszta, David Lehman, Andrzej Lelito, Jacek Nożewnik, Edward Piłatowicz, Bogdan Plewnia, Edi i Asia Pyrek, Piotr Rybarczyk, Prof. dr Henryk Skolimowski, dr Witold Sokołowski, dr Mieczysław Słupa, dr Andrzej Targowski, dr Franciszka Tuszyńska, Marek Tuszyński, Hanna Wojciechowska-Roman, Lech Weres, prof. Andrzej Wesołowski, prof. Aleksander Wolszczan, i dr Żebrowski.

## KLUB I PATRONKA, HELENA MODRZEJEWSKA

Klub Kultury im. Heleny Modrzejewskiej rozpoczął wiele projektów poświęconych propagowaniu wiedzy o Helenie Modrzejewskiej. Odbywały się wykłady na jej temat – pierwszy wygłosił Roman Makarewicz w latach 1970-tych a ostatni jak dotychczas dr Maja Trochimczyk w marcu 2019 r. Organizowano wycieczki do muzeum Modrzejewskiej w posiadłości Arden (obecnie Historyczny Dom Heleny Modrzejewskiej, własność hrabstwa Orange), przedstawienia teatralne (np. sztuki Ewy Boryczko, 2012 i Marty Ojrzyńskiej, 2019) czy pokazy filmów (np. światowa prapremiera filmu dokumentalnego *Modjeska: Woman Triumphant* Barbary Myszyńskiej w 2009 roku).

Nigdy nie zrealizowano planów budowy pomników, które miały upamiętnić obecność gwiazdy w południowej Kalifornii i jej wkład w kulturę świata. Pierwsze szkice pomnika Modrzejewskiej na zamówienie naszego Klubu zostały stworzone przez jednego ze współzałożycieli naszej organizacji, oryginalnego rzeźbiarza i artystę, Stanisława Szukalskiego (1893-1987). Jego projekty z początku lat 1970-tych przedstawiają Modrzejewską w pozie tancerki flamenco, trzymającej koronę i serce nad zarysami Kościoła Mariackiego w Krakowie. (Zob. list Szukalskiego o idei pomnika, przedrukowany powyżej).

W latach 1980-tych Klub zlecił innemu rzeźbiarzowi, Tomaszowi Misztalowi (ur. 1957) zaprojektowanie nowego pomnika, który miał zostać umieszczony w Newport Beach, gdzie Modrzejewska spędziła ostatnie lata swojego życia. Misztal przedstawił dwa projekty w formie rysunków i modeli, jeden na podstawie portretu Modrzejewskiej autorstwa Ajdukiewicza a drugi ukazujący aktorkę w bogato zdobionym kostiumie scenicznym. Poczyniono znaczne postępy w uzyskaniu niezbędnych pozwoleń na budowę. Jednak projekt nigdy nie został ukończony z powodu narastających przeszkód administracyjnych i braku wystarczającego dofinansowania. Po reaktywowaniu pomysłu w 2011 roku, Misztal dokończył głowę rzeźby w glinie, ale pomnika nie zbudowano. Wypada tu przypomnieć, że nasza gwiazda ma jeden pomnik w Kalifornii, w parku w Anaheim, odsłonięty w 1955 roku, projektu Eugen Maier-Krieg, w kostiumie Marii Królowej Szkotów.

*Projekt Stanisława Szukalskiego (nie zrealizowany, 1970s). Dwa projekty Tomasza Misztala, malowana glina, 2011.*

22 maja 1993 roku sztukę Kazimierza Brauna *Helena: Rzecz o Modrzejewskiej*, zagrała Maria Nowotarska z Toronto. W 2011 roku do Klubu zawitała aktorka Ewa Boryczko, ze sztuką jaką sama napisała i wyreżyserowała, *Modjeska! The Artist's Dream*. Fragment spektaklu Boryczko zagrała też na uroczystym balu rocznicowym 40-lecia Klubu w lutym 2012 r. Dodatkową atrakcją jej występów były repliki autentycznych kostiumów Modrzejewskiej, odtworzonych na podstawie jej portretów i zdjęć, wypożyczonych na tę okazję z prywatnej kolekcji.

*Plakat sztuki* Helena *Marty Ojrzyńskiej, 2019.*

19 maja 2019 roku odbyła się światowa premiera nowej sztuki *Helena* napisanej przez Martę Ojrzyńską jako monodram, w którym aktorka wystąpiła sama w Magicopolis, Santa Monica. Spektakl *Helena* to opowieść o kobiecie wybitnej, wyzwolonej, pięknej, odważnej, o wielkich ambicjach. Artystce, która jako pierwsza polska aktorka w XIX wieku wyjechała za granicę i odniosła oszałamiający sukces. To opowieść o sztuce, trudnym życiu rodzinnym, walce o przetrwanie, ogromnej determinacji, sukcesie, miłości, ale też wielkiej samotności i tęsknocie. Jak pisze Marta Ojrzyńska: "Próbuję sobie odpowiedzieć na pytanie, kim byłaby dzisiaj tak wielka aktorka i jak jej droga artystyczna potoczyłaby się w dobie telewizji, filmu, i portali społecznościowych. Czym dziś jest zawód aktora i jakie stawia przed nami wyzwania. Zmierzam się z szekspirowskimi monologami granymi przez Modrzejewską, dzięki którym odniosła tak olbrzymi sukces w

Anglii i Ameryce. Przyglądam się jak postrzegana jest Modrzejewska w Kalifornii, a jak jej historia i dorobek funkcjonują w Polsce".

## MODJESKA PRIZE - NAGRODA IM. HELENY MODRZEJEWSKIEJ

W 2010 roku, aby upamiętnić swoją patronkę Helenę Modrzejewską i uhonorować osiągnięcia wybitnych artystów scen polskich, Klub ustanowił doroczną nagrodę za zasługi dla kultury polskiej w dziedzinie aktorstwa: „Nagroda im. Heleny Modrzejewskiej" (The Modjeska Prize). W październiku 2010 r. pierwszą nagrodę otrzymał aktor Jan Nowicki. W 2011 roku nagrodę otrzymali *ex aequo* aktorzy Anna Dymna i Marian Dziędziel. W 2012 roku laureatką została Barbara Krafftówna a w 2013 r. reżyser i scenarzysta, Ryszard Bugajski. W 2018 roku Klub uhonorował Nagrodą im. Heleny Modrzejewskiej Jadwigę Barańską. W 2019 r. nagrodę przyznano dwóm aktorkom z Teatru Polskiego w Toronto – Agacie Pilitowskiej i Marii Nowotarskiej. W styczniu 2021 roku nagrodę za 2020 rok otrzymał Andrzej Seweryn.[9] Z okazji 50-lecia Klubu w 2021 roku przyznano dwie nagrody, dla aktora działającego na emigracji i dla gwiazdy teatru z Polski. Nagrody otrzymują Beata Poźniak i Jan Englert.

*Agata Pilitowska i Maria Nowotarska – nagroda im. Modrzejewskiej za 2019, Zarząd i Konsul Paweł Lickiewicz, 2020.*

## NAGRODY DLA KLUBU

Działalność Klubu i jego władz została nagrodzona wieloma odznaczeniami, w tym sześć nagród dla całego Klubu, oraz nagrody indywidualne dla prezesów i członków Zarządu. Z okazji 40-lecia Klubu w 2012 roku medale Ministra Kultury Rzeczpospolitej Polskiej, „Zasłużony dla Kultury Polskiej" otrzymało 19 członków Zarządu, byłych prezesów, założycieli i działaczy Klubu. Z tej samej okazji, Leonidas Dudarew-Ossetyński (1910-1989), założyciel Klubu, otrzymał Krzyż Kawalerski Orderu Zasługi Rzeczypospolitej Polskiej. Lista odznaczeń i nagród dla Klubu im. Modrzejewskiej i członków Zarządu, którzy włożyli poważny wkład w promocję kultury polskiej obejmuje 40 pozycji.

Odznaczenia dla Klubu im. Heleny Modrzejewskiej:

- 1997 – Medal Ministra Kultury „Zasłużony dla Kultury Polskiej".
- 2009 – Specjalna Nagroda Związku Artystów Scen Polskich ZASP „Za propagowanie polskiej kultury na obczyźnie" dla Klubu Kultury im. Heleny Modrzejewskiej.
- 2011 – Uchwała Rady Miasta Los Angeles z okazji 40-lecia Klubu i Dyplom Honorowy.
- 2011 – Gratulacje od Hrabstwa Los Angeles z okazji 40-lecia Klubu i Dyplom Honorowy.

---

[9] Sprawozdanie w języku polskim, „Andrzej Seweryn laureatem nagrody im. Heleny Modrzejewskiej w Los Angeles", „Culture Avenue", 5 maja 2021 r., https://www.cultureave.com/andrzej-seweryn-laureatem-nagrody-im-heleny-modrzejewskiej-w-los-angeles/. W j. angielskim, „Eminent Polish Actor Receives 2020 Modjeska Prize", „The Post Eagle", 9 maja 2021. http://www.posteaglenewspaper.com/eminent-polish-actor-receives-2020-modjeska-prize/.

- 2012 – Gratulacje od Hrabstwa Los Angeles z okazji 40-lecia Klubu oraz Dyplomy Honorowe dla 28 członków ówczesnego i poprzednich Zarządów.
- 2021 – Gratulacje od Miasta Los Angeles z okazji 50-lecia Klubu.

Odznaczenia indywidualne dla Prezesów i Członków Zarządu:[10]
- 1994 – Witold Czajkowski (Prezes Klubu w latach 1990-1993), za zasługi dla szerzenia kultury polskiej za granicą, Krzyż Kawalerski Orderu Zasługi Rzeczypospolitej Polskiej
- 1998 – za zasługi dla szerzenia kultury polskiej za granicą, w imieniu Prezydenta Rzeczypospolitej, Krzyże Kawalerskie Orderu Zasługi Rzeczypospolitej Polskiej otrzymali:
    - Tadeusz Bociański (Prezes w latach 1983-1989, w Zarządzie wiele lat).
    - Zofia Czajkowska (Wiceprezes w latach 1984-1994, Prezes, 1994-1995).
    - Maria Piłatowicz (Wiceprezes i członek Zarządu przez ponad 16 lat).
    - Edward Piłatowicz (Prezes w latach 1996-1998, w Zarządzie, 1981-1986).
- 2000 – Tomasz Kachelski (wieloletni Skarbnik Klubu) został odznaczony Krzyżem Kawalerskim Orderu Zasługi Rzeczypospolitej Polskiej za zasługi dla szerzenia kultury polskiej za granicą.
- 2003 – Jolanta Zych (Prezes Klubu w latach 1998-2006), odznaczona Krzyżem Kawalerskim Orderu Zasługi Rzeczypospolitej Polskiej za zasługi dla szerzenia kultury polskiej za granicą.
- 2009 – Dorota Olszewska (Prezes Klubu w latach 2006-2008) otrzymała nagrodę Związku Artystów Scen Polskich ZASP „Za propagowanie polskiej kultury na obczyźnie".
- 2011-12 – Dr Maja Trochimczyk otrzymała Dyplomy Honorowe i Uchwały od Hrabstwa Los Angeles i Rady Miasta Los Angeles z okazji 40-lecia Klubu i 15-lecia działalności jako ochotnik wśród Polonii.
- 2013 – Medale Ministra Kultury Rzeczpospolitej Polskiej, „Zasłużony dla Kultury Polskiej" dla 19 członków Zarządu, prezesów, założycieli, i działaczy Klubu (wymienionych tu w kolejności chronologicznej pracy w Klubie): Wanda Baran, dr Franciszka Tuszyńska, Stephanie Powers, Stefan Wenta, Jan Gąssowski, Tadeusz Podkański, Witold Czajkowski, Zofia Czajkowska, Tadeusz Bociański, Maria i Edward Piłatowicz, Jolanta Zych, Krystyna Kuszta, Krystyna Okuniewska, Andrzej Maleski, Danuta Żuchowska, Dorota Olszewska, Elżbieta Kańska i dr Maja Trochimczyk.
- 2013 – Leonidas Dudarew-Ossetyński (1910-1989), założyciel Klubu, otrzymał pośmiertnie Krzyż Kawalerski Orderu Zasługi Rzeczypospolitej Polskiej, z okazji 40-lecia Klubu.
- 2017 – Dorota Olszewska, Prezes w latach 2006-2008, otrzymała Medal Komisji Edukacji Narodowej za szczególne zasługi dla oświaty i wychowania.

*Plakat Ewy Świder na 25-lecie Klubu im. Modrzejewskiej oraz logo ze strony internetowej, 1996.*

---

[10] O nagrodach otrzymanych do 2009 roku, pisała Maria Piłatowicz w 2015 r., „Helena Modjeska Art and Culture Club of Los Angeles: 43 Years of Business as Usual", w „Cosmopolitan Review", t. 7, nr 1, luty 2015.

*Nagrodzeni w 2013 roku. Od lewej: Maja Trochimczyk, Tadeusz Podkański, Krystyna Kuszta, Maria Piłatowicz, Edward Piłatowicz, Jolanta Zych, Dorota Olszewska, i Krystyna Okuniewska.*

## LISTA PREZESÓW KLUBU

Lista zawiera nazwiska prezesów, z datami pracy, oraz przydomkami „królewskimi" nadanymi osobiście (Leonidas I), albo przez komitet obchodów 25-lecia Klubu w 1997 r. (do Jolanty Energicznej), oraz przez komitet obchodów 50-lecia Klubu w 2021.

- Dr Maja Trochimczyk (2018-2022) *Maja Wielce Oświecona*
- Andrew Dowen (2012-2018) *Andrzej III Kosmiczny*
- Elżbieta Kański (ex officio, 2012) *Elżbieta Eminentna*
- Dr Maja Trochimczyk (2010-2012) *Maja Oświecona*
- Andrzej Maleski (2008-2010) *Andrzej II Wielewiedzący*
- Dorota Olszewska (2006-2008) *Dorota Wielkoduszna*
- Jolanta Zych (1998-2006) *Jolanta Energiczna*
- Edward Piłatowicz (1996-1998) *Edward Technokrata*
- Zofia Czajkowska (1994-1995) *Zofia Łagodna*
- Witold Czajkowski (1990-1993) *Witold Dobroduszny*
- Tadeusz Bociański (1983-1989) *Tadeusz Złotousty*
- Jerzy Gąssowski (1978-1982) *Jerzy Zgodliwy*
- Andrzej Mikulski (1978, zmarł w 1978 r.) *Andrzej I Zapomniany*
- Leonidas Dudarew-Ossetyński (1971-1978) *Leonidas I Niewyparzony, herbu Brodaty Ozór* (lub *Leonidas I Brodaty i Zawiedzony*)

Ewolucja godła Klubu, czyli orła w koronie, pokazana jest na ilustracjach. Po prawej projekt Stanisława Szukalskiego (1970), z charakterystycznymi dla niego „ozdobami" opartymi na orle piastowskim; poniżej orzeł piastowski z lat 1971-1982, po lewej wariant używany od wiosny 1983. Na dole po lewej projekt Leonarda Konopelskiego (1980) używany do dzisiaj, z przerwą w latach 2012-2018, gdy Klub używał wariantu logo z inicjałami Modrzejewskiej wg. projektu Ewy Chodkiewicz-Świder (na dole po prawej).

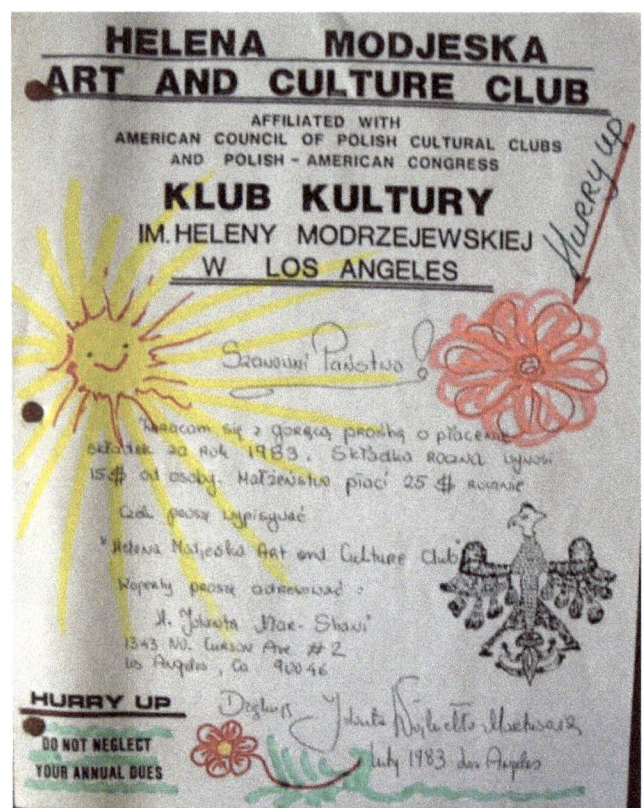
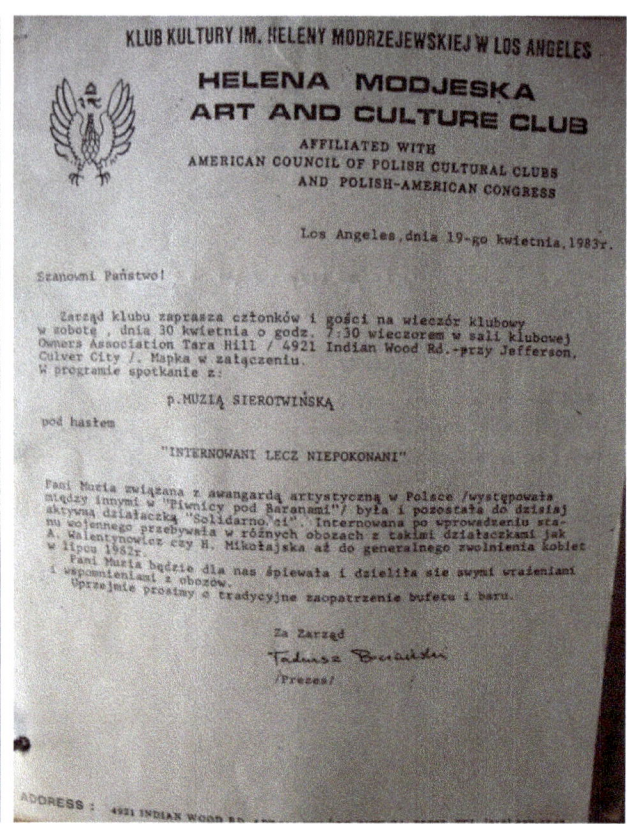

*Zaproszenia i zawiadomienie Klubowe: Z lewej przypomnienie o składkach z 1983 roku, z logo wzorowanym na projekcie Stanisława Szukalskiego. Z prawej zaproszenie na program o internowanych Solidarności, 1983.*

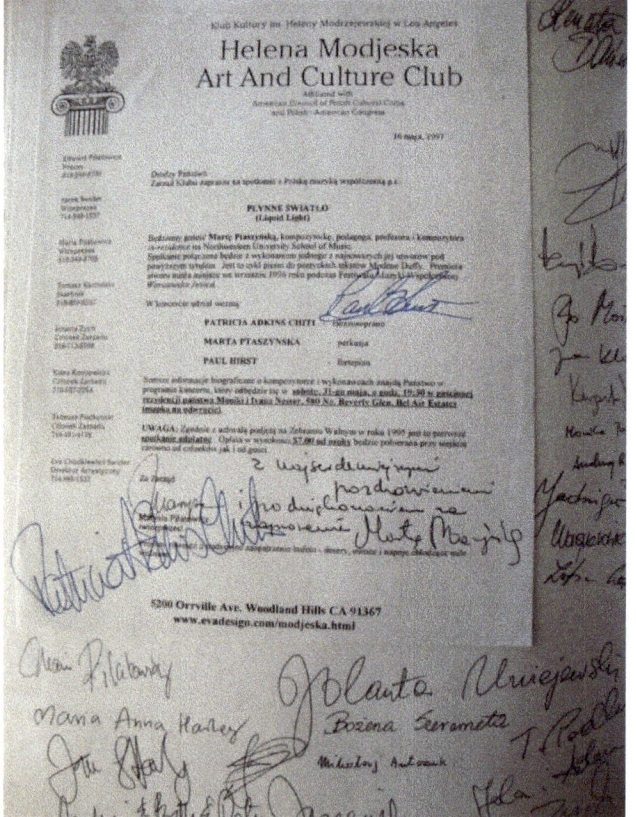

*Z lewej zaproszenie i podpisy z prezentacji Jana Karskiego w 1995 roku. Z prawej zaproszenie i podpisy z koncertu i wykładu Marty Ptaszyńskiej, zorganizowanego we współpracy z Centrum Muzyki Polskiej w 1996 roku.*

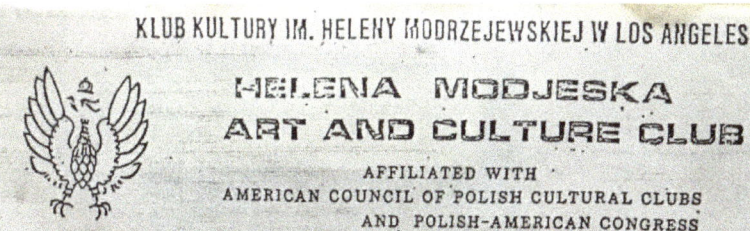

*Gwiazda polskiego filmu, Grażyna Szapołowska i Prezes Jolanta Zych, po spotkaniu w lutym 2002 roku.*

*Zaproszenie na ognisko – piknik w Griffith Park, 23 czerwca 1984 roku, na zakończenie sezonu.*

*Ognisko Klubowe w Griffith Park, Los Angeles, czerwiec 1984 r.*

*40-ta rocznica Powstania Warszawskiego, 1944-1984. Zaproszenie na pra-premierę filmu* Sceny z Powstania Warszawskiego *i wystawę fotografii z Powstania w Bibliotece Publicznej w Santa Monica, 22 września 1984 roku. Wydarzenie otwarte dla gości.*

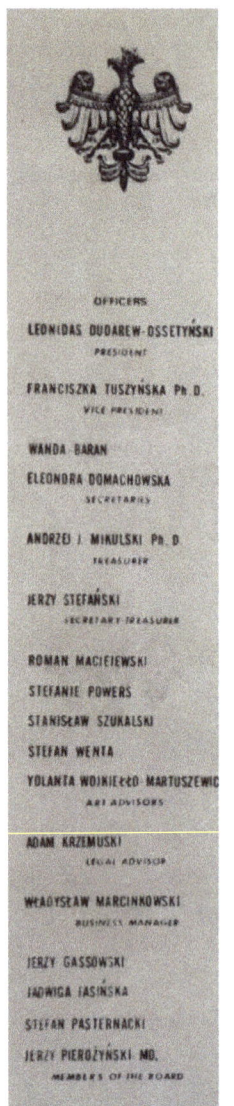

*Zarząd i godło Klubu w latach 1970-tych. Wpis Wojciecha Młynarskiego do Księgi Spotkań po występie w Klubie pt. Róbmy swoje w dniu 25 sierpnia 2001 r. w domu prywatnym w Long Beach (projekt Prezes Jolanty Zych).*

*Klub w Von Karman Auditorium w Jet Propulsion Laboratory, 2011; program o kosmosie, org. Andrew Dowen.*

## ZARZĄDY KLUBU KULTURY IM. HELENY MODRZEJEWSKIEJ
### Dr Elżbieta Trybuś

*Lista zarządów Klubu została sporządzona na podstawie informacji zawartych w kopiach zaproszeń na spotkania klubowe oraz w sprawozdaniach prezesów i sekretarzy Klubu. Należy dodać, że w latach 1971-1983 zarząd Klubu wybierany był corocznie, natomiast w lutym 1983 roku na wniosek Haliny Roman-Wojciechowskiej dokonano poprawki w statucie Klubu przedłużając kadencje do dwóch lat. Kadencje Klubu kończyły się w maju lub w czerwcu w zależności od daty walnego zebrania sprawozdawczo-wyborczego. Obecnie kadencja każdego zarządu trwa dwa lata, np. od czerwca 2020 do czerwca 2022.*

*Leonidas Dudarew-Ossetyński, Wacław Gaziński (?) i Stefan Pasternacki, wrzesień 1975. Archiwum Klubu. Dar córki Ossetynskiego, Valerie Dudarew-Ossetyńska Hunken. | Siedmiu prezesów w McGroarty Arts Center, Tujunga, grudzień 2014. Stoją: Andrew Dowen, Andrzej Maleski, Jerzy Gąssowski, Edward Piłatowicz. Siedzą: dr Maja Trochimczyk, Jolanta Zych, i Dorota Czajka-Olszewska.*

## 1971

Założyciele Klubu: Leonidas Dudarew Ossetyński (1910-1989), aktor, reżyser, dziennikarz, weteran Polskiej Armii we Francji i Armii Amerykańskiej; Wacław Gaziński (1919-2013), pisarz, rzeźbiarz, kompozytor, były więzień obozów Mauthausen-Gusen i Dachau; Stefan Pasternacki (zm. 1981), kompozytor, prezes Towarzystwa im. Karola Szymanowskiego, zał. 1977; oraz Eleonora Domachowska

## 1971 – 1978

Leonidas Dudarew Ossetyński – Prezes; dr Franciszka Tuszyńska – Wiceprezes; Wanda Baran – Sekretarz, Eleonora Domachowska – Sekretarz; dr Andrzej J. Mikulski – Skarbnik; Jerzy Stefański – Sekretarz-Skarbnik; Roman Maciejewski, Stefanie Powers, Stanisław Szukalski, Stefan Wenta, Yolanta Wojkiełło-Martuszewicz – Doradcy Artystyczni; Adam Krzemuski – Radca Prawny; Władysław Marcinkowski – Kierownik Biura; Jerzy Gąssowski; Członkowie Zarządu – Jadwiga Jasińska, Stefan Pasternacki, Jerzy Pierożyński, M.D.

## 1978 – 1980

Dr Andrzej Mikulski – Prezes (zmarł w grudniu 1978); Jerzy Gąssowski – Wiceprezes i Prezes od grudnia 1978 roku; Ewa Jasińska – Wiceprezes; dr Franciszka Tuszyńska – Skarbnik; Jolanta Martusewicz – Sekretarz; Hanna Roman-Wojciechowska – Sekretarz

## 1981 – 1982

Jerzy Gąssowski – Prezes; Edward Piłatowicz – Wiceprezes; Małgorzata Gerlicz-White – Wiceprezes; Jolanta Shani-Martusewicz – Wiceprezes; Tomasz Kachelski – Kronikarz; Grażyna Korthals – Sekretarz (niepełna kadencja); Krystyna Wydżga – Sekretarz, Anna Kachelska (niepełna kadencja, za Grażynę Korthals; Członkinie Zarządu – Ewa Jasińska, dr Franciszka Tuszyńska

*Pięcioro Prezesów na spotkaniu klubowym w 2014 r. Edward Piłatowicz, Maja Trochimczyk, Jerzy Gąssowski, Jolanta Zych, Andrew Z. Dowen.*

## 1983 – 1984

Tadeusz Bociański – Prezes; Edward Piłatowicz – Wiceprezes; Tomasz Kachelski – Wiceprezes; Jolanta Martusewicz-Shani – Skarbnik; Maria Piłatowicz – Sekretarz; Hanna Roman-Wojciechowska – Dyrektor Artystyczny; Ewa Jasińska – Członek Zarządu (Przewodnicząca Komitetu Aprowizacyjnego)

**1985 – 1986**

Tadeusz Bociański – Prezes; Edward Piłatowicz – Wiceprezes; Zofia Czajkowska (Tchaikovsky) – Wiceprezes; Tomasz Kachelski – Skarbnik; Maria Piłatowicz – Sekretarz

**1987 – 1989**

Tadeusz Bociański – Prezes; Jerzy Podziewski – Wiceprezes; Zofia Czajkowska (Tchaikovsky) – Wiceprezes; Tomasz Kachelski – Skarbnik; Członkowie Zarządu – Jerzy Kass (niepełna kadencja), Andrzej Maleski

**1990 – 1991**

Witold Czajkowski (Tchaikovsky) – Prezes; Daniela Kosińska – Wiceprezes; Zofia Czajkowska (Tchaikovsky)– Sekretarz; Tomasz Kachelski – Skarbnik; Członkowie Zarządu – Barbara Jarosz, Jan Achrem

**1992 – 1993**

Witold Czajkowski (Tchaikovsky) – Prezes; Elżbieta Bajon – Wiceprezes; Zofia Czajkowska (Tchaikovsky) – Wiceprezes; Daniela Kosińska – Wiceprezes; Tomasz Kachelski – Skarbnik; Członkinie Zarządu – Barbara Jarosz, Zofia Korzeniowska

**1994 – 1995**

Zofia Czajkowska (Tchaikovsky) – Prezes; Elżbieta Bajon – Wiceprezes; Maria Piłatowicz – Wiceprezes; Jacek Świder – Wiceprezes; Tomasz Kachelski – Skarbnik; Członkowie Zarządu – Zofia Korzeniowska, Tadeusz Podkański, Jolanta Zych

**1996 – 1997**

Edward Piłatowicz – Prezes; Jacek Świder – Wiceprezes; Maria Piłatowicz – Wiceprezes; Tomasz Kachelski – Skarbnik, Członkowie Zarządu – Jolanta Zych, Tadeusz Podkański, Klara Konopelska; Ewa Chodkiewicz-Świder – Dyrektor Artystyczny

*Zarząd w 2000 roku: Jolanta Zych, Alicja Szwaglis, Krystyna Kuszta, Andrzej Łowkis, Tadeusz Podkański, Tomasz Kachelski, Krystyna Okuniewska*

**1998 – 2000**

Jolanta Zych – Prezes; Tadeusz Podkański – Wiceprezes; Tomasz Kachelski – Wiceprezes i Skarbnik; Krystyna Kuszta – Sekretarz; Członkowie Zarządu – Andrzej Łowkis, Klara Konopelska (zmarła; niepełna kadencja), Jacek Rózga (niepełna kadencja), Krystyna Okuniewska, Alicja Szwaglis

**2000 – 2002**

Jolanta Zych – Prezes, Tadeusz Podkański – Wiceprezes; Krystyna Kuszta – Wiceprezes i Sekretarz; Tomasz Kachelski – Skarbnik; Członkowie Zarządu – Andrzej Łowkis, Krystyna Okuniewska, Helena Kołodziej (niepełna kadencja)

**2002 – 2004**

Jolanta Zych – Prezes; Maria Piłatowicz – Wiceprezes; Tadeusz Podkański – Wiceprezes; Krystyna Kuszta – Wiceprezes i Sekretarz; Tomasz Kachelski – Skarbnik; Członkowie Zarządu – Andrzej Łowkis, Krystyna Okuniewska, Joanna Maleski

**2004 – 2006**

Jolanta Zych – Prezes, Maria Piłatowicz – Wiceprezes; Tadeusz Podkański – Wiceprezes; Krystyna Kuszta – Wiceprezes i Sekretarz; Członkowie Zarządu – Jacek Roszkowski, Elżbieta Kański, Danuta Żuchowska, Dorota Olszewska, Jarek Klimczak

**2006 – 2008**

Dorota Czajka-Olszewska – Prezes; Krystyna Kuszta – Wiceprezes; Elżbieta Kański – Sekretarz; Danuta Żuchowska – Skarbnik; Członkowie Zarządu – Krystyna Okuniewska, Lilianna Moradi, Jacek Roszkowski, Sławek Brzeziński

*Działacze Klubu w grudniu 2010 roku w willi Państwa Jolanty i Alexa Wilków: Krystyna Okuniewska – wieloletni członek zarządu, Danuta Żuchowski, Maja Trochimczyk – Prezes, Dorota Olszewska – Prezes, 2006-2008, Edward Piłatowicz – Prezes, 1996-98; Krystyna Kuszta – wieloletni Wiceprezes i Sekretarz; Tadeusz Bociański – Prezes, 1983-1988, Maria Piłatowicz – wieloletni Wiceprezes i Sekretarz; Andrew Dowen – członek zarządu, na fotelu Jolanta Zych – Prezes, 1998-2006.*

## 2008 – 2010

Andrzej Maleski – Prezes; Krystyna Kuszta – Wiceprezes; Elżbieta Kański – Sekretarz; Danuta Żuchowska – Skarbnik; Członkowie Zarządu – Joanna Maleski, Krystyna Okuniewska, Sławek Brzeziński, Małgorzata Złotnicki

## 2010 – 2012

Dr Maja Trochimczyk – Prezes; Krystyna Kuszta – Wiceprezes; dr Krystyna Bartkowska – Sekretarz, Danuta Żuchowska – Skarbnik, Członkowie Zarządu – Andrew Dowen, Krystyna Okuniewska, Wanda Presburger, Bogdan Plewnia, Bożena Szeremeta

## 2012 – 2014

Dr Maja Trochimczyk – Prezes (do 8 grudnia 2012); Elżbieta Kański – Wiceprezes oraz Prezes *ad interim* od 8 grudnia 2012 do 2 kwietnia 2013; Andrew Dowen – Członek Zarządu, Wiceprezes-Sekretarz od 8 grudnia, i Prezes od 2 kwietnia 2013; Danuta Żuchowska – Skarbnik; Leela Chmielewski – Sekretarz (do 18 listopada 2012) i Członek Zarządu; Członkowie Zarządu – dr Krystyna Bartkowska, DDS, Krystyna Okuniewska, Wanda Presburger, Bogdan Plewnia, Jolanta Wilk, Sławek Brzeziński (od 2013 r.)

*Prezentacja medali w rezydencji Konsul Joanny Kozińskiej-Frybes (na schodach). Od lewej: Elżbieta Kański, dr Maja Trochimczyk, Andrzej Maleski, Dorota Olszewska, Jolanta Zych, Tadeusz Podkański, Edward i Maria Piłatowicz, Zofia i Witold Czajkowscy (Tchaikovsky). 15 marca 2013, Pacific Palisades.*

## 2014 – 2016

Andrew Dowen – Prezes; dr Krystyna Bartkowska, DDS – Wiceprezes; Danuta Żuchowska – Skarbnik; Jolanta Uniejewski – Sekretarz; Członkowie Zarządu – Maria Kubal, Krystyna Okuniewska, Wanda Presburger, Jolanta Wilk, Sławek Brzeziński

## 2016 – 2018

Andrew Dowen – Prezes; Krystyna Bartkowska, DDS – Wiceprezes; Danuta Żuchowska – Skarbnik; Małgorzata Cup – Sekretarz; Członkowie Zarządu – Maria Kubal, Krystyna Okuniewska, Wanda Presburger, Jacek Roszkowski

*Dr Witold Sokołowski, dr Elżbieta Trybuś, Elżbieta Przybyła, Wanda Presburger, Konsul Generalny RP Jarosław Łasiński, Ewa Barsam, dr Maja Trochimczyk, Chris Justin; rezydencja Konsula, grudzień 2018.*

## 2018 – 2020

Dr Maja Trochimczyk – Prezes; dr Witold Sokołowski – Wiceprezes (do śmierci 21 listopada 2019); dr Elżbieta Trybuś – Sekretarz; Elżbieta Przybyła – Skarbnik; Chris Justin – Dyrektor Techniczny; Ewa Barsam – Dyrektor d.s. Relacji Społecznych; Krystyna Okuniewska – Dyrektor Artystyczny. Członkowie Zarządu (od czerwca 2019): Beata Czajkowska, Anna Sadowska, Syl (Sylvia) Vès.

## 2020 – 2022

Dr Maja Trochimczyk – Prezes; Dr Elżbieta Trybuś – Wiceprezes (od maja 2021); Barbara Nowicka – Sekretarz; Maria Kubal – Skarbnik; Chris Justin – Dyrektor Techniczny; Ewa Barsam – Dyrektor do spraw Relacji Społecznych; Członkowie Zarządu – Beata Czajkowska, Elżbieta Przybyła, Anna Sadowska, Syl (Sylwia)Vès.

*Po lewej. Po koncercie w marcu 2019 r.: Krzysztof Dzikowski, Wiktoria Tracz, Konsul RP Ignacy Żarski, Ewa Barsam. Za nimi: Chris Justin, dr Maja Trochimczyk, dr Elżbieta Trybuś, Elżbieta Przybyła. | Po prawej. Zarzad Klubu z Duetem Piramidy, od lewej stoją: Chris Justin, dr Maja Trochimczyk, Ewa Barsam, Elżbieta Przybyła, dr Witold Sokołowski. Siedzą: Tomasz Imienowski, Piotr Matczuk, dr Elżbieta Trybuś. Po koncercie 3 lutego 2019 r.*

*Zarząd na koncercie w Santa Monica w lutym 2020, od lewej: Syl Vès; Dr Maja Trochimczyk – Prezes; Maria Kubal; Andrzej Perkman – Pianista; Dominika Świątek – Wokalistka; Elżbieta Przybyła – Skarbnik; Dr Elżbieta Trybuś – Sekretarz; Beata Czajkowska, Chris Justin, Ewa Barsam, Dyrektor d.s. Relacji Społecznych.*

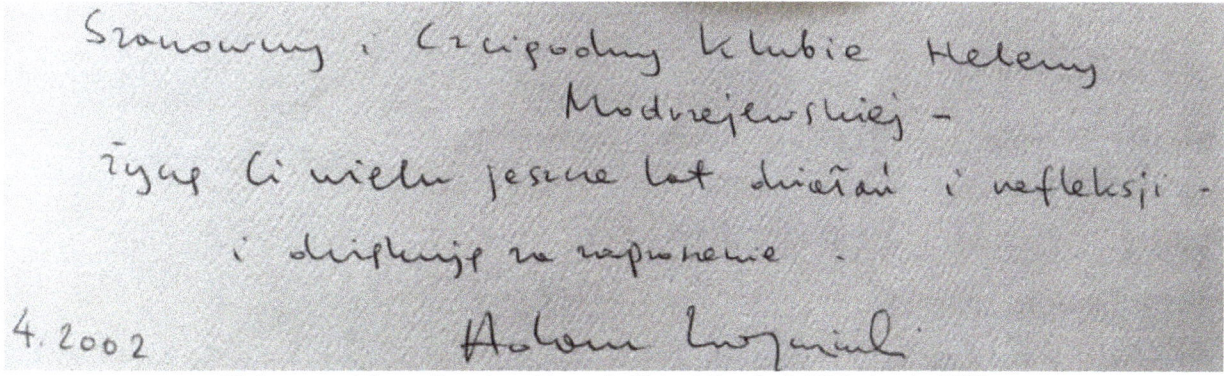

*Wpis poety Adama Zagajewskiego do Księgi Spotkań, 20 kwietnia 2002 r.*

## PATRONKA KLUBU – HELENA MODRZEJEWSKA[1]
### Dr Maja Trochimczyk

*Modrzejewska w roli Barbary Radziwiłłówny (1867). Archiwalne pocztówki opublikowane w Polsce. Wikimedia Commons. Portret Modrzejewskiej, Tadeusz Ajdukiewicz, 1880 (fragment). Modrzejewska w roli Marii Antoniny.*

Helena Modjeska czyli Modrzejewska była nie tylko aktorką, pisarką, czy ilustratorką, ale także reżyserem teatralnym, producentem, projektantką kostiumów, promotorem gwiazd (Ignacy Jan Paderewski, Władysław Benda), muzą artystów (pisarz Henryk Sienkiewicz; malarze; poeci Richard Watson Gilder i John Steven McGroarty), projektantem wnętrz, ikoną stylu, biznesswoman oraz marketer. Później była także właścicielką dworku, ogrodniczką i szefem jednego z najsłynniejszych ogrodników XX wieku, Theodore Payne, specjalisty od dzikich roślin Kalifornii, założyciela Theodore Payne Foundation for Wild Flowers and Native Plants.

---

[1] Tekst oparty o wykład pt. „Who was Helena Modjeska?" w Laguna Art Museum, w marcu 2019 roku, towarzyszący wystawie rękopisu bajki Modrzejewskiej: http://chopinwithcherries.blogspot.com/2019/03/who-was-helena-modjeska-lecture-at.html. Sprawozdanie z wystawy, Donna Furey, "LAM Sparks Imagination with Helena Modjeska's Fairy Tale Book," *Laguna Beach Independent,* 4 kwietnia 2019, https://www.lagunabeachindy.com/lam-sparks-imagination-with-helena-modjeskas-fairy-tale-book.

Aktorka była nawet znawcą rzadkich odmian róż! Oczywiście była także oddaną córką, siostrą, mamą, ulubioną babcią i ciocią ... i legendą za życia i po śmierci. Wiele ról w 68-miu latach życia![2]

W skrócie: Helena Modrzejewska była najwybitniejszą polską aktorką, urodzoną w Krakowie 12 października 1840 (nazywała się wtedy Jadwiga Benda). W latach 70-tych XIX wieku wyemigrowała do Kalifornii i osiadła w hrabstwie Orange, w posiadłości jaką nazwała, w stylu Szekspira, Arden. Zmarła w Newport Beach, w Kalifornii 8 kwietnia 1909 roku.[3]

Przegląd bogactwa ról, jakie odegrała w swym życiu, nie tylko scenicznym, zacznijmy od roli aktorki jako MUZY POEZJI – oto wiersz „Modrzejewska" autorstwa XIX-wiecznej amerykańskiej poetki Celii Thaxter (1835-1894), ukazujący aktorkę podczas słuchania recitalu chopinowskiego w domu dziennikarza Eugene Fielda w Bostonie:

| Modjeska | Modjeska |
|---|---|
| Deft hands called Chopin's music from the keys. | Zręczne ręce przywoływały z klawiszy muzykę Chopina. |
| Silent, she sat, her slender figure's poise | Cicha siedziała, jej szczupła sylwetka była opanowana |
| Flower-like and fine and full of lofty ease; | Niby kwiat, delikatna i pełna wyniosłej swobody; |
| She heard her Poland's most consummate voice | Słyszała tu najbardziej wytrawny głos Polski |
| From power to pathos falter, sink and change; | Jak od mocy do patosu słabnie, tonie i zmienia się; |
| The music of her land, the wondrous high, | Muzyka jej krainy, te cudowne wzloty, |
| Utmost expression of its genius strange, – | Najwyższy wyraz przedziwnego geniuszu – |
| Incarnate sadness breathed in melody. | Wcielony smutek przenika tchnienie melodii. |
| Silent and thrilled she sat, her lovely face | Siedziała cicho, przejęta, ze swoją śliczną twarzą |
| Flushing and paling like a delicate rose | Rumieniąc się i bledąc jak delikatna róża |
| Shaken by summer winds from its repose | Wstrząśnięta letnimi wiatrami ze spoczynku |
| Softly this way and that, with tender grace | Kołysze się łagodnie tu i tam, z delikatnym wdziękiem |
| Now touched by sun, now into shadow turned, | Teraz dotknięta słońcem, teraz w cień zamieniona, – |
| While bright with kindred fire her eyes burned. | Jej oczy płonęły, były jasne od blasku wspólnego ognia. |

## CÓRKA, SIOSTRA

Helena Modrzejewska to właściwie Jadwiga Helena Misel, urodzona 12 X 1840 w Krakowie. Jej matka nazywała się Józefa Benda (1803-1887), ale dziecko było ochrzczone jako Jadwiga Opid, z nazwiskiem swojego ojczyma Michała Opida; ojciec był nieznany. Niektórzy spekulowali, że była nieślubnym dzieckiem księcia Eustachego Sanguszki, a później szukali podobieństw między jego córką Heleną a Modrzejewską. Aktorka przez całe życie pozostała w bliskim kontakcie ze swoimi przyrodnimi braćmi Benda, aktorami Józefem i Feliksem oraz z rodziną Opidów: Adolfem i Kazimierą, ich dziećmi Ludwikiem i Marią oraz wnuczkami Felicją i Heleną, które traktowała jak własne.

## „ŻONA" GUSTAWA ZIMAJERA (GUSTAVE SINNMAYER)

Około 1860 roku związała się z Gustawem Zimajerem (Sinnmayer) „Modrzejewskim" (1825-1901), znacznie starszym reżyserem teatralnym, aktorem i kierownikiem trupy koncertowej w prowincjonalnej Galicji. Nazwisko „Modrzejewski" było jego pseudonimem scenicznym. To nie było formalne małżeństwo, ale przedstawiali je jako takie. W 1861 roku młoda aktorka urodziła Zimajerowi syna Rudolfa (1861-1940), który później jako Ralph Modjeski został inżynierem budownictwa w Stanach Zjednoczonych. Mieli też córkę Marię

---

[2] Helena Modjeska, *Memories and Impressions*, McMillan and Company, 1910; https://ia800706.us.archive.org/17/items/memoriesandimpre017092mbp/memoriesandimpre017092mbp.pdf ; Helena Modjeska, *Memories and Impressions of Helena Modjeska: An Autobiography*. New York: Benjamin Blom, 1969.
[3] Amerykańskie archiwa Modrzejewskiej: 1) University of Irvine Library Special Collections: Modjeska Papers, Ellen K. Lee Papers; 2) Opid-Modjeska Family Papers, Huntington Library, San Marino, Kalifornia; 3) Helena Modjeska Collection, California Digital Library, cdn.calisphere.org/data/13030/gt/tf0489n6dgt/files/tf0489n6gt.pdf

(Marylkę), która zmarła jako niemowlę. Po ich rozstaniu w 1865 r. Zimajer porwał Rudolfa, który przebywał z ojcem przez kilka lat; dopiero po odzyskaniu dziecka Modrzejewska mogła opuścić Polskę.

*Helena i Gustaw Zimajer Modrzejewscy, 1861*

## AKTORKA PROWINCJONALNA W GALICJI

Zimajer (albo Sinnmayer) używał na scenie nazwiska „Modrzejewski" i tak narodził się polski pseudonim Heleny „Modrzejewska". Zimajer nadzorował jej wczesną edukację i promował jej karierę aktorską. W 1861 roku aktorka po raz pierwszy wystąpiła na scenie w jednoaktowej komedii zatytułowanej *Biała Kamelia*. Modrzejewscy wraz z trupą aktorską występowali w prowincjonalnych miastach Galicji pod zaborem austriackim; gdyż warunki były tam łagodniejsze dla kultury polskiej niż w zaborze pruskim czy rosyjskim. Pierwsze kroki na scenie: Nowy Sącz, Przemyśl, Rzeszów i Brzeżany. W latach 1862-1863, Modrzejewska została zaangażowana do występów we lwowskim teatrze, w romantycznym dramacie Juliusza Słowackiego *Balladyna*. Zagrała też Barbarę Radziwiłłównę w tragedii Alojzego Felińskiego; Ludwikę w *Intrydze i miłości* Fryderyka Schillera, Amelię w *Mazepie* Juliusza Słowackiego; oraz Marię Stuart w sztuce Juliusza Słowackiego.

*Plakat z rolami Modrzejewskiej Regulskiego, lata 1860-te. Aktorka w kostiumie Adrianny Lecouvreur.*

## GWIAZDA TEATRU W KRAKOWIE, 1865-1869

W 1865 r. aktorka opuściła Zimajera i przeniosła się do Krakowa, gdzie dołączyła do trupy pod dyrekcją Stanisława Koźmiana. Tam poznała zasady gry zespołowej. Pierwsza rola: Sara w dramacie *Salomon* Wacława Szymanowskiego. Inne role: Anna Oświęcimówna Mikołaja Bołoza Antoniewicza (1865); Księżniczka Eboli w *Don Carlosie* (1866) i Amalia w *Rozbójnikach* Schillera (1866). Portia w *Kupcu weneckim* to jej pierwsza rola szekspirowska (1866); po tym nastąpiły: Ofelia w *Hamlecie*, Dona Sol w *Hernani* Victora Hugo (1867), oraz *Adrianna Lecouvreur* w sztuce Eugene Scribe i Ernesta Legouve (maj 1867). W recenzji w „Kurierze Warszawskim" czytamy: „Wydała się aktorką, którą trudno znaleźć nawet na scenach wielkich stolic, artystką, która poprzez pracę i światłe zarządzanie talentem mogła wejść w pierwsze szeregi jej zawodu. Matka natura była dla niej hojna. Dała jej wszystko, czego artysta potrzebuje: piękny wygląd, figurę i głos, a co najważniejsze – dar artystycznej przenikliwości, który sprawia, że aktor instynktownie czuje, czego potrzebuje rola". (1867) Aktorka tak pisała o swej filozofii scenicznej: „aby wydostać się z siebie, zapomnieć o Helenie Modrzejewskiej, wchłonąć całą duszę w przybraną postać,... poruszyć jej emocjami, poruszyć jej namiętności... – jednym słowem, utożsamiać się z nią i reinkarnować w inną duszę i ciało, to stało się moją obsesją i celem". (Helena Modrzejewska, *Wspomnienia i wrażenia*, 1910).

## GWIAZDA TEATRU W WARSZAWIE 1868-1876

Od jesieni 1868 r. Modrzejewska stała się gwiazdą warszawskich Teatrów Rządowych, działających pod kontrolą rosyjską. Grała w Warszawie do 1876 roku, przez osiem lat, występując w 95 przedstawieniach, poczynając od swej sztandarowej roli *Adrianny Lecouvreur*. Miała zdecydowany wpływ na repertuar i sprawiła, że stał się poważniejszy, obejmując sztuki o większym kalibrze artystycznym. Zwiększono liczbę sztuk Szekspira i Słowackiego: *Hamlet* w 1871 (Ofelia), *Mazepa* w 1872, *Otello* w 1873 (Desdemona) i *Wiele hałasu o nic* w 1876 (Beatrice). Inne role to Aniela w *Ślubach panieńskich* Aleksandra Fredry, Seweryna w sztuce Aleksandra Dumasa syna w 1872 roku. Występowała również gościnnie w Krakowie i Lwowie.

## ŻONA KAROLA CHŁAPOWSKIEGO, 1868

12 września 1868 r. Modrzejewska wyszła za mąż za polskiego szlachcica Karola Bodzentę Chłapowskiego. Chłapowski był redaktorem liberalno-patriotycznej gazety „Kraj", której właścicielami byli książę Adam Sapieha i pan Sammelson. Modrzejewska pisała, że w tym czasie ich dom „stał się centrum świata artystycznego i literackiego [Krakowa]". W ich salonie bywali poeci, politycy, artyści, kompozytorzy i inni aktorzy.

## EMIGRANTKA DO AMERYKI, 1876

W swoich *Wspomnieniach i wrażeniach*, Modrzejewska tak opisała decyzję o emigracji: „Jedynym pragnieniem mojego męża było zabranie mnie z otoczenia i doskonały wypoczynek od pracy ... Nasi znajomi opowiadali o nowym kraju, o nowym życiu – to nowa sceneria i możliwość osiedlenia się gdzieś w krainie wolności, z dala od codziennych utrapień, na jakie narażony był każdy Polak w rosyjskiej czy pruskiej Polsce. [...] Mąż widząc zapał młodych mężczyzn wpadł na pomysł założenia kolonii w Kalifornii na wzór Brook Farm. Projekt został przyjęty z aklamacją". Inni koloniści to Julian Sypniewski z rodziną, Łucjan Paprowski i Henryk Sienkiewicz (laureat literackiej Nagrody Nobla w 1905 r.). Z grupą Modrzejewskiej mieli wyjechać za ocean także Stanisław Witkiewicz (ojciec Stanisława Ignacego Witkiewicza) i Adam Chmielowski (przyszły św. Albert), ale zmienili plany. W Ameryce Chłapowski był znany jako „hrabia Bozenta", lecz nie był hrabią, tylko szlachcicem. Jego rodzina należała do ziemiaństwa bez tego tytułu. Później w Stanach Zjednoczonych państwo Chłapowscy przyjęli pseudonim „Hrabia i Hrabina Bozenta" (Count and Countess), chyba nie tylko aby zyskać rozgłos i pomóc Helenie w karierze teatralnej. Nazwisko „Bozenta" było łatwiejsze do wymówienia niż „Chłapowski".

## ZIEMIANKA W ANAHEIM, 1878-1888

Modrzejewska i jej mąż kupili dwadzieścia akrów ziemi w pobliżu Anaheim, założyli tam ranczo, a wraz z polskimi przyjaciółmi zamierzali stworzyć utopijną polską kolonię rolniczo-hodowlaną. Celowo wybrali miejsce na ranczo niedaleko osady niemieckiej Anaheim w Kalifornii, ponieważ większość nowych polskich emigrantów mówiła po niemiecku. Sadzono oliwki i pomarańcze, hodowano pszczoły. Osadnicy mieli także trochę bydła. Modrzejewska i Chłapowski pracowali fizycznie przy pielęgnacji rancza, inni artyści jednak nie wykazali większego zapału ani talentu do pracy fizycznej. Zła pogoda i brak doświadczenia rolniczego spowodowały wiele strat finansowych. Pechowi farmerzy sprzedali wreszcie ranczo, aby kupić posiadłość „Arden" w Santiago Canyon od Henry'ego Pleasants'a, który wcześniej sprzedał im część tej ziemi. Panowie początkowo mieszkali w obskurnej szopie (Chłapowski, Paprowski i Ralph Modjeski); ale w końcu powstał tam piękny dworek, który zaprojektował słynny amerykański architekt, Stanford White (1853-1906).

*Modrzejewska jako Julia. Nowoczesna reprodukcja jej kostiumu na wystawie w Wilanowie, 2013.*

## PROJEKTANT KOSTIUMÓW I PRODUCENT

Bogato zdobione kostiumy Modrzejewskiej były ważnym elementem jej „arsenału" efektów scenicznych, dzięki którym stała się gwiazdą. Niektóre, zaprojektowane według jej specyfikacji, były uszyte dla Modrzejewskiej w Paryżu, inne kostiumy wykonała sama. Wyhaftowała na nich wiele ozdób i aplikacji... Przykładami są kostiumy do ról Julii, Kleopatry, Magdy, Dalili, Marii Stuart i wielu innych.

## AKTORKA W SAN FRANCISCO, 1877

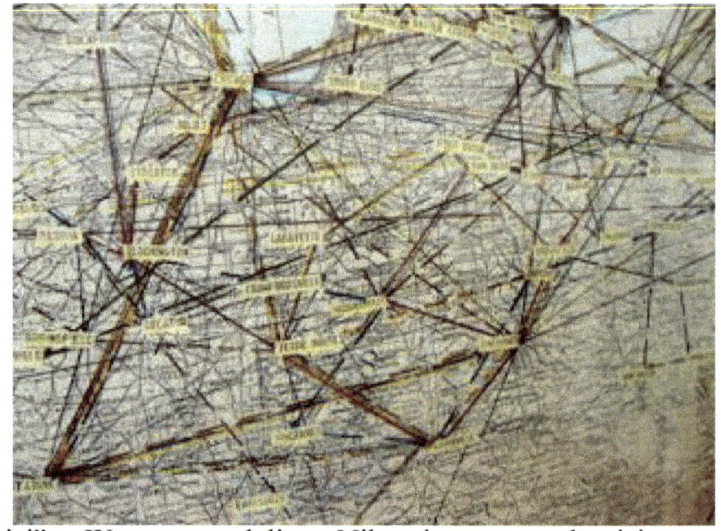

Po kilku miesiącach intensywnej nauki języka angielskiego u Jo Tuholsky (zaczęła lekcje angielskiego w Polsce), zwróciła się o angaż teatralny do reżysera Johna McCullougha z Teatru Kalifornijskiego (California Theatre). To McCullough zasugerował skrócenie jej nazwiska do Modjeska, aby ułatwić amerykańskiej publiczności jego wymowę. W dniu 20 sierpnia 1877 r. Helena Modjeska zadebiutowała w San Francisco w sztuce Ernesta Legouve i A. E. Scribe, *Adrienne Lecouvreur,* w swej sztandarowej roli. Po debiucie w tytułowej roli Adrianny wysłała depeszę do męża: „Zwycięstwo. Modjeska." Henryk Sienkiewicz tak relacjonował jej sukces w „Gazecie Polskiej": „Wszyscy szaleli ... Nikt nie opuszczał miejsc po zakończeniu programu, co jest niespotykane w Ameryce. Wbrew miejscowym zwyczajom aktorkę wywoływano przed kurtynę aż jedenaście razy... Zdobyła Amerykę jak burza".

## GWIAZDA W PODRÓŻY

• Pierwsza trasa w 1878 roku – 5 miesięcy, 17 miast. • Druga trasa w sezonie 1878/9 – 35 tygodni, 240 spektakli, 50 miast, pierwsza trasa pociągiem we własnej salonce z napisem „Polska". • Trzecia trasa w sezonie 1882/3 – 38 tygodni, ponad 20 miast, reklamowana jako „pożegnanie". • Czwarta trasa w sezonie 1883/4 – 40 tygodni, znowu reklamowana jako „pożegnanie" z Chłapowskim jako menadżerem, którego niebawem zastąpił Stinson. • Piąta trasa w sezonie 1885/86 – 80 miast, 245 przedstawień. W sumie Modrzejewska do 1907 roku odbyła 26 tournée teatralnych z producentami Sargentem, Stinsonem, a następnie z własną firmą „Helena Modjeska Company". W ciągu swojej kariery Modrzejewska grała w ponad 225 miastach w całych Stanach Zjednoczonych i w Kanadzie.

*Modrzejewska jako Ofelia z* Hamleta, *Rosalinda, oraz Kleopatra ze sztuk Szekspira.*

## AKTORKA SZEKSPIROWSKA

Modrzejewska uwielbiała Szekspira i zagrała w jego sztukach aż 18 ról; 15 z nich w języku angielskim, a 11 w obu językach. Ze wszystkich 4.300 przedstawień, które dała w ciągu swojej kariery scenicznej, 2.250 spektakli to sztuki Szekspira. Natomiast spośród wszystkich 3.800 amerykańskich przedstawień, ponad 2.000 to role Szekspira. To połowa jej repertuaru! Najdłużej grała rolę Lady Makbet, w której występowała do końca kariery (520 razy). Jako Rozalinda w *Jak wam się podoba* w przebraniu męskim pojawiła się 440 razy. Jako Katarzyna (w oryginale Beatrycze) w *Poskromieniu złośnicy* wystąpiła 200 razy. Role Julii, Violi, czy Porcji grała po 160 razy; a jako Ofelia w *Hamlecie* albo Kleopatra wystąpiła około 100 razy!

## GWIAZDA W POLSCE

Od 1879 do 1903 roku Modrzejewska odbyła gościnne tournée po kraju ojczystym: Kraków, Lwów, Warszawa, a także Poznań, Tarnów, Łódź, Lublin i Stanisławów. Polskie interpretacje ról szekspirowskich to Julia w *Romeo i Julii*, Ofelia w *Hamlecie,* Beatrycze w *Wiele hałasu o nic*, a później kreacje Rozalindy w *Jak się wam podoba,* Lady Makbet w *Makbecie*, Violi w *Wieczorze Trzech Króli*, Kleopatry w sztuce *Antoniusz i Kleopatra* oraz Imogeny w sztuce *Cymbelin*. W innych przedstawieniach w Polsce grała Małgorzatę Gautier w sztuce *Dama Kameliowa* Aleksandra Dumasa syna, oraz role Dalili w sztuce Octave Feuilleta i Odette w sztuce Victoriena Sardou. Nora, Magda i Sylwia to jej role w sztukach Henryka Ibsena, Hermanna Sudermanna i Gabriele d'Annunzio. Pojawiała się w dramatach polskich Juliusza Słowackiego i Stanisława Wyspiańskiego, w tym *Warszawianka (Varsovienne)* oraz *Protesilas i Laodamia*.

 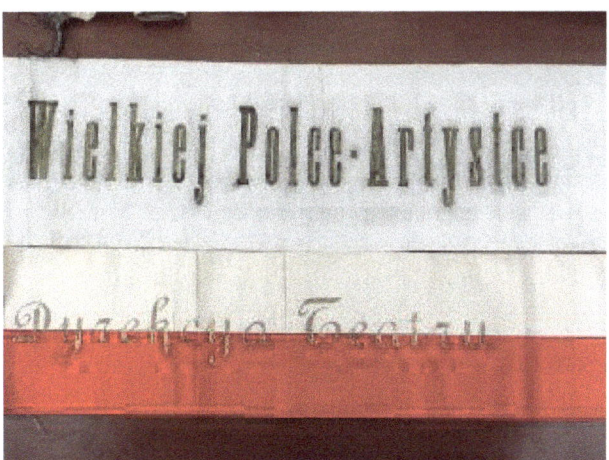

*Wstążki z wieńców z tournee po Polsce. Opid-Modjeska Family Papers, Huntington Library, San Marino, Kalifornia.*

## POLSKA PATRIOTKA

Podczas gdy jej kariera rozkwitła po upadku Powstania Styczniowego (1863-1864), Modrzejewska występowała tam, gdzie mogła zagrać polski repertuar, poczynając od sztuk Juliusza Słowackiego, Stanisława Wyspiańskiego i mniej znanych pisarzy. W latach siedemdziesiątych XIX wieku część jej warszawskich przedstawień została przekształcona w patriotyczne manifestacje przez publiczność, w tym wielu studentów, wciąż myślących o niepodległości kraju, który tak niedawno walczył przez ponad rok z okupantem rosyjskim i pruskim. Często wyrażała patriotyczne sentymenty w wywiadach prasowych, a czasem na scenie. Podczas tournée po Irlandii porównała losy Irlandii pod panowaniem brytyjskim do losów Polski rządzonej przez Rosję. W maju 1893 r. została zaproszona na międzynarodową konferencję kobiet na Światowej Wystawie Kolumbijskiej w Chicago. Wygłosiła tam 45-minutowe przemówienie o kobietach w Polsce, zawierające nie tylko uwagi o pozycji kobiet w polskim społeczeństwie oraz przegląd postaci znanych Polek, ale także bardzo silne akcenty patriotyczne i antyrosyjskie. Narzekała na wrogów, którzy „usiłują wymazać z kronik ludzkości historię Polski, ograniczyć, jeśli nie całkowicie zakazać używania naszego języka, utrudniać rozwój postępu w każdej dziedzinie – postępu gospodarczego, intelektualnego czy społecznego". Nazwała tę wrogą moc rządem rosyjskim, wypowiadając swoją opinię o niesprawiedliwości rozbiorów Polski w XVIII wieku. W Rosji jej przemówienie spotkało się z gniewem władz carskich; w efekcie władze wydały zarządzenie uniemożliwiające Modrzejewskiej powrót do ziem polskich znajdujących się pod rosyjskim zaborem.

*Modrzejewska jako Camille w sztuce na podstawie Dumasa. Okładka biografii Beth Holmgren. Portret salonowy.*

## GWIAZDA W ANGLII

W 1880 roku odbyła się pierwsza seria występów gościnnych Modrzejewskiej w Anglii. Jej role były dobrze przyjęte, z wyjątkiem Julii i Ofelii, gdyż uważano Modrzejewską za zbyt dojrzałą do tych „młodych" ról. Choć bardzo chciała podbić teatr w kraju narodzin Szekspira swymi ukochanymi rolami szekspirowskimi, angielska publiczność preferowała ją we francuskim repertuarze melodramatycznym, w rolach pięknych cudzoziemiek jak Adriannie Lecouvreur czy Camille. Te role to jej specjalność. Po występach w Bostonie, amerykański poeta Henry Wadsworth Longfellow napisał do Modrzejewskiej: „Widziałem wiele aktorek grających Camille, ale Ty, moja droga, jesteś o wiele lepsza od nich wszystkich". Gwiazda powracała na gościnne występy w Anglii w następnych latach: 1881, 1882 i 1885.

## REŻYSER I PRODUCENT

Jako obywatelka Stanów Zjednoczonych od 1883 r . Modrzejewska kontynuowała działania sceniczne do roku 1907 (tj. do wieku 67 lat), nie tylko z zamiłowania do teatru, ale także aby wspierać męża, syna, oraz dalszą rodzinę. Odbyła dwadzieścia sześć tournée z grupami teatralnymi, często w roli producenta. Zajmowała się zatrudnianiem współpracowników i aktorów do mniejszych, drugoplanowych ról, lub rezerwowaniem sal na występy w miasteczkach ulokowanych blisko linii kolejowych. Początkowo jej tournée były prowadzone przez zawodowych menadżerów jak Sargent lub Stinson, ale następnie aktorka założyła własną firmę, *Helena Modjeska Company*. Modrzejewska wyreżyserowała i wyprodukowała wiele spektakli, w tym jej ukochaną Kleopatrę, której produkcja i transport były niezwykle kosztowne, ze względu na dużą liczbę aktorów w obsadzie, skomplikowane i drogie kostiumy oraz dekoracje. Aktorka lubiła wyidealizowane, „symboliczne" podejście do aktorstwa, zamiast „realistycznego", z dużą ilością dekoracji scenicznych i detali. Czuła, że w teatrze „magnetyczny" i emocjonalny wpływ na publiczność był najważniejszy a wynikał z pracy zespołowej całej grupy aktorów. Nie sądziła, że triumfy sceniczne można odnosić będąc samotną, nawet wielką gwiazdą.

## MENTOR GWIAZD

Wśród jej podopiecznych byli Ignacy Jan Paderewski, genialny pianista i kompozytor, Władysław Benda, artysta oraz cudowne dziecko, pianista Józef Hoffman. W 1884 roku aktorka pomogła zdefiniować sceniczny wizerunek Paderewskiego jako tajemniczego i mistycznego rudo-włosego archanioła.[4] Przedstawiła wirtuoza brytyjskim artystom, Edwardowi Burne Jonesowi i Laurence Alma Tadema, którzy utrwalili mit Paderewskiego-Archanioła w portretach pianisty. W USA Modrzejewska wprowadziła swego charyzmatycznego rodaka do grona amerykańskich literatów (m. in. Henry Gilder i jego żona). Kontakty zaowocowały zaproszeniami na koncerty, wierszami o Paderewskim oraz współpracą przy „Century Music Magazine". Modrzejewska była też sponsorem edukacji i pierwszych kroków w Ameryce Władysława Bendy, jej siostrzeńca, który został znanym malarzem i ilustratorem. Dzięki jej pomocy i kontaktom zdobył uznanie w trakcie swej amerykańskiej kariery.

## WŁAŚCICIEL „ARDEN" 1888-1906

Wspominałam już o wysiłkach Modrzejewskiej i jej męża Karola Chłapowskiego aby zbudować dochodową posiadłość ziemiańską w Kalifornii, opartą na modelu majątków szlacheckich w Polsce. Dworek „Arden" w Santiago Canyon w Orange County był dla aktorki ostoją i miejscem wypoczynku pomiędzy wyczerpującymi tournee po Ameryce czy świecie. Był przede wszystkim jej domem, gdzie zamieszkiwali różni krewni i znajomi, którym nie szczędziła gościny. Majątek przynosił trochę dochodu ze sprzedaży miodu. Hodowano tam też drób i inne zwierzęta domowe na własny użytek.

## OGRODNIK I ZNAWCA ROŚLIN

– Modrzejewska umiała i lubiła rysować. Na marginesach tekstów sztuk można znaleźć sporo szkiców, karykatur czy portretów aktorów. Napisała bajkę dla wnuka i sama ją zilustrowała akwarelami fantastycznych liści i kwiatów. W domu i ogrodzie Arden pasjonowało ją rysowanie roślin z natury, np. szkice kaktusa Opuntia, palmy lub dzikiej gryki kalifornijskiej.

*Pastelowe rysunki Modrzejewskiej z bajki napisanej dla wnuka to wierne portrety kaktusa Opuntia Ficus-indica oraz kalifornijskiej palmy, King Palm.*

## ROSARIUSZ

Ogród w Arden zawierał wiele odmian antycznych róż, wybranych i pielęgnowanych przez aktorkę: Papa Gontier, Catherine Mermet, Madame Caroline Testout, Marie Van Houtte, Maman Cochet, Payl Neyron, Magna Charta, Ulrich Brunner,

---

[4] Maja Trochimczyk, „An Archangel at the Piano: Paderewski and his Female Audiences", „Polish American Studies", 67, nr 1 (2010): s. 5-44.

Prince Camille de Rohan, General Jacqueminot, Captain Christy, American Beauty, Reve d'Lamarque, Beauty of Glazenwood, Reine Marie Henrietta oraz White Bank.

## SZEF SŁYNNEGO OGRODNIKA: THEODORE PAYNE, 1893-1895

Niewiele Polaków wie, że Modrzejewska wniosła wkład w studia lokalnych roślin kalifornijskich poprzez zatrudnienie słynnego ogrodnika, specjalisty od polnych kwiatów, krzewów i ich nasion, Teodora Payne. Przyjechał z Anglii i spędził pierwsze dwa lata w Ameryce pracując w Arden (1893-95). W Arden był odpowiedzialny za ogrody ozdobne i projekty komercyjne, np. produkcja miodu. Tam Payne zainteresował się rodzimymi roślinami i zaczął zbierać ich nasiona. Gdy pani domu była na tournée teatralnym, Payne miał czas na studia natury i wędrówki po okolicy, w tym do starej kopalni srebra. Jeździł konno i zbierał próbki lokalnych roślin. Później został właścicielem firmy nasiennej i szkółkarskiej w Los Angeles, zaprojektował m.in. ogrody botaniczne Santa Ana i Descanso Gardens. W 1960 roku przeszedł na emeryturę i założył Theodore Payne Foundation for Wild Flowers and Native Plants w Sun Valley, Kalifornia.

*Dom Modrzejewskiej Arden w Santiago Canyon, Orange County, 1910.*

## DOBROCZYŃCA: SZKOŁA KORONKARSKA W ZAKOPANEM

Jest godne uwagi, że Modrzejewska sponsorowała w Polsce edukację młodych, biednych kobiet, które mogły pracą zapewnić sobie niezależność, zarobić na życie. Aktorka to pierwszy darczyńca na Szkołę Koronkarską w Zakopanem: przeznaczyła na ten cel 1200 zł dochodu z przedstawień *Nory* Ibsena w Teatrze Starym w Krakowie. Jej wspólnikiem i współzałożycielem szkoły, oraz autorem statutu i pierwszym dyrektorem był dr Tytus Chałubiński. W skład zarządu weszli oprócz Modrzejewskiej Róża hr. Krasińska, Franciszek Neužil, Leopold Czubernat i Ksiądz Józef Stolarczyk. Obecnie szkoła nosi nazwę Krajowej Szkoły Koronkarskiej; została otwarta 1 maja 1883 roku i nadal działa!

*Okładka wspomnień Theodore Payne,* Life on the Modjeska Ranch in the Gay Nineties. *Los Angeles: Kruckenberg Press, 1962. Szkic Modrzejewskiej kalifornijskiej dzikiej gryki i zdjęcie oryginału w naturze.*

## EMERYTKA NA PLAŻY NEWPORT, 1906-1909

Po ponad 20 latach spędzonych w ukochanej posiadłości Arden w kanionie Santiago w hrabstwie Orange w Kalifornii, państwo Chłapowscy sprzedali Arden w 1906 roku i wyprowadzili się do Tustin a potem do Bay Island w Newport Beach. Finansowo pomógł im w przeprowadzce benefis zorganizowany przez Ignacego Jana Paderewskiego, czyli gwiazdorski koncert na cel charytatywny. Pomimo oficjalnej „emerytury" aktorka nadal pojawiała się na specjalnych wydarzeniach w Los Angeles, gdzie rodzina Opidów, ze strony jej ojczyma, mieszkała z dwiema wnuczkami, Felcią i Helcią. Modrzejewska zmarła 8 kwietnia 1909 r. w swoim nowym domu w Newport Beach w Kalifornii; Karol Chłapowski pochował ją jednak w Krakowie, gdzie powrócił po śmierci żony. Rok później jej wspomnienia opublikowano w Ameryce; w 1957 roku zostały przetłumaczone na język polski, pt. *Wspomnienia i wrażenia*.

## MUZA POETÓW I ARTYSTÓW

Modrzejewską czczono za życia i po śmierci poprzez poetyckie hołdy, biografie, profile w gazetach, czy obszerne wywiady. Była prawdziwą gwiazdą i ikoną kultury w Ameryce. Zacytujmy kilka wierszy.

**Do Modrzejewskiej**
Richard Watson Gilder (1844-1909)

Oto cztery siostry dobrze znane śmiertelnikom,
Ich imiona Radość i Smutek, Śmierć i Miłość:
Ta ostatnia sprawiła, że podążyły moje kroki
Tam, gdzie mieszkają inne siostry o głębokich oczach.
Tej nocy, albo zanim spadła namalowana kurtyna,
Te, jedna po drugiej, wędrowały przed moimi oczami
Przez odważny imitujący świat, który utkał Szekspir.
Damo! Twoja sztuka, twoja namiętność były zaklęciem
Co mnie trzymało i wciąż trzyma; bo Ty pokazujesz,
Z tymi, którzy są na szczytach w suwerennej sztuce, –
Szekspir najdoskonalszy, Beethoven i Angelo, –
Wielka sztuka i pasja to jedno. Twoja też jest część
Żeby to udowodnić, wciąż rosną laury dla tego,
Który sięga przez umysł, by dotknąć serca.

**To Modjeska**
By Richard Watson Gilder (1844-1909)

Here are four sisters known to mortals well,
Whose names are Joy and Sorrow, Death, and Love:
This last it was who did my footsteps move
To where the other deep-eyed sisters dwell.
To-night, or ere yon painted curtain fell,
These, one by one, before my eyes did rove
Through the brave mimic world that Shakspere wove.
Lady! thy art, thy passion were the spell
That held me, and still holds; for thou dost show,
With those most high each in his sovereign art, –
Shakspere supreme, Beethoven and Angelo, –
Great art and passion are one. Thine too the part
To prove that still for him the laurels grow
Who reaches through the mind to pluck the heart.

Gilder był amerykańskim pisarzem i redaktorem „The Century Magazine" oraz członkiem American Academy of Arts and Letters. Opublikował wiele tomików wierszy, w tym poemat „How Paderewski Play..." Modrzejewska przyjaźniła się z Gilderem przez wiele lat. Przedstawiła Paderewskiego Gilderowi, nawiązując w ten sposób kolejną pomocną przyjaźń artystyczną. Inny znany amerykański poeta, John Steven McGroarty, napisał wiersz na pożegnanie aktorki z okazji jej pogrzebu, opublikowany w Los Angeles w 1909 roku.

**Modjeska**
by John Steven McGroarty (1862-1944)

The curtain falls, and hushed the sighing
   Of violet strings; the crowds depart.
The Queen is dead, her white hands lying
   At peace upon her quiet heart.

She hears no more the shout and clamor
   Of mimic armies, hurrying fast
To shield her throne in war's wild glamor;
   Their swords are rust, their splendor past.

The play is done, told is the story
   Of life and strife, or love and trust.

**Modjeska**
John Steven McGroarty (1862-1944)

Kurtyna opada i ucisza westchnienia
   Fioletowych strun; tłumy odchodzą.
Królowa nie żyje, jej białe ręce leżą
   Spokojnie na jej cichym sercu.

Nie słyszy już krzyków i wrzasków
   Mimicznych armii, pędzących szybko
Aby chronić swój tron przed dzikim blaskiem wojny;
   Ich miecze są rdzawe, ich świetność przeszła.

Sztuka jest skończona, opowiedziana jest historia
   Życia i walki, czy miłości i zaufania.

| | |
|---|---|
| Scattered the hosts, and gone their glory,<br>    Their trumpets still, their banners dust.<br><br>She was the Queen, that laughed at danger.<br>    Who, far from the native hills had flown<br>To bind the heart-strings of the stranger<br>    In alien lands, around her own.<br><br>Bright was the throne her feet ascended –<br>    Her soul was fair, and fair her face;<br>Nor yet, though now her reign be ended<br>    Another comes to take her place.<br><br>No more the salvos madly leaping<br>    To greet her ears in triumphs wan-<br>The Queen, her last long sleep is sleeping:<br>    The lights are out, the play is done. | Rozproszone są zastępy i odeszła ich chwała,<br>    Ich trąby ucichły, ich sztandary kurz.<br><br>Była Królową, która śmiała się z niebezpieczeństw.<br>    Która, daleko od rodzimych wzgórz odleciała<br>Aby zawiązać arterie serca nieznajomych<br>    W obcych krainach, wokół swego serca.<br><br>Jasny był tron, na którym wzniosły się jej stopy –<br>    Jej dusza była piękna, jej twarz piękna też;<br>Jeszcze nie, choć jej panowanie dobiegło już końca<br>    Na jej miejsce nie przychodzi nikt inny.<br><br>Nigdy nie będzie salw szaleńczo skaczących<br>    Aby powitać jej uszy triumfami, daremnie –<br>Królowa zasnęła, swój ostatni długi sen śni:<br>    Światła są zgaszone, gra skończona. |

 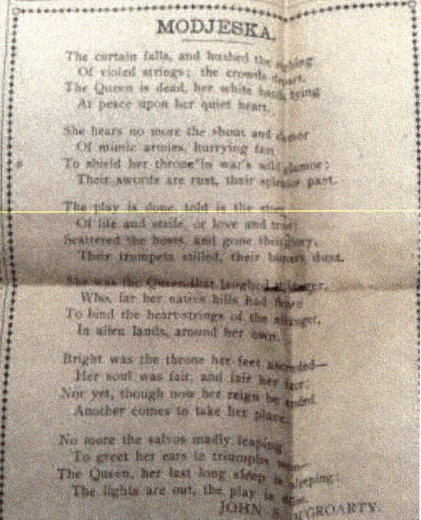 

*Modrzejewska w Arden – pocztówka. McGroarty – wiersz o Modrzejewskiej. Tłumy na pogrzebie w Los Angeles.*

W kulturze popularnej Modrzejewska zainspirowała powieść Susan Sontag, *In America* (1999), która została nagrodzona National Book Award. Powieść Sontag oparta przedstawiała życie Modrzejewskiej po emigracji do USA. Niestety autorka została publicznie potępiona za plagiaty z pamiętnika Modrzejewskiej i innych źródeł biograficznych.[5] Zbiory dokumentów dotyczących kariery Modrzejewskiej w Polsce i Stanach Zjednoczonych znajdują się w archiwach specjalnych Uniwersytetu Kalifornijskiego w Irvine, Biblioteki Huntington w San Marino, Muzeum Bowers w Santa Ana, w różnych archiwach w Polsce oraz w zbiorach prywatnych. Jej najnowsza biografia autorstwa Beth Holmgren, *Starring Madame Modjeska: On Tour in Poland and America*, została zaprezentowana przez nasz Klub w Bowers Museum w 2012 roku, we współpracy z Helena Modjeska Foundation. Praca ta otrzymała Nagrodę im. Oskara Haleckiego dla najlepszej książki na temat polsko-amerykański od Polish American Historical Association w 2015 roku.

*Dr Maja Trochimczyk*

---

[5] Dennis McLellan, „A Romantic Stage Life, a Distorted Legacy," „Los Angeles Times", 9 kwietnia 2000, https://www.latimes.com/archives/la-xpm-2000-apr-09-cl-17509-story.html

# ZAŁOŻYCIEL KLUBU – LEONIDAS DUDAREW-OSSETYŃSKI
## Dr Maja Trochimczyk

*Leonidas Dudarew-Ossetyński (1910- 1989) w kostiumie jako aktor, i dziadek z wnukiem. Fotografie z archiwum domowego córki aktora, Valerie Hunken.*

Urodzony 22 października 1910 roku w majątku rodzinnym Niebajki koło Wilna (w tym czasie część Rosji), Leonidas Dudarew-Ossetyński wychowywał się na Litwie i w Polsce; był m.in., absolwentem Narodowej Akademii Teatru w Warszawie.[1] Biograf aktora, Stanisław Jordanowski, tak opisywał pierwsze dekady jego życia:[2] „Został ochrzczony w kościele prawosławnym w Kijowie. Był synem księcia Konstantego i księżnej Walerii Dusz-Duszewskiej. W lipcu 1920 r. Bolszewicy zajęli Wilno. Jego ojciec został aresztowany i zabrany do Rosji i nigdy więcej o nim nie słyszano. Jego matka zmarła wkrótce potem, kiedy zaraziła się chorobą od rannych, którymi opiekowała się podczas wojny.

---

[1] Podstawowe informacje biograficzne w *The Polish Biographical Dictionary*, red. Stanley S. Sokol (Bolchazy-Carducci Publishers, 1992). O teatrze Ossetyńskiego pisał Bogdan Danowicz, „Leonidas Dudarew-Ossetyński", „Perspektywy". t.9 nr 14, 8 kwietnia 1977, s. 29-30.

[2] Stanisław Jordanowski, *Osetyjczyk z pochodzenia - Polak z wyboru*. „Przegląd Polski" 1989 t. 4, s. 11. Maszynopis tekstu w j. angielskim z kolekcji prywatnej Valerie Dudarew-Ossetyńska Hunken, córki aktora.

Jego wychowanie i nauczanie przejęła babcia ze strony matki. Po ukończeniu gimnazjum i studiach teatralnych został aktorem operetki Lutnia w Wilnie". W 1983 roku polski fotograf Czesław Czapliński odwiedził nestora polonijnego teatru w Los Angeles. Ossetyński tak opowiadał o swojej przeszłości:[3] „Urodziłem się na nieszczęście własne i innych... Z teatrem związałem się w Wilnie, kiedy Szpakowski otworzył Szkołę Teatralną przy Teatrze Miejskim. Po skończeniu szkoły pojechałem do Francji i studiowałem z Dulenem, potem w Polsce pracowałem w teatrach Wilna, Torunia i Warszawy". Według biografii opublikowanej w *Almanachu 1988-1989*[4], w latach 1936-1937 Dudarew (używał wtedy tylko przydomku zamiast pełnego nazwiska) był aktorem w Teatrze Miejskim w Toruniu. Jako „Leonidas Dudarew" (lub Dudárew, w tekstach polskich opuszczamy akcent) wystąpił w rolach: Sekretarza (*Jacht miłości*, 1936), Hetmana (*Wesele*, 1936), Freda (*Złoty wieniec*, 1937), Barona (*Mysz kościelna*, 1936). Inne sztuki to: *Niebieskie migdały, Skalmierzanki, Niespodzianka*, czy *Wesoła wdówka*. Jordanowski pisał dalej:

"Potem wojna zastała go w Paryżu, gdzie właśnie przybył, aby studiować na Sorbonie. Dobrowolnie zaciągnął się do Wojska Polskiego na Uchodźstwie we Francji. Brał udział w kampanii francuskiej w stopniu podporucznika. Po kapitulacji Francji, znalazł się w Casablance, a następnie w Lizbonie, skąd pod koniec sierpnia 1941 roku był w stanie popłynąć statkiem do Nowego Jorku".[5]

*Lucy Dzierzkowska, portret Leonidasa Dudarew-Ossetyńskiego, zaginiony, poprzednio w zbiorach rodzinnych. Fotografia otrzymana od Valerie Dudarew-Ossetyńska Hunken.*

W Nowym Jorku Dudarew-Ossetyński znalazł się w grupie polskich aktorów na emigracji, gwiazd kina i teatru Drugiej Rzeczpospolitej, którzy 22 listopada 1942 założyli Polski Teatr Artystów. M.in., byli to: Maria Modzelewska, 1903-1997; Jan Bonecki, 1892-1976; Zofia Nakoneczna, 1910-1976; Stanisław Sielański, 1899-1955; Romuald Gantkowski, 1903-1989; później też Jadwiga Smosarska, 1898-1971, i wielu innych. Finansowany przez Polski Rząd na Uchodźstwie w Londynie, Polski Teatr Artystów nie miał stałej siedziby a występował w ośrodkach polonijnych USA i Kanady, z repertuarem patriotycznym i komediowym. Przez dwa lata działalności Teatr wystawił między innymi: *Piątą kolumnę w Warszawie* i *Walkę podziemną* Słodzińskiego oraz *Porucznika ułanów* Kędrzyńskiego; sztuki reżyserowane przez Ossetyń-skiego. Inne sztuki to *Pastorałka* Leona Schillera, *Echa polskiej ziemi, Warszawianka*, oraz komedie – *Józia, Pierwsza lepsza*. Według *Almanachu 1988-1989,* Ossetyński w listopadzie 1942 został wybrany na dyrektora administracyjnego Polskiego Teatru Artystów. Wystąpił w roli Adama w *Pastorałce* Schillera (1942), a przy tej okazji pismo „Nowy Świat" tak opisało jego sylwetkę:[6] „Jest wysoki, szczupły, wyprostowany. Długa, ciekawa twarz, która cię wciąga. Czasami dziwna, zawsze zamyślona, czasami nieobecna gdzie indziej w jego myślach, czasami wesoła, figlarna, z niesamowicie przeszywającymi oczami. Nie można ich zobaczyć i nie pamiętać".

Ossetyński występował też w przedstawieniach: *Warszawianka, Czar munduru*, i *Piąta kolumna w Warszawie*. Recenzje ze spektakli Teatru publikował „Tygodniowy Przegląd Literacki Koła Pisarzy z Polski" (później „Tygodnik Polski").[7]

---

[3] Czesław Czapliński, „PORTRET z HISTORIĄ. Barbara Krafftówna & Leonidas Dudarew-Ossetyński," blog autora, https://www.czczaplinski.com/post/portret-z-histori%C4%85-barbara-krafft%C3%B3wna-leonidas-dudarew-ossety%C5%84ski, widziane 2 maja 2021.
[4] Kopia w maszynopisie w kolekcji prywatnej Valerie Dudarew-Ossetyńska Hunken.
[5] Jordanowski, op. cit.   [6] Cytowane za Jordanowski, op. cit.
[7] S. Marczak-Oborski, *Teatr czasu wojny. Polskie życie teatralne w latach II wojny światowej 1939-1945*, Warszawa: Polski Instytut Wydawniczy, 1967.

Zespół Polskiego Teatru Narodowego Występującego Na Trójcowie Dziś i Jutro

Zawiadomienia ukazywały się w lokalnej prasie, jak „Dziennik Chicagoski", „Ameryka Echo", czy „Nowy Świat" – którego korespondentem został sam Ossetyński. Jordanowski tak wspomina artystę z tego okresu:[8]

"Byliśmy pod wrażeniem zapału i energii Ossetyńskiego w promowaniu polskiej kultury. Żył dość prosto i skromnie. Był wegetarianinem. Praktykował jogę. Wciągnął nas w świat jogi, który był dość interesujący i przynajmniej przez rok codziennie stawałem na głowie i nawet próbowałem medytować".[9]

Z grupy związanej z Polskim Teatrem Artystów w Nowym Jorku do 1945 roku, Zofia Nakoneczna oraz Romuald Gantkowski wyjechali później do Kalifornii. Gantkowski brał aktywny udział w spotkaniach klubowych, m.in. w 1976 roku. Podczas wojny Gantkowski był członkiem ekipy we Francji filmującej Wojsko Polskie (w którym nb. walczył Leonidas). W Anglii z nagranych fragmentów filmu powstał film dokumentalny *Jeszcze Polska nie zginęła* w wersji polskiej i angielskiej. Od połowy 1943 roku do końca wojny Ossetyński pracował dla wojska amerykańskiego; zajmował się propagandą i kulturą. Po wojnie zdecydował się nie wracać do Polski (choć niektórzy aktorzy z Teatru Artystów tak zrobili, np. Smosarska); znalazł pracę w Los Angeles jako dziennikarz i korespondent pisma „Nowy Świat".

W 1953 roku, Sylwan Strakacz (były sekretarz Ignacego Jana Paderewskiego) tak opisywał osobowość aktora, który wystąpił w małej roli, ale, jak pisał Strakacz, zdominował, „ukradł przedstawienie":[10]

„Ossetyński to dziwna osoba. Jest aktorem, bo taka jest jego natura. Przyjechał do Los Angeles i stworzył znaną nam wszystkim restaurację Wilno. W dzień wyobrażał sobie, a w nocy śnił o teatrze. W Wilnie zbudował malutki teatr, ale gdy go skończył, dostał szansę wynajęcia studia w Los Angeles. Więc natychmiast skorzystał z tej możliwości i przeniósł się do Hollywood, gdzie ma własną szkołę teatralną. Ossetyński pracuje z nowymi talentami i nieustannie stara się doskonalić własną sztukę. Widziano go w wielu filmach, teatrach, telewizji, a teraz krążą plotki, że pracuje nad inscenizacją sztuki".

Aktor pracował jednocześnie w studio słynnego nauczyciela aktorstwa, Michaela Czekhova (Mikhail Aleksandrovich „Michael" Chekhov; 1891–1955), bratanka Antoniego Czechowa, słynnego rosyjskiego pisarza. Chekhov przywiózł do Ameryki oryginalną wersję metody Stanisławskiego, którą opisał w pracy *On the Technique of Acting* (1942), opublikowanej w skróconej wersji jako

[8] Jordanowski, *op. cit.*

[9] Zob. Na temat ekologii i jogi, Henryk Skolimowski, *Dharma, Ecology and Wisdom in the Third Millennium*, New Dehli: Concept Publishing, 1999.

[10] Sylwan Strakacz, *Pole Steals the Show*, „Orzeł Biały", 31 października 1953.

*To the Actor* w 1953 r., ze wstępem Yul Brynnera. Biografowie Ossetyńskiego twierdzą, że był on współautorem *To the Actor*, czego nie potwierdzają biografie Chekhova. Jest faktem, że Ossetyński uczył studentów Chekhov Method przez prawie 10 lat, do śmierci mistrza w 1955 roku. Przez szkołę Czekhova przewinęło się wiele gwiazd Hollywood, w tym: Yul Brynner, Gary Cooper, Clint Eastwood, Marylin Monroe, Anthony Quinn, i Gregory Peck. Jego uczniowie kontynuują tę praktykę do dziś.[11]

*Leonidas i Elizabeth Taylor oraz Jane Mansfield. Zbiory Valerie Dudarew-Ossetyńskiej Hunken.*

W 1955 roku, po śmierci Czekhova, Ossetyński założył własną grupę teatralną *Modjeska Players / Teatr im. Modrzejewskiej*, która wystawiała sztuki w języku angielskim. (Zob. nagłówek listu w Zarysie Historii, w niniejszym tomie). *Almanach 1988-1989* pisze: „Największy sukces artystyczny i kasowy odniósł, gdy przygotował w 1955, w założonym przez siebie Teatrze im. Modrzejewskiej, teatralny wieczór, na który złożyły się wiersze, trzy jednoaktówki – *Fraszkopis, Odwiedziny o zmroku, Świeczka zgasła* – i poruszający widownię poemat *Pieśń o Powstaniu* Zbigniewa Jasińskiego". W latach 1955-1957, Teatr im. H. Modrzejewskiej objechał Stany Zjednoczone i Kanadę z tym programem p.t., *Od Fredry do Powstania* –

dał kilkaset spektakli a obsada składała się z dwóch osób: sam Ossetyński i Lidia Próchnicka. Według aktora, „w ciągu trzyletniego tournée byliśmy niejednokrotnie w miejscach, gdzie nigdy teatr nie dotarł: na widowni czasem było pięć osób, innym razem znowu. jak np. w Detroit, dwa tysiące".

*Stanisław Szukalski, portret Leonidasa Dudarew-Ossetyńskiego, Zbiory Valerie Dudarew-Ossetyńskiej Hunken.*

Ciekawe, że tak wcześnie założyciel Klubu im. Heleny Modrzejewskiej zainteresował się patronatem gwiazdy teatru polskiego i amerykańskiego, która wyemigrowała do Kalifornii a występowała na całym terenie USA. Zauważmy ponadto, że powyższy komentarz o artystycznych rozjazdach Ossetyńskiego mógłby być komentarzem samej Modrzejewskiej – aktor udał się na długie tournée po całej Ameryce niejako jej śladem, dając setki przedstawień w małych, średnich, i wielkich ośrodkach kulturalnych. Prawie dwadzieścia lat przed założeniem Klubu im. Heleny Modrzejewskiej w 1971 roku, Teatr im. Modrzejewskiej był jedną z najstarszych instytucji kulturalnych w Ameryce pod

---

[11] MICHA – Michael Chekhov Association, https://www.michaelchekhov.org/our-story.

patronatem gwiazdy. Poprzednikiem był jedynie, aktywny już w 1949 roku, Komitet Upamiętnienia Modrzejewskiej (Modjeska Commemoration Committee); Ossetyński był członkiem zarządu tej organizacji. Właśnie w swym Teatrze im. Modrzejewskiej, Ossetyński występował jako aktor teatralny na deskach scenicznych w całych Stanach i w Kanadzie. W 1957 roku powrócił jednak na parę lat do Nowego Jorku, gdzie wyreżyserował kilka sztuk polskich w przekładach angielskich „Off Broadway". Prowadził obszerną korespondencję z luminarzami kultury polskiej, m in. Sławomirem Mrożkiem, którego sztukę *Policja* wyreżyserował w Nowym Jorku w 1961 r. Wystawił także *Na pełnym morzu* Mrożka i *Powrót Alcesty* Cwynarskiego. Wg. biogramu w *Almanachu 1988-1989*, „w głównych rolach kobiecych wystąpiła Lidia Próchnicka, fantastyczna aktorka, która przybyła z Krakowa do Ameryki Południowej".

Role filmowe Dudarew-Ossetyńskiego obejmują wiele pozycji; występował też w telewizji. Wymieńmy najważniejsze tytuły: *Gambling House* (1950), *Affair in Trinidad* (1952), *The Last Time I Saw Paris* (1954), *Walk Don't Run* (1966), *Mission: Impossible: The Heir Apparent* (1968), *Do not Fold, Spindle or Mutilate* (1971), *The Man in the Glass Booth* (1975), *Rod Serling's Night Gallery: Green Fingers, The Funeral, The Tune in Dan's Café* oraz *Alias Mike Fury*.

*Dudarew-Ossetyński stoi na stole pracując z aktorami w* Policjantach *Mrożka, 1961. Zdjęcie od Belli Stadler.*

Po kolejnej przeprowadzce z Nowego Jorku do Los Angeles w 1964 r. Dudarew-Ossetyński rozwinął pracę pedagogiczną we własnym studio aktorskim. Po rozwodzie z Teresą Domańską-Ossetyńską, zamieszkał w w dzielnicy Mount Washington w obszernej posiadłości (1736 Wollam Street) obejmującej cztery budynki, w tym dom, saunę, warsztat i domek gościnny, z detalami rzeźbionymi z drewna w stylu zakopiańskim. Aktor zbierał dzieła sztuki i starodruki polskie; był bibliofilem jak przyjaciel z lat nowojorskich, Aleksander Janta-Połczyński (1908-1974), z którym dzielił emigrancki los wykorzenienia i podobne szlachecko-artystyczne pochodzenie. W 1976 r. po śmierci Połczyńskiego, Ossetyński rozpoczął pracę nad tomem wspomnień o przyjacielu, ale publikacja pozostała w stadium zbierania materiałów. Ossetyński ożenił się z Elizabeth Huguley (1920-2002), mieli jedną córkę, Valerie Dudarew-Ossetyńską Hunken, a później dwie wnuczki z jej małżeństwa z Diedrick Hunken (Kristina Dudarew Hunken i Monica Dudarew Hunken). Aktor zmarł na raka w Szpitalu Weteranów w Los Angeles w wieku 78 lat, w dniu 28 kwietnia 1989 r.[12]

---

[12] Nekrolog ukazał się w „Los Angeles Times" 30 kwietnia 1989, pod tytułem „Leonidas Dudarew-Ossetynski, 78; Polish-Born Writer, Director, Actor". https://www.latimes.com/archives/la-xpm-1989-04-30-mn-2955-story.html.

Archiwalia znajdują się w The Polish Museum of America w Chicago i w kolekcjach prywatnych.

Jako aktor i dziennikarz, korespondent „Nowego Świata" z Los Angeles, miał wiele okazji uczestniczenia w spotkaniach, koncertach i innych wydarzeniach polskich organizacji kulturalnych, jak np. Chór Rzymski (Roman Choir) prowadzony przez kompozytora Romana Maciejewskiego (1910-1998) w latach 1950-tych, czy koncerty Paderewski Arts Club of Los Angeles (np. 25 czerwca 1955, koncert Romana Maciejewskiego).[13] Nazwa tego klubu obejmująca jego lokalizację wydaje się być modelem dla nazwy Klubu Kultury im. Heleny Modrzejewskiej czyli Helena Modjeska Art & Culture Club in Los Angeles. W genezie Klubu ważną rolę grała przede wszystkim pasja teatralna Ossetyńskiego i rewerencja dla wielkiej gwiazdy scen polskich i amerykańskich, którą wybrał za patronkę swojej pierwszej kalifornijskiej trupy teatralnej, Modjeska Players / Teatr im. Modrzejewskiej. Inny element w genezie Klubu to obsesja niepokonanego działacza kultury doprowadzenia do premiery wielkiego *Requiem* Romana Maciejewskiego. Od kiedy artyści poznali się w Kalifornii w latach 1950-tych, Ossetyński zafascynowany był talentem kompozytorskim Maciejewskiego, z którym dzielił też zainteresowania jogą i filozofią Wschodu.

*Dudarew-Ossetyński i Maciejewski w domu Stephanie Powers, wrzesień 1973. Ossetyński z Romanem i Wojciechem Maciejewskim po premierze* Requiem *w listopadzie 1975. Archiwum Klubu. Dar Valerie Dudarew-Ossetyńska Hunken.*

Materiały o Maciejewskim w zbiorach Leonidasa Dudarew-Ossetyńskiego w Archiwum Muzeum Polskiego w Ameryce (Polish Museum of America) w Chicago sięgają do roku 1955 a obejmują wiele programów Chóru Rzymskiego i dokumentację wspólnych działań na rzecz zorganizowania premiery gigantycznego *Requiem* w Los Angeles. Te ostatnie datują się do 1965 roku, gdy Ossetyński był prezesem organizacji Komitet na Rzecz Amerykańskiej Premiery *Requiem* Romana Maciejewskiego (Committee for the American Premiere of the *Requiem* by Roman Maciejewski), do którego dołączyły wielkie gwiazdy muzyki poważnej i świata kultury w Los Angeles, w tym Bronisław Kaper (1902-1983), zdobywca Oskara i przewodniczący Zarządu (Board of Directors); honorowy prezes organizacji, słynny pianista Artur Rubinstein (1887-1982); mentor teatralny Ossetyńskiego Michael Chekhov; kompozytor Henry Vars (1902-1977); dyrygent Roger Wagner (1914-1992); oraz Stefan (Stephan) Pasternacki (1891-1981) i Jerzy Stefański, dwaj ostatni związani później z Klubem Kultury im. Modrzejewskiej. W 1965 r. Komitet zorganizował szereg koncertów, w tym wspólne występy z Chórem Rzymskim, dyrygowanym przez Maciejewskiego, w Los Angeles i West Hollywood (program w rozdziale o historii Klubu). Do premiery *Requiem* doszło dopiero w 1975 roku, już pod egidą Klubu Kultury im. Heleny Modrzejewskiej, założonego w 1971.

Przez pierwsze siedem lat działalności w Klubie Kultury im. Heleny Modrzejewskiej, 1971-1978, Leonidas Dudarew-Ossetyński był jego Prezesem i motorem jego działań: zapraszał wybitne osobowości do współpracy w zarządzie, planował i realizował programy. Pierwsze spotkania odbywały się w domach Stephanie Powers, kompozytora muzyki filmowej Stefana Pasternackiego (tzw. Polska Chata) oraz w rezydencji Państwa Leonidasa i Teresy Ossetyńskich, na ulicy Fuller w Hollywood (tzw. Fullerowo). Od 1972 roku Klub był członkiem dwóch organizacji polonijnych – Amerykańskiej Rady Polskich Klubów Kultury

---
[13] Zob. programy koncertów Paderewski Arts Club oraz The Roman Choir w zbiorach Dudarew-Ossetyńskiego, w Archiwum Polish Museum of America in Chicago.

(American Council of Polish Cultural Clubs) i Kongresu Polonii Amerykańskiej (Polish American Congress). Przez pewien czas Klub płacił także składki do Polish American Cultural Network, lokalnej organizacji w Los Angeles. Prezes wysyłał regularnie sprawozdania z działalności do „The Quarterly Review" („Przeglądu Kwartalnego") ACPCC; dzięki tym sprawozdaniom możemy odtworzyć tematy spotkań Klubu w latach 1973-1976.[14] Zaproszenie na jedno ze spotkań z 1973 roku jest skopiowane w rozdziale o historii Klubu. Widzimy tam piękny inicjał, "staropolski" tekst, i cenną inicjatywę – wysłuchanie nagrania *Requiem* Romana Maciejewskiego w celu przygotowania amerykańskiej premiery tego monumentalnego dzieła.

THE ROMAN CHOIR AND THE COMMITTEE FOR THE AMERICAN PREMIER OF ROMAN MACIEJEWSKI'S "THE REQUIEM" COMBINED EFFORTS RECENTLY AT HOLLYWOOD AUDITORIUM WHERE THE CHOIR PERFORMED IN A CONCERT OF SACRED MUSIC.

*Chór Rzymski i Komitet na Rzecz Amerykańskiej Premiery* Requiem *Romana Maciejewskiego w Hollywood Audytorium; Chór dał koncert muzyki sakralnej. Archiwum Polish Museum of America, w Chicago.*

*Bracia Wojciech i Roman Maciejewscy, Leonidas Dudarew-Ossetyński i goście po premierze* Requiem *Maciejewskiego, w dniu 1 listopada 1975 r. w Los Angeles Music Center.*

---

[14] Zob. *Spis Spotkań* w tym tomie. Peter J. Obst odnalazł te informaje w archiwach, za co jesteśmy wdzięczni.

W organizacji Klubu, Dudarew-Ossetyński współpracował z wieloma wybitnymi przedstawicielami Polonii kalifornijskiej: dr Franciszka Tuszyńska, dyrektor Polskiej Szkoły w Los Angeles i Biblioteki Millenium, była Wiceprezesem, a w zarządzie byli: aktorka Stephanie Powers, kompozytorzy Maciejewski i Pasternacki, oraz pisarze, i artyści, w tym Stanisław Szukalski (1893-1987). Ten utalentowany i niebywale ekscentryczny artysta zaprojektował pierwsze godło Klubu, charakterystycznego orzełka w stylu „neo-piastowskim", które zostało niebawem zastąpione prawdziwym piastowskim orzełkiem. Szukalski robił też plany pomnika Heleny Modrzejewskiej, jaki Ossetyński planował postawić w Los Angeles. Realizacja tego projektu nie doszła do skutku. Szukalski zaprojektował też specjalne koperty z nadrukami dla upamiętnienia Roku Kopernikańskiego w 1973.

Ich wielkie „ego" zderzały się chyba, bo w pracach o Szukalskim, Ossetyński określany jest jako „przyjaciel-wróg" ("frenemy").[15] Sam Szukalski, który miał bardzo ostre i kontrowersyjne opinie na każdy temat, krytykował wizję teatru Ossetyńskiego, koncentrującą się na aktorstwie. Szukalski nie przebierał w słowach, gdy porównywał aktorów i innych wykonawców z kelnerami serwującymi pyszne dania w restauracji, dania przygotowane przez znakomitych mistrzów, ukrytych w kuchni. „Ja myślę, że teatr, kiedy zasługuje na to miano, jest całkowicie zależny od wysokiej klasy literatury, chyba, że jest to cyrk, w przebraniu".[16]

*Dudarew-Ossetyński i Stefan Pasternacki (po prawej) na spotkaniu Klubu we wrześniu 1975. Stanisław Szukalski (drugi od lewej) i goście w domu Ossetyńskiego po prelekcji artysty o własnej sztuce w maju 1973. Archiwum Klubu, dar córki aktora, Valerie Dudarew-Ossetyńskiej Hunken.*

Jednym z największych przedsięwzięć Klubu kierowanego przez Dudarew-Ossetyńskiego było zorganizowanie amerykańskiej premiery *Requiem* Romana Maciejewskiego w 1975 roku, opisane osobno w niniejszym tomie. Koncert odbył się w Chandler Pavilion, Los Angeles Music Center: 235 wykonawców, 2 ½ godziny muzyki, Roger Wagner jako dyrygent, recenzje w prasie... W całej historii Klubu nie było wydarzenia o większych rozmiarach i prestiżu. Projekt ten ilustruje cel i metody założyciela Klubu. Celem była promocja arcydzieł kultury polskiej dla publiczności amerykańskiej, w tym polonijnej, ale nie wyłącznie. Metodą było skupienie wokół siebie małej grupy wysoko wykształconych i energicznych entuzjastów–wolontariuszy, którym nie szkoda czasu na pracę „w służbie Polski", za darmo. Sposobem, aby taką grupę zebrać i wciągnąć do pracy, była elitarność: poczucie pewnej elitarnej wyjątkowości i wyższości członków eksluzywnego Klubu nad zwykłymi śmiertelnikami. Mistrz teatru i „król" klubu z prawdziwej rodziny książęcej mógł tego dokonać... dopóki nie zbuntowali się jego dworzanie i poddani.

---

[15] Glenn Bray i Lena Zvalve, red. *Inner Portraits by Szukalski*, San Francisco: Last Gasp, 2020.
[16] Stanisław Szukalski, "Leonidas Dudarew-Ossetyński", tekst z 1952 roku, w *Inner Portraits,* s. 148.

W latach 1970-tych, gdy Ossetyński planował budowę pomnika Modrzejewskiej projektu Stanisława Szukalskiego, opublikowany został w prasie następujący wierszyk-zagadka z karykaturą, prawdopodobnie narysowaną przez Szukalskiego:

### Z cyklu zagadek – Kto zacz?

Prince, dziennikarz, aktor, książę
Z wazeliną się nie wiąże
Rżnie od uda epistoły
Krzywią się więc nań matoły

Gedymina gród majstrował
Na Modjeskiej wylądował
Grać już nie chce – produkuje
Helki pomnik proponuje
W ilczej skórze ciągle hasa

Konia woli od fordasa
Dziwny dziwak, nie na czasie
Wołają go LEO-NIDASIE!

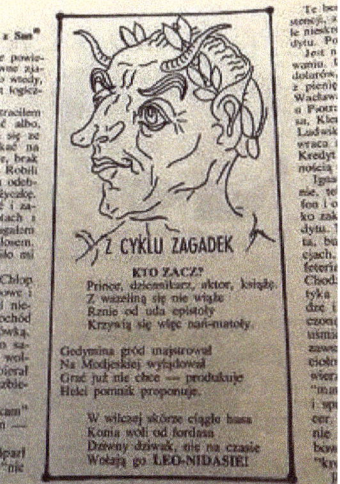

Nie wszystkie projekty Klubu im. Modrzejewskiej podczas „panowania" Ossetyńskiego były tak poważne, jak surowe i dramatyczne *Requiem,* poświęcone ofiarom wszystkich wojen i totalitarnych więzień. W październiku 1976 roku po przedstawieniu Teatrzyku Eskulap, aktorzy tańczyli trojaka z Prezesem, po czym zawiózł ich na lotnisko, pilnując, żeby wszystkie pakunki dojechały do Polski.

 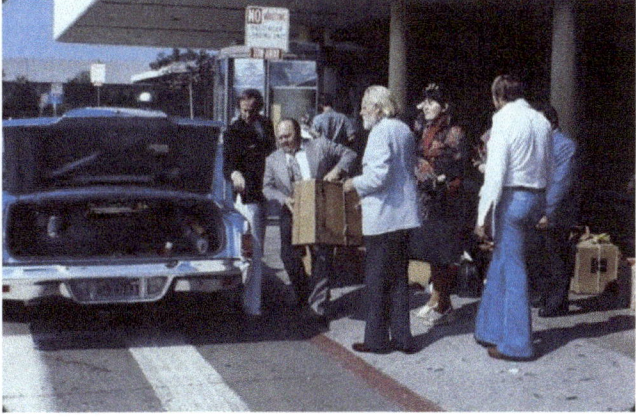

*Prezes tańczy z aktorami Teatrzyku Eskulap. Na lotnisku. Archiwum Klubu. Dar Valerie Dudarew-Ossetyńska Hunken.*

Jako przykład pełnego humoru nastroju w Klubie im. Modrzejewskiej, niech posłuży zaproszenie na spotkanie w rezydencji Stephanie Powers z 1973 roku. Sam prezes podpisał je odręcznie jako „Leonidas I. Niewyparzony, herbu Brodaty Ozór" (reprodukcja w rozdziale o historii Klubu) lub „Brodaty i Zniechęcony" (w wersji ze zbiorów Jerzego Zagnera). Przyjaciele w Klubie nazywali Prezesa też „Leonidasem Wielkim i Brodatym", co można zobaczyć na jego torcie imieninowym z 1976 roku (zdjęcie poniżej).

Rozgoryczony brakiem głębszego zainteresowania ochotniczą pracą dla promocji kultury polskiej i traktowaniem wydarzeń klubowych przede wszystkim jako spotkań towarzyskich, w 1978 rok Dudarew-Ossetyński zezygnował z dalszej prezesury. Na pożegnanie wygłosił przemówienie pełne ciekawych uwag o celu istnienia oraz misji Klubu (reprodukowane w niniejszym tomie). Przez pewien czas zachował tytuł honorowy Prezesa Założyciela, ale w 1981 roku został formalnie wykreślony z listy członków Klubu.

Klub Kultury im. Heleny Modrzejewskiej zajął Ossetyńskiemu lata 1970-te, od 1971 do 1978. W tym samym czasie, założył też swoje studio aktorskie, Actors Laboratory na Melrose Avenue w Los Angeles, gdzie wykształcił setki studentów do pracy w TV i w filmie, m. in. Elizabeth Taylor czy Stephanie Powers. W 1977 roku grupa jego studentów odwiedziła Polskę z repertuarem etiud aktorskich. Podczas podróży do Polski, Ossetyński pojawiał się w programach telewizyjnych, jak np. „Pegaz".[17] Po zakończeniu pracy jako Prezes Klubu Kultury w 1978 r. Leonidas Dudarew-Ossetyński nadal uczestniczył w promocji kultury polskiej w Kalifornii. W 1982 zaprosił do Los Angeles Barbarę Krafftównę aby wystąpiła w sztuce *Matka* Witkacego w następnym roku.[18] Sztuka w przekładzie Daniela Geroulda, wystawiona w Safe Harbor Theater przez 20-osobowy zespół kierowany przez Ossetyńskiego, otrzymała aż 11 nagród! Została uznana za najlepsze przedstawienie roku. Zapytany przez Czaplińskiego, dlaczego do roli głównej wybrał Krafftównę, Ossetyński odpowiedział: „Krafftówna jest najlepsza. Ona potrafi deformować realizm". Ciekawostką jest, że Krafftówna wówczas nie znała języka angielskiego i nauczyła się roli fonetycznie!

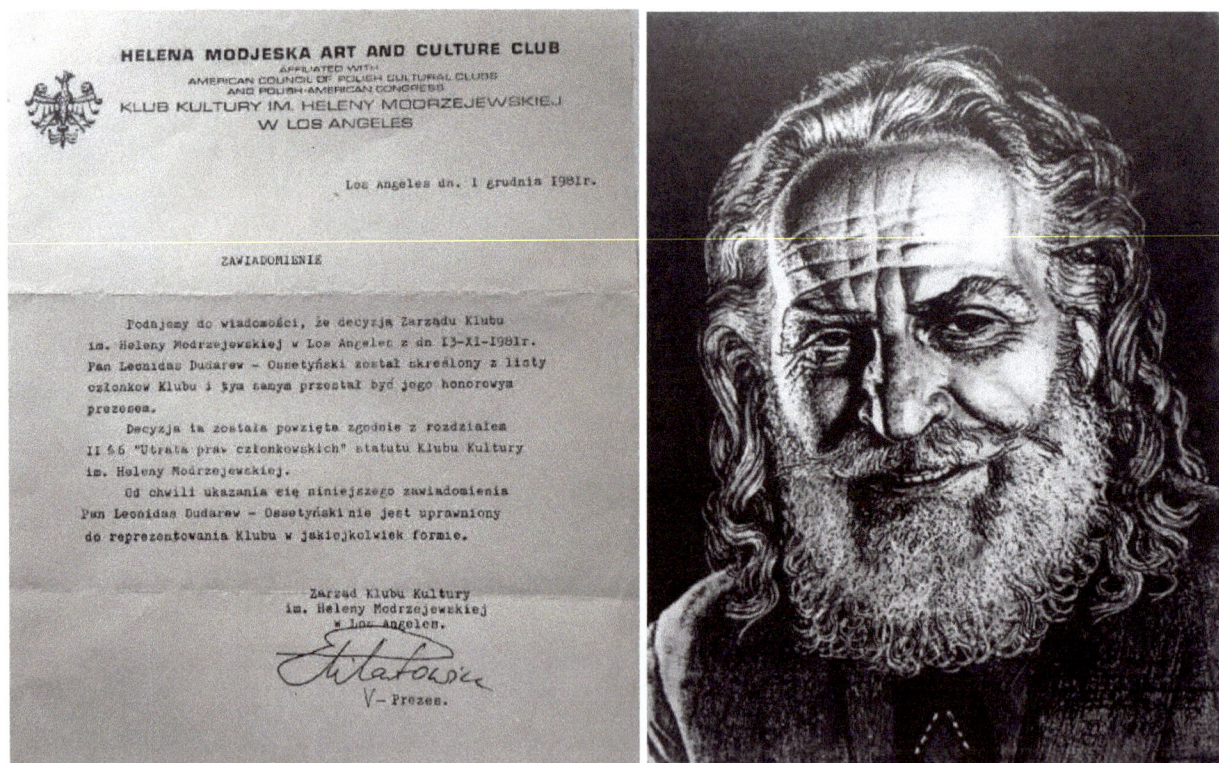

*Zawiadomienie Klubu im. Modrzejewskiej, 1981. Portret Leonidasa, Stanisław Szukalski, autor.*

Pobyt gwiazdy Witkacego za oceanem trwał przez kilkanaście lat i obejmował pracę w wielu wydarzeniach kulturalnych – była aktywna jako aktorka i reżyser teatralny. Współpracowała z teatrem studenckim w UCLA, który wystawił sztuki oparte na tekstach Gombrowicza. Wiele lat później, w 2012 roku, Krafftówna otrzymała od Klubu nagrodę im. Heleny Modrzejewskiej za całokształt pracy aktorskiej.

---

[17] Dokumenty Klubu zawierają kopie niedatowanego artykułu Zbigniewa K. Rogowskiego z jego „Mieszanki Firmowej," opublikowanej w Polsce w „Przekroju" z polemiką nt. wystąpienia Ossetyńskiego w programie TVP „Pegaz". Prawdopodobnie tekst napisany po wywiadzie aktora w 1986 roku, gdy po raz ostatni był w Polsce.

[18] Zob. Czesław Czapliński, *Teatr Ossetyńskiego*, „Przegląd Polski", 4 października 1983.

Obszerna korespondencja Dudarew-Ossetyńskiego w Archiwum Muzeum Polskiego w Ameryce (przekazana do Archiwum przez córkę aktora, Valerie Dudarew-Ossetyńską Hunken) ukazuje renesansową osobowość aktora, który interesował się teatrem, literaturą, filmem, muzyką i sztuką. Przez całą karierę w USA szukał ciekawych, oryginalnych projektów polskich, aby je realizować i promować w Ameryce. Gdy jeździł do Polski – a odwiedził Stary Kraj trzykrotnie, w 1965, 1977 i 1986 roku[19] – dawał wywiady w prasie i telewizji, z wielkim zapałem chodził do teatru, odwiedzał aktorów i reżyserów.[20] W zbiorach PMA jest seria nagrań wywiadów z tak słynnymi osobistościami polskiego teatru, jak Konrad Swinarski czy Kantor. W sprawozdaniach po powrocie do Kalifornii, Ossetyński opowiadał słuchaczom o sztukach Różewicza, Szajny, Mrożka i in. Interesowały go przede wszystkim spektakle najnowsze, najbardziej oryginalne i eksperymentalne. Po śmierci Dudarew-Ossetyńskiego w 1989 roku, w piśmie „Kultura i Życie", Bogdan Danowicz podsumował jego dorobek, określając go jako „prawdziwego Ambasadora kultury polskiej w Stanach Zjednoczonych" i „człowieka Renesansu".[21] Biografia jednego z nawybitniejszych przedstawicieli polskiej emigracji powojennej, pokolenia weteranów drugiej wojny światowej, wciąż czeka na swego autora.

W 2011 roku, we wniosku o nadanie założycielowi naszego Klubu Złotego Krzyża Zasługi, jako Prezes Klubu napisałam: „Leonidas Dudarew-Ossetyński założył Klub Kultury im. Heleny Modrzejewskiej, aby promować polską kulturę i sztukę w Los Angeles. Do współpracy zaprosił znanych aktorów i działaczy polonijnych i sprawił, że nowa organizacja szybko stała się najważniejszym miejscem promocji kultury polskiej. Był Prezesem Klubu w latach 1971-1978, ale od listopada 1978 nie brał w działalności klubowej aktywnego udziału. Reżyserował i występował w wielu spektaklach teatralnych. Dzięki jego wysiłkom rozszerzone zostały możliwości promocji kultury polskiej w Kalifornii". Medal został przekazany pośmiertnie córce, Valerie Dudarew-Ossetyńskiej Hunken a prezentacji dokonano podczas uroczystości w rezydencji Konsula Generalnego RP Joanny Kozińskiej-Frybes 15 marca 2013.

W historii polskiej kultury pamiętamy o Ossetyńskim nie jako założycielu Klubu nad Pacyfikiem, ale jako o reżyserze, aktorze i nauczycielu aktorstwa. Choć jego szkoła nie przetrwała, warto na zakończenie przypomnieć jak opisywał "Metodę Ossetyńskiego" Bogdan Danowicz w "Perspektywach" w 1977 roku.

*Stanisław Szukalski i Barbara Krafftówna w domu Ossetyńskiego. Zbiory Archiwum Polish Museum of America, Chicago. Leonidas Dudarew-Ossetyński, Mira Zimińska-Sygietyńska (założycielka zespołu Mazowsze) oraz Stanisław Szukalski, zbiory prywatne Valerie Dudarew-Ossetyńskiej Hunken.*

---

[19] Wg. informacji od córki, Valerie Hunken, Ossetyński był w Polsce w 1966 roku, w 1977 roku ze studentami i Stephanie Powers, oraz w 1986 roku ze studentami swojego studio aktorskiego. Email z dnia 19 kwietnia 2021 r.
[20] Lesław Peters, *Być człowiekiem.* Wywiad z Leonidasem Dudarew-Ossetyńskim. „Gazeta Krakowska" 16 lipca 1986.
[21] Bogdan Danowicz: *Prawda sceny, prawda życia.* „Kultura i Życie", 1989, nr 13, s. 2-3.

Według wizjonerskiego aktora i reżysera, dla osiągnięcia niesamowitego nastroju w teatrze i stworzenia niezapomnianych kreacji na scenie ważne są dwa elementy: „dodatkowa siła" („additional power") i „promieniowanie" („radiation"):[23]

> „Każdy z nas, bowiem, nie zużywa wszystkich możliwości, jakie w nim drzemią, a czyni to tylko w sytuacjach wyjątkowych, takich jak strach albo nieoczekiwana radość. A zatem jest zawsze coś, co jest pewną rezerwą naszych sił psychicznych, które trzeba umieć w odpowiednim momencie wykrzesać z siebie, utrzymać je na odpowiednio wysokim poziomie, i potrafić nimi skutecznie operować, a więc zmniejszać niekiedy intensywność ich napięcia. To samo dotyczy modulowania napięć psychicznych między ludźmi, czyli tzw. „radiation", psychicznego promieniowania. Widać to nawet, gdy dwóch się kłóci – mówi Ossetyński – jak gdyby iskry się sypały. To swoiste promieniowanie psychiczne widać też wyraźnie u zakochanych, którzy kumulują jego wyjątkową siłę, bo jak twierdził Schopenhauer, każda kropelka krwi u człowieka promieniuje w sposób utajony. Aktor, który chce panować nad swoją psychiką powinien stać się prawdziwym zaklinaczem tej tkwiącej w każdym z nas niespożytej siły. Próba wyzwolenia tej siły, mówi Ossetyński, budzić może w nas lęk przed nieznanym, przed pewną granicą, którą trzeba jednak odważnie przekroczyć, aby ten lęk pokonać, czyli zwyciężyć samego siebie, swoje słabości, swoją nieufność, narzuconą nam przez tradycję, wychowanie, konwencjonalność naszych zachowań, samoocen zacieśniających nasze pole widzenia".

*Dr Maja Trochimczyk*

*Spotkanie Klubu im Modrzejewskiej w domu założyciela: od prawej, Leonidas Dudarew-Ossetyński, malarz Andrzej Kołodziej, nieznany gość, ok. 1977. Zbiory prywatne Valerie Dudarew-Ossetyńska Hunken.*

---

[23] Bogdan Danowicz, "Leonidas Dudarew-Ossetyński", "Perspektywy", t. 9 nr 14, 8 kwietnia 1977, s. 29.

# ALBUM 50-LECIA KLUBU KULTURY IM. HELENY MODRZEJEWSKIEJ

## SPIS SPOTKAŃ 1971-1978

## SPOTKANIA PODCZAS KADENCJI PREZESA LEONIDASA DUDAREW-OSSETYŃSKIEGO, 1971-1978
### Dr Maja Trochimczyk, redaktor i tłumacz

Nie istnieje obecnie pełna lista wydarzeń i projektów z okresu pierwszych ośmiu lat istnienia Klubu Kultury im. Heleny Modrzejewskiej w Los Angeles. Odkrywanie przeszłości rozpoczęliśmy od kopii zaproszenia na spotkanie klubowe we wrześniu 1973 r. jakie otrzymałam od Jerzego Zagnera w 2011 r. Jest reprodukowane tu w „Zarysie Historii Klubu".

Grafika Stanisława Szukalskiego, portret Leonidasa Dudarew-Ossetyńskiego, zbiory prywatne Valerie Dudarew-Ossetyńskiej Hunken.

Peter J. Obst, historyk Polonii i autor wielu książek, który prowadzi stronę internetową Amerykańskiej Rady Polskiej Kultury, odnalazł i przesłał nam serię wzmianek o Klubie w publikacjach American Council of Polish Cultural Clubs, ACPCC, organizacji, która zmieniła później nazwę na American Council of Polish Culture. Leonidas Dudarew-Ossetyński, Prezes Klubu wysyłał kwartalne sprawozdania z działalności do „Przeglądu Kwartalnego" ACPCC („The Quarterly Review"). Publikacja zmieniła nazwę w 1976 roku na „Przegląd Kwartalny Polskiego Dziedzictwa" („The Quarterly Review of Polish Heritage"), a w 1989 na „Polskie Dziedzictwo" („The Polish Heritage"), pismo ukazujące się trzy razy do roku. W 1972 roku w tomie o historii ACPCC ukazała się notatka o przyjęciu Klubu im. Heleny Modrzejewskiej do stowarzyszenia „przez aklamację" podczas dorocznej konferencji; zmniejszono wtedy wymaganie, z 50 do 20, minimalnej liczby członków organizacji, jaka zezwalała na wysłanie delegata na konwencję ACPCC. W tym czasie Klub był rzeczywiście bardzo mały!

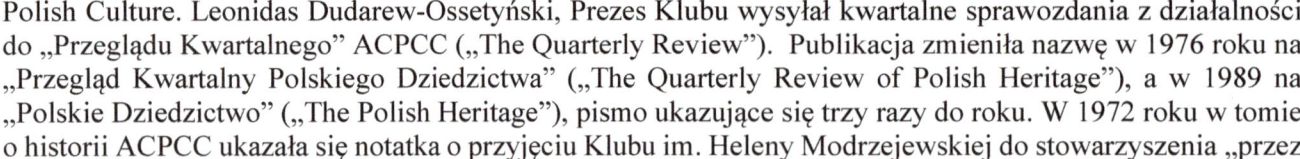

During the business sessions, the Helena Modrzejewska Polish Cultural Club of Los Angeles. Cal., was accepted into membership. The By-Laws were amended to allow each member club to name one convention delegate and an alternate for each twenty members instead of the hitherto ratio of one-to-fifty. Secondly, it was suggested, but not enacted, that the terms of all elective officers should be for two years in place of the one-year term of office for such elective officers.

Poniższa lista wydarzeń i projektów naszego Klubu obejmuje okresy: od kwietnia do czerwca 1973, wrzesień 1973, od kwietnia do grudnia 1974, od kwietnia do listopada 1975, oraz wiosna-lato-jesień 1976 roku. Klub został przyjęty do ACPCC w 1972 roku, a pierwszy Prezes zakończył pracę w listopadzie 1978 roku; zatem brakuje głównie informacji z lat 1972 i 1977.

## SPOTKANIA W OKRESIE KWIECIEŃ – WRZESIEŃ 1973

„Przegląd Kwartalny", kwiecień-czerwiec 1973

„Polski Klub Kultury Heleny Modrzejewskiej, który latem ubiegłego roku został przyjęty do grona ACPCC, miał w minionym roku imponujący program. Wśród długiej listy wykładowców był rzeźbiarz **Stanisław Szukalski** z Los Angeles; **Roman Maciejewski**, kompozytor urodzony w Polsce i zamieszkały w Kalifornii; **Andrzej Strachocki**, profesor Akademii Sztuk Pięknych w Warszawie; dr **Henryk Skolimowski**, profesor filozofii Uniwersytetu Michigan w Ann Arbor; autor i poeta **Leszek Szymański**; i mistrz baletu Opery Warszawskiej **Stefan Wenta"**.

„W tegorocznym programie wyróżniły się dwie prezentacje: 8-godzinne spotkanie warsztatowe ze światowej sławy gwiazdą teatru współczesnego, **Henrykiem Grotowskim**, dyrektorem wrocławskiego Teatru Laboratorium oraz niecodzienne przedstawienie w wykonaniu dwuosobowej ekipy teatralnej **Teatr Polskiego Esperanta,** który wystawił pełnometrażowy spektakl w kameralnej scenerii hollywoodzkiego domu Prezesa Klubu Leonidasa Dudarew-Ossetyńskiego, wybitnego polskiego emigracyjnego aktora i dziennikarza".

Sprawozdanie klubowe informowało: aby pomóc w finansowaniu działalności Klubu, za zgodą Poczty Stanów Zjednoczonych Klub wydał atrakcyjną kopertę „First Day of Issue" do znaczka **Kopernik** (patrz poniżej) ze specjalną pieczęcią klubową projektu Stanisława Szukalskiego; do nabycia w cenie 1,25 dolara za sztukę.

16 września 1973 – Spotkanie z kompozytorem **Romanem Maciejewskim** w domu aktorki **Stephanie Powers** i jej męża Gary Lockwood'a. W programie wysłuchanie nagrania *Requiem* Maciejewskiego. (Ossetyński, Maciejewski and Powers na fotografii obok; zaproszenie w „Zarysie Historii Klubu").

## SPOTKANIA W OKRESIE KWIECIEŃ – GRUDZIEŃ 1974

Lista spotkań oparta na sprawozdaniach klubowych opublikowanych w trzech kolejnych numerach „The Quarterly Review" („Przeglądu Kwartalnego") ACPCC.

„Przegląd Kwartalny", kwiecień-czerwiec 1974, strona 10.

„Klub Kultury im. Heleny Modrzejewskiej miał ekscytujący sezon. **Roman Maciejewski**, polski kompozytor obecnie mieszkający w Kalifornii, zapoznał członków i amerykańskich gości ze swoim monumentalnym utworem *Requiem* nagranym podczas koncertu Filharmonii Narodowej i Chóru Krakowskiego na dorocznym festiwalu muzyki współczesnej „Warszawska Jesień". Program odbył się w domu **Stephanie Powers**, aktorki filmowej polskiego pochodzenia".

„Inne spotkania obejmowały: wykład polonisty i neurologa dr **Stefana Sołtysika** na temat najnowszych odkryć fizjologii mózgu; „Wieczór w świetle księżyca" w aranżacji kompozytora **Stefana Pasternackiego** ze śpiewakiem operowym **A. Villarem** w serii romantycznych pieśni artystycznych; program „Impresje z Polski", podczas którego p. Hanna **Wojciechowska-Roman** zaprezentowała film, a wrażenia ze swoich wizyt w Polsce przedstawili **Mieczysław Znamierowski** i **Kazimierz Kołtuniak**; oraz nostalgiczny wieczór z piosenkami i muzyką **Henry Varsa**, autora wielu przedwojennych polskich przebojów. Więcej później".

„Przegląd Kwartalny", czerwiec-wrzesień 1974

LOS ANGELES, CAL.
● THE HELENA MODRZEJEWSKA POLISH CULTURAL CLUB which was accepted into the ACPCC ranks last summer has had an impressive program during the past year. Among the long roster of lecturers were sculptor Stanisław Szukalski of Los Angeles; Roman Maciejewski, Polish-born California composer; Andrzej Strachocki, professor at the Warsaw Academy of Art; Dr. Henryk Skolimowski, philosophy professor at Michigan University, Ann Arbor; author and poet Leszek Szymański; and Warsaw Opera ballet master Stefan Wenta. ● Outstanding in the year's program were two presentations: an 8-hour workshop meeting with the world-famous reformer of modern theater, Henryk Grotowski, director of the Laboratory Theatre of Wrocław, and a most unusual performance by a two-actor team from the Polish Esperanto Theater which staged a full-length play in the intimate setting of the Hollywood home of club president Leonidas Dudarew-Ossetyński, a prominent Polish emigré actor and journalist. ● To help finance its activities the Club, with the permission of the U.S. Postal Service, issued an attractive "First Day of Issue" envelope for the Kopernik stamp (see below) with a special Club seal designed by Stanisław Szukalski, selling at $1.25 each. Address orders to the Helena Modrzejewska Polish Cultural Club, c/o L. D. Ossetyński, 1601 No. Fuller Ave., Hollywood, Cal., 90046.

Klub Kultury im. Heleny Modrzejewskiej zorganizował w tym roku „Spotkanie z gwiazdą" w domu gwiazdy polskiego pochodzenia **Stephanie** [w oryginale „Stefanie" – red.] **Powers**, na którym obecny był także Gary Lockwood. Został pokazany film Stephanie *Narodziny gwiazdy* oraz wykład „Życie i możliwości aktorów w Hollywood".

Polski fizyk dr **Mieczysław Słupa**, obecnie stypendysta Uniwersytetu Kalifornijskiego w Los Angeles, wygłosił wykład pt. „Osiągnięcia polskich lekarzy w XX wieku".

W wieczorze zatytułowanym „Filozofowie i tajemnica wszechświata" wystąpili dr **Franciszka Tuszyńska**, która mówiła o wpływie filozofii na twórczość Kopernika, oraz prof. **Wesołowski**, który krótko i kompleksowo objaśnił teorię Kopernika. **Adam Krzymuski** pokazał podczas tego wieczoru zbiór znaczków z Kopernikiem z wielu krajów.

„Przegląd Kwartalny", październik-grudzień 1974, strona 4

Klub Kultury im. Heleny Modrzejewskiej w Los Angeles stworzył niedawno w szeregach członków koło teatralne, które raz w miesiącu będzie organizować sesje teatralne – czytanie awangardowych polskich autorów, takich jak Mrożek, Gombrowicz i Witkiewicz. Odbyły się już dwie takie sesje, obie przedstawiły spektakl **Różewicza** *Wyszedł z domu*.

22 października 1974 r. „**Hołd Pamięci Aleksandra Janty-Połczyńskiego**" przygotował jego wieloletni przyjaciel, Prezes Klubu **Leonidas D. Ossetyński**. Program podzielony był na trzy części: *Szkic biograficzny, Janta - Człowiek, oraz Janta – Pisarz i poeta*. Fragmenty jego utworów recytowali i czytali aktorka **Ewa Wolf de Ruttie**, dr **Tadeusz Samulak** i Pan Ossetyński. Aktor i reżyser filmowy **Romuald Gantkowski** dodał swoje wspomnienia z młodości Janty. Polski kompozytor **Roman Maciejewski** mówił o nieznanej muzyce Janty stworzonej we współpracy z innymi artystami. Maciejewski zaprezentował także trzecią część swojego *Requiem*, nagraną podczas festiwalu „Warszawska Jesień".

„Klub dowiedział się, że w Los Angeles jest na sprzedaż portret ostatniego króla Polski Stanisława Augusta Poniatowskiego namalowany przez Marcello Bacciarellego, jednego z największych włoskich mistrzów końca XVIII wieku. Bacciarelli, nadworny artysta króla Stanisława, przez wiele lat mieszkał na warszawskim Zamku i został tak spolonizowany, że Sejm Polski nadał mu tytuł szlachecki. Został pochowany w warszawskiej katedrze. Klub Modrzejewskiej uważa, że należy zebrać fundusze na zakup portretu, aby jeden z najpiękniejszych portretów króla nie trafił w ręce prywatne, albo został zwrócony na warszawski Zamek Królewski, albo umieszczony w jakiejś polskiej publicznej instytucji w tym kraju. Komentarze są mile widziane".

*Na stronie obok: Stanisław August Poniatowski, ostatni król Polski. Portret autorstwa Marcello Bacciarelli.*

# SPOTKANIA W OKRESIE KWIECIEŃ – GRUDZIEŃ 1975

„Przegląd Kwartalny", kwiecień–czerwiec 1975

Klub Kultury im. Heleny Modrzejewskiej oferuje do nabycia koperty ze specjalnym stemplem zaprojektowanym przez **Stanisława Szukalskiego** z okazji 500-lecia urodzin Mikołaja Kopernika

„Przegląd Kwartalny", lipiec–wrzesień 1975, strona 9

Wśród wydarzeń zorganizowanych w tym roku przez Klub Kultury im. Heleny Modrzejewskiej były: Wykład o polskiej literaturze i dramacie, który wygłosił dr **Janusz Rek**; „Wzdłuż Amazonki" (Along the Amazon River), prelekcja ilustrowana kolorowymi slajdami a wygłoszona przez reżysera filmowego z Brazylii, **Zygmunta Sulistrowskiego**; Wykład o metodach nauczania w Warszawskiej Akademii Teatralnej, wygłoszony przez polską aktorkę, **Ewę Wolf de Ruttie**.

Klubowy Teatr Lektur (Reading Theater) zaprezentował najnowszą sztukę **Sławomira Mrożka**, *Emigranci (The Emigrants)* w reżyserii polskiej aktorki **Teresy Warras**, która także wystąpiła w jednej z ról; w sztuce grali również **Andrzej Mikulski** i dr **Jerzy Stefański**.

„Przegląd Kwartalny", październik–grudzień 1975, strona 8

**1 listopada 1975** – Amerykańska premiera *Requiem* Romana Maciejewskiego, sponsorowana m.in. przez Klub Kultury im. Heleny Modrzejewskiej, w Chandler Pavilion w Los Angeles Music Center. Pod batutą Rogera Wagnera, *Requiem* wykonali: Master Chorale, Orkiestra Sinfonia z Los Angeles i czwórka solistów (235 muzyków). [Zob. przedruk w niniejszym tomie – red.]

„Przegląd Kwartalny", październik–grudzień 1975, strona 11

Klub Kultury im. Heleny Modrzejewskiej zorganizował uroczyste przyjęcie na cześć **Romana Maciejewskiego** z okazji wykonania *Requiem*, które odbyło się w eleganckiej restauracji w Chandler Pavilion, w Los Angeles Music Center, gdzie odbył się też koncert.

Inne wydarzenia klubowe obejmowały spotkanie z polskim producentem radiowym i reżyserem **Wojciechem Maciejewskim**, który przyjechał na koncert swego brata Romana i wygłosił prelekcję o osiągnięciach teatru w Polsce. Sprawozdanie **Stefana Stockiego** o wrażeniach z wizyty w Polsce było ilustrowane slajdami; w programie znalazł się także pokaz przykładów polskiej zbroi z kolekcji prywatnej **Stefana Pasternackiego** przechowywanej w jego „Polskiej Chacie". Odbył się również wieczór „In Memoriam" poświęcony pamięci polskiego pisarza **Władysława Wątróbskiego.** Wystąpiła polska aktorka **Ewa Krzyżewska**; towarzyszyli jej **Teresa Warras** i **Jerzy Stefański**. W tym okresie Klub wystosował również ostry list protestujący przeciw antypolskim atakom podczas programu o Czesławie Niemenie, wysłany do stacji KNBC-TV.

**Club News**
*(Continued from page 17)*
**LOS ANGELES, CAL.**

The HELENA MODJESKA ART AND CULTURE CLUB kept up its usual pace this year. ● At the beginning of the year the Club was instrumental in bringing to the Polroom Gallery an exhibit of artistic tapestries by Barbara Hulanicka from Poland. ● At a special reception composer Roman Maciejewski (see *QR* No. 4, 1975, p. 8) recounted in a philosophical and humorous way his impressions of a recent visit to Poland, Sweden and Germany. ● An "Author's Evening" for General-Pilot Stanislaw Karpiński, last commander of Polish Air Forces in England, and a popular author of aviation-related novels and books, was held at the club president's home. General Karpiński's latest four-volume semi-novel on the feats of Polish flyers during WW II, "Na Skrzydłach Huraganu" (On the Wings of a Hurricane") is due to appear in London next year, published by Veritas. Pre-subscriptions at a reduced rate are now being invited; write: Gen. S. Karpiński, 3810 West First St., Los Angeles, CA 90004. During the meeting excerpts from this book were read by the General's wife Barbara, one of three Polish women transport pilots in England during WW II, and by Dr. Andrzej Mikulski. ● During yet another meeting, art historian Dr. Kleofas Rundzjo gave a slide-illustrated lecture on the "History of Modern Slavic Art Including Primitives."

## SPOTKANIA W OKRESIE WIOSNA – JESIEŃ 1976

„Przegląd Kwartalny Polskiego Dziedzictwa"/„Quarterly Review of Polish Heritage" Wiosna/lato 1976, s.22

Klub Kultury im. Heleny Modrzejewskiej utrzymał w tym roku dotychczasowe tempo działań. Na początku roku, Klub odegrał kluczową rolę w sprowadzeniu do Galerii Polroom wystawy artystycznych arrasów **Barbary Hulanickiej** z Polski. Na specjalnym przyjęciu kompozytor **Roman Maciejewski** (zob. „Przegląd Kwartalny" nr 4, 1975, s. 8) w sposób filozoficzny i humorystyczny opowiedział o swoich wrażeniach z niedawnej wizyty w Polsce, Szwecji i Niemczech.

W domu Prezesa Klubu odbył się „wieczór autorski" generała-pilota **Stanisława Karpińskiego**, ostatniego dowódcy Sił Powietrznych RP w Anglii, popularnego autora powieści i książek o tematyce lotniczej. W przyszłym roku najnowsza czterotomowa powieść generała Karpińskiego o wyczynach polskich lotników podczas drugiej wojny światowej *Na skrzydłach huraganu* ukaże się w Londynie nakładem Veritas. Obecnie zapraszamy do prenumeraty po obniżonej cenie. Podczas spotkania fragmenty książki odczytała żona generała **Barbara Karpińska**, jedna z trzech polskich pilotek transportowych w Anglii podczas II wojny światowej oraz dr **Andrzej Mikulski**. Podczas kolejnego spotkania historyk sztuki dr **Kleofas Rundzio** przedstawił slajdy na temat współczesnej sztuki słowiańskiej, w tym prymitywistów.

„Przegląd Kwartalny Polskiego Dziedzictwa", jesień 1976, strona 6

Klub Kultury im. Heleny Modrzejewskiej planuje wydanie tomu poświęconego pamięci wielkiego pisarza-poety-dziennikarza, nieżyjącego już **Aleksandra Janty Połczyńskiego**. Książka (w języku polskim) będzie zawierała eseje i wspomnienia 44 wybitnych polskich pisarzy i uczonych. Aby rozpocząć cykl subskrypcji tej publikacji, Klub zaaranżował „Wieczór Auguralny", w którym udział wzięli jeden ze współautorów, prof. **Tymon Terlecki** z Uniwersytetu Chicago oraz polska aktorka **Tola Korian**. Cena subskrypcji wynosi 10 USD (15 USD po publikacji). Napisz do Klubu pod adresem: 1601 N. Fuller Ave., Hollywood, CA 90046.

*Ossetyński i Artur Rubinstein po premierze* Requiem *w Los Angeles Music Center, listopad 1975. Teatrzyk Eskulap i widzowie w domu Prezesa (drugi od prawej), październik 1976.*

# O *REQUIEM* MACIEJEWSKIEGO

## Dr Maja Trochimczyk, redaktor i tłumacz

Praca nad przygotowaniem amerykańskiej premiery monumentalnego *Requiem* Romana Maciejewskiego jest nierozerwalnie związana z genezą Klubu Kultury im. Heleny Modrzejewskiej. W 1965 roku nowopowstały Komitet na Rzecz Amerykańskiej Premiery *Requiem* Romana Maciejewskiego (Committee for the American Premiere of the REQUIEM by Roman Maciejewski) zorganizował serię koncertów oraz wydał promocyjne broszury dla potencjalnych sponsorów planowanej premiery.[1] Przewodniczącym Komitetu był Leonidas Dudarew-Ossetyński, założyciel i prezes naszego Klubu w latach 1971-1978; skarbnikiem – Jerzy Stefański; a jednym z wiceprezesów Stefan Pasternacki. Czyli – trójka współzałożycieli naszego Klubu. W dniu 6 czerwca 1965 roku odbył się w Audytorium West Hollywood koncert muzyki sakralnej zorganizowany wspólnie przez Komitet oraz Chór Rzymski (Roman Choir) prowadzony przez Maciejewskiego. Dochód z koncertu był przeznaczony na premierę *Requiem*. W programie znalazły się utwory od renesansu do romantyzmu, które skomponowali: Giovanni da Palestrina, Jan Sebastian Bach, Joseph Haydn, Wofgang Amadeus Mozart, Charles Gounod, Henry Pourcell, Cesar Franck. Oczywiście, usłyszano też muzykę samego Maciejewskiego, tj. *Missa Brevis*.

Tekst broszury dla sponsorów, zawierał następujący opis misji Komitetu:

> W hołdzie wielkiemu polskiemu kompozytorowi Romanowi Maciejewskiemu powołano Komitet, którego celem było sponsorowanie pierwszego w Ameryce wykonania jego wybitnego dzieła *Requiem*. Ponieważ największa część tego dzieła powstała w „Mieście Aniołów", stosowne jest, aby amerykańska premiera odbyła się w Los Angeles. Polskie wykonanie *Requiem* pod dyrekcją kompozytora odbyło się w Warszawie w 1960 roku podczas Międzynarodowego Festiwalu Muzyki Współczesnej. Udział wzięło 200 muzyków, solistów i słynny chór Polskiego Radia.
>
> „Missa pro defunctis" *Requiem* jest dedykowana ofiarom ludzkiej ignorancji, a przede wszystkim skomponowana na pamiątkę poległych w wojnach wszechczasów, jak to widzi kompozytor. Zdaniem Romana Maciejewskiego, styl i środki muzyczne użyte w tym Requiem są ściśle związane z uniwersalną intencją utworu, jakim jest dążenie do komunikowania się z jak największą liczbą słuchaczy. Kompozytor stara się użyć w *Requiem* języka muzycznego, który powinien łączyć przeszłość z teraźniejszością. Zrozumiana od razu powinna spełniać cel pracy, która została zainspirowana pragnieniem pokoju i jednoczy ludzi w różnym wieku i różnych przekonań w nadziei na lepszą przyszłość.
>
> Aby zebrać niezbędne fundusze, Komitet zamierza zorganizować kilka wieczorów artystycznych i zaprosić młode talenty do wykazania się swoimi umiejętnościami wraz ze znanymi artystami w dziedzinach muzyki, czy dramatu. W celu uzyskania dalszych informacji dotyczących działalności Komitetu oraz sponsoringu prosimy dzwonić pod numer: 876-8868 lub pisać pod numer 1603 N. Fuller Ave., Hollywood 90046, California.

---

[1] Materiały znajdują się w dokumentach Leonidasa Dudarew-Ossetyńskiego w zbiorach Archiwum Polish Museum of America w Chicago. Panie Małgorzata Kot i Halina Misterka pomogły mi odnaleźć te informacje.

Z inicjatywy Komitetu na rzecz Premiery *Requiem* odbył się także koncert w sali parafialnej Kościoła Matki Boskiej Jasnogórskiej w Los Angeles. Zamieszczone poniżej zdjęcia pochodzą prawdopodobnie z koncertu w West Hollywood.

Pierwszy Prezes Klubu Kultury im. Heleny Modrzejewskiej poświęcił wiele pracy na promocję *Requiem* w gronie polskich imigrantów oraz wśród muzyków amerykańskich w Los Angeles. Wystarczy tu przypomnieć program spotkania Klubu we wrześniu 1973 roku w domu Stephanie Powers, gdy Maciejewski odegrał nagranie całego ponad dwugodzinnego dzieła. Nie była to jedyna okazja wysłuchania *Requiem* w Klubie: wzmianka o prezentacji utworu na jesieni 1974 roku, gdy kompozytor odegrał nagranie trzeciej części *Requiem* pojawiła się w sprawozdaniu w „Przeglądzie Kwartalnym" ACPCC. Promując ogromne i ważne dla założyciela Klubu (jako weterana Armii Polskiej we Francji i Armii Amerykańskiej) dzieło poświęcone pamięci ofiar wszystkich wojen, Klub nasz kontynuował misję Komitetu na rzecz premiery *Requiem*. Świadczy o tym następujący cytat z przemówienia pożegnalnego Prezesa w listopadzie 1978 roku, o spotkaniu w 1973 roku, na które: „poza członkami Klubu zostali zaproszeni amerykańscy kompozytorowie i muzycy." Celem spotkania nie była zatem tylko edukacja Polonii o kulturze polskiej...

*Henry Vars, Roman Maciejewski, Leonidas Dudarew-Ossetyński oraz publiczność koncertu muzyki sakralnej, 1965.*

Od 1965 do 1975 roku – dziesięć lat pracy zaowocowało premierą tak ważnej w historii Klubu kompozycji. Pierwszego listopada 1975 r. odbyła się amerykańska premiera *Requiem* Romana Maciejewskiego, sponsorowana m.in. przez Klub Kultury im. Heleny Modrzejewskiej. Koncert miał miejsce w Chandler Pavilion w Los Angeles Music Center, pod batutą Rogera Wagnera, *Requiem* wykonali Master Chorale, Orkiestra Sinfonia z Los Angeles i czwórka solistów (235 muzyków).

Sprawozdanie opublikował m.in. „Przegląd Kwartalny" ACPCC, przedrukowane poniżej. Sam organizator, Prezes Klubu tak opisał to wydarzenie:[2]

> Dla uczczenia Romana Maciejewskiego po koncercie jego dzieła (premiera amerykańska) *Requiem* w Music Center, urządziłem przyjęcie dla trzystu osób w Pawilonie Eldorado. Dla ciekawostki dodać warto, że Artur Rubinstein miał tego wieczoru pecha. Panienka obsługująca windę nie wpuściła go, gdyż nie miał przy sobie zaproszenia. Oczywiście wszystko skończyło się pomyślnie bez dalszych kłopotów. W imieniu Komitetu wręczyłem Maciejewskiemu złoty zegarek Longina z wymownym wygrawerowanym napisem. Słynny dyrygent chóru i soliści obdarowani zostali polskimi lalkami ludowymi.

---

[2] Zob. „Sprawozdanie z Siedmiu Lat" w tym tomie.

# *REQUIEM* MACIEJEWSKIEGO
## „Przegląd Kwartalny" Amerykańskiej Rady Polskich Klubów Kultury, 1975
## „The Quarterly Review", American Council of Polish Cultural Clubs, 1975)[3]
### Przekład – Maja Trochimczyk

Roman Maciejewski, którego olbrzymie 2,5-godzinne *Requiem* zostało zaprezentowane 1 listopada 1975 roku w Chandler Pavilion w Los Angeles Music Center pod batutą Rogera Wagnera, to kompozytor, o którym Amerykanie nie słyszeli aż do tego występu, ale zdaniem krytyków muzycznych będą słyszeć od tej pory. Maciejewski urodził się w 1910 roku w Berlinie, jako dziecko polskich rodziców. Studiował na Uniwersytecie Poznańskim, a następnie w Akademii Muzycznej w Warszawie, gdzie został protegowanym Karola Szymanowskiego. Później uczył się gry na fortepianie u Nadii Boulanger w Paryżu.

Wybuch II wojny światowej w 1939 roku sprawił, że spędził 12 lat na wakacjach w Szwecji. Drobny, kruchy, kiedyś skazany na śmierć zdaniem lekarzy, wyleczył się, zwracając się ku naturalnej żywności i jodze. W 1950 r. przeniósł się do cieplejszego klimatu Kalifornii. Obecnie mieszka w Redondo Beach w mieszkaniu z widokiem na ocean. W latach 1944-1959 skomponował swoje gigantyczne *Requiem*, poświęcając je „ofiarom ludzkiej ignorancji".

Dba o kondycję i sylwetkę dzięki ścisłej diecie i ćwiczeniom, a jego szczęśliwy, zaraźliwy uśmiech świadczy o jego dobrym zdrowiu i przeczy wiekowi 65 lat. Pisał utwory orkiestrowe, muzykę kameralną, muzykę okolicznościową do teatru i utwory chóralne, niektóre głęboko religijne, ale jego muzyka jest praktycznie nieznana. Jak sam mówi, „zarabia na życie" – jest organistą-chórmistrzem w dwóch kościołach.

Światowe prawykonanie *Requiem* odbyło się w Warszawie w 1960 roku. Zostało wówczas okrzyknięte przez krytyków „muzyką o ogromnej intensywności emocjonalnej", ale zdaniem jednego z amerykańskich krytyków „Maciejewski nigdy nie kiwnął palcem", aby wykonać utwór w tym kraju. Jednak Roger Wagner, który przypadkowo natknął się na partyturę, był pod takim wrażeniem, że uznał *Requiem* za „arcydzieło" i postanowił zaprezentować amerykańską premierę z udziałem własnego Master Chorale, Orkiestry Sinfonia z Los Angeles i czterech solistów (235 muzyków). Wagner wiedział, że koszty będą oszałamiające (ponad 32.000 dolarów), więc zrezygnował ze swojego honorarium jako dyrygenta. Wielki sukces i burzliwe oklaski, z jakimi spotkało się *Requiem*, dobrze uzasadniały jego decyzję.

Główną instytucją promującą premierę *Requiem* w Los Angeles był Klub Kultury im. Heleny Modrzejewskiej pod kierownictwem aktora Leonidasa Dudarewa-Ossetyńskiego. Wśród ponad 3.000 osób, które przybyły, aby posłuchać mistrzowskiego dzieła tego niezwykle utalentowanego i niezwykłego człowieka, znaleźli się tacy luminarze jak Artur Rubinstein i Bronisław Kaper, zdobywca Oscara za muzykę do *Lily*.

*Ossetyński prezentuje złoty zegarek, bracia Maciejewscy Wojciech i Roman.* | *Artur Rubinstein po premierze.*

---

[3] Materiały z archiwum Amerykańskiej Rady Polskich Klubów Kultury odnalazł Peter J. Obst, historyk ACPCC.

## Maciejewski's "Requiem"

At reception which followed the "Requiem" performance composer Roman Maciejewski chats with friends. From left: Oscar-winning composer Bronislaw Kaper, piano greatest Artur Rubinstein, guest of honor R. Maciejewski, reception host Leonidas Dudarew-Ossetyński, and Master Chorale manager, Francis Thredgill.

Roman Maciejewski, whose powerful 2½-hour "Requiem" was presented on November 1, 1975 in the Chandler Pavilion of the Los Angeles Music Center under the baton of Roger Wagner, is a composer Americans have not heard of until this performance, but according to music critics will be hearing of from now on.

Maciejewski was born in 1910 in Berlin of Polish parents, attended the University of Poznań, then the Academy of Music in Warsaw, and became a protege of Karol Szymanowski. Later he studied piano with Nadia Boulanger in Paris.

The outbreak of WW II in 1939 caught him vacationing in Sweden where he stayed for 12 years. Diminutive, frail, once doomed to die according to his doctors, he cured himself by turning to natural foods and Yoga, and in 1950 moved to the warmer climate of California. He now lives in a garage apartment overlooking the ocean at Redondo Beach. He composed his giant "Requiem" between 1944 and 1959 dedicating it to the "victims of human ignorance."

He keeps fit and trim by strict diet and exercise, and his happy, infectious smile attests to his good health and belies his 65 years. He has written orchestral pieces, chamber music, incidental music for stage, and choral works, some deeply religious, but his music is virtually unknown, and, as he says, "to make a living" he is organist-choirmaster in two churches.

The world premiere of the "Requiem" was held in Warsaw in 1960. It was then acclaimed by critics as "music of tremendous emotional intensity," but according to one American critic "Maciejewski never lifted a finger" to have it performed in this country. However, Roger Wagner who stumbled on its score accidentally was so impressed that he declared it "a masterpiece" and decided to present its American premiere using his own Master Chorale, the Sinfonia Orchestra of Los Angeles, and four soloists (235 musicians). Wagner knew the costs would be staggering (over $32,000) so he donated his conductor's fee. The great success and tumultuous applause with which the "Requiem" met well justified his decision.

The mainspring promoting the "Requiem" premiere in Los Angeles was the Helena Modjeska Art and Culture Club under the leadership of actor Leonidas Dudarew-Ossetyński.

Such luminaries as Artur Rubinstein and Bronislaw Kaper, Oscar winner for his music in "Lily", were among the over 3,000 who came to hear the master work of this unusually gifted and unusual man.

*Podpis do fotografii. Na przyjęciu po premierze* Requiem *kompozytor Roman Maciejewski rozmawia z przyjaciółmi. Od lewej: nagrodzony Oskarem kompozytor Bronisław Kaper, najwybitniejszy pianista Artur Rubinstein, gość honorowy R. Maciejewski, gospodarz przyjęcia Leonidas Dudarew-Ossetyński i dyrektor Master Chorale Francis Thredgill. Poniżej: Maciejewski i słuchaczki po koncercie.*

# WIECZORY KLUBU KULTURY, CIRCA 1971-1982
## Dr Maja Trochimczyk, redaktor

*Pełne odtworzenie spotkań organizowanych przez pierwszego prezesa Klubu nie jest na razie możliwe. Odnaleziony w archiwach Klubu spis 32 wydarzeń w 30 punktach, pt. „Wieczory Klubu Kultury", jest niedatowany (maszynopis z dopiskami odręcznymi), ale zawiera spotkania od 1974 r. do lat 1981-2 więc może w tym syzyfowym zadaniu trochę pomóc. Uzupełnienia i odnalezione daty w nawiasach kwadratowych.*

1. Stanisław Szukalski – Jego rzeźby

2. Stanisław Szukalski – „Macimowa" – jego teoria języka słowiańskiego

3. Jarek Garncarz – [dr Franciszka] Tuszyńska – Filozofie Wschodu vs. Filozofie Zachodu.

4. Dr [Andrzej] Mikulski – Budowa kości – choroby raka

5. Dr Żebrowski – Zagadki medycyny u chorych

6. /Gertler/ – Bioenergia w człowieku. Leczenie.

7. Dr Andrzej Wesołowski – Teoria kwarków w fizyce

8. Roman Makarewicz – Wieczór o Modrzejewskiej – *Studzienka* – poemat

9. Tymon Terlecki – Tola Korian

10. [Barbara] Hulanicka – Dywany artystyczne [początek roku 1976]

11. [Zygmunt] Sulistrowski – Wyprawa na Amazonce – przeźrocza [lato 1975]

12. *Bliski nieznajomy* – monodramat

13. *Emigranci* [Sławomira] Mrożka – Dramat czytany – [Jerzy] Stefański... [jesień 1975, brali udział także Teresa Warras i Andrzej Mikulski]

14. Z. [Zofia] Dobrzańska – *Jasełka* (2 razy)

15. [Dr] Franciszka Tuszyńska, [M. Gerlicz-White] Gerlicz – [Krzysztof] Kamil Baczyński – [21 czerwca 1980 r., recytacje Kazimierz Cybulski, F. Majewski, prapremiera kompozycji W. Gazińskiego do wiersza *Elegia o świerku*]

16. Ela [Elżbieta] Jodłowska – jej wieczór

19. Stanisław Skalski – wspomnienia asa lotnika (jego książka)

18. Gen. [Stanisław] Karpiński – wspomnienia z Bitwy o Anglię – jego książka *Na skrzydłach huraganu* [jesień 1976]

19. Imieniny Prezesa Ossetyńskiego [listopad 1976]

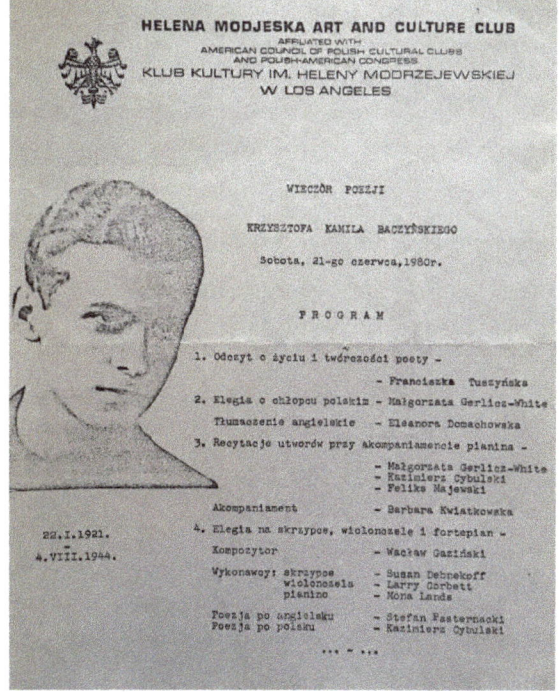

20. Zabawa Sylwestrowa w Studium Ossetyńskiego – dekoracje Władysław Wątróbski

 [W.W. zmarł prawdopodobnie na jesieni 1975, data balu to prawdopodobnie grudzień 1974]

21. Teatr Eskulap – medyków z Warszawy [październik 1976]

22. Kabaret [Wojciecha] Dzieduszyckiego z Krakowa

23. [Henryk] Wars – wspomnienia [w drugim kwartale 1974]

24. Leszek Weres – dwa wieczory o astrologii

25. Monika            – Skrzypaczka, wieczór koncertowy

24. [Władysław] Popielarczyk – malarz w Klubie i w sali parafialnej [z Polski, 1925-1987]

25. Henryk Rozpędowski – wieczór o Marku Hłasko – wspomnienia [12 września 1981 r. Tytuł „Marek Hłasko od przodu i od tyłu", spotkanie w domu p. Teresy Domańskiej]

26. Wycieczka do Anaheim do domu Modrzejewskiej

27. Wieczór z reżyserem – Wojciech Man (O Solidarności) [prawdopodobnie W. Mann, dziennikarz]

28. *Wesele* Wyspiańskiego – reżyseria Małgosia Sandorska, oprawa Leonard Konopelski

29. Stefan Pasternacki – kompozytor-pianista, oprawa – Konopelski

30. Wacław Gaziński – *Elegia* i inne jego utwory [1919-2013]

*Pierwsza strona maszynopisu pożegnalnego przemówienia Leonidasa Dudarew-Ossetyńskiego, wygłoszonego na Walnym Zebraniu Klubu Kultury im. Heleny Modrzejewskiej w dniu 17 listopada 1978 roku. Zbiory Archiwum Polskiego Muzeum w Ameryce w Chicago. (Polish Museum of America).*

# SPRAWOZDANIE Z SIEDMIU LAT
### Sprawozdanie Leonidasa Dudarew-Ossetyńskiego, Prezesa Klubu Kultury im. Heleny Modrzejewskiej w Los Angeles na Walnym Zebraniu, 17 listopada 1978 roku[4]

Proszę Państwa,

Utarł się taki zwyczaj, że na walnym zebraniu prezesi organizacji obowiązani są zdać sprawozdanie z działalności. Wymigać mi się od takiego obowiązku nie wypada, postaram się więc, by w jakiś sposób naświetlić nasze działania w ciągu ostatnich siedmiu lat. Za brak fachowości zawodowych prezesów proszę z góry o wyrozumiałość. Prawdę mówiąc, to ja nie byłem w całym tego słowa znaczeniu prezesem, do którego należy nadzór i sprawdzanie jak i co komitety organizują, no i podpisywanie przygotowanych przez sekretarzy listów. Byłem po prostu takim koniem roboczym, na barkach którego spoczywała całość naszych poczynań. Oczywiście mogłem się zrzec tego zaszczytu, i robiłem to na każdym walnym zebraniu, ale groźby członków, że po moim ustąpieniu organizacja się rozleci, powstrzymywały mnie od wycofania się z pracy społecznej. Poczuwałem się, poza tym, do obowiązku – skoro się jest tym prezesem to nie po to aby figurować jedynie na papierach listowych. Nie chciałem też zawieść zaufania, które pokładali we mnie ludzie wybierając mnie na prezesa, i wydaje mi się, że w tym wypadku, mam sumienie czyste. Jeżeli się mylę, proszę mnie skoregować.

*Imieniny Prezesa, listopad 1976.*

Ponieważ nie wszyscy z tu zebranych znają historię założenia naszego Klubu, pozwolę sobie krótko naszkicować co wyłapałem z pamięci – pewnego księżycowego wieczoru zebraliśmy się w Chacie Piasta dla przedyskutowania sprawy, która od dawna leżała nam na sercu. Chodziło o założenie jakiejś organizacji, która zamiast dziwacznych opłatków i święconek, nie mających nic wspólnego z obyczajem obchodzonych takowych w kraju; zajęła by się aspektami powiązanymi z rodzimą kulturą i sztuką. Dwóch kompozytorów, Wacław Gaziński, Stefan Pasternacki, p. Eleonora Domachowska i ja, przemyśliwaliśmy jakby to uskutecznić. Jakby wypełnić pustkę i brak takowych na tutejszym terenie. Ziarno zostało rzucone. Zwróciliśmy się do innych ludzi o pomoc. Na drugim zebraniu było nas już sześciu. Zadecydowaliśmy działać – zawiązaliśmy KLUB KULTURY, no i rzecz oczywista, według panujących zwyczai należało wybrać zarząd, z nieodzownym w takich sytuacjach prezesem. Wybór padł na mnie. Widząc, że nikt do tej funkcji się nie kwapi, i dobre chęci

---

[4] Tekst maszynopisu z odręcznymi poprawkami autora, w zbiorach Archiwum Polish Museum of America, Chicago. W niniejszej transkrypcji, poprawiono drobne błędy literowe, wprowadzono akapity oraz obecną ortografię.

mogą się spalić na panewce, polegając także naiwnie na zapewnieniach zebranych o współpracy, zgodziłem się, a skoro poczułem się w skórze prezesa, nie mogła zadowolnić mnie myśl jałowych posiedzeń, na których poza nieprzyzwoitymi czyrakami, nic innego nie da się wysiedzieć – postanowiłem działać.

Do głowy przyszedł mi pomysł dość nietypowy na terenie tutejszym, a znany pod zaborami i praktykowany między innym przez Modrzejewską w salonie, w której [sic] zbierali się ludzie, by przy winie lub herbacie podyskutować o malarstwie, teatrze, poezji lub literaturze. Zamiast urządzać imprezy w dużych, przeważnie pustkami świecących salach, zdecydowałem się spotkania klubowe umiejscowić w domach prywatnych. Dla dodania większej powagi nowo założonej organizacji – zgłosiłem akces do Rady Polskich Klubów Artystycznych w Ameryce, która Klub nasz zaakceptowała i tak się narodził KLUB KULTURY IM. HELENY MODRZEJEWSKIEJ W LOS ANGELES.

*Wczesne spotkanie Klubu im. Modrzejewskiej w domu Ossetyńskiego – Szukalski siedzi, Pasternacki stoi po prawej. Przyjęcie na cześć Romana Maciejewskiego w domu Stephanie Powers w 1973 r., ze Stanisławem Szukalskim i Maciejewskim w środku a Ossetyńskim z tyłu po prawej. Zbiory Archiwum Polish Museum of America, dar Valerie Dudarew-Ossetyńskiej Hunken, córki aktora.*

Pierwsza impreza była dla Klubu bardzo ważnym sprawdzianem. Chodziło o pozyskanie nowych członków i zwrócenia uwagi polskiej społeczności znaczeniem i wydźwiękiem naszych planów. W Los Angeles od lat mieszka znakomity rzeźbiarz polski Stanisław Szukalski, którym niestety nie zainteresowała [się] tutejsza Polonia a nowo przybyłym jeżeli jest znany, to więcej z kontrowersyjnych wyczynów, nie z wielkich dzieł, które tworzy w osamotnieniu bogatej twórczości. Krótko mówiąc postanowiłem zapoznać rodaków z jego ciekawą sztuką, a także użyć go, poniekąd na wabia. Gdy zaproponowałem mu spotkanie, na którym miał wygłosić prelekcję ilustrowaną jego pracami, odmówił. Nie ustępowałem jednak, aż się zgodził. Miałem nosa. Okazał się bombą super atomową. W domu u mnie aż ściany w szwach trzeszczały od nadmiaru przybyłych osób. Wszyscy nabyli ciekawą litografię popiersia Kopernika,

zaprojektowaną i wykonaną przez wielkiego artystę, a do Klubu zapisało się z miejsca piętnastu nowych członków. Ponieważ mój pomysł chwycił, zdecydowałem się działać dalej w tym kierunku. Gdzie się tylko dało, wyłapując potencjonalnych kandydatów na preligentów [sic], zorganizowałem w sumie przeszło 60 spotkań, wieczorów, odczytów, i.t.p. Nie będę tu wymieniał wszystkich, ale dla informacji nowych członków i tych, którzy z różnych powodów nie partycypowali we wszystkich klubowych imprezach, warto niektóre przypomnieć.

Nie będę się trzymał kolejności, gdy nie ma to większego znaczenia. Wspomnę o tych, które wyłowiłem *ad hoc* z pamięci, wierząc że zebrani tu członkowie takowe uzupełnią. Zacznę od wieczoru p. dr Tuszyńskiej, która w swej prelekcji na temat filozofii chrześcijańskiej, poruszyła główne aspekty takowe. Znany scenograf z Polski Janusz Strachocki w pogadance o scenografii polskiej naświetlił jej ostatnie dokonania i wydarzenia w teatrach polskich. Stefania Powers ze znanym aktorem Lockwoodem mówili o filmie amerykańskim, a także pokazali film z życia Stefanii pt. NARODZINY GWIAZDY. Płk. Skalski, dowódca eskadry, która miała na koncie najwięcej zestrzeleń niemieckich samolotów, opowiedział o walkach powietrznych w Polsce i o Wielką Brytanię.

M. Dzieduszycka mówiła o dokonaniach teatrów studenckich i kontrowersyjnych w Polsce. Prof. dr Sołtysik, znakomity fizjolog, mówił o funkcji mózgu ludzkiego a dr Mikulski o najnowszych badaniach nad przeszczepami kości. Generał Karpiński, ostatni dowódca Polskich Sił Lotniczych w Anglii, wraz z żoną pilotem opowiadali o udziale polskich lotników w walkach powietrznych z Niemcami. Znana lekkoatletka polska Szewińska opowiadała o swej długoletniej karierze światowej i osiągnięciach w biegach. Twórca najbardziej cenionego na świecie teatru LABORATORIUM Jerzy Grotowski odpowiadał na stawiane mu pytania.

Reżyser Sulistrowski zaznajomił naszych członków ze swymi dokonaniami filmowymi na terenie brazylijskim, a także pokazał jeden ze swych filmów. „Biedronki" z Montrealu dały nam recital piosenek przy akompaniamencie gitary. Na drugim spotkaniu z Szukalskim, artysta zaznajomił zebranych z projektem na pomnik dla francuskiego Podziemia. Na ten wieczór zaprosiłem francuskiego Konsula Caron, który przybył z małżonką. Przygotowałem wieczór, pierwszy w Stanach, poświęcony pamięci i twórczości Aleksandra Janty-Połczyńskiego. W wieczorze tym wzięli udział, poza członkami Klubu, generalny sekretarz Polskiej Biblioteki w Paryżu dr Samulak oraz aktor i reżyser Romuald Gantkowski. Roman Maciejewski uświetnił ten wieczór fragmentami ze swego dzieła REQUIEM. Dalej, Henryk Wars, kompozytor popularnych przed wojną piosenek, odegrał szereg swoich utworów a także opowiedział o początkach swej kariery kompozytorskiej. O fizyce „nekrualnej" [teorii kwarków] mówił dr Mieczysław Słapa. O postępach w medycynie mówił lekarz z Polski, dr Żebrowski. Wspomnieć jeszcze warto o wieczorze urządzonym dla znanego dyrygenta chóru Rogera Wagnera i o przedstawieniu sztuki Rylskiego BLISKI NIEZNAJOMY, w wykonaniu aktorów Teatru Esperanto z Polski. Podczas mego pobytu Polsce [1977], panie Tuszyńska, *Ossetyńska* i Jasińska przygotowały udany wieczór z rewią w wykonananiu pp. Dzieduszyckich, kierowników teatru DYMEK Z PAPIEROSA. Powyżej wymienione i wiele jeszcze nie odnotowanych spotkań o szerokim wachlarzu tematów, włącznie z muzyką, literaturą, teatrem, nauką i przedstawieniami teatralnymi odbyły się w moim domu.

W gościnnej „Chacie Piasta" – Pasternackiego, gospodarza dzisiejszego walnego zebrania, odbyły się spotkania: z inż. Olechem, który swą prelekcję o Południowej Afryce ilustrował przez siebie wykonanym filmem. Tutaj wzruszał zebranych członków Klubu poezją zbuntowanych poetów polskich, aktor z teatru Szajny, Andrzej Siedlecki. Tu inż. Marek Jezieniecki, pracownik szwajcarskiej firmy najlepszych na świecie magnetofonów NAGRA, której założycielem jest nasz rodak inż. Kudelski, zapoznał zebranych ze znaczeniem dźwięku w filmach i telewizji. Tu też mówił o sztuce malarskiej artysta malarz Kołodziej a o polonijnych kontaktach z Krajem opowiadał redaktor Wojciech Dymitrow...

*Wykład Stanisława Szukalskiego, maj 1973. Dudarew-Ossetyński zapowiada występ Teatru Eskulap, 1976.*

W domu pp. Tuszyńskich odbył się Wieczór Kopernikowski, na którym mgr Wesołowski wygłosił pogadankę o kosmologii. Urządzono tam także małą wystawę znaczków kopernikowskich.

Wieczór poezji miał miejsce w domu p. Ewy Jasińskiej. U p. Wojciechowskiej, prof. Rundzio wygłosił prelekcję, ilustrowaną przeźroczami, o nowoczesnym malarstwie i narodzinach abstraktu. U pp. Gertlerów wyświetlono dwa filmy o Polsce nakręcone przez p. Wojciechowską i p. Gertlera. U pp. Stefańskich urządziliśmy wieczór poświęcony pamięci zmarłego w Los Angeles artysty malarza ś.p. Wodzima Wątróbskiego, na którym wiersze zmarłego deklamowały znana aktorka z Polski Ewa Krzyżewska i Teresa Watras. Jedno z towarzyskich spotkań odbyło się w domu dr Laube. W rezydencji doktorostwa Tyszkiewiczów, reżyser Polskiego Radia w Warszawie, Wojciech Maciejewski, wygłosił odczyt na temat programów radiowych w Polsce. Udało mi się namówić znaną aktorkę filmową, Stefanie Powers, do urządzenia w jej ranczo wieczoru poświęconego dziełu muzycznemu Romana Maciejewskiego REQUIEM. Poza członkami Klubu zostali zaproszeni amerykańscy kompozytorowie i muzycy.

Na wieczór inauguracyjny, poświęcony wydaniu książki o Jancie [Aleksander Janta-Połczyński], zaprosiłem Prof. Tymona Terleckiego i Tolę Korjan. Dla udostępnienia szerszym kołom polonijnym zapoznania się z twórczością Janty i wysłuchania odczytu wybitnego teatrologa imprezę tą urządziłem w sali parafialnej.Tamże miały miejsce dwa odczyty pisarzy z Polski, Juliusza Żuławskiego i Tadeusza Kubiaka, oraz wystawa malarska prac artysty malarza z Warszawy, Władysława Popielarczyka. W sali miejskiej przygotowałem dwa spektakle teatru lekarzy z Polski ESKULAP.

Dla uczczenia Romana Maciejewskiego po koncercie jego dzieła (premiera amerykańska) Requiem w Music Center, urządziłem przyjęcie dla trzystu osób w Pawilonie Eldorado. Dla ciekawostki dodać warto, że Artur Rubinstein miał tego wieczoru pecha. Panienka obsługująca windę nie wpuściła go, gdyż nie miał przy sobie zaproszenia. Oczywiście wszystko skończyło się pomyślnie bez dalszych kłopotów. W imieniu Komitetu wręczyłem Maciejewskiemu złoty zegarek Longina z wymownym wygrawerowanym napisem. Słynny dyrygent chóru i soliści obdarowani zostali polskimi lalkami ludowymi.

Pod egidą naszego Klubu odbyła się w antykwarni p. Jeżewskiej wystawa kilimów i tkanin artystycznych artystki z Polski, Barbary Hulanickiej. W sali baletowej Wenty zorganizowałem zabawę kostiumową. Tamże odbył się odczyt Wenty o balecie, na którym wystąpili jego tancerze. Także u Wenty zorganizowałem pożegnalny wieczór dla Romana Maciejewskiego z występami zespołu Laboratorium Ossetyńskiego. Całkowity dochód wręczono Maciejewskiemu. W Studio Ossetyńskiego urządziłem wystawę Polskiego Plakatu Teatralnego. Piękne i oryginalne plakaty w ilości 65-ciu mogli obejrzeć nie tylko członkowie Klubu, ale i wielu Amerykanów.Wystawa ta trwała dwa tygodnie i była reklamowaną w prasie amerykańskiej.

Z mojej inicjatywy w Klubie zawiązała się sekcja teatralna Czytanego Teatru; w ramach tej sekcji pod reżyserią dr Rowińskiego przygotowano sztukę Tadeusza Różewicza WYSZEDŁ Z DOMU. Sztukę tą w dwunasto-osobowej obsadzie przedstawiono dwukrotnie w sali Domu Polskiego i w teatrze amerykańskich weteranów. Drugą z kolei sztukę Sławomira Mrożka EMIGRANCI w reżyserii Teresy Watras z udziałem dr Andrzeja Mikulskiego i Jerzego Stefańskiego przedstawiono w Studio Ossetyńskiego w obecności członków Klubu i zaproszonych gości. Zaznaczyć warto, że była to prapremiera EMIGRANTÓW i to dość szczęśliwa, grano bowiem tą sztukę we wszystkich prawie teatrach w Polsce i w wielu stolicach świata. Wystawił ją także w paryskim teatrze d'Orsay słynny aktor Jean-Louis Barrault. Nie łudzę się, że prapremierą losangelowską przyczyniliśmy się do sukcesu EMIGRANTÓW, ale bądź co bądź byliśmy pierwsi i to się jakoś w naszym gronie liczy.

W związku z Rocznicą Kopernikowską – wydaliśmy pamiątkową kopertę z wizerunkiem Kopernika i pamiątkową pieczęcią klubową projekty Stanisława Szukalskiego. W głównym urzędzie pocztowym uzyskałem zgodę urzędu, że przy naszej pieczęci w inauguracyjnym dniu wydania znaczka z wizerunkiem Kopernika obok pieczęci klubowej urząd washingtoński odbił inauguracyjny stempel swego urzędu z datą wydania znaczka. Koperty nasze rozeszły się po wielu krajach i znajdują się w zbiorach filatelistów a także w Muzeum Kopernikowskim w Polsce.

W miarę naszych skromnych możliwości starałem się pomóc instytucjom kulturalnym. Wyasygnowaliśny sto dolarów na doprowadzenie do skutku koncertu utworów Szymanowskiego przez miejscową orkiestrę symfoniczną. Ażeby pomóc w ciężkiej egzystencji „Wiadomości" londyńskich od kilku już lat prenumerujemy to wspaniałe pismo. Klub nasz zgłosił subskrypcję książki gen. Karpińskiego a na spotkaniu z autorem wielu naszych członków zgłosiło subskrypcję na książkę, czym przyczyniliśmy się w jej wydaniu.

Działalność Klubu Kultury jak najpozytywniej oceniła opinia publiczna a także prasa. W paryskiej „Kulturze" i w londyńskich „Wiadomościach" oraz w prasie krajowej i polonijnej ukazało się szereg wzmianek, wypowiedzi i arykułów. Uważam, że w pewnym stopniu wypełniliśmy lukę braku imprez powiązanych z rodzimą kulturą na terenie tutejszym. Zamiast typowych „opłatków" i „święconek", sięgnęliśmy w sfery bardziej ambitne i nietypowym na terenie amerykańskim sposobem dotarliśmy do ludzi spragnionych godniejszej rozrywki. Na posiedzeniach klubowych i spotkaniach, odbywających się zawsze w serdecznej i miłej atmosferze, z czym Państwo zgodzą się ze mną, ludzie zawiązywali przyjaźń wzajemną i mogli się wypowiedzieć w każdej sprawie na każdy temat z pełną swobodą. Poinformowano mnie, że profesorowie kalifornijskich uniwersytetów wykładający na tych samych uczelniach, osobiście poznawali się dopiero w Klubie, właśnie na naszych imprezach i przez takowe szersze rzesze polonijne dowiadywali się z kolei o istnieniu tych nieraz bardzo wybitnych, naukowców. Najlepszym dowodem, że Klub Kultury jest w Los Angeles potrzebny, może świadczyć napływ nowych członków. Gdy liczba takowych sięgnęła cyfry 60-ciu, dla zachowania intymności zebrań i spotkań, zmuszony byłem listę przyjęć zamknąć, przyjmując nowych w wyjątkowych tylko wypadkach. Także miałem w planach przeprowadzić wśród członków selekcję, bo niestety nie wszyscy przestrzegali paragafy naszego statutu.

Wymieniłem pozytywne strony działania Klubu Kultury, co nie znaczy, że nie ma negatywnych. Są i takie, i o nich także warto pomówić szczerze i otwarcie dla dobra Klubu i usprawnienia naszych poczynań. Zaznaczam, że nikogo nie chcę krytykować i pomijam wszelkie osobiste ansy, jeżeli takowe nagromadziły się w ciągu tych ostatnich siedmiu lat – chodzi o utrzymanie poziomu naszych spotkań i imprez. Do Klubu naszego wstępowali różni ludzie, często z pobudek kolidujących ze statutem i stąd wynikały nieporozumienia. W statucie wyraźnie jest powiedziane, że Klub Kultury powstał z zadaniem szerzenia kultury polskiej, sztuki i nauki, a nie dla schadzek służących do podrywania panów czy wice wersa, nie dla prywatnych pogaduszek, popijawy lub flirtów. Jeżeli bez takowych nie można się obejść, to znajdźmy na nie miejsce i czas po prelekcjach, po dyskusji, najlepiej gdzieś w jakiejś restauracji albo we własnym domu. Tymczasem nie raz i nie dwa musiałem przed zaproszonym preligentem rumienić się ze wstydu za zachowanie się niektórych członków, których prelekcje przeważnie nudziły, więc zabawiali się rozmową albo popijali w kuchni, przeszkadzając preligentowi i tym, którzy go chcieli słuchać. Po prelekcji trudno było nawiązać dyskusję, bo ci sami członkowie chcieli się bawić, czym zubożali spotkanie i nie zawsze dochodziło do ciekawych dyskusji. Moim zdaniem takie zachowanie się powinno być podczas naszych spotkań wyeliminowane, albo zmienić statut i poprzestać na wieczorach towarzysko-matrymonjalnych.

*Irena Szewińska-Kirszenstein biegaczka, olimpijka, rekordzistka 100, 200, 400 m. w lutym 1977.*

Druga sprawa to uczestnictwo członków na imprezach organizowanych przez Klub. Po siedmiu kadencjach prezesowania doszedłem do wniosku, że wkład mojej pracy poświecony wyszukiwaniu prelegentów i organizowaniu imprez nie wystarczał. Przed każdym spotkaniem wiele godzin, po rozesłaniu zaproszeń, musiałem strawić przy telefonie, namawiając, prosząc i nieomal błagając członków Klubu aby raczyli się łaskawie zjawić na imprezie, która de facto była przecież organizowana dla nich. Najbardziej rażące było zignorowanie odczytu prof. Terleckiego, Toli Korjan, Żórawskiego, i Kubiaka. Nie przyszli wszyscy ci, którzy przyjść powinni. Tłumaczenia się, że im się nie podoba sala parafialna nie wytrzymuje krytyki. Jeżeli na nasze zaproszenie przyjeżdża z Chicago czołowy polski teatrolog, wspaniały stylista, autor wielu znamiennych prac profesor literatury polskiej na uniwersytecie chicagoskim, dr Tymon Terlecki, żeby w przepięknej polszczyźnie wygłosić odczyt a na tym samym wieczorze światowej sławy pieśniarka i recytatorka Tola Korjan recytuje w wyszukanej formie, z wielką głębią i artystycznym wyczuciem wiersze polskiego poety przy pustej sali to, bardzo Państwa przepraszam, ale to jest? Żenujące.

Żenujące nie tylko dla organizatorów ale i dla Klubu Kultury, a wręcz niesmaczne dla preligentów wieczoru. Juliusza Żuławskiego, znanego pisarza z Polski, syna Jerzego Żuławskiego, autora NA SREBRNYM GLOBIE, spotkał ten sam afront. Na sześćdziesięciu członków przyszło zaledwie dziesięciu. Ta sama pustka i brak zainteresowaniu towarzyszyło drugiemu pisarzowi z Polski Tadeuszowi Kubiakowi. A przecież w statucie Klubu w pierwszym paragrafie wyraźnie jest zaznaczone, że każdy z wstępujących do Klubu zobowiązuje się uczestniczyć w klubowych imprezach. Proszę więc bardzo o zabranie w tej sprawie głosu, bo trudno mi jest zrozumieć jak można lekceważyć takich preligentów i pracę organizatorów. Nie znajduję słów na takie postępowanie i trudno mi to przetrawić. Wkłada się masę pracy i entuzjazmu a napotyka się na obojętność. Ręce wprost opadają i żółć człowieka zalewa i płakać się chce nad naszą inteligencją rzekomo spragnioną polskiego słowa i łączności z rodzinną kulturą. Wydaje mi się, że musimy wziąć to pod uwagę.

Czy nie warto ograniczyć liczbę członków, zatrzymując tych, którzy się naprawdę interesują głównymi wytycznymi Klubu Kultury.

Jeżeli chodzi o współpracę członków naszego Klubu i pomoc ich w organizowaniu spotkań i odczytów to wolałbym tej sprawy nie poruszać. Proponuję, aby na dzisiejszym posiedzeniu wypowiedzieli się i zdali sprawozdanie z dokonanej działalności członkowie komisji artystycznej i rozrywkowej, którym na ostatnim walnym zebraniu powierzono tę funkcję i którzy się na to zgodzili, także prosiłbym sekretarzy o przedstawienie protokołów z zebrań i imprez, co do których zobowiązali się, a które pomogą w dopełnieniu mego sprawozdania.

Na zakończenie chciałbym serdecznie podziękować p. dr Tuszyńskiej, wiceprezesowi Klubu, za pomoc i czas, który poświęciła na pracę, która z urzędu nie należała do niej. Dziękuję za jej życzliwość i ludzkie podejście do sprawy. Pani Jasińskiej także dziękuję, że mimo zawodowej pracy nie zważając na zmęczenie znachodziła czas i chęć dla spraw klubowych. Mecenasowi Krzemuskiemu przede wszystkiem dziękuję za przygotowanie wspaniałego statutu i dzielne przewodniczenie na walnych zebraniach. Należy się także podziekować skarbnikowi Klubu dr Mikulskienu, który jak sam mawiał nie lubi tej pracy, ale jakoś pchał to jarzmo podskarbiego przez lat kilka. P. Gazińskiemu należy się wdzięczność za przygotowanie druków do kopert kopernikowskich i listowych papierów klubowych, naprawdę bardzo to pięknie wykonał i zaoszczędził klubowi wiele dolarów. Inż. Gąssowskiemu dziękujemy za upamiętnianie naszych imprez na pięknych kolorowych zdjęciach. Na samym końcu w imieniu własnym i wszystkich członków Klubu serdeczne Bóg Zapłać Panu Pasternackienu za gościnę udzielaną nam w tym pięknym, własnoręcznie przez niego wykonanym wnętrzu jego Chaty Piasta.

Ustępując ze stanowiska prezesa chcę podziękować Państwu za darzenie mnie przez tyle długich lat zaufaniem a także przeprosić, że działając w najlepszej intencji dla Klubu nieraz swym impulsywnym charakterem nie jednemu sprawiłem przykrość. Sorry. Wyrażam żal za grzechy i proszę o wyrozumiałość i zapomnienie. Wierzę, że Klub Kultury nadal się utrzyma, bo nie można dopuścić aby zasłużona organizacja zwiędła i wierzę, że mój następca poprowadzi ją lepiej bogaciej rozszerzając działanie przy pomocy wszystkich członków Klubu.

Dziękuję Państwu.

~ Leonidas Dudarew-Ossetyński, Prezes

---

**STATUT**

**KLUBU KULTURY IM. HELENY MODRZEJEWSKIEJ**

**ROZDZIAŁ PIERWSZY**

Par. 1 Nazwa

Klub Kultury imieniem Heleny Modrzejewskiej w Los Angeles, Kalifornia, określony w następnych Rozdziałach i Paragrafach skrótem "Klub".

Par. 2 Cele Klubu

Klub jest stowarzyszeniem społecznym, apolitycznym i niedochodowym o następujących celach:
a.) Szerzenie wśród członków Klubu wiedzy i nauki o kulturze ze szczególnym uwzględnieniem kultury polskiej
b.) Urządzanie publicznych imprez kulturalno-oświatowych dla zapoznania ogółu społeczeństwa z kulturą i sztuką polską
c.) Organizowanie wystaw, wykładów, koncertów i spotkań, mających na celu umożliwienie polskim artystom przedstawienia ich dorobku
d.) Użycia wszelkich środków, jakie w przyszłości okaża się konieczne i właściwe dla szerzenia i rozwijania życia kulturalnego w terenie działalności Klubu.

Par. 3 Teren działalności

Terenem działalności Klubu jest okręg południowej Kalifornii z siedzibą w Los Angeles.

**ROZDZIAŁ DRUGI**

Par. 4 Członkowstwo

Klub składa się z członków zwyczajnych i honorowych.
Zarząd przyjmuje członków zwyczajnych na wniosek Komisji Członkowskiej.
Walne Zebranie uchwala członkowstwo honorowe na wniosek Zarządu.
Członkowie honorowi mają wszystkie prawa i obowiązki członków zwyczajnych z wyjątkiem obowiązku płacenia składek.

Par. 5 Prawa i obowiazki członków

Członkowie mają obowiązek brania czynnego udziału w pracach Klubu i przyczyniać się do jego rozwoju. Członkowie mają czynne i bierne prawa wyborcze oraz obowiązek płacenia składek zgodnie z obowiązującymi uchwałami Walnego Zebrania.

# ALBUM 50-LECIA KLUBU KULTURY IM. HELENY MODRZEJEWSKIEJ

## SPIS SPOTKAŃ 1979-1996

Copyright © 1996, Modjeska Art & Culture Club,
Los Angeles. All rights reserved.
Printed in the United States.
No part of this publication may be used or reproduced
in any manner whatsoever without written permission
except in the case of brief quotations in articles
or reviews.


© Klub Kultury im. Heleny Modrzejewskiej,
Los Angeles, 1996.
Wszelkie prawa zastrzeżone.
Przedruk lub jakikolwiek inny użytek tekstów
i ilustracji dozwolony jest jedynie za pisemną zgodą
Zarządu Klubu Kultury im. Heleny Modrzejewskiej.
za wyjątkiem krótkich cytatów będących
częścią opracowań krytycznych lub recenzji.
Drukowane w USA.

# Pierwsze Dwadzieścia Pięć Lat...

Kronika Klubu

## EWOLUCJA ZNAKU KLUBU NA PRZESTRZENI OSTATNICH 25 LAT

Projekt Leonarda Konopelskiego

**Drogi Czytelniku,**

Oddajemy w Twoje ręce publikację, której celem jest ocalenie od zapomnienia 25-letniej działalności organizacji znanej pod nazwą Klubu Kultury im. Heleny Modrzejewskiej.

Ćwierć wieku istnienia spowodowało, że dane dotyczące początków powstania klubu zatarły się już w pamięci najstarszych stażem członków przeradzając się w legendę lub nabierając czasami cech anegdotycznych. Pomimo usilnych starań, nie udało nam się odtworzyć pełnej listy spotkań klubowych, które miały miejsce w latach 1971-79. Z rozproszonych zapisków wiemy, że pierwsza opłata członkowska wpłynęła w grudniu 1972, kiedy to klub zrzeszał 30 członków.

W przygotowaniu niniejszego opracowania przyświecała nam idea unikania pompatyczności, która czasami towarzyszy okrągłym rocznicom. Kładliśmy raczej nacisk na personalne refleksje tych, którzy aktywnie tworzyli naszą historię. Żartobliwy czasami ton wspomnień miał na celu podkreślenie kameralnego, intymnego wymiaru klubu, odwołując się do poczucia humoru naszej społeczności, która traktuje tę organizację bardzo rodzinnie.

Chciałbym również w tym miejscu skierować słowa podziękowania dla tych wszystkich, którzy przyczynili się do powstania naszej publikacji, a przede wszystkim członkom, którzy tworzyli tę 25-letnią sagę. Szczególne słowa podziękowania kieruję pod adresem Zosi Czajkowskiej za jej wprost mrówczą pracę w prowadzeniu "archeologicznych wykopalisk" mających na celu odtworzenie historii spotkań naszego Klubu, oraz dyrektorowi artystycznemu, Ewie Chodkiewicz-Świder za projekt okładki, szatę graficzną i złożenie niniejszej publikacji do druku.

Osobiście życzę Klubowi i jego członkom następnych 25-ciu lat interesujących spotkań.

*Edward J. Piłatowicz*
*/prezes/*

## ZARZĄDY KLUBU

### 1996 - 1997

| | |
|---|---|
| Edward Piłatowicz | - Prezes |
| Jacek Świder | - Wiceprezes |
| Maria Piłatowicz | - Wiceprezes |
| Tomasz Kachelski | - Skarbnik |
| Jolanta Zych | - Członek Zarządu |
| Tadeusz Podkański | - Członek Zarządu |
| Klara Konopelska | - Członek Zarządu |
| Ewa Chodkiewicz-Świder | - Dyrektor Artystyczny |

### 1994 - 1995

| | |
|---|---|
| Zofia Czajkowska | - Prezes |
| Elżbieta Bajon | - Wiceprezes |
| Maria Piłatowicz | - Wiceprezes |
| Jacek Świder | - Wiceprezes |
| Tomasz Kachelski | - Skarbnik |
| Zofia Korzeniowska | - Członek Zarządu |
| Tadeusz Podkański | - Członek Zarządu |
| Jolanta Zych | - Członek Zarządu |

### 1992 - 1993

| | |
|---|---|
| Witold Czajkowski | - Prezes |
| Elżbieta Bajon | - Wiceprezes |
| Zofia Czajkowska | - Wiceprezes |
| Daniela Kosińska | - Wiceprezes |
| Tomasz Kachelski | - Skarbnik |
| Barbara Jarosz | - Członek Zarządu |
| Zofia Korzeniowska | - Członek Zarządu |

**1990 - 1991**

| | |
|---|---|
| Witold Czajkowski | - Prezes |
| Daniela Kosińska | - Wiceprezes |
| Zofia Czajkowska | - Sekretarz |
| Tomasz Kachelski | - Skarbnik |
| Barbara Jarosz | - Członek Zarządu |
| Jan Achrem | - Członek Zarządu |

**1987 - 1989**

| | |
|---|---|
| Tadeusz Bociański | - Prezes |
| Zofia Czajkowska | - Wiceprezes |
| Jerzy Podziewski | - Wiceprezes |
| Tomasz Kachelski | - Skarbnik |
| Jerzy Kass | - Członek Zarządu (niepełna kadencja) |
| Andrzej Maleski | - Członek Zarządu |

**1985 - 1986**

| | |
|---|---|
| Tadeusz Bociański | - Prezes |
| Edward Piłatowicz | - Wiceprezes |
| Zofia Czajkowska | - Wiceprezes |
| Tomasz Kachelski | - Skarbnik |
| Maria Piłatowicz | - Sekretarz |

**1983 - 1984**

| | |
|---|---|
| Tadeusz Bociański | - Prezes |
| Edward Piłatowicz | - Wiceprezes |
| Tomasz Kachelski | - Wiceprezes |
| Jolanta Martusewicz-Shani | - Skarbnik |
| Maria Piłatowicz | - Sekretarz |
| Hanna Roman-Wojciechowska | - Dyrektor Artystyczny |
| Ewa Jasińska | - Komitet Aprowizacyjny |

**1981 - 1982**

| | |
|---|---|
| Jerzy Gąssowski | - Prezes |
| Edward Piłatowicz | - Wiceprezes |
| Małgorzata Gerlicz-White | - Wiceprezes (niepełna kadencja) |
| Jolanta Martusewicz-Shani | - Skarbnik |
| Tomasz Kachelski | - Kronikarz |
| Grażyna Korthals | - Sekretarz (niepełna kadencja) |
| Krystyna Wydżga | - Sekretarz |
| Anna Kachelska | - Sekretarz (za Grażynę Korthals) |
| Ewa Jasińska | - Sekcja gospodarcza |
| Franciszka Tuszyńska | -Członek Zarządu /Wiceprezes |

**1978 - 1980**

| | |
|---|---|
| Andrzej Mikulski | - Prezes (zm. w grudniu 1978) |
| Jerzy Gąssowski | - Prezes |
| Ewa Jasińska | - Wiceprezes |
| Franciszka Tuszyńska | - Skarbnik |
| Jolanta Martusewicz | - Sekretarz |
| Hanna Roman-Wojciechowska | - Sekretarz |

**1971 - 1977**

Leonidas Dudarew-Ossetyński- Prezes


## CZŁONKOWIE HONOROWI

| | |
|---|---|
| Teresa Domańska | mgr Wojciech Siewierski |
| dr Franciszka Tuszyńska | mgr inż. Zofia Czajkowska |
| mgr inż. Jerzy Gąssowski | mgr inż. Witold Czajkowski |
| mec. Tadeusz Bociański | mgr Zofia Dobrzańska |
| mgr Jan Szewc | |

## CZŁONKOWIE KLUBU
## 1996

| | |
|---|---|
| Achrem | Jan |
| Antczak | Jadwiga i Jerzy |
| Bajon | Elżbieta |
| Baran | Wanda i Piotr |
| Berczyński | Lucjan |
| Bocheński | Anna i Stanisław |
| Bociański | Elżbieta i Tadeusz |
| Briscoe | Anna |
| Bytnerowicz | Danuta i Andrzej |
| Chełmińska | Maria |
| Cybulski | Henryka i Kazimierz |
| Czajkowski | Zofia i Witold |
| Dąbrowski | Irina i Andrzej |
| Dąbrowski | Katarzyna i Andrzej |
| Dobrzańska | Zofia |
| Domańska | Teresa |
| Duncan | Irena |
| Durian | Krystyna i Bogdan |
| Dutkowski | Mieczysław |
| Fromm | Ewa i Karol |
| Gąssowski | Jerzy |
| Gawlińska | Halina |
| Gerutto | Teresa i Mikołaj |
| Górska | Hanna |
| Grubiński | Stefan |
| Gwoździowska | Wanda |
| Harte | Roman i Danuta |
| Heller | Elżbieta i Tomasz |
| Hiller | Jolanta i Krzysztof |

| | |
|---|---|
| Iwańczyk | Elżbieta i Jan |
| Jackson | Krystyna i Włodzimierz |
| Jakubiec | Jolanta i Andrzej |
| Jarosz | Barbara i Marek |
| Jasieński | Betti i Andrzej |
| Jasińska | Ewa |
| Jaworski | Bożena i Marek |
| Juchnowska | Barbara |
| Kachelski | Anna i Tomasz |
| Klaniulc | Helena i Aleksander |
| Klimczak | Danuta i Jarosław |
| Konopelski | Klara i Leonard |
| Korboński | Andrzej |
| Korzeniowski | Zofia i Jerzy |
| Kosiński | Danuta |
| Kowalski | Agata i Kazimierz |
| Krajewski | Jerzy |
| Kuszta | Krystyna i Bogdan |
| Kwieciński | Dorota i Jan |
| Lubczyński | Maria i Sylwester |
| Łobodziński | Magdalena i Sławomir |
| Łobodziński | Maria i Ryszard |
| Małek | Krystyna i Jan |
| Maleski | Joanna i Andrzej |
| Miłobędzka | Gabriela |
| Nesser | Monika i Ivan |
| Nita | Jolanta i Henry |
| Okuniewski | Krystyna i Artur |
| Oleśniewicz | Aleksandra i Janusz |
| Oppenheim | Bogdan |
| Pałamarz | Maria i Jacek |
| Peczat | Ewa i Grzegorz |
| Petrozolin | Anna i Krzysztof |

| | |
|---|---|
| Petryka | Zbysław |
| Piłatowicz | Maria, Magdalena i Edward |
| Podkański | Tadeusz |
| Podziewski | Irena i Jerzy |
| Postal | Longina |
| Przymusiński | Halina i Teodor |
| Przytuła | Wojciech |
| Pujdak | Jerzy |
| Rozpędowski | Renata i Henryk |
| Rundzio | Kleofas |
| Siewierski | Agnieszka i Wojciech |
| Sokołowska | Jolanta i Witold |
| Sołtysik | Ewa i Stefan |
| Sterling | Jolanta |
| Szewc | Zofia i Jan |
| Szupiński | Bogna i Jan |
| Szwaglis | Alicja, Wanda i Stanisław |
| Śliwińska | Bożena |
| Świder | Ewa i Jacek |
| Tomasik | Monika i Jerzy |
| Trybuś | Elżbieta i Ginter |
| Tuszyńska | Franciszka |
| Vars | Elżbieta |
| Wagner | Lena i Jerzy |
| Walusiak-Altman | Helena |
| Widuch | Jolanta i Jan |
| Wilk | Wanda i Stefan |
| Wydżga | Krystyna i Bolesław |
| Zagner | Urszula i Jerzy |
| Zawadzki | Roman |
| Ziemiecka | Celina |
| Złotnicki | Małgorzata i Włodzimierz |
| Zych | Jolanta i Adam |

## CO O NAS PISALI INNI :

Leszek Długosz w wywiadzie dla Gazety Krakowskiej (lipiec 1996):
"...z zachwytem opowiada Leszek o Polakach skupionych w klubie im. Heleny Modrzejewskiej w Los Angeles. To elita emigracyjnej inteligencji."

Olgierd Budrewicz w tygodniku Wprost (lipiec 1995):
"...ze stowarzyszeń i klubów, zrzeszających osobistości o pewnym statusie intelektualnym i majątkowym, a także wspólnych interesach... godzien uwagi jest klub im. Heleny Modrzejewskiej w południowej Kaliforni."

Nowy Dziennik (wrzesień 1991):
"Rozpoczął się powakacyjny sezon życia kulturalnego w południowej Kalifornii dla Polaków. Klub Kultury im. Heleny Modrzejewskiej otworzył kolejny rok wspaniałych spotkań ...".

Panorama (lipiec 1986):
"...w ostatnim okresie działalności Klubu na terenie Los Angeles zostało zorganizowanych wiele spotkań z różnymi wybitnymi ludźmi, nie licząc innych imprez ... za to Wam Kochani dziękujemy na łamach Panoramy..."

Minister Kultury i Sztuki Rzeczypospolitej Polskiej (wrzesień 1996):
"...w uznaniu zasług położonych w propagowaniu sztuki i kultury polskiej przyznaje Klubowi Kultury im. Heleny Modrzejewskiej order ZASŁUŻONY DLA KULTURY POLSKIEJ."

**A CO NAPISALIŚMY O SOBIE, czyli:**
Kronika Klubu wierszem zapisana przez specjalistę
od Koszałków Opałków.

*Tym wierszem została otwarta Szopka Noworoczna 1995*

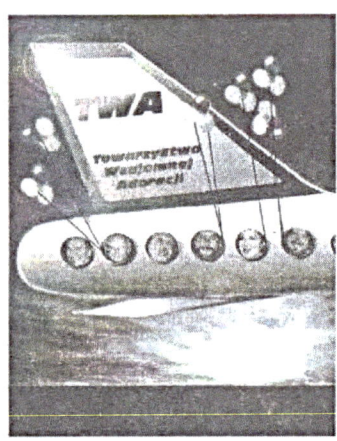

Zebrała się raz grupa snobów
i ze snobizmu racji
powołała ku własnej uciesze
Towarzystwo Wzajemnej Adoracji.

I pod płaszczykiem kultury,
której brakuje nam czasem,
spotykają się w klubie by popić
Pan Inżynier z Panem Mecenasem.

A Pan Doktor z Panem Inżynierem
dla tych wyższych kulturalnych racji,
wybierają regularnie co dwa lata
prezesa tej czcigodnej organizacji.

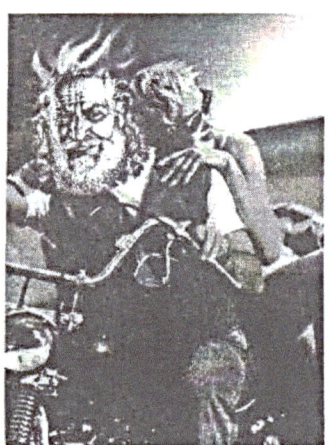

Zaczęło się to misterium
lat temu dwadzieścia i parę
gdy się ogłosił prezesem
niejaki Samozwaniec Dudarew.

Był to monarcha z talentem,
powiedzmy, charyzmatycznym,
dlatego też go otaczał
niewieści haremek liczny.

Nieliczni monarchowie
ekonomiczne są asy
więc Samozwaniec Dudarew
też upadł z powodu kasy.

Na tron wstąpił Jerzy Zgodliwy
lecz wola królewska za słaba,
mówili, że kanclerz nim rządzi
i że ten kanclerz to baba.

Aż nastał Tadeusz Złotousty
monarcha wielce wybitny.
Z warg słodkich sam miód mu płynął
bo nad wszystko przedkładał miód pitny.

Chór zgodny członków i gości
pochwały monarsze śpiewał;
On Polską Kulturę krzewił
i szczodrze ją podlewał.

W roku pańskim 90-tym
wyboru dokonano słusznego,
rozpoczęło się bowiem panowanie
Witolda Dobrodusznego.

On chciał wszystkich do piersi przygarnąć
i do wspólnej pracy zachęcić,
wtedy to niejedna łachudra
do klubu próbowała się wkręcić .

Na rząd wpływy mieć chciały
niewiasty władzy łakome:
arystokratka z Bel Air'u
i z Belvederu Salome.

Od jednej i od drugiej
król się opędzał jak głupi,
ale na wszelki wypadek
smoking sobie zakupił.

Po kolejnych zaś walnych wyborach
przyszłość mamy przed sobą śliczną,
bo znieśliśmy monarchię elekcyjną
ustanawiając dziedziczną.

Władza przeszła z męża na żonę
lecz płeć męska klubowi życzy tego
aby nowopoczęta dynastia
miała wkrótce potomka męskiego.

A płeć damska popiera Zofię Pierwszą,
bo gdy ona na tronie zasiądzie
będzie miała panowanie spokojne,
bo i baby mają większość w zarządzie.

Więc pod Zofii berłem łagodnym,
gdy Opatrzność nas raczy uchować,
będziem mogli dalej popijać
i nawzajem się adorować.

*(dopisane wiosną 1996 roku)*

W tym roku głosowanie przez pocztę
zastąpiło elekcyjną debatę,
i członkowie wybrali listownie
Edwarda Pierwszego Technokratę.

Obawiając się aby ten zaszczyt
w nim ambicji zbytnich nie skrzesał,
podrzucono mu pod nogi drobną kłodę
- własną żonę na wiceprezesa.

Będzie podczas kadencji Edward Pierwszy
pogrążony w rozważaniach tych z kretesem:
jak zapewnić satysfakcję członkiń klubu
unikając jatki z wiceprezesem.

I zostanie pewnie w przyszłości
odznaczony za to męczeństwo,
za dwuletni, psychologiczny dylemat:
dobro klubu czy małżeństwo?

# POCZET KRÓLÓW

SAMOZWANIEC DUDAREW

JERZY ZGODLIWY

TADEUSZ ZŁOTOUSTY

WITOLD DOBRODUSZNY

ZOFIA ŁAGODNA

EDWARD TECHNOKRATA

## LEGENDA O LEONIDASIE
### W pocie czoła spisana przez Klubowego Koszałka-Opałka

W przeszłości całkiem już zamierzchłej, w czarodziejskiej krainie Hollywoodu, był, żył pewien rycerz, być może bardziej Zbłąkany niż Błędny. Wielu znało go w owym czasie, bo postawy był słusznej, a nosił się nie jak byle tam jakiś chłystek. Włos miał Leonidas długawy, siwy i wielce zmierzwiony, a odziewek jego cechował starannie kultywowany artystyczny nieład. Szczególną cechą charakteru Leonidasa Zbłąkanego było to, że budził w tych, którzy go znali, uczucia nader sprzeczne. Był więc dla jednych prorokiem, dla innych zaś szydercą.

Wieść niesie, iż w latach owych poślubił był Leonidas niewiastę wielkiej urody i pokaźnego intelektu (o posagu też mówiło wielu). Gadki przekazywano z pokolenia na pokolenie, iż aby swą oblubienicę do cna zachwycić i zadziwić, Leonidas poprosił o jej rękę stojąc na głowie. Trudno sądzić ileż w tym prawdy jest, dość że mu ta niewiasta uległa i wkrótce potem, przeniosła się do skromnej, kawalerskiej zagrody Leonidasa. W miejsce artystycznego chaosu wprowadziła owa Pani czystość, elegancję i życie towarzyskie na wielką skalę. Do gości Leonidasa i jego Pani należeli wówczas, podobnie jak on zabłąkani, emigranci z dalekiego Lechistanu. Przynosili oni swe wielkie tęsknoty i małe triumfy pod życzliwe skrzydła Lady Teresy Gościnnej, oblubienicy Leonidasa.

Smutną jest prawdą, że najrzetelniejsze dane o człowieczym istnieniu posiada zwykle urząd podatkowy i są to dane dotyczące przepływu mamony. Tak też jako badacz historii, sięgnąwszy do ksiąg finasowych Klubu, odnalazłem, że jesienią lub zimą roku 1972 pierwsi członkowie wyasygnowali po $ 10.00 na składki klubowe. Jest to dowodem na to, iż w owym okresie na wykwintnych obiadkach przy stole Leonidasa, lub też przy brydżowych zakąseczkach, zakiełkować musiało przekonanie, iż życie (nawet towarzyskie) nie składa się z samych biesiad i turniejów (brydżowych, ma się rozumieć) i trzeba w nim mieć miejsce na stymulację (innymi słowy: łachotanie) intelektu.

Mówiono, iż pomysł zakiełkował w głowie Leonidasa aby spotykać się w towarzyskim gronie celem właśnie owego intelektualnego łachotania, lecz faktem naocznie potwierdzonym jest, że gdyby ów kiełek Klubu Kultury im. Heleny Modrzejewskiej nie był szczodrze podlewany i kultywowany w ciągu następnych lat przez Panią Leonidasowego serca, Lady Teresę Gościnną, to pewnie uwiądłby i usechł niedługo już po wypuszczeniu pierwszych listków.

Do tegoż Klubu Kultury, któremu matkowała troskliwie LadyTeresa, garnęli się tedy przeróżni ziomkowie. W zapiskach roku pańskiego A.D. 1973 odkryłem np.: nazwisko niejakiego Pana Jeremiego Z., który to składkę roczną w wysokości $ 10.00 chciał rozłożyć na trzy raty, jak również Pani Franciszki T., która składkę za tenże sam rok zapłaciła aż dwa razy. Pod koniec roku 1974 w księgach finansowych Klubu, wspaniale rozwijającego się pod opieką Lady Teresy, figurują pod jedną datą już takie sławne osobistości jak: Panie Stefanie i Julia Powers oraz Pan K. Kołtuniak. Tegoż roku w lipcu zakupiona zostaje pierwsza pieczęć Klubowa. Trudno też jest odtworzyć z zapisków w księgach finansowych jakimż to podnietom intelektualnym sprzyjali wonczas Leonidas, jego Pani, jak również członkostwo klubowe.

W rubrykach wydatków tegoż okresu pojawiają się następujące pozycje:

    1973 - Przedstawienie "Szewcy"

    1975 - Wystawa gobelinów P. Hulanieckiej

    1976 - Honorarium za "Dymek z Papierosa"
                  oraz wieczór z T. Terleckim

Jesienią roku pańskiego 1978 imię Leonidasa pojawia się w księgach Klubu po raz ostatni. Jak podają gadki wsród gawiedzi krążące był to czas gdy Leonidas, porażony zostawszy chorobą wieku dojrzałego (menopauzą zwaną), w przystępie szału, klątwę na Klub rzucił. I tak burzliwie rozstali się twórca i jego dzieło.

Lady Teresa Gościnna wziąwszy wyklętą i osieroconą organizację w swe, jak zwykle troskliwe, dłonie, osobiście patronowała następnym prezesom Klubu, dbając i zawsze pilnując dobra klubowego. Pod jej powściągliwym, acz wytrwałym patronatem, Klub Modrzejwskiej począł coraz bujniej rozkwitać i coraz obficiej owocować.

# MOJE TRZY KADENCJE
TADEUSZ BOCIAŃSKI

Prezesowałem Klubowi przez trzy kadencje. Od lutego 1983 do listopada 1989. Objąłem tę funkcję w okresie napływu szczytowej fali emigracyjnej po stanie wojennym. Nowoprzybyli pozostawili w Polsce swoje małe stabilizacje i często wysokie pozycje, przyjaźnie i znajomości. Na emigracji znaleźli się samotni, na dole drabiny społecznej. Szukali miejsca, gdzie mogliby zrealizować swoje aspiracje kulturalne czy towarzyskie. Rozumiałem te potrzeby, bo sam również byłem emigrantem z przymusu. Zamierzeniem nowego zarządu było stworzenie warunków dla przyjścia do naszego klubowego grona nowoprzybyłej inteligencji.
W pierwszej kolejności, wbrew tradycji, która nakazywała urządzanie spotkań w prywatnych domach, trzeba było znaleźć stałe, neutralne miejsce spotkań w wynajmowanej sali, gdzie wzajemnie nieznani sobie ludzie nie czuli by się onieśmieleni. Trzeba również było uatrakcyjnić spotkania i zapewnić ich comiesięczną regularność.

Nigdy nie planowaliśmy umasowienia Klubu. Chcieliśmy utrzymać jego elitarny charakter i niewątpliwie to nam się udało. Kultura bowiem jest elitarna i eliminuje profanów. Idea otwarcia Klubu dla szerszego grona zainteresowanych nie spotkała się z życzliwym przyjęciem części działaczy, szczególnie reprezentujących starszą generację. I tak na początku mojego prezesowania, powstał konflikt z próbą rozłamu, zablokowaniem konta bankowego, intrygami, anonimami, słowem, z tym wszystkim, bez czego szanująca się organizacja polonijna istnieć nie może. Na szczęście miałem w zarządzie poparcie Marysi i Edwarda Piłatowiczów oraz Tomka Kachelskiego, który przejął kasę, "pucz" został opanowany i nigdy potem już podobnych konfliktów nie było.

Liczba członków natomiast wzrosła z 45 na początku mojej kadencji do poziomu, który utrzymuje się obecnie, tj. około 120-150 osób.

W trakcie mojej działalności zaszła konieczność zinterpretowania i rozwinięcia niektórych założeń statutowych. Statut stwierdza, że Klub jest stowarzyszeniem apolitycznym. Życie natomiast wymagało samookreślenia w tej materii. Apolityczność w tamtych latach oznaczała bowiem również jakieś polityczne samookreślenie. Nie mogliśmy pozostawać bierni i wychodząc naprzeciw życzeniom członków określiliśmy się jako stowarzyszenie zaangażowane w sprawy polskie, deklarując poparcie dla wszystkich poczynań służących sprawie niepodległości i demokracji w Polsce. W szerokim pojęciu kultury mieści się również pojęcie kultury politycznej. Chcieliśmy szerzyć kulturę dyskusji, zasady tolerancji i uszanowania cudzych poglądów. Nie zawsze nam się to udawało.

Spotkanie z ALEKSANDREM MAŁACHOWSKIM, wieloletnim więźniem obozów sowieckich i peerelowskich, zasłużonym działaczem opozycyjnym, dzisiaj V-ce Marszałkiem Sejmu, znalazło oddźwięk daleko wykraczający poza ramy klubowe. Prelegent, choć sam był internowany, wobec władzy ludowej znajdował słowa wyważone, doszukiwał się racji strony przeciwnej, a nawet zakładał dobrą wolę Jaruzelskiego. Ten ton był nie do przyjęcia dla naszych krewkich hurra patriotów. Ostra dyskusja przeniosła się z sali klubowej na łamy prasy polonijnej i dotarła nawet do Kultury paryskiej. Małachowski okrzyczany został zdrajcą i pachołkiem reżimu, a przy okazji dostało się też Klubowi. No ale za to staliśmy się sławni.

Spotkania z mecenasem SIŁĄ NOWICKIM i JANEM NOWAKIEM JEZIORAŃSKIM też miały burzliwy charakter. Nasi klubowi radykałowie mieli za złe sławnym prelegentom, że byli oni za zniesieniem sankcji USA wobec Polski i w ogóle zbyt kompromisowi wobec komuny.

Statut klubowy nakazuje szerzenie kultury i popieranie innych pożytecznych inicjatyw w środowisku polonijnym. Z naszych skromnych funduszy wspieraliśmy finansowo i świadczyliśmy prace społeczne na rzecz Medical Help to Polish Children, Friends of Polish Music (wspaniała Pani Wanda Wilk). Dla harcerzy zorganizowaliśmy część artystyczną na ich balu. Z Biblioteką Millenium (nieodżałowana Pani Wanda Jaźwińska) zorganizowaliśmy publiczne spotkanie z CZESŁAWEM MIŁOSZEM. Przystąpiliśmy do American Council of Polish Cultural Clubs, od którego z kolei my dostaliśmy dotację ($300) za nasze osiągnięcia, a w wydawnictwie ogólno-amerykańskim zostaliśmy przedstawieni jako wzór do naśladownictwa. Z uniwersytetem UCLA pracowaliśmy przy organizacji wystawy MAGDALENY ABAKANOWICZ, którą później gościliśmy w Klubie.

Za szczególnie udaną imprezę publiczną uważam wystawę fotogramów z Powstania Warszawskiego niedawno zmarłego SYLWESTRA KRIS BRAUNA. Zorganizowaliśmy ją w reprezentacyjnym budynku Biblioteki Publicznej w Santa Monica. Połączona ona była a z pokazem filmu z Powstania. Przybyła rekordowa ilość kilkuset osób, nie tylko Polaków. Wystawa krążyła później po świecie, a my mogliśmy być dumni, że nasz Klub dostąpił zaszczytu prezentowania jej po raz pierwszy poza granicami kraju.

Myślę, że największym sukcesem Klubu jest stworzenie szczególnej atmosfery jaka panuje na naszych spotkaniach i we wzajemnych stosunkach między członkami. Atmosfery wzajemnej życzliwości i sympatii, która często przeradza się w przyjaźnie. Wypracowała się ona we wspólnych przedsięwzięciach, przygotowaniach do imprez, a potem ich realizacji. Fajne były wspólne ogniska, pastorałki, inscenizacje teatralne. Szczególnie miło wspominam wieczór kabaretowy "Imieniny Prezesa", bo był poświęcony mojej osobie. Usiłowałem podliczyć ilość klubowiczów, którzy wzięli czynny udział w przygotowywaniu naszych imprez. Zanim się poddałem naliczyłem powyżej 50-ciu. Nie sposób wymienić wszystkich wykonawców. Byli wśród nich zawodowi aktorzy i tacy, którzy odkryli swoje talenty na scence klubowej. Wszystkim jeszcze raz dziękuję za czas spędzony przy wspólnej pracy i zabawie. Szczególnie jednak chciałbym podziękować wspomnianym już Piłatom, czyli małżeństwu Piłatowiczom. To z nimi wypracowaliśmy ten model klubowy, który ze słusznymi modyfikacjami obowiązuje do dzisiaj. Dziękuję również Jurkowi Gąssowskiemu, prezesowi poprzedniej kadencji, który swoim autorytetem wspierał nas w najtrudniejszym, początkowym okresie i Teresie Domańskiej, która choć nigdy nie była formalnie członkiem

Klubu, matkowała mu od początku jego istnienia i była inicjatorką wielu ciekawych spotkań. Wiem, że nie wypada chwalić własnej żony, jednak w tym miejscu muszę jej podziękować za, może nie efektowną ale jakże efektywną, pracę przy organizowaniu tych przeszło 60-ciu oficjalnych spotkań, nie licząc dodatkowych dookoła-spotkaniowych imprez.
W ogóle to najbardziej dziękuję całemu Klubowi, bowiem choć dałem mu dużo z siebie to dostałem więcej. Dzięki niemu bowiem, odnalazłem się w nowej emigracyjnej sytuacji, miałem okazję poznać wielu ciekawych ludzi, a przede wszystkim nawiązać przyjaźnie, które trwają do dzisiaj.

# REFLEKSJE STRAŻNIKA SKARBU (NIEWIELKIEGO) KLUBOWEGO, SPISANE POD NACISKIEM z okazji 25 lecia Klubu im. Heleny Modrzejewskiej w Los Angeles.

Tomasz Kachelski

Pierwszy raz w życiu zostałem wybrany skarbnikiem w wieku lat 35 i to od razu skarbnikiem Klubu im. Heleny Modrzejewskiej w Los Angeles. Do funkcji przywykłem. Funkcja skarbnika jest delikatna w organizacji, która ma pozafinansowe kryteria w doborze członków. Funkcja daje możliwość obserwacji rodaków i pobudza do refleksji.

Oszczędność, tak wychwalana u innych nacji, w naszym przypadku powoduje, że klub jest zawsze o pół kroku od bankrucwa. Lojalność jest następną, piękną w gruncie rzeczy zaletą, jakże niekorzystną dla klubu. Lojalność członków klubowych wobec przyprowadzanych gości dowodzi tego najlepiej. Problem: "Goście klubowi a sytuacja finansowa klubu" - jest od lat przedmiotem obrad zarządu klubu. Zarząd głowi się jak z gości wydusić pieniądze, aby poprawić byt członków klubu. Członkowie jednak kochają bliźniego - gościa swego, bardziej niż klub i pomagają gościowi unikać wejściowej daniny. Dziwić się temu nie można, wychowano nas wszak w duchu chrześcijanskim, miłości do człowieka, a nie do KLUBU. Poza tym bliźni może miłość odwzajemnić, a klub nie.

KLUB nasz, w obecnym stanie rzeczy, jest pojęciem abstrakcyjnym. Bez stałej siedziby, legitymacji i innych atrybutów kojarzących się z pojęciem organizacji, jest klub fenomenem istniejącym tylko w umysłach i sercach jego członków.

Przyszłość klubu jest niejasna, ale odkąd pamiętam, zawsze taką była. Na dobrą sprawę nikt nie wie do czego zmierzamy. Czy chcemy klub odmładzać, czy wraz z nami ma ON zejść do Krainy Wiecznych

Łowów. Czy klub ma być duży, czy też jego obecny wymiar nas zadawala? Co z miejscem spotkań klubowych, czy szukać stałego, czy być wiecznym tułaczem? Jak długo będziemy znajdować ludzi akceptujacych 100, a często i więcej osób we własnym domu? Czy być klubem bardziej politycznym, czy bardziej kulturalnym, etc.? Oto przykład tylko kilku pytań nurtujących myślących członków KLUBU.

Istnienie klubu zależy od kilku ludzi, którzy znajdują zadowolenie w pracy społecznej. Przez kosmiczny przypadek, akurat kilku takich zawsze się tu znajdowało w ciągu ostatniego ćwierć wieku. Trzeba jednak zarząd klubu odnawiać co dwa lata. Jak i gdzie szukać nowych, chętnych do pracy ludzi? Podejrzewam, że nasze dzieci nie są tym zainteresowane.

Atrakcyjność klubu związana jest z jakością ludzi, którzy zgadzają się w klubie wystąpić. Ludzie ci, to głównie Polacy z kraju. W postkomunistycznej gospodarce nauczyli się oni cenić własne usługi - to dobrze dla nich, ale nasz KLUB może tego nie przeżyć. Dwa pierwsze tegoroczne (1996) spotkania kosztowały nas około 1500 dolarów. Stąd podniesienie składek na rok 1997 stało się niezbędne.

Poza podnoszeniem składek są również możliwości oszczędzania pieniędzy. Jednym z wielu przykładów jest wypożyczanie krzeseł na imprezy klubowe. Krzesła muszą być. Problem w tym, że za transport krzeseł płaci się niemal tyle co za krzesła. Gdyby tylko ktoś miał "truck" i wolę użycia go raz na miesiąc w szlachetnym celu oraz miejsce składowania, zaoszczędziłoby to klubowi około $500 rocznie.

Ze spraw pozafinansowych. Od lat powraca sprawa nie prowadzonej kroniki klubowej. Kiedyś, gdy byłem młodszym skarbnikiem, sam się tym zajmowałem. Kronika taka jest potrzebna KLUBOWI. W lutym (1996), dziennikarka z Polski chciała o nas dobrze napisać. Mieliśmy wielki kłopot, aby jej udostępnić pisane materiały na temat klubu. Pamięć ludzka jest zawodna, o czym świadczą spory na tematy, zdawałoby się, oczywiste, którą właściwie rocznicę założenia klubu obchodzimy. Jedynymi dokumentami klubowymi o pewnej ciągłości historycznej są w tej chwili tylko książki rachunkowe. Proponuję, żeby członkowie, którzy lubią fotografować, robiąc zdjęcia dla siebie, dawali odbitki do kroniki klubowej. Nie popełniajmy błędów cywilizacji, które zniknęły, bo ich obywatele nie lubili fotografować.

Na zakończenie mojego pisania, chciałbym skorzystać z okazji i podziękować pani X za wiersz, jaki mi ofiarowała na Gwiazdkę 1995 roku. Jest to pierwszy wiersz na mój temat w ogóle, a na temat mojej skarbowej działalności to napewno pierwszy.

> Zbudził się CZŁONEK, światło zaświecił,
> I sam już nie wie - sen to czy bajka ?
> W białych koszulach dziwni faceci
> Grają czastuszki na bałałajkach.
> Tłum znanych osób wokół się snuje,
> Tu Modrzejewska, dobrze mu znana,
> A także CZŁONKA naszego wujek,
> Co zamiast jajka ugryzł raz granat.
> Siadł CZŁONEK w łóżku, trzęsie nim trema
> Taki się czuje nikły i drobny,
> A tu orkiestra rąbie je t'aime'a.

Względnie Niemena Rapsod żałobny.
Kręci się CZŁONEK, składa ukłony,
I myśli sobie co to za zgrywa ?
A tu tymczasem przez megafony
Słychać wezwanie: - szefowa wzywa!
I dwaj anieli zdobni w ordery
Zastosowawszy pewien chwyt krzepki,
Wyprowadzają jego z izdebki
I wiodą ci go środkiem alejki
Pośród okrzyków oraz owacji,
Aż przystaneli z nim u wierzei
Szefowej tejże organizacji.
Brama rozwarła się zawiasami,
Wyszedł z niej zwolna TOMEK KACHELSKI
I spytał groźnie - Co ze składkami ?!
A CZŁONEK prawie przytomność stracił,
Pobladł jak ściana z wielkiego sromu,
Padł na kolana, wszystko zapłacił
I jak niepyszny wrócił do domu.
TOMEK KACHELSKI zaś ze swych planów
Skreśliwszy ową wpłatę klienta,
Mruknął do siebie: - Bez tego szpanu
Bym nie wydusił z nich ani centa.

*Kompilacja na podstawie wierszyka Andrzeja Waligórskiego.*

## MOJE CZTERY LATA PREZESOWANIA (w skrócie)

Witold Czajkowski

Było to w pierwszym okresie mojego urzędowania, kiedy jeszcze nie czułem się zupełnie swobodnie w nowej roli prezesa. Rzucony na głęboką wodę po sześcioletnich rządach Tadeusza Bociańskiego, który wyrył się w pamięci Polonii jako PREZES, raczkowałem poruszając się po omacku, mając niebagatelne wyzwanie. Był to rok 1990, a więc pierwszy rok demokracji w Polsce. Zmiany w Polsce odbiły się silnie również w naszym klubie. Tadeusz prowadził klub jako miejsce dyskusji i stymulacji intelektualnej i wiele spotkań związanych było z dynamiką zmian w Polsce w latach 80. Przyjeżdżali do nas byli internowani, pisarze podziemia, obrońcy aresztowanych, aktorzy z politycznymi programami, działacze opozycji, wizjonerzy wolnej Polski, politycy, itd. - słowem cała gama reprezentantów bieżących wydarzeń. W klubie grzmoty dochodzące z Polski odbijały się echem wyciszonym, ponieważ mieliśmy poczucie bezpieczeństwa, którego nie mieli prawdziwi uczestnicy wydarzeń. Nie mniej jednak dyskusje były zacięte, kontrowersji bez liku, zawsze przy wypełnionej sali.

Po tym ożywieniu sterowanym sprawną ręką i słowem Tadeusza, wzmocnionego organizacyjno-aktorskimi talentami Marysi i Edka Piłatowiczów, jego wiceprezesów, nastąpił rok 1989, okrągły stół i wszystkie jego efekty. Internowani i inni działacze opozycji mogli teraz swobodnie wracać do kraju, ci co wyżywali się w dyskusjach, mogli teraz polemizować w wolnej nareszcie prasie, działacze podziemia stali się dygnitarzami, aktorzy podziemia grali oficjalnie na scenach polskich, pisarze drugiego obiegu wydawali legalnie. Nawet milicjanci stali się policjantami i zaczęli chodzić do komunii. Czym więc było można stymulować członków na klubowych spotkaniach, skoro prawdziwe wydarzenia były jedną wielką stymulacją. I tak, w tych warunkach, frekwencja na spotkaniach znacznie spadła.

Po moim wyborze na prezesa zastanawiałem się, w którym kierunku poprowadzić klub, co zaproponować członkom, co mogłoby zastąpić stymulację, która zniknęła. Nie pamiętam teraz, co było pierwszą iskierką, ale wydawało mi się, że należy stworzyć taką atmosferę, która dawałaby nam poczucie przynależności do grupy specjalnej, wybranej. Sądziłem, że pierwszoplanowym zadaniem jest nakłonienie ludzi, którzy z racji swojego intelektu, stanowiska czy pozycji materialnej taką elitą już są, do wstąpienia do klubu lub kontynuowania członkowstwa. Łatwiej taki plan wymyśleć, trudniej go zrealizować. Dyskutowaliśmy z zarządem (Daniela Kosińska, Zosia Czajkowska, Tomek Kachelski, Basia Jarosz i Jan Achrem) często. Użyliśmy różnych metod, podstępów i podchodów (nie wszystkimi tajemnicami mam teraz odwagę się dzielić), ale powoli "prominenci" zaczęli do klubu przychodzić coraz liczniej. Doszliśmy jednocześnie do wniosku, że spotkania trzeba "ocieplić" atmosferą domów prywatnych, gdzie członkowie i ich goście czuliby się bardziej intymnie, bardziej niejako u siebie i trochę "uprzywilejowani" jako prywatni goście domu. To podejście, które nie jest zupełnie nowym, bo klub w okresie prezesury Leonidasa Ossetyńskiego i Jerzego Gąssowskiego tak właśnie zaczynał, zaowocowało, a rezultaty stawały się widoczne z miesiąca na miesiąc. Równie ważnym wyzwaniem było zapewnienie ciekawych programów, bo wiadomo, że miła, intymna atmosfera jest katalizatorem, ale bazą muszą być wysokiej jakości prelegenci: artyści, muzycy, politycy, pisarze i publicyści. I tu, przyznam z miłym zaskoczeniem, że otrzymałem ogromną pomoc od członków, którzy na własną rękę "wynajdywali" coraz to ciekawszych ludzi, podawali nam kontakt, a my ich po prostu przechwytywaliśmy, zaczarowywaliśmy, przekupywaliśmy, obiecywaliśmy - słowem, robiliśmy wszystko, żeby "skaptować" ich na kolejne ciekawe spotkanie, występ czy dyskusję. Takie nazwiska, jak Jan Nowak-Jeziorański, Wojciech Młynarski, Jerzy Surdykowski, Jacek Kalabiński, gwarantowały napięcie intelektualne tak potrzebne ludziom myślącym i artystycznie uwrażliwionym. Jednocześnie narzucony w klubie wysoki standard manier, hamował tych którzy mieliby ochotę na ataki personalne czy wybuchy emocjonalne.

Pojawiały się już wtedy głosy, że klub powinien mieć bardziej charakter klubu kultury niż miejsca wymiany myśli politycznej. Argument polegał na tym, że dyskusje w których opinie są podzielone, mogą doprowadzić do konfliktów między członkami. Zarówno ja, jak i zarząd, mieliśmy odmienną opinię. Założenie nasze było proste: jeżeli chcemy uchodzić za organizację polskiej inteligencji, to musimy zachowywać się jak na inteligencję przystało, a w to wchodzi również umiejętność prowadzenia dyskusji nawet na kontrowersyjne tematy, na właściwym poziomie intelektualnym, bez personalnych zadrażnień i ataków. Ci, którzy tego nie potrafią, nie powinni do klubu należeć. Obawialiśmy się poza tym, że eliminacja tematów trudnych może zmienić klub, jak to pisał Witold Gombrowicz w swoich dziennikach, w "...szpital rekonwalescentów, w którym pacjentom można tylko podawać zupkę lekko strawną" , a nie o to nam w końcu chodziło. To, że taki właśnie profil ludziom odpowiada, stawało się oczywiste obserwując rosnącą liczbę członków. Klub rozwijał się znakomicie, a o spotkaniach z dziedziny kultury i sztuki bynajmniej nie zapominaliśmy. Niech o tym świadczy lista odbytych spotkań.

Wydarzeniem, które dodatkowo dopomogło w rozszerzeniu działalności klubowej, było otwarcie polskiej placówki dyplomatycznej w Los Angeles. Do konsulatu wysłaliśmy list już w pierwszych dniach po jego otwarciu. W niespełna miesiąc od daty przybycia konsuli, odbyło się w klubie spotkanie w celu wzajemnego poznania. Na to spotkanie przybyło ponad 150 osób. Wtedy zdałem sobie sprawę z ogromnego postępu, jaki zrobiliśmy od okresu walnego zebrania, na którym zostałem wybrany prezesem 33 osobowego klubu. Poznanie z konsulami wypadło bardzo pozytywnie i polubiliśmy się wzajemnie "od pierwszego wejrzenia". Ta obustronna sympatia zaowocowała wieloma ciekawymi, wspólnie zorganizowanymi spotkaniami. Konsulat naturalnie miał i ma dostęp do wielu znanych Polaków pojawiających się na zachodnim wybrzeżu i często przekazywał nam te kontakty, z których skwapliwie korzystaliśmy. Patrząc perspektywicznie, nie pamiętam spotkania z tego okresu, na którym było mniej niż sto osób. Chyba w połowie roku 1993, podczas mojej drugiej kadencji, kiedy mieliśmy już nowy zarząd w składzie: Marysia Piłatowicz, Elżbieta Bajon, Zosia Czajkowska, Tomek Kachelski, Zosia Korzeniowska i Basia Jarosz, musieliśmy zamrozić nabór nowych członków, bo prywatne mieszkania "pękały w szwach" i baliśmy się, że nasi gościnni dotychczas gospodarze przestaną udostępniać nam swoje rezydencje w obawie przed jeszcze większym tłumem. Wszystkie obawy z okresu z roku 1990, kiedy to martwiłem się o przyszłość klubu, zniknęły.

Dziś, sprawia mi ogromną satysfakcję, że nasz klub jest tak sprawnie prowadzony przez kolejne zarządy i systematycznie wypełnia swą ważną, dwojaką rolę: łączności z naszą kulturą macierzystą i reprezentacji tejże kultury i jej źródeł jako elementu w mozaice etnicznej południowej Kalifornii.

## MOICH PIĘĆ KADENCJI (bez skrótów)
Zofia Czajkowska

W maliny wpuścił mnie Edward. Zadanie miał wprawdzie trochę ułatwione: rozsłonecznione wzgórza Agoury, dobrze życzący, wydawałoby się, znajomi, no i te żarliwe słowa "...wierzymy...", "...jesteśmy pewni...", "...oczywiście poradzisz sobie...", "...to nie wymaga żadnego nakładu pracy...". Byłam młoda, podatna, powiedziałam "tak". Tym krótkim słówkiem zaczęłam swoją społeczno - polonijną karierę, która niepostrzeżenie dla mnie samej przerodziła się w ponad dziesięcioletni wyrok. Do tej brzemiennej w skutki niedzieli 1984 roku, z klubem miałam do czynienia raczej sporadycznie. Wprawdzie pierwsze spotkanie, w którym uczestniczyłam, poświęcone oficjalnie zjawiskom parapsychologicznym, okazało się nieudanie zawoalowaną próbą nawracania i werbunku na łono bodajże Hari Krishna, ale sam fakt, że znalazła się grupa ludzi chętna do zapoznania się z tematem tak odległym od zagadnień normalnie pasjonujących polskich emigrantów, budziła szalone nadzieje na przyszłość. A przyszłość okazywała się być coraz bardziej świetlana: wspaniała atmosfera spotkań w rezydencji całkowicie mnie onieśmielającej Teresy Domańskiej, "górzaste" opowieści Sławka Łobodzińskiego, wyprawa do Modjeska Canyon, występy Elżbiety Jodłowskiej, wprowadzające w kulisy Polonii historyjki Tomka Kachelskiego. Wszystko to sprzyjało uczuciu odnalezienia siebie, możliwości odbudowania utraconego przez emigrację środowiska, nawiązaniu nowych przyjaźni i zbudowaniu pewnego rodzaju pomostu między życiem poprzednim a nowym. Moje niepewne "tak" na propozycję Edwarda Piłatowicza, aby włączyć się w charakterze wiceprezesa w pracę Zarządu klubu, było podziękowaniem za okazane zaufanie, ale przede wszystkim wykorzystaniem otwierającej się możliwości spłacenia długu zaciągniętego wobec społeczności, która nas przygarnęła.

Starałam się jak mogłam. Między bajki należy włożyć wiele z obietnic czynionych przy werbunku nowego narybku. Przede wszystkim mam na myśli te o niewielkim nakładzie pracy spodziewanym od kandydata na członka Zarządu. Było może w tym nieco prawdy za kadencji Tadeusza Bociańskiego, który będąc "sam sobie sterem, żeglarzem, okrętem", jak również bardzo ludzkim paniskiem, niewiele w sumie od swego Zarządu wymagał. Ot, jakieś spotkanie organizacyjne od czasu do czasu, jakieś ognisko, dekoracje do Pastorałek, sprawdzanie "wejściówek", coś przynieść, coś zamieść.... Natomiast Witold, jako prezes, mocno nami orał, o swoich rządach nawet nie wspomnę, bo przysporzyły mi dużo siwych włosów, a sądząc ze stanu uwłosienia obecnego Zarządu, nie jest im dużo za Edwarda lepiej.

Muszę przyznać, że nawet dziewięcioletnie wiceprezesowanie (1985-1993), połączone przez dwie kadencje z wykonywaniem funkcji sekretarza (nie wspominając już ponad dwudziestoletniej pracy zawodowej), nie przygotowało mnie do ciężaru gatunkowego stanowiska prezesa. Po moim awansie na prezesa klubu w roku 1994, okazało się, że funkcja taka nobilituje. Zostawszy PREZESEM stajemy się ciekawsi, dowcipniejsi, bardziej władczy, zapraszani, bardziej reprezentacyjni i urokliwi. Na dużą korzyść należy nam więc policzyć, gdy dobrowolnie rezygnujemy z tych wszystkich atrybutów i przywilejów władzy.

Najtrudniejszym aspektem sprawowanej funkcji jest chyba świadomość reprezentowania dużej, bardzo zróżnicowanej grupy ludzi. Próba spełnienia niejednokrotnie przeciwstawnych oczekiwań wyborców, kończy się próbą zadośćuczynienia życzeniom większości, czasem nawet z uszczerbkiem dla własnych przekonań z dziedziny, co dla klubu jest najlepsze. A przekonania, my prezesi, miewamy bardzo silne. Ja na przykład jestem za różnorodnością spotkań. Uważam, że potrzebne są nam spotkania poświęcone muzyce, sztuce i literaturze, jak również historii i historii współczesnej. Potrzebne są nam spotkania, parafrazując Lucjana Kydryńskiego, "lekkie, łatwe i przyjemne", jak i spotkania trudniejsze, dostarczające przeżyć emocjonalnych i stymulujące intelektualnie; spotkania z aktorami i spotkania z dziennikarzami, spotkania natury edukacyjnej i spotkania towarzyskie; spotkania gdzie następuje wymiana doświadczeń osobistych, jak i spotkania dotyczące spraw absorbujących współczesną Polskę i emigrację. Sądzę, że kontynuacja takiego profilu zapewni nam Klub "wiecznie żywy", Klub przyciągający nowych i ciekawych ludzi. Bez świadomego wysiłku w tym kierunku możemy za lat kilkanaście stwierdzić ze zdumieniem, że nie tylko jesteśmy najmłodszymi członkami Klubu, ale również, że zostało nas bardzo mało. Oczywiście mam nadzieję, że wyznając takie zasady, realizowałam program większości. Celem oceny, na ile się to udało, odsyłam do listy spotkań, które odbyły się za mojej kadencji.

Spotkaniem, którego organizacja przysporzyła mi najwięcej pracy i najwięcej satysfakcji była szopka noworoczna Roku Pańskiego 1995, pt.: "ŚMIEJCIE SIĘ Z NAMI". Był to najkosztowniejszy wieczór w historii klubu, mimo że wszystkie projekty z nim związane były wykonane gratisowo. Wymagał on niezliczonej ilości godzin pracy włożonych przede wszystkim przez Ewę Chodkiewicz-Świder, jak i niezmożonej energii wszystkich, pozostających bezimiennymi, twórców oraz wykonawców, od projektu dekoracji Jerzego Szeptyckiego począwszy, a skończywszy na wypracowaniu tekstów, muzyki i ostatecznej formuły spektaklu. Wyzwolił on w nas ogromne rezerwy twórcze, czasem tak głęboko uśpione, że nie podejrzewaliśmy nawet ich istnienia. Praca nad tym wieczorem była również głębokim studium psychologicznym, którego wyniki będą mi jeszcze długo służyć, nawet po ich przeniesieniu na niwę zupełnie prywatną.

Aby nie popaść w megalomanię i przecenianie własnych zasług, muszę przypomnieć, że przejmując stery rządów, miałam stosunkowo łatwą sytuację. Wprawdzie zarówno ja, jak i Zosia Korzeniowska, Elżbieta Bajon oraz Tomek Kachelski byliśmy członkami Zarządu w poprzedniej kadencji, tym niemniej z ukłonem w stronę ustępującego prezesa, Witolda, trzeba powiedzieć, że zastaliśmy Klub w rozkwicie. Zadaniem naszym było więc utrzymanie wszystkich dotychczasowych osiągnięć i robienie wszystkiego jeszcze lepiej, jeszcze sprawniej, jeszcze bardziej ciekawie. Zdecydowanie dążyliśmy do dwóch celów: aby nasza działalność upłynęła pod znakiem JAKOŚCI oraz pod hasłem WSPÓŁPRACY z innymi organizacjami polonijnymi. Ocenę naszej skuteczności zostawiam, niechętnie, potomnym. Mówiąc MY, mam na myśli wspaniały Zarząd, z którym miałam przywilej pracować, a więc Marysię Piłatowicz, Jacka Świdra, Tomka Kachelskiego, Elżbietę Bajon, Zosię Korzeniowską, Tadeusza Podkańskiego i Jolę Zych. Bez nich wszystkie osiągnięcia ostatnich lat nie byłyby możliwe, a moje wspomnienia nie byłyby ani tak pogodne, ani tak długie.

## CECHY NARODOWE I LATAJACY WICEPREZES
Edward J. Piłatowicz

Podczas ponad 20-letniego zaanga-żowania w działalność takiej ogranizacji jak nasz Klub, włączywszy w to 8-letnie wiceprezesowanie, nawet taki jak ja technokrata, zauważy pewne cechy naszej grupy etnicznej. Oczywiście nie wysnuwałbym z moich spostrzeżeń żadnych wniosków uogólniających, gdyby nie fakt, że obserwacje moje nie tylko powtarzały się okresowo, ale i ilościowo. Na dodatek, w ramach pracy zawodowej byłem jednocześnie aktywnie zaangażowany w wielu innych organizacjach, etnicznie nie ujednoliconych, miałem więc możliwość porównania. I choć nie mogę założyć iż poniższe cechy są tylko i wyłącznie związane z przynależnością do plemienia Lecha, ale z całą pewnością wiem, że nie podzielają ich grupy ludności tubylczej z domieszką krwi anglosaskiej.

Zacznę od cechy, którą nazwałem: "wybiórcza krótkowzroczność ". Otóż praktycznie po każdym spotkaniu naszej grupy klubowej, następują czynności związane z uporządkowaniem "lokalu", czyli banalne sprzątanie kubków, talerzy, serwetek, czy też bardziej wymagające, lecz równie proste, składanie krzeseł. Pewna część uczestników, zawsze zresztą na ogół ta sama, ochoczo pomaga członkom zarządu uporać się z tymi rutynowymi czynnościami. Natomiast troszkę większa grupa nie zauważa tej krzątaniny, jaka ma miejsce wokół nich. Zdaję sobie sprawę, że większość ma pewnie kłopoty ze wzrokiem. Bo przecież wiedząc, że jesteśmy Klubem samowystarczalnym, przerwaliby na chwilkę swoje głębokie dyskusje i pomogli.

Drugą cechę można nazwać "falowym przybywaniem". Otóż odkąd pamiętam, spotkania są zapowiadane na 19:30. W większości o tej właśnie godzinie, oprócz Zarządu obecnych jest tylko paru uczestników, tzw. "fala zwiadowcza". Jeżeli są to goście po raz pierwszy na klubowym spotkaniu, to stoją nieśmiało koło drzwi, a nuż trzeba się będzie wycofać, może imprezy w ogóle nie będzie. W godzinę po wyznaczonym terminie pojawia się mniej więcej 70 -80 % uczestników. To przybywa "fala szturmowa". Przez najbliższe dwie - trzy godziny (to naprawdę nie jest dowcip) powoli pojawia się reszta uczestników, można powiedzieć, że przybywają "fale obwodów tylnych". Ale jest jeszcze "fala końcowa". Ci napływają już po oficjalnej części wieczoru, po prostu na "strzemiennego".

Zaobserwowałem również, że skład procentowy "fal" zależy od "kosztów" imprezy. Najwięcej spóźnionych jest na imprezach darmowych, takich jak nasze. Na odpłatnych imprezach "fala końcowa" nie istnieje, ale "fala szturmowa" jest, jak i "fala obwodów tylnych". Każdy z nas, kto był na odpłatnym występie polonijnym, pamięta jak to 45 minut (plus minus 15 minut) po zaplanowanym rozpoczęciu, organizator przeprasza i oznajmia rozpoczęcie "za piętnaście minut, bo wzmożony ruch na autostradach... i część ...reszta widzów zaraz przybędzie."

Ale dzięki istnieniu wyżej wspomnianej "fali końcowej" nasz klub jest chyba jedyną organizacją, która ma fruwającego wiceprezesa. Otóż, wiele lat temu, organizatorzy tradycyjnych Jasełek, poprosili mnie abym "robił" za Archanioła. Jako, iż sam, po obejrzeniu widowiska "Glory of Christmas" w Kryształowej Katedrze, wierzę w anioły, zgodziłem się na tę propozycję. Żona sporządziła mi olbrzymie białe skrzydła, ozdobne w złote brokaty i takąż szatę i aureolę, no i wystąpiłem. Po zakończonej szopce, stałem sobie w grupie przyjaciół, debatując już sprawy całkiem ziemskie, kiedy to urocza pani X, z "fali końcowej" podeszła, aby podziwiać moje skrzydła i aureolę. Grzecznie spytała jak odbyło się przedstawienie i już miała odchodzić na "strzemiennego", gdy kolega z Zarządu rzucił od niechcenia: "a szkoda, że pani nie widziała jak Edward fruwał pod sufitem". Kobietę zamurowało. "Fruwał?" - powtórzyła. "A jak!" odpowiedział nasz żartowniś. "Widzi pani te druty, tam pod sklepieniem? Te skrzydła i te druty, no i latał jak prawdziwy anioł." Krztusząc się ze śmiechu potwierdziłem, a inni pokiwali potakująco głowami. Nie było by to całe wydarzenie takie zabawne, gdyby nie to, że kilkanaście minut potem, moja lepsza połowa, nic nie wiedząc o naszym żarcie, usłyszała jak później owa niewiasta ze znawstwem wyjaśniała tajniki mojego fruwania swej współtowarzyszce z "fali końcowej". Czyli parafrazując można powiedzieć, iż nie ma takiej cechy członka, która by na dobre klubowi nie wyszła. Bo nie każdy klub może się pochwalić fruwającym wiceprezesem. Czyż nie?

## WYKAZ SPOTKAŃ ZORGANIZOWANYCH W LATACH
## 1979 - 1996

"NIEMCY" - amerykańska premiera filmu ZBIGNIEWA KAMIŃSKIEGO, opartego na sztuce Leona Kruczkowskiego o tym samym tytule. Premiera miała miejsce w Directors Guild of America w Los Angeles i zorganizowana została wspólnie z Konsulatem RP oraz POLAM. Po projekcji odbyło się spotkanie z reżyserem i aktorami. (24 listopada 1996)

**Koncert fortepianowy JOANNY TRZECIAK** - absolwentki Warszawskiej Akademii Muzycznej, laureatki Festiwalu Pianistów Polskich, stypendystki Moskiewskiego Konserwatorium. W programie utwory Chopina, Schuberta i Hummela. (1 listopada 1996)

"CIĄGLE MNIE WZRUSZA POSZCZEGÓLNOŚĆ" - spotkanie poświęcone poezji Wisławy Szymborskiej, laureatki nagrody Nobla w dziedzinie literatury. Wieczór przygotowany i prowadzony przez dr DANUTĘ KUNSTLER-LANGNER, profesora filologii polskiej na Uniwersytecie Mikołaja Kopernika w Toruniu. (26 października 1996)

"PAMIĘCI IGNACEGO JANA PADEREWSKIEGO" - koncert i pogadanka prof. JERZEGO JANKOWSKIEGO, wykładowcy w Akademii Muzycznej we Wrocławiu i kierownika artystycznego festiwali chopinowskich w Dusznikach. (21 września 1996)

"ZŁOTY TABORET" - monodramat komiczny J. Stawińskiego w wykonaniu JERZEGO KOPCZEWSKIEGO "BUŁECZKI", aktora krakowskiego związanego z "Piwnicą pod Baranami" i odtwórcy monodramów E. Redlińskiego "Konopielka", "Dolorado" i innych. (11 maja 1996)

**SPOTKANIE Z HALINĄ CZERNY-STEFAŃSKĄ** - w programie rozmowa z pianistką poprzedzona koncertem, na który złożyły się utwory Chopina i Paderewskiego. (2 maja 1996)

"HISTORIA MUZYKI POLSKIEJ" - film i wykład MAŁGORZATY PIĘTKIEWICZ-JEDYNAK, szefa redakcji muzyki poważnej Telewizji Polskiej, poświęcony rozwojowi muzyki polskiej od średniowiecza po muzykę współczesną. (13 kwietnia 1996)

"KWIATY POLSKIE" - recytacja fragmentów poematu Juliana Tuwima w wykonaniu JANA ENGLERTA i BEATY ŚCIBAK, aktorów teatrów Polskiego i Powszechnego. Premiera programu przygotowanego przez Jana Englerta. (9 marca 1996)

"AMERICAN DREAMS" - sztuka teatralna Kazimierza Brauna w wykonaniu MARII NOWOTARSKIEJ i AGNIESZKI PILITOWSKIEJ, w reżyserii Kazimierza Brauna. (24 lutego 1996)

"PASTORAŁKI 96" - tradycyjny wieczór świąteczno- noworoczny w reżyserii MARII PIŁATOWICZ, z udziałem Elżbiety Bajon, Tadeusza Bociańskiego, Romana Czarnego, Elżbiety Libel i Chóru Polskiego pod dyrekcją Józefa Augustyńskiego. W programie okolicznościowe teksty poetyckie E. Brylla, K.I.Gałczyńskiego, E.Kuryło, P. Szumca, W. Turdzy, oraz kolędy w wykonaniu chóru. (20 stycznia 1996)

"DOZWOLONE OD LAT..." - spotkanie z GRAŻYNĄ SZAPOŁOWSKĄ, aktorką polskiego teatru i filmu, połączone z projekcją filmu K.Kieślowskiego "Krótka Historia o Miłości", który przyniósł sławę zarówno reżyserowi jak i aktorce. (16 grudnia 1995)

"ARTYSTA UNIWERSALNY" - recital LESZKA DŁUGOSZA, poety, publicysty, kompozytora, pieśniarza i aktora, związanego przez wiele lat z "Piwnicą pod Baranami", którego celem jest "zmniejszenie dystansu jaki oddziela artystę od publiczności, a w końcowym rozrachunku, człowieka od człowieka". (5 listopada 1995)

RECITAL FORTEPIANOWO-WOKALNY - w wykonaniu PAMELI MARAN (sopran) i RÓŻY KOSTRZEWSKIEJ-YODER (fortepian). W programie utwory fortepianowe, arie operowe i pieśni Rachmaninowa, Chopina, Szymanowskiego i Lutosławskiego. (21 października 1995)

**"MOJE MIŁOŚCI"** - wieczór polskiej poezji miłosnej w wykonaniu ANNY NEHREBECKIEJ, aktorki Teatru Polskiego w Warszawie, mającej w swoim dorobku kilkadziesiąt głównych ról teatralnych, filmowych i telewizyjnych. (3 czerwca 1995)

**WERNISAŻ LESZKA SZURKOWSKIEGO** - grafika i fotografa, urodzonego i wykształconego w Poznaniu, od 10 lat działającego w Kanadzie, którego wielokrotnie nagradzane prace znajdują się w wielu galeriach i prywatnych kolekcjach Europy, Kanady, Japonii i Stanów Zjednoczonych. Spotkanie to zorganizowane było wspólnie z Konsulatem RP i PLL LOT. (13 maja 1995)

**"TOMEK, ROMEK i SKA"**- wieczór piosenki kabaretowej w wykonaniu TOMASZA KRZYSZTOFIKA, ROMANA CZARNEGO i JAROSŁAWA TRUSZCZYŃSKIEGO. ( 8 kwietnia 1995).

**SPOTKANIE Z PROF. JANEM KARSKIM** - dyplomatą, porucznikiem kawalerii, więźniem sowieckiego obozu i Gestapo, ofiarnym członkiem podziemia, kurierem łączącym okupowaną Polskę z jej rządem w Londynie, człowiekiem - legendą, który zapisał się w pamięci zbiorowej swoją misją przekazania aliantom, a przede wszystkim administracji Stanów Zjednoczonych i prezydentowi Rooseveltowi, informacji na temat zagłady Żydów, przeprowadzanej przez okupanta na ziemiach polskich. (8 marca 1995)

**"MY, ONI i JA"**- spotkanie z TERESĄ TORAŃSKĄ, z wykształcenia prawnikiem, z zawodu dziennikarzem, autorką wielu książek, z których najbardziej znaną jest zbiór wywiadów z partyjnymi prominentami okresu budowy Polski Ludowej pt.: "ONI". Ostatnia jej książka pt.:"MY" prezentuje nową polską elitę polityczną i fascynujący proces jej powstawania. (18 lutego 1995)

**"ŚMIEJCIE SIĘ Z NAMI"**- program świąteczny zorganizowany przez członków klubu, nawiązujący do tradycji noworocznej szopki krakowskiej i Zielonego Balonika, ukazujący w nieco krzywym zwierciadle środowisko polonijne. Dekoracje według projektu Jerzego Szeptyckiego zostały zbudowane przez Tomasza Kachelskiego i Tadeusza Podkańskiego, a jego wizja graficzna zrealizowana przez Ewę Chodkiewicz-Świder, której

dziełem była również niezwykła oprawa graficzna tekstów i piosenek. Jako aktorzy występowali: Elżbieta Bajon, Tadeusz Bociański, Tomasz Krzysztofik, Elżbieta Libel, Ryszard Łobodziński, Sławomir Łobodziński, Maria i Edward Piłatowicz, Jacek Serafin. (21 stycznia, 1995)

**SPOTKANIE Z JANEM ENGLERTEM** - jednym z najwybitniejszych polskich aktorów teatralnych, reżyserem, pedagogiem, byłym rektorem Państwowej Wyższej Szkoły Teatralnej w Warszawie, członkiem Rady Kultury przy Prezydencie RP., związanym na stałe z Teatrem Polskim w Warszawie. Program obejmował recytacje utworów poetów współczesnych oraz rozmowę z naszym gościem. (12 grudnia, 1994)

**WIECZÓR KABARETOWY ELŻBIETY JODŁOWSKIEJ** - popularnej piosenkarki kabaretowej, posiadającej w swoim dorobku wiele ról teatralnych i filmowych, jak również nagrań radiowych i telewizyjnych. Na jej działalność w Kalifornii składają się nie tylko liczne występy dla polonijnej publiczności, lecz również współpraca z prasą i telewizją polonijną oraz z założonym przez nią polskim "Radio ELA". W programie Elżbiety Jodłowskiej wystąpił gościnnie Tomasz Krzysztofik, a akompaniament zapewniła Marzena Wiszowata-Jones.
(12 listopada 1994)

**WIECZÓR AUTORSKI HENRYKA ROZPĘDOWSKIEGO** - dziennikarza, reżysera, byłego redaktora Rozgłośni Polskiej Radia Wolna Europa, autora wydanej w londyńskim "Aneksie" powieści "Był Chamsin". Książka jest relacją z niecodziennych perypetii i oryginalnych przygód autora. Głównym wątkiem książki jest opowieść o przyjaźni z pisarzem wciąż żywym w mitach i legendzie, Markiem Hłaską.
(24 września 1994)

**PROJEKCJA FILMU DOKUMENTALNEGO "POLISH CROSS"** - połączona z dyskusją z jego reżyserem, prof. BOGDANEM OPPENHEIMEM, wychowankiem Wydziału Lotniczego Politechniki Warszawskiej, wykładowcą inżynierii mechanicznej na Loyola Marymount University w Los Angeles. Film jest produktem konkursu organizowanego przez uniwersytet na temat roli Kościoła w społeczeństwach współczesnych. (18 czerwca, 1994)

**KONCERT MUZYKI CHOPINA I SCHUMANNA** w wykonaniu JOANNY TRZECIAK, absolwentki Warszawskiej Akademii Muzycznej, laureatki wielu prestiżowych konkursów muzycznych, koncertującej w wielu krajach Europy i w USA.( 3 marca, 1994).

**CZY GROZI NAM DRUGA JAŁTA -**
spotkanie z WŁODZIMIERZEM ANIOŁEM, profesorem wydziału Dziennikarstwa i Nauk Politycznych na Uniwersytecie Warszawskim, członkiem Polskiej Akademii Nauk, ekspertem w dziedzinie integracji Europy, nowych zagrożeń dla bezpieczeństwa międzynarodowego i współczesnych trendów polityki państw zachodnich w stosunku do centralnej i wschodniej Europy. (12 lutego 1994)

**JASEŁKA - w reżyserii ZOFII DOBRZAŃSKIEJ,**
przy akompaniamencie Anny Briscoe, ze wspaniałymi dekoracjami Jana Sytnika, wykonanymi przy pomocy Zofii Korzeniowskiej, Jerzego Widucha i Marii Piłatowicz. W programie wystąpili: Zofia Dobrzańska, Elżbieta Libel, Mieczysław Dutkowski, Iwona Walerczak, Maria Piłatowicz, Kleofas Rundzio, Tadeusz Bociański, Jacek Serafin, Waleria Stanton. (15 stycznia 1994)

**CZARNI POLACY NA HAITI** - spotkanie poświęcone wspomnieniom JERZEGO PUJDAKA z odwiedzin w odosobnionej wiosce górskiej na Haiti, gdzie do dziś żyją potomkowie polskich legionistów, wysłanych tam przez Napoleona celem stłumienia powstań wolnościowych. Jerzy Pujdak, znany i ceniony architekt, odkrył tę nieznaną kartę polskiej historii będąc na Haiti w związku z projektowanym kompleksem hotelowym. (4 grudnia 1993)

**RÓŻNICE I PODOBIEŃSTWA WARUNKÓW PRACY TWÓRCZEJ NA WSCHODZIE i ZACHODZIE** - spotkanie z RYSZARDEM BUGAJSKIM, reżyserem filmowym, pracującym od 1985 roku głównie w Kanadzie. Na spotkaniu tym nasz gość podjął próbę analizy warunków pracy reżyserskiej w Polsce i na naszym kontynencie, uwzględniając między innymi takie zagadnienia jak granice wolności twórczej, obecność cenzury, mechanizmy rynkowe kierujace doborem tematów i ostatecznym kształtem filmu. (16 października 1993)

**STAN SZTUKI i ARCHITEKTURY POLSKIEJ W KRAJU i NA EMIGRACJI** - spotkanie z prof. dr hab. ANDRZEJEM OLSZEWSKIM i dr IRENĄ OLSZEWSKĄ, mające na celu omówienie i ocenę obecnego stanu sztuki polskiej w świetle dramatycznych zmian w Polsce, zaistniałych w ciągu ostatnich lat. Prelekcja zakończona została ożywioną dyskusją co do przyczyn, jak również metod wyjścia z impasu w jakim znalazła się polska elita artystyczna. (11 września 1993)

**HOLLYWOOD BOWL - GÓRECKI: SYMPHONY nr. 3** - wspólne wysłuchanie koncertu Henryka Góreckiego w Hollywood Bowl, zorganizowane przez MARIĘ PIŁATOWICZ. (17 wrzesnia 1993

**POLSKA NA ZAKRĘCIE** - spotkanie dyskusyjne z udziałem JANA SZEWCA, konsula generalnego RP w Los Angeles, prof. ANDRZEJA KORBOŃSKIEGO z Wydziału Nauk Politycznych, UCLA, prof. KAZIMIERZA STAŃCZAKA z Wydziału Ekonomii, UCLA, JANA MAŁKA, prezesa Północno Amerykańskiego Studium do Spraw Polskich i mecenasa TADEUSZA BOCIAŃSKIEGO, mające na celu omówienie i ocenę najistotniejszych problemów stojących przed Polską. (9 czerwca, 1993).

**MONODRAM "HELENA - RZECZ O MODRZEJEWSKIEJ"** - w wykonaniu MARII NOWOTARSKIEJ, aktorki teatru im. Juliusza Słowackiego w Krakowie, przebywającej od 1990 roku w Kanadzie i kontynuującej tam swoją działalność artystyczną. Spektakl ten, napisany przez Kazimierza Brauna pod wpływem wizyty w Modjeska Canyon, oparty został na faktach i postaciach opisanych w listach i wspomnieniach Modrzejewskiej i Sienkiewicza. (5 maja ,1993).

**"A & B"** - pokaz spektaklu telewizyjnego, zrealizowanego przez STEFANA SZLACHTYCZA na podstawie scenariusza Harveya Sarnera, z gatunku "teatru faktu". Tematem widowiska jest hipotetyczne spotkanie między byłym kapralem Polskiej Armii, późniejszym premierem Izraela, Menachemem Beginem, a jego dowódcą, generałem Władysławem Andersem, które staje się pretekstem do podsumowania stosunków polsko-żydowskich i próbą nawiązania porozumienia między oboma narodami. Pokaz został zorganizowany wspólnie z Konsulatem Generalnym RP. (3 kwietnia,1993)

**"WSZYSTKO CO NAJWAŻNIEJSZE"** - projekcja filmu w reżyserii ROBERTA GLIŃSKIEGO, oficjalnego kandydata Polski do OSCARA w kategorii filmów zagranicznych. Film powstał na osnowie pamiętników Oli Wattowej i jest poświęcony wojennym przeżyciom rodziny zesłanej przez NKWD w głąb Kazachstanu. Pokaz odbył się w siedzibie American Film Institute. (27 stycznia, 1993)

**"WIGILIA POD GWIAZDĄ BETLEJEMSKĄ "** - wieczór świąteczny zorganizowany przez ZOFIĘ DOBRZAŃSKĄ na podstawie tekstów ludowych, przy akompaniamencie Marzeny Czarneckiej, scenografii Zofii Korzeniowskiej i przy udziale artystów - członków Klubu. (9 stycznia ,1993)

**WIECZÓR AUTORSKI JAROSŁAWA ABRAMOWA - NEWERLEGO** z udziałem autora i wykonawców: Elżbiety Libel, Marii Piłatowicz, Jerzego Podziewskiego, Kleofasa Rundzio, Edwarda Piłatowicza, przy akompaniamencie Iriny Dąbrowskiej. Jarosław Abramow-Newerly, dramaturg, kompozytor, autor popularnych widowisk teatralnych i telewizyjnych, książek i piosenek, do których także komponuje muzykę, był wraz z Andrzejem Jarockim i Agnieszką Osiecką jednym z filarów warszawskiego STSu (Studenckiego Teatru Satyryków).
(21 listopada,1992)

**SPOTKANIE Z ANTONIM MACIEREWICZEM** - byłym szefem Ministerstwa Spraw Wewnętrznych RP w rządzie Jana Olszewskiego, z ramienia Zjednoczenia Chrześcijańsko-Narodowego. Wywołał on burzę polityczną, wykonując uchwałę lustracyjną Sejmu, zobowiązującą go do ujawnienia nazwisk byłych agentów Urzędu Bezpieczeństwa PRL wśród posłów, senatorów i wysokich urzędników państwowych. Spotkanie to, uwieńczone gorącą dyskusją, zostało zorganizowane wspólnie z Północno-Amerykańskim Studium Spraw Polskich. (22 sierpnia 1992)

**MIĘDZY LITERATURĄ A DYPLOMACJĄ** - spotkanie z JERZYM SURDYKOWSKIM, pisarzem i dziennikarzem, autorem wielu książek i publikacji z dziedziny historii, obecnie konsulem generalnym RP w Nowym Yorku. Jerzy Surdykowski, działający w latach osiemdziesiątych w opozycji, wydawany wyłącznie w drugim obiegu, zyskał sobie uznanie społeczeństwa jako bezkompromisowy wyznawca systemu demokratycznego. Funkcja konsula dała mu możliwość nie tylko wdrażania tych tradycji w życie, ale również możliwość obserwacji nieuniknionych czasem zderzeń teorii z rzeczywistością . Spotkanie zorganizowane zostało wspólnie z Konsulatem RP w Los Angeles. (17 maja, 1992)

**CHOPIN W POEZJI POLSKIEJ** - wieczór poetycko-muzyczny w reżyserii i z udziałem ZOFII DOBRZAŃSKIEJ, Elżbiety Libel, Kazimierza Cybulskiego, przy akompaniamencie Anny Giermek- Briscoe. (11 kwietnia,1992)

**SPOTKANIE Z MACIEJEM ZEMBATYM** - wielostronnie uzdolnionym, popularnym satyrykiem uprawiającym tzw."czarny humor", zajmującym się również scenariuszami filmowymi, tłumaczeniem poezji i literatury anglojęzycznej, jak również popularyzacją twórczości Leonarda Cohena. W programie wystąpiła gościnnie Elżbieta Jodłowska. Spotkanie zorganizowane było wspólnie z Polską Kasą Kredytową POLAM. (25 stycznia, 1992)

**ŻEGOTA - TIME TO REMEMBER** - projekcja filmu dokumentalnego amerykańskiego reżysera SY ROTTER poświęconego mało znanej na Zachodzie pięknej karcie historii polskiej, a mianowicie szeroko zakrojonej akcji ratowania Żydów, koordynowanej i sponsorowanej przez Rząd Polski w Londynie. W filmie zamieszczono wywiady z polskimi i żydowskimi historykami, przedstawicielami Żegoty i ich ocalonymi podopiecznymi. Na projekcję i dyskusję zostali zaproszeni przedstawiciele organizacji żydowskich na terenie Los Angeles, jak również środków masowego przekazu. Wiceprezydent CBS wyraził zainteresowanie przedstawieniem filmu w swoim programie. (30 listopada 1991)

**WYSTAWA PRAC i SPOTKANIE Z JERZYM SZEPTYCKIM** - światowej sławy architektem obiektów sakralnych. W Stanach Zjednoczonych zaprojektował i zbudował 26 kościołów, większość których znajduje się w południowej Kalifornii. Nazwisko Jerzego Szeptyckiego umieszczone zostało w zbiorze "Polish Art and Architecture 1890-1980", a jego wystawa, zorganizowana przez ambasadę USA w Warszawie w lecie 1991 roku, cieszyła się ogromną frekwencją i uznaniem krytyków. (3 listopada 1991)

**SPOTKANIE Z WIESŁAWEM KUNICZAKIEM** - amerykańskim pisarzem polskiego pochodzenia, autorem trylogii z okresu II Wojny Światowej, poświęconej martyrologii narodu polskiego, jak również innych powieści o sławnych Amerykaninach polskiego pochodzenia. Ostatnie kilka lat pisarz poświęcił tłumaczeniu Trylogii Sienkiewicza na język angielski, celem przybliżenia czytelnikom anglojęzycznym osiągnięć literatury polskiej. (13 września 1991)

**GRUSZKI NA WIERZBIE** - projekcja filmu WITOLDA STARECKIEGO zrealizowanego w Polsce dla telewizji BBC. Film ten jest nietypowym, dwugodzinnym dokumentem ukazującym rozkład systemu komunistycznego podczas zimy, wiosny i lata 1990 roku. Pokaz filmu połączony z dyskusją z reżyserem zorganizowany został wspólnie z Polską Kasą Kredytową POLAM i Konsulatem Generalnym RP.
(7 września 1991)

**SPOTKANIE Z PRZEDSTAWICIELAMI KONSULATU GENERALNEGO RP** - w spotkaniu udział wzięli: Konsul Generalny JAN SZEWC, konsulowie KRZYSZTOF KASPRZYK, TOMASZ TRAFAS, TADEUSZ WOJNOWSKI, Wicekonsulowie WOJCIECH SIEWIERSKI, PAWEŁ TYSZKIEWICZ, ROMAN CZARNY. Tematem przewodnim spotkania była prezentacja zadań stojących przed nowopowstałą placówką konsularną, jej priorytetów, planów i oczekiwań w sferze współpracy z grupami polonijnymi na naszym terenie. (15 czerwca 1991)

**" OCALIĆ OD ZAPOMNIENIA..."** - wieczór poezji w wykonaniu ZOFII DOBRZAŃSKIEJ, wybitnej aktorki Teatru Starego w Krakowie.
(2 marca 1991)

**SPOTKANIE Z JULITĄ KARKOWSKĄ**, naczelnym redaktorem Przeglądu Polskiego, szesnastostronicowego dodatku Nowego Dziennika, najpoważniejszego dziennika w języku polskim wychodzącego w Stanach Zjednoczonych. Przegląd Polski, zamieszcza artykuły czołowych autorów emigracyjnych i krajowych o tematyce historycznej, politycznej, społecznej i kulturalnej. (2 lutego 1991)

**JASEŁKA** - tradycyjne przedstawienie świąteczne w reżyserii ZOFII DOBRZAŃSKIEJ, oparte na tekstach ludowych Podhala, wystawione z udziałem grupy artystów - członków Klubu. (5 stycznia 1991)

**SPOTKANIE Z OLGIERDEM BUDREWICZEM**, pisarzem i podróżnikiem, publikującym swoje wrażenia i reportaże zarówno w Przekroju jak również w wielu książkach o łącznym nakładzie półtora miliona egzemplarzy. Tematem przewodnim spotkania była próba analizy i porównania polskiej emigracji rozrzuconej po wszystkich kontynentach świata. (15 grudnia 1990)

**OGNISKO** - doroczne, tradycyjne spotkanie połączone z ogniskiem, wspólnymi śpiewami przy akompaniamencie gitary Zbigniewa Sekulskiego oraz prezentacją wybranych fragmentów z antologii dowcipu politycznego, w wykonaniu Ryszarda Szwejcera. (20 października 1990)

**MOJA DRUGA WIZYTA W POLSCE - RZECZYWISTOŚĆ** - spotkanie z JANEM NOWAKIEM JEZIORAŃSKIM, sławnym Kurierem z Warszawy, byłym wieloletnim dyrektorem sekcji polskiej RWE. Jan Nowak jest jednym z najpoważniejszych ekspertów od spraw polskich, często udzielającym konsultacji zarówno amerykańskiemu State Departament, jak również władzom polskim, aktywnie włączając się tym samym w proces kształtowania nowej rzeczywistości.
(22 września 1990)

**SPOTKANIE Z WOJCIECHEM MŁYNARSKIM**, autorem i wykonawcą piosenek, które dzięki niepowtarzalnemu połączeniu groteski, paradoksu i liryzmu stały się nieoficjalną kroniką naszych czasów.
(8 czerwca 1990)

**ONCE IN ARDEN** - spotkanie na temat życia Heleny Modrzejwskiej w Kalifornii i jej wkładu w rozwój teatru w Stanach Zjednoczonych, połączone z dyskusją prowadzoną przez Muzię Sierotwińską. Częścią składową spotkania było wspólne obejrzenie sztuki o tym samym tytule, przedstawionej przez South Coast Repertuary w Orange County. (6 maja 1990)

**SPOTKANIE Z JACKIEM KALABIŃSKIM**, dziennikarzem, rzeczoznawcą i komentatorem politycznym, tłumaczem słynnego przemówienia Lecha Wałęsy w Kongresie Amerykańskim, stałym korespondentem Radia Wolna Europa w Waszyngtonie. (3 kwietnia 1990)

**WIECZÓR POEZJI WISŁAWY SZYMBORSKIEJ**, w wykonaniu ELŻBIETY LIBEL i podkładem muzycznym Krzysztofa Stupaczuka. (23 września 1989)

**WYBORY PRAWIE DEMOKRATYCZNE** - dyskusja pod przewodnictwem TADEUSZA BOCIAŃSKIEGO, której przedmiotem była próba oceny zdarzeń politycznych zachodzących w Polsce. (14 maja 1989)

**KONCERT ŚWIĄTECZNO-NOWOROCZNY**, na skrzypce i fortepian w wykonaniu rodzeństwa ANDERSZOWSKICH stypendystów USC. (8 stycznia 1989)

**WIECZÓR PIOSENKI KABARETOWEJ**, w wykonaniu ELŻBIETY JODŁOWSKIEJ, posiadającej w swym życiorysie artystycznym wiele piosenek zarejestrowanych w studiach Polskiego Radia, wielokrotne występy w telewizji, role filmowe i teatralne. Elżbieta debiutowała w słynnym kabarecie studenckim Stodoła, a kolejnymi etapami jej kariery były występy w "Dreszczowcu" Macieja Zembatego, kabarecie Olgi Lipińskiej i Bogdana Smolenia, recitale z którymi przewędrowała całą Polskę i resztę świata. (11 grudnia 1988)

**POLSKA WIDZIANA Z WASZYNGTONU** - spotkanie z JANEM NOWAKIEM, sławnym Kurierem z Warszawy, wieloletnim dyrektorem sekcji polskiej Radia Wolna Europa. Spotkanie osnute było na kanwie niedawno wydanej przez niego książki pt.: " Polska z Oddali".
(7 października 1988)

**OGNISKO** - w programie pieczenie ziemniaków, śpiewy, tradycyjny piknik przed ogniskiem. (24 września 1988)

**WIECZÓR POŚWIĘCONY TWÓRCZOŚCI STANISŁAWA IGNACEGO WITKIEWICZA** - na który złożyło się słowo wstępne wygłoszone przez MUZIĘ SIEROTWIŃSKĄ oraz inscenizacja "Szewców" w reżyserii Jerzego Podziewskiego. (26 czerwca 1988)

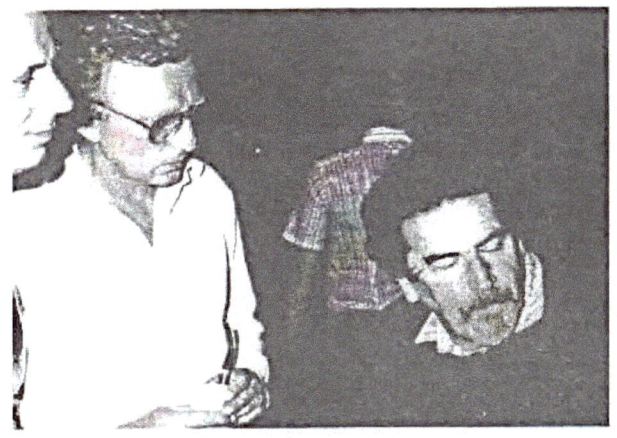

**SPOTKANIE Z JERZYM SURDYKOWSKIM** - znanym polskim pisarzem i dziennikarzem, autorem wielu książek oraz publikacji z dziedziny historii. (21 maja 1988)

**SYTUACJA PRASY NIEZALEŻNEJ W POLSCE** - prelekcja MACIEJA KOZŁOWSKIEGO, członka redakcji Tygodnika Powszechnego - jedynego wydawnictwa opozycyjnego, wychodzącego przez długi czas w obiegu legalnym, pisma będącego jednym z najpoważniejszych ośrodków myśli niezależnej. (25 marca 1988)

**SPOTKANIE Z JANEM KOTTEM**, światowej sławy historykiem literatury, krytykiem, esseistą, tłumaczem, krytykiem teatralnym. (6 lutego 1988)

**JASEŁKA** - przedstawienie świąteczne w reżyserii ZOFII DOBRZAŃSKIEJ, oparte na tradycyjnych tekstach ludowych, wystawione z udziałem grupy artystów - członków Klubu. (9 stycznia 1988)

**SPOTKANIE Z IWO CYPRIANEM POGONOWSKIM**, wynalazcą, historykiem, autorem oryginalnego "POLAND HISTORICAL ATLAS". (14 listopada 1987)

**SPOTKANIE i WERNISAŻ PRAC JULIANA ŻEBROWSKIEGO**, znakomitego grafika, malarza, a przede wszystkim karykaturzysty, członka Rady Prymasowskiej w Warszawie, przebywającego w USA z okazji przygotowywanego do wydania albumu poświęconego wybitnym Polakom w Ameryce. (24 października 1987)

**OGNISKO** - w programie pieczenie ziemniaków oraz wspólne śpiewanie piosenek ogniskowych. (19 września 1987)

**SPOTKANIE Z JANEM TADEUSZEM STANISŁAWSKIM**, znakomitym satyrykiem, poetą, pisarzem. W programie prezentacja monologów, utworów satyrycznych i piosenek powstałych w różnych okresach jego twórczości. (29 sierpnia 1987)

**WARTOŚCI AMERYKAŃSKIE W KULTURZE POLSKIEJ** - spotkanie z WIKTOREM OSIATYŃSKIM, historykiem myśli społecznej, publicystą i dziennikarzem, który w swojej prelekcji poświęcił wiele uwagi prawom człowieka i wpływowi konstytucji amerykańskiej na ustawodawstwo polskie. (20 czerwca 1987)

**MIGAWKI Z CHIN** - wrażenia HANNY ROMAN, wieloletniego członka Klubu, z podróży po Chinach odbytej wraz z delegacją Międzynarodowej Organizacji Producentów Filmów Dokumentalnych.
(23 maja 1987)

**SYTUACJA KULTURY W POLSCE** - spotkanie z RYSZARDEM HOLZEREM, pisarzem, dziennikarzem i organizatorem prasy niezależnej, redaktorem byłego dziennika "Solidarność", stypendystą Fundacji Kościuszkowskiej, z którym wywiad przeprowadził Andrzej Maleski.
(4 kwietnia 1987)

**JASEŁKA** - tradycyjne spotkanie świąteczno-noworoczne w reżyserii ZOFII DOBRZAŃSKIEJ, połączone z recytacją wierszy i kolędowaniem.
(11 stycznia 1987)

**WYSTAWA RYSUNKÓW SATYRYCZNYCH ANDRZEJA MLECZKI**
połączona z konkursem recytacji fraszek o tematyce obyczajowej.
(22 listopada 1986)

**IMIENINY PREZESA** - w części artystycznej udział wzięli: Muzia Sierotwińska, Berenika Rewicka, Maria Piłatowicz, Tomek Krzysztofik, Janusz Makowski, Hanna Rucińska, Jerzy Podziewski, Wojciech Kochanek. Konferansjerkę prowadził Edward Piłatowicz. (25 października 1986)

**KALENDARZ WOJENNY** - film dokumentalny o bardzo dużym ładunku emocjonalnym, opisujący szczegółowo okres od wprowadzenia stanu wojennego do pogrzebu ks. Jerzego Popiełuszki. (27 września 1986)

**OGNISKO** - tradycyjny program ogniskowy. (29 czerwca 1986)

**SYTUACJA W POLSCE i POLITYKA AMERYKAŃSKA** - spotkanie z JANEM NOWAKIEM JEZIORAŃSKIM, legendarnym Kurierem z Warszawy, wieloletnim dyrektorem polskiej sekcji RWE, doradcą Rady Bezpieczeństwa. (10 maja 1986)

**SPOTKANIE ZE STANISŁAWEM MICHNO**, aktorem scen krakowskich. W programie recytacje fragmentów "Przygody Dobrego Wojaka Szwejka" Jarosława Haska, "Gimpla Głupka" według Izaaka Baszewicza Singera oraz wierszy Gałczyńskiego. (12 kwietnia 1986)

**WIECZERNIK** - projekcja sztuki Ernesta Brylla, reżyserowanej przez Andrzeja Wajdę, ze znakomitymi aktorami scen polskich w rolach głównych. Słowo wprowadzające i dyskusję po projekcji prowadziła EWA WOYDYŁŁO.(22 marca 1986)

**WIECZÓR POEZJI KAZIMIERZA CYBULSKIEGO**, w wykonaniu autora, z akompaniamentem muzycznym Anny Brisco. (22 lutego 1986)

**PASTORAŁKI i KOLĘDY** - tradycyjny program świąteczny przygotowany przez ZOFIĘ DOBRZAŃSKĄ i członków Klubu. (18 stycznia 1986)

**SPOTKANIE Z EDWARDEM REDLIŃSKIM**, pisarzem, autorem kilku bestsellerów, w tym "Konopiełki" i "El Dorado". W programie odczytanie fragmentów powieści "Nikiformy". (7 grudnia 1985)

**SPOTKANIE Z ANDRZEJEM ZAORSKIM**, znakomitym aktorem scen warszawskich, autorem utworów satyrycznych, a przede wszystkim współtwórcą audycji "60 minut na godzinę ". (18 października 1985)

**WARSZAWA W POEZJI i W PIOSENCE** - wieczór poświęcony Warszawie z udziałem RENATY DAŃSKIEJ, ZOFII DOBRZAŃSKIEJ i TOMASZA KRZYSZTOFIKA, połączony z wystawą fotogramów Krzysztofa Brauna z Powstania Warszawskiego. (28 września 1985)

**OGNISKO** - tradycyjne spotkanie w noc świętojańską połączone z występami, w których udział wzięli: Zofia Dobrzańska, Maria Piłatowicz, Zbyszek Sekulski, Tomek Krzysztofik, Janusz Makowski, Jerzy Podziewski, Ryszard Szwejcer oraz Tadeusz Bociański. (22 czerwca 1985)

**PIOSENKA STUDENCKA i EMIGRACYJNA**, w wykonaniu TOMKA KRZYSZTOFIKA, znakomitego wykonawcy, autora tekstów i kompozytora. W wieczorze wystąpili również : Katarzyna i Elżbieta Pomirska oraz Zbigniew Sekulski. (2 maja 1985)

**PRAWO i BEZPRAWIE W POLSCE GENERAŁA JARUZELSKIEGO** - odczyt Władysława Siły-Nowickiego, znanego obrońcy w najgłośniejszch procesach politycznych, jednego z głównych doradców "Solidarności", najbliższego współpracownika Lecha Wałęsy. (13 kwietnia 1985)

**OD TATR DO ANDÓW** - wspomnienia dr SŁAWOMIRA ŁOBODZIŃSKIEGO, bogato ilustrowane przeźroczami, wzbogacone recytacjami wierszy Tetmajera i Kasprowicza, w wykonaniu Zofii Dobrzańskiej i Hanny Rucińskiej. (23 marca 1985)

**PASTORAŁKI** - tradycyjne spotkanie świąteczno-noworoczne.
(5 stycznia 1985)

**POKAZ FILMU "SEKSMISJA"** oraz spotkanie z JANEM MACHULSKIM, reżyserem reprezentującym młode pokolenie polskich filmowców. (14 grudnia 1984)

**SPOTKANIE Z MAGDALENĄ ABAKANOWICZ**, światowej sławy artystą plastykiem, znaną przede wszystkim z oryginalnych tkanin, tzw. "abakanów", wystawianych i nagradzanych w wielu krajach świata. Za swój wkład do rozwoju sztuk plastycznych dostała ona tytuł Doktora Honoris Causa z Royal College of Art w Londynie. (3 listopada 1984)

**SPOTKANIE Z CZESŁAWEM MIŁOSZEM**, laureatem Nagrody Nobla, zorganizowane wraz z Biblioteką Polską, Parafią i Polskim Radiem dla szerokiej publiczności. (6 października 1984)

**SCENY Z POWSTANIA WARSZAWSKIEGO** - projekcja filmu T. Makarczyńskiego, połączona z wystawą fotogramów S. "Krys" Brauna. (22 września 1984)

**SPOTKANIE Z ALEKSANDREM MAŁACHOWSKIM** - znakomitym literatem, dziennikarzem, doradcą Krajowej Komisji N.S.Z.Z. "Solidarność", prześladowanym i internowanym za swoją działalność polityczną w Polsce. (8 września 1984)

**OGNISKO** - tradycyjne spotkanie z okazji nocy świetojańskiej. (23 czerwca 1984)

**POLISH WOMEN COMPOSERS** - prelekcja WANDY WILK, poświęcona udziałowi polskich kompozytorek w światowej kulturze muzycznej z ilustracjami muzycznymi. (19 maja 1984)

**WIECZÓR LITERACKO-MUZYCZNY**, poświęcony twórczości Marka Nowakowskiego z udziałem Tadeusza Bociańskiego, Marii Piłatowicz, Zbigniewa Sekulskiego, Ireny Goetz, Krystyny Ramolet, Ryszarda Szwejcera i Janusza Makowskiego. (7 kwietnia 1984)

**KONOPIEŁKA** - sztuka oparta na głośnej powieści Edwarda Redlińskiego o tym samym tytule, w wykonaniu JANA KOPCZEWSKIEGO "Bułeczki", aktora scen krakowskich. (3 marca 1984)

**MIĘDZY WSCHODEM i ZACHODEM ŚWIATŁA** - wieczór ballad ZBIGNIEWA SEKULSKIEGO, związanego z opozycją demokratyczną w Polsce, współtwórcy nieoficjalnego obiegu piosenki zrewoltowanej. (4 lutego 1984)

**KOLĘDY i PASTORAŁKI** - tradycyjny wieczór świąteczno-noworoczny. (7 stycznia 1984)

**SPOTKANIE z BARBARĄ KRAFFTÓWNĄ**, znakomitą aktorką filmową, telewizyjną, teatralną, odtwórczynią głównej roli w "Matce" Witkacego, wystawionej w języku angielskim w Los Angeles, cieszącej się ogromnym uznaniem wiodących krytyków teatralnych. (26 listopada 1983)

**SPOTKANIE z TWÓRCZOŚCIĄ SŁAWOMIRA MROŻKA** - w programie przygotowanym przez Zespół Studium Teatralnego znalazły się fragmenty takich sztuk jak "Szczęśliwe Wydarzenie", "Indyk", "Policja" i "Ambasador". Słowo wstępne wygłosił dr Szczepan Zimmer. (5 listopada 1983)

**WIECZÓR AUTORSKI KAZIMIERZA OSTASZEWICZA**, z okazji wydania nowego tomu poezji pt.: "Kryształowa Kula". Wiersze i fragmenty poezji czytane były przez artystów teatru i filmu polskiego, RENATĘ

DAŃSKĄ i KRZYSZTOFA JANCZARA. (24 września 1983)

**SPOTKANIE z KRZYSZTOFEM JANCZAREM**, który udzielił wywiadu na temat swojej kariery artystycznej, współpracy ze sławnymi reżyserami i aktorami, włączając w to wspomnienia o swoim ojcu, Tadeuszu Janczarze. Próbką talentu naszego gościa była niezapomniana recytacja wierszy Juliusza Słowackiego. (11 czerwca 1983)

**INTERNOWANI LECZ NIEPOKONANI** - wieczór wspomnień MUZI SIEROTWIŃSKIEJ, działaczki "Solidarności", internowanej po wprowadzeniu stanu wojennego. Wspomnienia wzbogacone zostały prezentacją piosenek więziennych tego okresu. (30 kwietnia 1983)

**SZYMANOWSKI COMES OF AGE** - spotkanie poświęcone życiu i twórczości Karola Szymanowskiego, opracowane przez WANDĘ WILK i bogato ilustrowane fragmentami muzyki kompozytora. (26 marca 1983)

**WYPRAWA DO GÓR BOGÓW** - spotkanie z dr SŁAWOMIREM ŁOBODZIŃSKIM, ilustrowane przeźroczami z międzynarodowej wyprawy wysokogórskiej w Ameryce Południowej. (26 lutego 1983)

**WIECZÓR SYLWESTROWY** - pierwszy Sylwester Klubowy z "niespodzianką " artystyczną . ( 31 grudnia 1982)

**469 DNI "SOLIDARNOŚCI"** - wieczór dyskusyjny, prowadzony przez dr LESZKA SZYMANOWSKIEGO, historyka i publicysty, autora książki na temat "Solidarności". (6 listopada 1982)

**DIVING FOR GOLD** - pokaz krótkometrażowego filmu dokumentalnego i spotkanie z jego twórcami: JACKIEM NOŻEWNIKIEM i ANDRZEJEM LELITO. (27 sierpnia 1982)

**ŚWIADOMOŚĆ MIJAJĄCEGO CZASU** - prezentacja fragmentów sztuki HENRYKA ROZPĘDOWSKIEGO w wykonaniu aktorów studyjnego teatru im. Heleny Modrzejewskiej: Renaty Dańskiej, Magdaleny Bartak, Tadeusza Bociańskiego, Artura Cybulskiego,

Kazimierza Cybulskiego, Zbigniewa Kowalskiego, Adama Tyszkiewicza. (22 maja 1982)

**KABARET BEZ CENZURY** - wieczór piosenki polityczno-satyrycznej nawiązujacy do aktualnych wydarzeń politycznych w Polsce, w wykonaniu ELŻBIETY JODŁOWSKIEJ, aktorki i piosenkarki scen warszawskich. ( 8 kwietnia 1982)

**CONTROL OF THE HUMAN AURA THROUGH THE SCIENCE OF THE SPOKEN WORD** - prelekcja Piotra Rybarczyka, absolwenta wydziału fizyki Uniwersytetu Missouri na temat ludzkiej aury z punktu widzenia nauki, filozofii i religii. (13 marca 1982)

**KOLĘDA ANNO DOMINI 1982** - program świąteczny, przygotowany przez ZOFIĘ DOBRZAŃSKĄ, aktorkę scen krakowskich. (30 stycznia 1982)

**MY, POLACY...** - wieczór historyczno-literacki, na którego program złożył się odczyt HENRYKA ROZPĘDOWSKIEGO o problemach polskiej niepodległości pt.: "Kim jesteśmy? Dokąd idziemy?", jak również recytacje wierszy w wykonaniu Renaty Dańskiej i Kazimierza Cybulskiego. ( 5 grudnia 1981)

**MAREK HŁASKO OD PRZODU I OD TYŁU** - wieczór poświęcony losom emigracyjnym i wspomnieniom problemów twórczych i osobistych Marka Hłaski, jego nieopublikowanym przeżyciom i przygodom, zapamiętanych przez jego wieloletniego przyjaciela HENRYKA ROZPĘDOWSKIEGO. (12 września 1981)

**ŻEBY POLSKA BYŁA POLSKĄ** - wieczór piosenki i monologów Jana Pietrzaka, satyryka, autora tekstów, założyciela kabaretu "Pod Egidą". W programie: odtworzenie nagrania warszawskiego spektaklu. (8 sierpnia 1981)

**ŚLADAMI HELENY MODRZEJEWSKIEJ** - wycieczka do Bowers Museum w Santa Ana, zawierającym kilka eksponatów związanych z życiem i działalnością Heleny Modrzejewskiej w Stanach Zjednoczonych, jak również odwiedziny jej dworku "Arden" w Modjeska Canyon. (7 czerwca 1981)

**GAŁCZYNIADA** - wieczór poezji Konstantego Ildefonsa Gałczyńskiego w wykonaniu Renaty Dańskiej i Kazimierza Cybulskiego. (9 maja 1981)

**PODWODNY ŚWIAT MORZA CZERWONEGO** - pokaz filmu i zdjęć JACKA NOŻEWNIKA, absolwenta Akademii Sztuk Pięknych w Warszawie, płetwonurka, filmowca, wagabundy i gawędziarza, z jego wyprawy z ekipą płetwonurków, której celem było zebranie eksponatów dla Polskiej Akademii Nauk. (14 marca 1981)

**WSPOMNIENIA O SKAMANDRYTACH** - esej ROMANA MAKAREWICZA na temat kierunku poetyckiego reprezentowanego przez wielką czwórkę: Lechonia, Słonimskiego, Tuwima i Wierzynskiego, illustrowanego fragmentami utworów poetów w wykonaniu Kazimierza Cybulskiego. (17 stycznia 1981)

**POLAND FOREVER** - pokaz filmu dokumentalnego, w reżyserii znanego reżysera przedwojennego, Eugeniusza Czekalskiego. Film ten zawiera unikalne zdjęcia z ostatnich dni Polski niepodległej, powstania Armii Sikorskiego, przemówienia Paderewskiego we Francji a udostępniony został nam przez Tadeusza Borowskiego, zbieracza filmowych dokumentów historycznych. (7 grudnia 1980)

**WIECZÓR POEZJI KRZYSZTOFA KAMILA BACZYŃSKIEGO** - poprzedzony odczytem dr FRANCISZKI TUSZYŃSKIEJ, o twórczości i życiu poety. Na wieczór złożyły się również recytacje wierszy w wykonaniu Małgorzaty Gerlicz-White, Eleanory Domachowskiej, Stefana Pasternackiego i Kazimierza Cybulskiego oraz "Elegia na Skrzypce i Wiolonczelę " Wacława Gazińskiego w wykonaniu Susan Debnekoff (skrzypce), Larry Corbett (wiolonczela), i Mony Lands (fortepian). (21 czerwca 1980)

**WIECZÓR PIOSENKI KABARETOWEJ i HUMORU**, w wykonaniu ELŻBIETY JODŁOWSKIEJ, znanej aktorki i piosenkarki. (25 maja 1980)

**BOLESŁAW ŚMIAŁY** - pokaz filmu udostępnionego przez Raya Carlsona, dyrektora firmy Video/Film International. (16 maja 1980)

**WIECZÓR MUZYKI KAMERALNEJ**, w wykonaniu MONIKI KOZŁOWSKIEJ (skrzypce, fortepian) i Janice Foy (wiolonczela, fortepian). (23 lutego 1980)

**TRZY TEATRY W WESELU** - prelekcja MAŁGORZATY SANDORSKIEJ, absolwentki teatrologii Uniwersytetu Adama Mickiewicza w Poznaniu, ilustrowana fragmentami "Wesela" Stanisława Wyspiańskiego. (1 grudnia 1979)

**WIECZÓR POŚWIĘCONY HELENIE MODRZEJEWSKIEJ** - wykład ROMANA MAKAREWICZA pisarza i poety, zamieszkałego w Los Angeles, na temat życia i twórczości naszej patronki.
(15 września 1979)

**DZIECI WSZECHŚWIATA:** "O miejce człowieka na ziemi i w kosmosie, czyli od astrologii do biologii solarnej" - wykład Lecha Weresa, adiunkta Polskiej Akademii Nauk, stypendysty Fundacji Kościuszkowskiej na UCLA. (9 czerwca 1979)

**POKAZ FILMÓW KRÓTKOMETRAŻOWYCH ANIMOWANYCH I FABULARNYCH** - reżyserii Majewskiego, Polańskiego, Lenicy, Szczechury i Malkiewicza, poprzedzony prelekcją Krzysztofa Malkiewicza, dziekana wydziału filmu i telewizji w Institute of Art.
(26 maja 1979)

**OD WRÓŻBIARSTWA DO PSYCHOTRONIKI** - pogadanka dr Lecha Weresa, stypendysty Fundacji Kościuszkowskiej na UCLA, będąca próbą naukowego podejścia do astrologii.
(27 stycznia 1979)

## NA PRZESTRZENI OSTATNICH LAT UDZIELILI KLUBOWI GOŚCINY

*między innymi:*
Zosia i Witold Czajkowscy
Irina i Andrzej Dąbrowscy
Teresa Domańska
Stefan Grubiński
Wanda Gwoździowska
Jolanta i Krzysztof Hiller
Zofia i Jurek Korzeniowscy
Renata i Maciej Krych
Monika i Ivan Nesser
Longina Postal
Maria i Edward Piłatowicz
Muzia Sierotwińska i Dionizy Rewicki
Zofia i Jan Szewc
Liliana i Stefan Sznajder
Zofia i Stanisław Szweycer
Hanna Roman- Wojciechowska
Jola i Alex Wilk
Wanda i Stefan Wilk

## WYSTĄPILI U NAS:
### (GOŚCIE)

Magdalena Abakanowicz
Jarosław Abramow-Newerly
Rodzeństwo Anderszowskich
Włodzimierz Anioł
Józef Augustyński
Olgierd Budrewicz
Ryszard Bugajski
Iwo Cyprian Pogonowski
Roman Czarny
Halina Czerny-Stefańska
Leszek Długosz
Jan Englert
Robert Gliński
Ryszard Holzer
Krzysztof Janczar
Jerzy Jankowski
Elżbieta Jodłowska
Jacek Kalabiński
Zbigniew Kamiński
Julita Karkowska
Jan Karski
Krzysztof Kasprzyk
Jerzy Kopczewski "Bułeczka"
Andrzej Korboński
Róża Kostrzewska-Yoder
Jan Kott
Monika Kozłowska
Maciej Kozłowski
Barbara Krafftówna
Wiesław Kuniczak
Danuta Kunstler-Langner
Andrzej Lelito
Wojciech Młynarski
Jan Machulski
Antoni Macierewicz
Roman Makarewicz
Pamela Maran
Aleksander Małachowski
Stanisław Michno
Czesław Miłosz
Anna Nehrebecka
Jan Nowak-Jeziorański
Maria Nowotarska
Jacek Nożewnik

Irena Olszewska
Andrzej Olszewski
Bogdan Oppenheim
Witold Osiatyński
Agnieszka Pilitowska
Małgorzata Piętkiewicz-Jedynak
Jerzy Pudjak
Edward Redliński
Sy Rotter
Piotr Rybarczyk
Henryk Rozpędowski
Małgorzata Sandorska
Wojciech Siewierski
Władysław Siła-Nowicki
Jan Tadeusz Stanisławski
Kazimierz Stańczak
Witold Starecki
Jerzy Surdykowski
Grażyna Szapołowska
Jerzy Szeptycki
Jan Szewc
Stefan Szlachtycz
Leszek Szurkowski
Leszek Szymanowski
Beata Ścibaki
Teresa Torańska
Tomasz Trafas
Joanna Trzeciak
Paweł Tyszkiewicz
Lech Weres
Ewa Woydyłło
Andrzej Zaorski
Maciej Zembaty
Julian Żebrowski

### WYSTĄPILI U NAS:
### (CZŁONKOWIE KLUBU)

Elżbieta Bajon
Magdalena Bartak
Tadeusz Bociański
Anna Briscoe
Artur Cybulski

Kazimierz Cybulski
Renata Dańska
Irina Dąbrowska
Zofia Dobrzańska
Eleonora Domachowska
Mieczysław Dutkowski
Małgorzata Gerlicz-White
Irena Goetz
Wojciech Kochanek
Zbigniew Kowalski
Tomasz Krzysztofik
Elżbieta Libel
Ryszard Łobodziński
Sławomir Łobodziński
Janusz Makowski
Krzysztof Malkiewicz
Jan Małek
Stefan Pasternacki
Edward Piłatowicz
Maria Piłatowicz
Jerzy Podziewski
Elżbieta Pomirska
Katarzyna Pomirska
Krystyna Ramolet
Berenika Rewicka
Hanna Roman-Wojciechowska
Hanna Rucińska
Kleofas Rundzio
Małgorzata Sandorska
Zbigniew Sekulski
Jacek Serafin
Muzia Sierotwińska
Waleria Stanton
Krzysztof Stupaczuk
Ryszard Szwejcer
Jarosław Truszczyński
Franciszka Tuszyńska
Adam Tyszkiewicz
Iwona Walerczak
Wanda Wilk
Marzena Wiszowata-Jones
Szczepan Zimmer

*i wielu innych...*

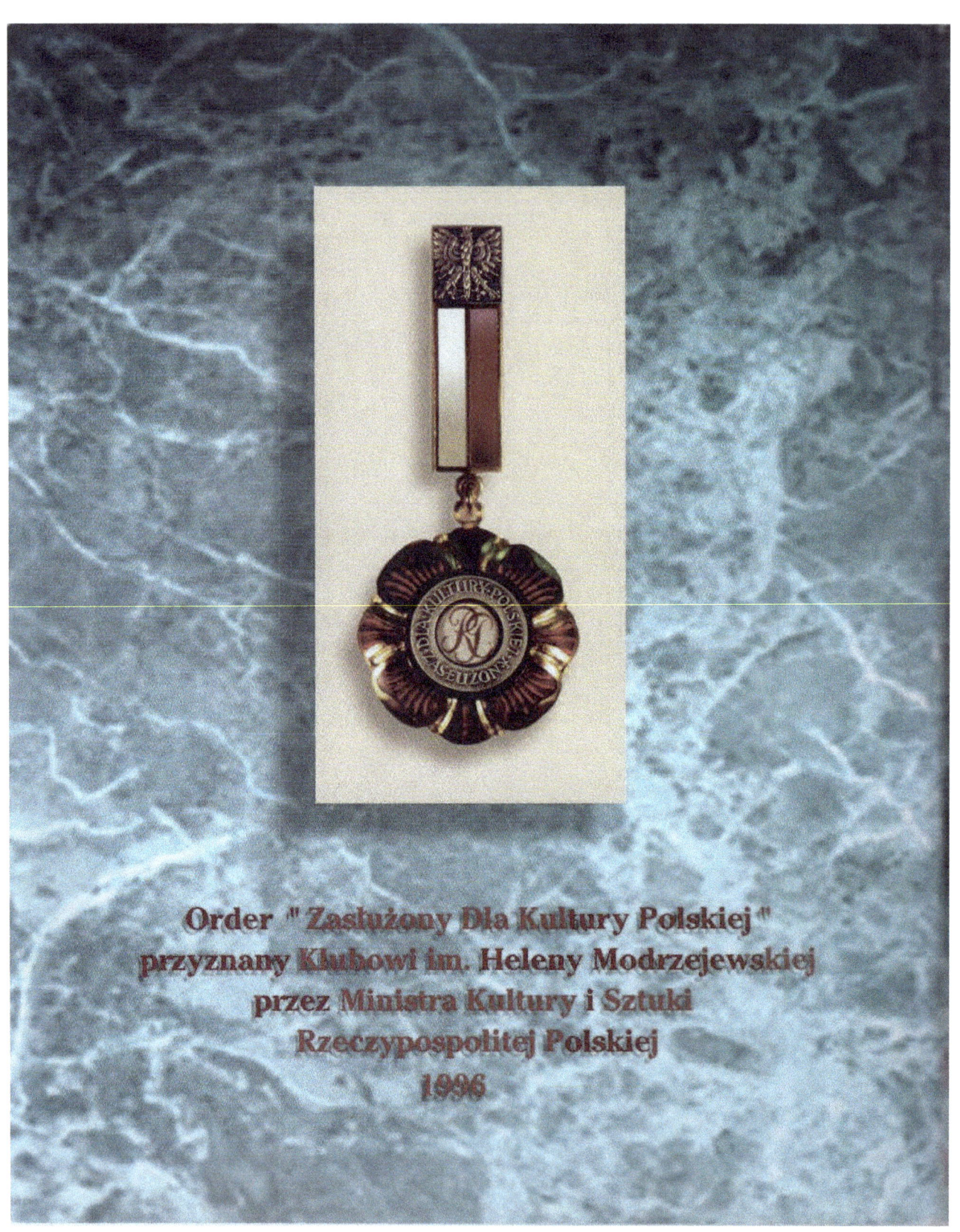

Order "Zasłużony Dla Kultury Polskiej"
przyznany Klubowi im. Heleny Modrzejewskiej
przez Ministra Kultury i Sztuki
Rzeczypospolitej Polskiej
1996

# POLEMIKA O SPOTKANIU Z ALEKSANDREM MAŁACHOWSKIM
# „GWIAZDA POLARNA", 1984

*W polonijnym piśmie „Gwiazda Polarna" ukazał się artykuł krytyczny o wizycie Aleksandra Małachowskiego w Los Angeles i spotkaniu w Klubie Kultury im. Heleny Modrzejewskiej. W odpowiedzi listy do redakcji napisali Prezes Tadeusz Bociański i Wiceprezes Edward Piłatowicz.*

## PRELEGENT Z POLSKI CZYLI – WYPUSZCZANIE W MALINY
### Michał Jasień, „Gwiazda Polarna", 29 września 1984 roku

Klub Kultury im. Heleny Modrzejewskiej w Los Angeles cieszy się wśród tutejszej Polonii zasłużoną sławą. Organizowane są w nim co parę miesięcy występy i spotkania z interesującymi osobami, co stanowi również okazję do miłych spotkań rodaków w sobotni wieczór z niebanalnych przyczyn.

Na 8 września w rozesłanych do członków zaproszeniach zapowiedziane zostało spotkanie "ze znakomitym pisarzem i literatem, ze wszelkich miar ciekawym i zasłużonym dla kultury polskiej", Aleksandrem Małachowskim. Taką okazję – szkoda przeoczyć.

Po zwyczajowej godzinnej pogawędce zebranych (ok. 60 osób) stanął przed nami Prelegent. Masywna postać z bujną czupryną, ubrana w czarny kostium i mówiąca spokojnym, ciepłym tonem głosu. Sposób, w jaki Prelegent opowiadał nam o sytuacji w Kraju, chodząc wolno miarowym krokiem tam i z powrotem, najwłaściwiej byłoby określić jako gawędę. Czegoż bowiem dowiadujemy się o naszej biednej ojczyźnie od elokwentnego przybysza z Polski?

Na wstępie wartym jest przytoczenia, iż Prelegent kilkakrotnie i z uporem podkreślał, że jest już człowiekiem starym, steranym przez życie, więc mu już na niczym tak bardzo nie zależy (w domyśle – nie ma powodu kłamać). Gdy po pierwszym stwierdzeniu tego typu, uzupełnionym informacją, iż niedługo ukończy 60 lat, sala zareagowała śmiechem (gość wygląda na okaz krzepy), na który Prelegent nie zareagował, stało się jasne, że owo wrażenie własnej starości stara się w widzach utrwalić na serio.

Z kolei wyniesione zostały zasługi Prelegenta na niwie opozycyjnej. Chlubił się zwłaszcza aktywną działalnością w szeregach władz Solidarności regionu Mazowsze, za co oczywiście był internowany. Potem osadzony w więzieniu jak również, ma się rozumieć, prześladowany. Ale on do więzienia z powodów politycznych szedł już tyle razy, że dla niego rok czy dwa więcej nie stanowi większego znaczenia. Zresztą na Zachód wyjechał niemal prosto z więzienia, a podczas pobytu w Stanach jakiś agent (w domyśle – ubecki) już go ostrzegł, żeby bardziej się pilnował z tym, co tu głosi, bo w przeciwnym razie po powrocie do Polski znów go zamkną. Ale co tam jemu, staremu, mogą oni zrobić? (To przeciwstawienie pojęć: my – opozycja oraz oni – władza będzie się przewijało w prelekcji wielokrotnie). Hitlerowcy podczas wojny (był w AK) wyrywali mu obcęgami paznokcie więc ma jeszcze dziewięć, mogą mu powyrywać, on się nie boi.

W trakcie trwającej około półtorej godziny gawędy, Prelegent ujawnia słuchaczom szereg rewelacji. Przeplatane żarcikami, anegdotami, uśmieszkami, jak również wyrazami dezaprobaty dla ekscesów stalinizmu czy też – a jakże – Katynia, sprawiają wrażenie refleksji wypowiadanych przez człowieka, który nie ma nic do ukrycia. Dowiadujemy się więc, że przyczyną, dla jakiej powstała Solidarność była po prostu słabość partii w tymże okresie. Najlepszy przykład, że obecnie w jej szeregach jest już tylko (?) 200 tys. robotników. Reszta to już nie robotnicy. Poza tym był to ruch tak chaotyczny i wewnętrznie skłócony, o czym on, były członek władz, może coś powiedzieć, że podczas przesłuchiwań go przez oficera śledczego Małachowski – opozycjonista powiedział bez ogródek – i po cóż było całe to zamieszanie ze stanem wojennym, przecież wystarczyło, abyśmy odczekali jeszcze sześć miesięcy i wszystko by się samo rozpadło. Oficer się zgodził z tą ekspertyzą.

Według Prelegenta, Solidarność nigdy nie miała żadnych szans i on, Prelegent, wiedział o tym doskonale od samego początku (na pytanie, jak w takim razie mógł reprezentować Solidarność Mazowsze, nie wierząc w powodzenie całego Ruchu, odpowiedź dał wymijającą). Tak więc powstanie Solidarności było dziełem przypadku, toteż tak szybko, jak się to wszystko pod koniec 1980 roku zawiązało, tak szybko początkiem 1982 roku się rozpadło (nazwisko Wałęsy podczas całego wieczoru z ust Prelegenta nie padło ani razu). Dlatego też gdy podczas przesłuchiwań opozycjonista mówił oficerowi śledczemu, że branie kopalni „Wujek" siłą było zbyteczne, spowodowało niepotrzebne straty w ludziach, bo wystarczyło przeczekać tydzień czy dwa i ludzie z głodu wyszliby jeden po drugim jak baranki, co miało miejsce w innych kopalniach, oficer i tym razem przyznał mu rację (obecny na sali były członek Solidarności ze Śląska zaprzeczył, jakoby podobny przypadek miał miejsce, na co usłyszał: Były! Były!)

A że zabito Grzegorza Przemyka? Ach, to ci okropni, nadgorliwi szeregowcy. Sama władza ze wszystkich sił starała się uniknąć gwałtu, ale przecież oni nie mają kontroli nad wszystkimi. Gdyby mieli, z pewnością by do tego nie dopuścili! No, czy oni w ogóle potrafią rządzić? (uśmieszek politowania). Przecież to są żołnierze, toteż gdzie im tam do polityki czy gospodarki? Dlatego to kraj z kryzysu wydobywa się tak opieszale. A ci szeregowcy (w domyśle ZOMO) to też może nadają się do przeprowadzania staruszek przez ulicę, a nie do powierzonych im zadań... bo oni, wiecie Państwo, gdy tylko pojawi się na rogu jakaś babcia, zaraz się rwą do przeprowadzania jej przez ulicę, tyle, to potrafią... A gen. Jaruzelski? Cóż, pochodzi z zamożnej rodziny ziemiańskiej (później z sali: – Ten mit propagandowy już dawno został obalony), z którą moja rodzina dobrze się znała w czasach świetności... miał do wyboru albo sowiecką interwencję, która skończyłaby się, wiadomo, tragicznie, albo załagodzić sprawę we własnym zakresie. Tak więc właściwie to wyboru nie miał, i załagodził. A na to, czy Historia osądzi go jako zbawcę narodu i patriotę, czy nie, to, niestety musimy poczekać. Tymczasem trudno zaprzeczyć, że cieszy się sporą popularnością, zwłaszcza wśród pokolenia starszego, zachwyconego tym, że ktoś wreszcie zaprowadził w kraju porządek i spokój.

Było też o awansie społecznym i ekonomicznym, jaki socjalizm umożliwił masom biedoty wiejskiej i miejskiej, o potrzebie materialnego wspomagania rządu, żeby mógł uruchomić fabryki, o głupocie bojkotu wyborów, bo przecież lepiej było odwrotnie wybierać ludzi swoich, z Solidarności, żeby byli w radach... itd., itd. Szczególnie interesującym momentem było wspomnienie gehenny więziennej w gronie 14 (czternastu) opozycjonistów, pilnowanych przez 100 (stu) strażników. Był wśród nich także pewien patriota bez nogi, któremu nawet nie pozwolono wziąć z domu protezy, potem nie potrafił chodzić po lodzie (?). Na te słowa spośród widowni wstaje człowiek uczesany na jeża i pyta: – A czy on się nazywał tak-a-tak? Prelegent przytakuje. – A, to mój ojciec – rzecze lakonicznie Jeż. Acha, przyjmuje do wiadomości Prelegent i kontynuuje monolog. No proszę, cóż za cudowny zbieg okoliczności! A przy okazji, jakież znakomite potwierdzenie wiarygodności wynurzeń Prelegenta!

W taki sposób przemawiał do nas w Klubie im. Heleny Modrzejewskiej zasłużony działacz Solidarności, pisarz i patriota, opozycjonista i męczennik za Polską Sprawę Aleksander Małachowski. Toteż, gdy pytań nadszedł czas, jego rozczarowanie brakiem aprobaty ze strony widowni było wyraźne.Tym bardziej, że pytania, jakie się posypały, zdawały się bynajmniej nie być po linii jaką przyjął Prelegent, z wyjątkiem dwukrotnych a gorliwych oświadczeń Jeża, który raz wyraził swoje najgłębsze uznanie dla arycyciekawej mowy, a drugim razem gorąco podziękował za nią). W efekcie, mówca stracił poprzednią werwę oraz rezolutność i zdradzał objawy niejakiego napięcia. Na pytania nie odpowiadał kolejno, lecz najpierw wszystkie zanotował, a dopiero potem, podług dowolnej kolejności, komentował. Stara metoda, pozwalająca na przekręcenie sedna zagadnienia, lub pomijania niektórych. Wzrastająca nerwowość Prelegenta powodowała, że parokrotnie wpadł w gniew, jak również próbował stosować demagogię (na pytanie o Solidarność wołał: – Podczas wojny, proszę pana, ludzie pokotem padali od kul faszystów, a pan mi tu takie rzeczy!) Wreszcie na pytanie kogo reprezentuje oraz za czyje pieniądze podróżuje, by spotkać się – jak mówił – z amerykańskimi czynnikami rządowymi (w sprawie zniesienia sankcji) odpowiada, że wyłącznie siebie i za własne.

Osobiście do najistotniejszych wypowiedzi Prelegenta zaliczyłbym dwie. Pierwsza, to zdanko, jakie w pewnym momencie mu się wyrwało w trakcie odpowiadania na niewygodne pytania: Nie dajcie się Państwo wpuszczać w maliny... Natychmiast po tej wypowiedzi Prelegent głośno odchrząknął i szybko zmienił temat rozmowy. Druga, to odpowiedź na pytanie: – Jak to się dzieje, że niektórzy nadal bez trudności otrzymują paszporty i podróżują sobie po świecie, gdzie dusza zapragnie? Jest to pewien wentyl bezpieczeństwa oraz wentyl propagandy – brzmiała odpowiedź. Otóż to! – wykrzyknął na to ktoś z sali i to już zdawało się doszczętnie wytrącić Prelegenta z kontenansu.

Fakt siania przez władze polskie na wzór sowiecki dezinformacji jest znany, niemniej skoro już, to powinno się wysyłać z tym zadaniem w świat ludzi lepiej przygotowanych. Przysyłanie nam w tym celu propagandystów o kwalifikacjach Aleksandra Małachowskiego stanowi obrazę dla naszej inteligencji. Dlatego też dobrze byłoby, gdyby Klub im. Heleny Modrzejewskiej z większą ostrożnością dobierał ludzi na spotkania z członkami Stowarzyszenia.

*Michał Jasień, Los Angeles, CA*
*Sobota, 29 września 1984.*

## NIETAKTOWNE RADY

### Edward J. Piłatowicz, „Gwiazda Polarna", 20 października 1984

W nawiązaniu do artykułu p.t. „Prelegent z Polski, czyli wypuszczanie w maliny", który ukazał się w wydaniu *Gazety Polarnej* datowanej 29 września 1984 r., chciałbym podzielić się następującymi uwagami.

Nie jest tajemnicą dla nikogo, iż systemy totalitarne, do których zaliczają się dykatury proletariatu, nigdy nie mogły sobie pozwolić na otwarte polemizowanie z ideologicznymi przeciwnikami. Dlatego też jednym z podstawowych zadań tych systemów jest wychowanie sobie grupy ludzi, którzy są niezdatni do otwartej dyskusji, niezdatni do wytworzenia w sobie szacunku dla przeciwnika politycznego, którzy natychmiast przylepiają przeciwnikom nalepkę "propagandysta". Typowe zresztą hasło demagogiczne tych, co to wiedzą najlepiej jak "uzdrowić" ludzkość.

Z artykułu pana Jasienia wynika, że jest on typowym przykładem sukcesu wychowania sobie takiego człowieka. Takiego paszkwilu nie powstydziłby się sam Urban.

Oczywiście, ponieważ żyjemy w wolnym systemie, pan Jasień ma pełne prawo wypowiadać swoje opinie. Nie ma natomiast prawa sugerować „selekcji" prelegentów. Taka „selekcja" za mocno przypomina cenzurę. Jeżeli pan Jasień woli kluby, które taką selekcję robią, to poważnie polecam przeprowadzkę do Polski. Pomijając już fakt, że Klub Kultury im. Heleny Modrzejewskiej jest klubem zamkniętym, pan Jasień był na spotkaniu gościem, i jego rady co do selekcji prelegentów są co najmniej nietaktowne.

*Edward J. Piłatowicz*
*Los Angeles, CA*

# PROTEST

### Tadeusz Bociański, Prezes Klubu Kultury im. Heleny Modrzejewskiej w Los Angeles
### „Gwiazda Polarna", sobota, 10 listopada 1984

W „Gwieździe Polarnej" (wydanie z dnia 29 września 1984 r.) ukazał się paszkwil W. P. Michała Jasienia dotyczący zorganizowanego przez Klub Kultury im. H. Modrzejewskiej w Los Angeles spotkania z P. Aleksandrem Małachowskim.

Nie zabieralibyśmy głosu w tej sprawie, gdyby nie to, że elaborat ten zawiera elementy dezinformujące o działalności klubu i zniesławiające naszych gości. Klub nasz zrzesza ludzi o aspiracjach i zainteresowaniach intelektualnych i kulturalnych. Około 90% naszych członków posiada wyższe wykształcenie. Kryterium stosowanym przy przyjęciu na członka jest wysoki poziom etyczny oraz takt i kultura osobista. Pan Michał Jasień członkiem klubu nie jest. Nie figuruje nawet na liście naszych gości i na spotkanie z P. Aleksandrem Małachowskim nie był zaproszony. Trudno zatem dociec z jakiego tytułu P. M. Jasień uzurpuje prawo do oceny poziomu inteligencji członków Klubu, czy też do udzielania nam porad, co do doboru prelegentów. Zagadkowe owe są motywy, które nim kierowały kiedy podawał dezinformujące wiadomości o naszym Klubie (np. że organizujemy spotkania co parę miesięcy, podczas gdy w rzeczywistości oganizujemy je regularnie co miesiąc).

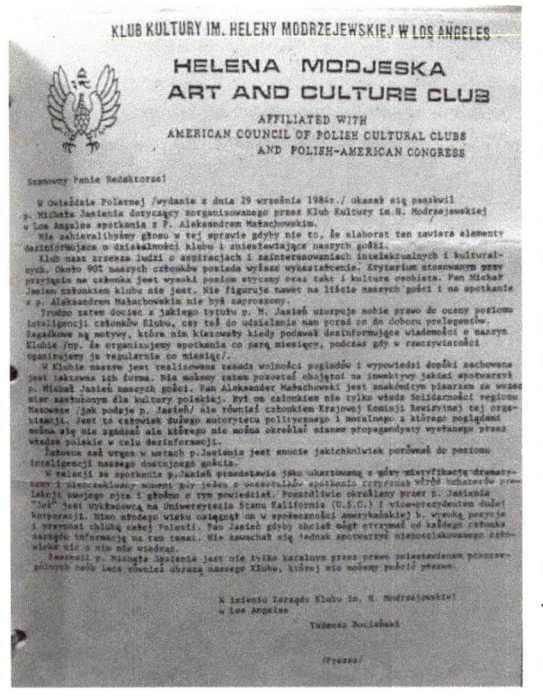

W Klubie naszym jest realizowana zasada wolności poglądów i wypowiedzi dopóki zachowana jest taktowna ich forma. Nie możemy zatem pozostać obojętni na inwektywy jakimi spotwarzył P. Michał Jasień naszych gości. Pan Aleksander Małachowski jest znakomitym pisarzem ze wszech miar zasłużonym dla kultury polskiej. Był on członkiem nie tylko władz Solidarności regionu Mazowsze (jak podaje P. Jasień) ale również członkiem Krajowej Komisji Rewizyjnej tej organizacji. Jest to człowiek dużego autorytetu politycznego i moralnego, z którego poglądami można się nie zgadzać, ale którego nie można określać mianem propagandysty wysłanego przez władze polskie w celu dezinformacji.

Żałosne zaś wręcz w ustach P. Jasienia jest snucie jakichkolwiek porównań do poziomu inteligencji naszego dostojnego gościa.

W relacji ze spotkania P. Jasień przedstawia jako ukartowaną z góry mistyfikację, dramatyczny i nieoczekiwany moment, gdy jeden z uczestników spotkania rozpoznał wśród bohaterów prelekcji swojego ojca i głośno o tym powiedział. Pogardliwie określany przez P. Jasienia "Jeż" jest wykładowcą na Uniwersytecie Stanu Kalifornia (U.S.C.) i wiceprezydentem dużej korporacji. Mimo młodego wieku osiągnął on w społeczności amerykańskiej b. wysoką pozycję i przynosi chlubę całej Polonii. Pan Jasień, gdyby chciał mógł otrzymać od każdego członka zarządu informacje na ten temat. Nie zawahał się jednak spotwarzyć nieposzlakowanego człowieka, nic o nim nie wiedząc.

Paszkwil P. Michała Jasienia jest nie tylko karalnym przez prawo zniesławieniem poszczególnych osób, lecz również obrazą naszego Klubu, której nie możemy puścić płazem.

*W imieniu Zarządu Klubu im. H. Modrzejewskiej w Los Angeles*
*Tadeusz Bociański, Prezes*

# ALBUM 50-LECIA KLUBU KULTURY IM. HELENY MODRZEJEWSKIEJ

## SPIS SPOTKAŃ 1997-2010

## SPOTKANIA PODCZAS KADENCJI PREZESA EDWARDA PIŁATOWICZA, 1996-1998

- **21 września 1996** – Spotkanie z Jerzym Jankowskim
- **26 października 1996** – „Ciągle mnie wzrusza poszczególność" – wieczór poezji Wisławy Szymborskiej
- **1 listopada 1996** – Spotkanie z pianistką Joanną Trzeciak
- **24 listopada 1996** – *Niemcy,* premiera filmu, rozmowa z reżyserem Zbigniewem Kamińskim
- **25 stycznia 1997** – *Pierwsze 25 lat,* obchody ćwierćwiecza Klubu
- **12 lutego 1997** – *Brazylia po polsku,* spotkanie z Olgierdem Budrewiczem
- **22 lutego 1997** – *Requiem z ptakami,* wieczór autorski Adrianny Szymańskiej
- **4 kwietnia 1997** – *Pałac,* spotkanie z Jerzym Kopczewskim
- **17 maja 1997** – *Koń a sprawa polska,* spotkanie w stadninie koni arabskich u Doroty i Tomasza Skotnickich
- **31 maja 1997** – *Liquid Light,* spotkanie z Martą Ptaszyńską
- **7 czerwca 1997** – *Różności,* spotkanie z Romanem Czarnym i Tomaszem Krzysztofikiem
- **13 września 1997** – *Looking Into the Visual Art of Młoda Polska,* wykład dr Jan Cavanaugh, (zbieranie dotacji dla Wydawnictwa Uniwersytetu Kalifornijskiego na publikację)
- **18 września 1997** – *Theatrum Gedanese,* spotkanie z Jerzym Limonem
- **18 października 1997** – *Ferdydurke, czyli dzieckiem podszyty,* spektakl w wykonaniu Jerzego Kopczewskiego
- **13 grudnia 1997** – Wieczór Muzyki Kameralnej, koncert Marka Szpakiewicza i Jacka Rózgi
- **17 stycznia 1998** – Wieczornica Wigilijna
- **31 stycznia 1998** – *Bal Przyjaciół,* doroczny bal Klubu
- **18 lutego 1998** – *Dziady,* Wizja Współczesna z Janem Englertem
- **14 marca 1998** – Harvey Sarner, spotkanie z autorem

## SPOTKANIA W OKRESIE KWIECIEŃ 1996 - MARZEC 1997

Mija połowa kadencji obecnego Zarządu. Czas na spojrzenie wstecz. Oto lista spotkań zorganizowanych w tym czasie.

Spotkanie z **Haliną Czerny-Stefańską** (maj 1996) odbyło się w gościnnym domu Państwa Iriny i Andrzeja Dąbrowskich. Na wieczór złożyło się szereg utworów Chopina i Paderewskiego wykonanych przez sławną polską pianistkę, a także reminiscencje i anegdoty z jej wieloletniej artystycznej kariery.

Również w maju spotkaliśmy się w rezydencji Konsula Generalnego Macieja Krycha, aby obejrzeć *Złoty taboret*, **J. St. Stawińskiego,** monodram wykonany przez **Jerzego Kopczewskiego** „Bułeczkę". Mimo, że spektakl trwa ponad 3 godziny, w pomieszczeniu pozbawionym klimatyzacji, członkowie – jak i liczni goście – bawili się wyśmienicie przygodami Jana Piszczyka.

We wrześniu gościliśmy Profesora **Jerzego Jankowskiego**, który w rezydencji Państwa Moniki i Ivana Nesser, opowiadał nam żartobliwe szczegóły i mało znane zdarzenia z życia Ignacego Jana Paderewskiego, przeplatając je kilkoma utworami z repertuaru światowej sławy wirtuoza i kompozytora.

Październikowe spotkanie poświęciliśmy najnowszej polskiej laureatce Nagrody Nobla, **Wisławie Szymborskiej**. Odbyło się ono w rezydencji Państwa Zofii i Witolda Czajkowskich. Wieczór był przygotowany przez dr **Danutę Kunster-Langner**. Wiersze laureatki recytowali dr Danuta Kunster-Langner i Konsul Roman Czarny. Sonaty Beethovena grała na wiolonczeli **Alicja Dutkiewicz.**

W listopadzie mieliśmy okazję wysłuchać ambitnego i bogatego programu muzycznego przygotowanego dla nas przez **Joannę Trzeciak**, która zaprezentowała klubowej publiczności utwory Chopina, Schuberta i Hummla. Był to już drugi koncert tej utalentowanej pianistki w naszym Klubie, tym razem w gościnnym domu Pani Wandy Gwoździowskiej.

Również w listopadzie 1996 r. pod patronatem Klubu i przy współpracy z Konsulatem RP odbyła się w Hollywood, w sali Directors Guild, amerykańska premiera filmu **Zbigniewa Kamińskiego** *Niemcy* według znanej sztuki Leona Kruczkowskiego pod tym samym tytułem. Obecni na projekcji byli zarówno reżyser jak i odtwórcy głównych ról.

W styczniu 1997 roku wszyscy prawie nasi członkowie jak i wielu gości bawiło się na balu z okazji **25-lecia działalności Klubu**. Podczas balu Konsul Generalny RP, **Maciej Krych**, złożył na ręce Zarządu medal „Zasłużony dla Kultury Polskiej" nadany Klubowi przez Ministra Kultury i Sztuki Rzeczpospolitej Polskiej.

*Od lewej: Tomasz Kachelski, Jacek Świder i Alicja Szwaglis z partnerem podczas Balu 25-lecia.*

Poniżej przedruk tekstu przemówienia Konsula Generalnego RP wygłoszonego podczas uroczystości:

*„Panie i Panowie!*

*Wprawdzie w swojej znakomitej kronice podkreślacie potrzebę unikania pompatyczności, ale pozwólcie, że podczas tej wyjątkowej, niezwykłej uroczystości będę nieco pompatyczny. Otóż z prawdziwym podziwem myślę o 25 rocznicy istnienia Klubu imienia Heleny Modrzejewskiej. Z podziwem tym większym, że nasza współczesna historia zna niewiele równie trwałych związków, wliczając w to związki małżeńskie. W czasie tego ćwierćwiecza zmieniło się w Polsce wszystko. Pozostały niezmienne, powszechne i drogie całemu narodowi tylko język i kultura. I o ile w kraju rzeczy te są czymś naturalnym, oczywistym, dostępnym jak powietrze, o tyle za granicą kultura narodowa staje się cnotą, a język którym jest ona wyrażana wyzwaniem, które należy pielęgnować. Nieliczni tylko potrafią temu sprostać. Toteż nieznane są masowe organizacje kulturalne. Kultura jakkolwiek by nie była powszechna i ogólnodostępna – nie jest wcale produktem masowym.*

*I jest to, moim zdaniem, główny składnik sukcesu Klubu Modrzejewskiej: szlachetna elitarność tej organizacji. W ciągu ostatnich 25 lat wyłącznie dzięki własnym staraniom obcowaliście z elitą kulturalną Polski. Paradoksalnie ta część kultury, której ówczesne władze odmówiły racji bytu, znalazła swoje miejsce tutaj w Klubie, w Waszych domach. To Wy w ciężkich czasach wierzyliście w niepodzielność kultury narodowej i potrafiliście tego dowieść. Ta wiara przynosi Wam zaszczyt, a Polsce przysparza dumy. Sukces Klubu to sukces każdego z osobna na tej sali. Bo przecież 25 lat istnieje i bardzo aktywnie działa organizacja oparta wyłącznie na wolontariuszach, bez własnej siedziby, bez sponsorów. Jest to możliwe tylko dzięki temu, że wszyscy razem i każdy z osobna odczuwacie potrzebę manifestowania swojego udziału w kulturze i chwała Wam za to, że potrzeba ta wyrażana jest w sposób elegancki, wstrzemięźliwy, ale bardzo skuteczny.*

*Dziś Polska, oprócz gratulacji i podziwu składa Wam podziękowania. Poprzez wręczane odznaczenie wyraża dumę z Waszych dokonań."*

*Konsul Generalny RP, Maciej Krych*

Organizacja nasza otrzymała również pamiątkową plakietkę od Prezesa Kongresu Polonii Amerykańskiej w Południowej Kalifornii, Mieczysława Dutkowskiego.

Muszę przyznać, że bal, pierwszy w historii Klubu, spotkał się z entuzjastycznym przyjęciem uczestników. Wielu członków wystąpiło z sugestiami i inicjatywą organizowania podobnej imprezy przynajmniej raz do roku. Decyzją Zarządu, powołany zostanie Komitet Organizacyjny Dorocznego Balu, jeżeli znajdą się członkowie chętni do uczestnictwa w przygotowaniach podobnej imprezy pod koniec bieżącego roku. Podczas ostatniego zebrania Zarządu Klara Konopelska została mianowana łącznikiem pomiędzy Komitetem Balowym a Zarządem, do niej więc proszę zgłaszać swoje kandydatury do pracy nad następnym balem.

Naszą 25-tą rocznicę istnienia nie tylko uczciliśmy balem, ale również publikacją 66-cio stronicowego wydawnictwa pt. *Pierwsze 25 lat.* Została tam udokumentowana działalność naszego Klubu – jak sam tytuł wskazuje – przez te pierwsze dwadzieścia pięć lat oraz obecną listą naszych członków. Archiwalne zdjęcia z wielu spotkań klubowych jak i wspaniała szata graficzna powinny być dodatkowymi bodźcami do nabycia tego wydawnictwa. Zainteresownych prosimy o skontaktowanie się z naszym skarbnikiem, Tomkiem Kachelskim.

*Spotkanie z Olgierdem Budrewiczem u Państwa Piłatowicz 12 lutego 1997.*

Dorobiliśmy się również własnej strony na Internecie. Naszym celem jest uaktualnianie tej strony przynajmniej raz w miesiącu. Chcemy, aby ta strona była naszym wspólnym dziełem, aby członkowie mieli forum dla swoich wypowiedzi, opinii i komentarzy. Prosimy o korespondencję bezpośrednio na adres podany na Internecie. Interesuje nas ilu członków Klubu ma obecnie dostęp do Internetu. Wyniki podobnej sondy dałyby nam za rok obraz jak członkowie Klubu „obrastają w komputerowe piórka".

Największą bolączką Klubu pozostaje brak domów, w których moglibyśmy organizować spotkania. Łatwo zauważyć, że w kolejnych zawiadomieniach powtarzają się adresy rezydencji udzielonych nam przez gościnnych gospodarzy. Apeluję więc o kontakt i rady co do miejsc, gdzie możemy się spotykać. Moim obowiązkiem jest również przypomnieć Państwu o koniecznosci zapłacenia składek za 1997 rok ($100 od pary, $60 od osoby pojedyńczej). Proszę pamiętać, że niezapłacenie składek do czerwca powoduje automatyczne skreślenie z listy członków Klubu. (Poprawka do Statutu Klubowego wniesiona na Walnym Zebraniu Klubu w 1996 roku). Myślę, że wyrażę opinię większości Państwa, dziękując członkom Klubu i Zarządu za ich pracę w przygotowywaniu dotychczasowych spotkań.

*Edward Piłatowicz, Prezes*

## SPOTKANIA W OKRESIE KWIECIEŃ 1997 – MAJ 1998

Kadencja obecnego Zarządu dobiega końca. Czas na spojrzenie wstecz. Od czasu poprzedniego Biuletynu Informacyjnego (marzec 1997) zorganizowaliśmy 11 spotkań klubowych. Nim jednak przejdę do chronologicznego omówienia poszczególnych spotkań, chciałbym na chwilę wrócić do wydarzeń związanych z obchodami 25-lecia istnienia naszego Klubu.

Po naszym styczniowym balu prasa polonijna tak o nas pisała:

- POLONIA KALIFORNIJSKA, (luty 97): „Klub Kultury im. Heleny Modrzejewskiej....jest zjawiskiem niespotykanym wśród organizacji polonijnych Południowej Kalifornii, ...jest jednak najważniejsze w działaniu Klubu, to ciągle staranie zarządu, aby zapewnić jak najwyższy poziom organizowanych spotkań".[1]
- KALIFORNIJSKI KURIER POLSKI, (marzec 97): „ ...dziękuję organizatorom gratulując bardzo udanej imprezy i życząc całej organizacji wspaniałych sukcesów na dalszą działalność."[2]

Prasa w Polsce:

- RUCH MUZYCZNY (czerwiec 97): „Organizacja ta (nasz KLUB) istnieje jako hobby grupy zapaleńców oddanych sprawie polskiej; oby ich entuzjazm udzielił się ludziom zawodowo odpowiedzialnym za sprawy kultury".

Radio ELA jak i GŁOS AMERYKI nadały audycje poświęcone działalności naszego Klubu, komentując nasze 25 lat i transmitując wywiady z obecnymi i byłymi członkami zarządów.

A oto lista spotkań:

Wieczór autorski **Adriany Szymańskiej** pt. *Requiem z ptakami* (luty 97) odbył się w jak zwykle gościnnym domu Państwa Zosi i Witka Czajkowskich. Wiersze czytane były przez autorkę, ich angielskie tłumaczenia przez Mayę Piłatowicz.

W marcu spotkaliśmy się – już po raz drugi w historii naszego Klubu – z **Olgierdem Budrewiczem**, który podzielił się z nami swoimi wrażeniami z podróży po Brazylii. Wspomnienia i obserwacje z tej podróży Pan Olgierd zawarł w swojej ostatniej książce pt. *Brazylia po polsku*.

W kwietniu zawitał do nas **Jerzy Kopczewski**. „Bułeczka" – jak się popularnie nazywa Pana Jerzego – zaprezentował nam monodram *Pałac* wg. książki W. Myśliwskiego.

Nasze spotkanie majowe było inne, nie tylko w temacie, ale i w formie. Członkowie Klubu jak i wielu gości spotkało się na świeżym powietrzu, dokładnie w stadninie polskich koni arabskich w Santa Ynez. Nie wiem, czy ktokolwiek z uczestników miał za złe fakt, że dojazd na spotkanie zabrał około 2-3 godzin. Wspaniały pokaz koni arabskich zorganizowany przez **Państwa Skotnickich**, którzy prowadzą tę stadninę, jak i piknik na zakończenie spotkania, wart był trudów podróży.

*Koncert Marty Ptaszyńskiej. Panią kompozytor przedstawia Maria Piłatowicz, maj 1997.*

---

[1] Jerzy B. Aniński, „Ćwierćwiecze w Los Angeles", „Polonia Kalifornijska", luty 1997, s. 13. Archiwum Jolanty Zych.
[2] Małgorzata Stabrowska, „Srebrne Wesele: Uroczyste obchody 25-lecia istnienia Klubu Kultury im. Heleny Modrzejewskiej", „Kalifornijski Kurier Polski", marzec 1997, s. 8. Archiwum Jolanty Zych.

Również w maju, członkowie i goście klubowi spotkali się z Panią **Martą Ptaszyńską**, jedną z najbardziej znanych współczesnych kompozytorek polskich. Wspaniały salon Państwa Moniki i Iwana Nesser przemienił się w salę koncertową, gdzie usłyszeliśmy jeden z ostatnich utworów Pani Marty pt. *Płynne światło* (*Liquid Light*) w wykonaniu Patrycji Atkins-Chiti, Paula Hirsta i samej kompozytorki. Koncert zorganizowaliśmy we współpracy z Centrum Muzyki Polskiej w Uniwersytecie Południowej Kalifornii. (Polski Magazyn RUCH MUZYCZNY bardzo pochlebnie wyraził się o tym koncercie).

Sezon zakończył wieczór muzyczny *Różności*. W ogrodzie Państwa Elżbiety i Jana Iwańczyk słuchaliśmy **Romana Czarnego** i **Tomka Krzysztofika**. Był to niestety ostatni, pożegnalny koncert Romana jako Konsula RP w Los Angeles. Roman zapisał się w historii Klubu na zawsze. Z wdzięcznością za jego poparcie, aktywność i sympatię dla Klubu Zarząd przyznał mu Honorowe Członkostwo. Natomiast Tomka będziemy na pewno mieli okazję oklaskiwać w przyszłości. Niedawno ożeniony z prześliczną Julcią, osiadł w Santa Monice i wygląda na to, że zapuścił korzenie w Kalifornii na dobre.

*Roman Czarny, Jolanta Zych, Tomasz Krzysztofik i Jacek Serafin.*

Po wakacjach spotkaliśmy się znowu w domu Państwa Czajkowskich z amerykańskim historykiem sztuki Prof. **Jan Cavanaugh**. Profesor Canavaugh darzy szczególnym zainteresowaniem malarstwo z okresu Młodej Polski. Napisała na ten temat książkę wydaną przez UC Press. Nasi członkowie przyczynili się do publikacji, wspierając ją finansowo. W imieniu naszego Klubu, Zarząd przekazał na konto UC Press sumę w wysokości $700. Oto lista ofiarodawców: pp. Antczak, pp. Fromm, pp. Łowkis, pp. Świder, pp. Brzezińscy, pp. Korzeniowscy, pp. Malescy, p. Sterling, pp. Cybulscy, pp. Kachelscy, pp. Nesser, p. Szupińska, pp. Czajkowscy, pp. Kowalscy, p. Postal, pp. Szwaglis, p. Dunkan, pp. Klimczak, p. Podkański, pp. Wagner, p. Grubiński, pp. Kuszta, pp. Piłatowicz, pp. Zagner, p. Gąssowski, pp. Konopelscy, pp. Rózga, pp. Zych.

Na tymże spotkaniu pożegnaliśmy Państwa **Anię** i **Tomasza Trafasów**, którzy to podczas całej swojej sześcioletniej kadencji w Konsulacie RP, brali aktywny udział w działalności naszego Klubu. Im również, w dowód wdzięczności Zarząd przyznał Honorowe Członkostwo.

Październikowe spotkanie odbyło się w nowym domu Państwa Wydżgów, tematem był „Theatrum Gedanese". Od Prof. dr **Jerzego Lemona**, wykładowcy Filologii Angielskiej na Uniwersytecie Gdańskim, założyciela Fundacji Odbudowy Teatru Gdańskiego dowiedzieliśmy się interesujących szczegółów historycznych o związkach Gdańska i jego teatru z teatrem Szekspirowskim w Anglii.

W listopadzie ponownie gościliśmy **Jerzego Kopczewskiego**, tym razem w monodramie *Ferdydurke, czyli dzieckiem podszyty* Witolda Gombrowicza.

Rok 1997 zakończyliśmy spotkaniem muzycznym. Tym razem w świątecznie udekorowanym domu Państwa Moniki i Davida Lehman słuchaliśmy muzyki kameralnej w wykonaniu **Marka Szpakiewicza** – wiolonczela i **Jacka Rózgi** – fortepian.

Nowy Rok zgodnie z tradycją rozpoczął się wieczorem poświęconym polskim zwyczajom świąteczno-noworocznym. W wypełnionym po brzegi domu Państwa Wydżgów słuchaliśmy polskiej poezji i prozy okolicznościowej z XIX wieku, w wykonaniu **Elżbiety Libel, Jacka Świdra** i **Tadeusza Bociańskiego**. Oprawę muzyczną zapewnił **Jacek Rózga, Ania Brisco** i **Maya Piłatowicz**. Całość wyreżyserowała Marysia Piłatowicz. Na tymże spotkaniu Konsul Generalny RP Maciej Krych wręczył Krzyże Kawalerskie Orderu

Zasługi Rzeczpospolitej Polskiej przyznane za wieloletnią działalność na rzecz kultury polskiej Tadeuszowi Bociańskiemu, Zosi Czajkowskiej, Marysi Piłatowicz i niżej podpisanemu. Również w styczniu przy współpracy Agencji Polart, zorganizowaliśmy **Bal Przyjaciół**. Zabawne zaproszenia, elegancki hotel Miramar/Sheraton (gdzie ponoć jeszcze są ślady naszej patronki Heleny M.), wykwintny obiad, piękne panie, wytworni panowie, kontrowersyjna muzyka, zabawa do pierwszej rano. Prawidłowe zakończenie karnawału.

W lutym 1998 r., z okazji obchodów 200-nej rocznicy urodzin Adama Mickiewicza mieliśmy prawdziwą ucztę duchów. Na dużym ekranie oglądaliśmy spektakl telewizyjny *Dziady* w reżyserii Jana Englerta, którego premiera odbyła się w Polskiej TV zaledwie cztery miesiące wcześniej. Ponad trzy godzinna projekcja uwieńczona została spotkaniem z samym reżyserem i dyskusją. Wieczór ten na długo pozostanie w pamięci naszych członków i gości.

Ostatnim spotkaniem drugiego roku, które odbyło się pod egidą obecnego Zarządu był wieczór autorski Harvey Sarner'a poświęcony jego niedawno wydanej książce pt. *General Anders and the Soldiers of the 2nd Polish Corps*. Spotkanie doszło do skutku dzięki współpracy z Bogdanem Oppenheimem i miało miejsce na Loyola Marymount University. Wywiad i dyskusję z autorem poprowadził Prof. Andrzej Korboński.

*Spotkanie 4 października. Od lewej: Edward Piłatowicz, Ewa Chodkiewicz-Świder, Państwo Wydżga, Jacek Świder.*

Dokładne sprawozdania ze spotkań jak i wiele zdjęć mogą Państwo znaleźć na naszej stronie internetowej. www.modjeska.org. Dzięki talentowi i pracy naszego Dyrektora Artystycznego – Ewy Chodkiewicz-Świder nasz Klub ma bardzo bogatą i zawsze uaktualnioną stronę w tym najnowszym środku informacji. Gorąco polecam zaglądanie, komentowanie i propagowanie tej domeny.

Korzystam z okazji i bardzo gorąco chcę podziękować wszystkim członkom Zarządu, bez których pomysłowości, poświęceniu i pracowitości Klub i Zarząd nie mógłby istnieć: Jackowi Świdrowi, Tomkowi Kachelskiemu, Joli Zych, Klarze Konopelskiej, Tadkowi Podkańskiemu, Ewie Chodkiewicz-Świder, i Marysi (mojej lepszej połowie), jak również wszystkim tym, którzy czynnie pomagali w przygotowaniu spotkań.

*Bal Przyjaciół, 1998. Bolesław Wydżga, Jolanta Zych, Krystyna Kuszta, Krystyna Wydżga, Tadeusz Bociański.*

Chciałbym również podziękować gospodarzom domów, którzy przyjmowali nasz Klub: Państwu Krysi i Bolkowi Wydżgom, Państwu Monice i Ivanowi Nesser, Państwu Monice i Davidowi Lehman, Państwu Zosi i Witkowi Czajkowskim, Państwu Elżbiecie i Janowi Iwańczyk, Panu Stefanowi Grubińskiemu, i Pani Wandzie Gwoździowskiej. Dzięki zapałowi członków i Zarządu nasz Klub może się poszczycić swoimi osiągnięciami jak i zabezpieczyć swoją przyszłość.

Dziękuję za zaufanie, jakim obdarzyliście mnie Państwo dwa lata temu i za dwa wspaniałe lata pracy z Wami.

*Edward J. Piłatowicz*
*Prezes 1996-1998*

# 25 LAT TEMU…
## Wspomnienia Edwarda Piłatowicza, Prezesa 1996-1998

……jako Prezes naszego Klubu miałem szczęście pracować z wyjątkowo dynamiczną grupą ludzi. Zbliżała sie 25 rocznica istnienia Klubu Kultury im. Heleny Modrzejewskiej w Los Angeles. Zarząd doszedł do wniosku, że należy to uczcić tak aby stało się to wyjątkowym wydarzeniem w historii Klubu. Postanowiliśmy zostawić trwały ślad działalności Klubu w postaci publikacji.

Przygotowania zabrały parę miesięcy ale uwieńczone zostały 65 stronicową broszurą pod tytułem „Pierwsze 25 lat….". Wydając tę broszurę nie przypuszczaliśmy, że stanie się ona wizytówką naszej organizacji na następne kilkanaście lat, że nasi prelegenci i goście z Polski będą ją zabierać do kraju na pamiątkę. Oprócz tej publikacji urządziliśmy rocznicowy bal, można powiedzieć na „cztery fajerki", w dużej sali balowej hotelu Sofitel w Beverly Hills. To właśnie na tym balu Klub nasz otrzymał odznaczenie honorowe „Zasłużony dla kultury polskiej" przyznane Klubowi przez Ministra Kultury Rzeczpospolitej Polskiej. Odznaczenie odebrali z rąk Konsula Generalnego RP w Los Angeles wszyscy ówcześnie żyjący Prezesi Klubu: Jerzy Gąssowski, Tadeusz Bociański, Witold Czajkowski, Zofia Czajkowska i ja.

Wśród bardziej lub mniej interesujących spotkań klubowych tamtych czasów, warto jest wspomnieć o jednym, nietypowym. Tomasz Skotnicki, ówczesny członek Klubu, prowadził wtedy stadninę koni arabskich w ślicznej dolinie Santa Ynez. Zaprosił on wszystkich członków Klubu do spędzenia tam niedzieli. Podczas dnia członkowie Klubu zaznajomili się z arkanami prowadzenia hodowli koni arabskich (w większości pochodzenia polskiego). Częścią prezentacji był pokaz sztucznego zapładniania arabskiej kobyły, do którego (do pokazu, a nie do zapładniania) Tomek poprosił Konsula Generalnego Macieja Krycha i mnie o pomoc. Ponoć fama poszła w świat, że Konsul Generalny i ja spłodziliśmy konia.

Dwadzieścia pięć lat temu nasz Klub otworzył się na świat, gdy powstał portal internetowy aktywny do dziś, www.modjeska.org. Nie można również wspominać poprzednich 25 lat działalności Klubu bez wzmianki o spektaklach wyreżyserowanych przez moją żonę, Marysię Piłatowicz i wystawionych siłami członków Klubu jak np. *Pastorałka* Leona Schillera, *Piernikalia* czy *Historyjki Grudniowe*. Wszystkie te ważne w życiu Klubu wydarzenia zmaterializowały się tylko i wyłącznie dzięki zaangażowaniu i pracy członków Zarządu. Życzę wszystkim kolejnym Prezesom aby mieli takich entuzjastycznych i pracowitych członków Zarządu jakich miałem ja.

Wkrótce Klub będzie celebrował „Pierwsze 50 lat…". Serdecznie gratuluję obecnej Pani Prezes i całemu Zarządowi oraz dziękuję wszystkim tym, którzy przyczynili się do 50-ciu lat owocnej działalności organizacji. Klubowi zaś życzę tradycyjne „STO LAT".

*Edward Piłatowicz*
*Prezes Klubu 1996-1998*
*Maj 2021*

*W górze po prawej: Prezes Edward Piłatowicz z Janem Englertem, luty 1998; po lewej: Prezes przedstawia gospodarzy w Stadninie Państwa Skotnickich, maj1997.*

## SPOTKANIA PODCZAS KADENCJI PREZES JOLANTY ZYCH, 1998-2000

- **3 maja 1998** – Walne Zebranie Sprawozdawczo-Wyborcze
- **31 maja 1998** – Spotkanie z reżyserem Jerzym Skolimowskim
- **27 czerwca 1998** – Spotkanie z prof. Andrzejem Zakrzewskim, Ministrem Kultury i Sztuki
- **27 września 1998** – Wieczór z Jazzem: Los Angeles Jazz Quartet
- **17 października 1998** – Spotkanie z red. Michałem Maliszewskim, z telewizji polskiej
- **21 listopada 1998** – Twórczość Zbigniewa Herberta
- **5 grudnia 1998** – Klinika Śmiechu, spotkanie z Janem Pietrzakiem
- **17 stycznia 1999** – „Wyzwania stojące przed Polską u progu jej wstąpienia w struktury zachodnie", spotkanie z Biskupem Tadeuszem Pieronkiem, dziennikarzami Adamem Michnikiem i Krzyszofem Kozłowskim
- **30 stycznia 1999** – Spotkanie *Kolędy Polskie* Witolda Lutosławskiego
- **27 lutego 1999** – Recital Barbary Hesse-Bukowskiej i Macieja Piotrowskiego
- **13 marca 1999** – Spotkanie z Rafałem Olbińskim
- **2 maja 1999** – Spotkanie z Jerzym Hoffmanem, Jerzym Michalukiem i odtwórcą roli Skrzetuskiego Michałem Żebrowskim z okazji premiery filmu *Ogniem i mieczem*
- **15 maja 1999** – Spotkanie z Agnieszką Holland
- **5 czerwca 1999** – Koncert Kevina Kennera
- **12 września 1999** – Wieczór Muzyki Kameralnej
- **17 października 1999** – Wystawa polskiego plakatu filmowego, *Western Amerykański*
- **16 października 1999** – Spotkanie z reżyserem Stanisławem Szlachtyczem
- **13 listopada 1999** – Spotkanie z aktorką Magdą Zawadzką
- **20 listopada 1999** – Spotkanie z aktorem Danielem Olbrychskim
- **22 stycznia 2000** – Spotkanie z aktorem Mieczysławem Gajdą
- **12 lutego 2000** – Bal Karnawałowy
- **25 marca 2000** – *OSKAR 2000*, wieczór z reżyserem Andrzejem Wajdą
- **29 kwietnia 2000** – *Wyprawa do Siedmiu Bogów*, spotkanie ze Sławkiem Łobodzińskim

# SPOTKANIA W OKRESIE MAJ 1998 – CZERWIEC 1999

W dniu Konstytucji 3 maja 1998 roku wybrano nowy **Zarząd Klubu** w składzie: Jolanta Zych, Tadeusz Podkański, Tomasz Kachelski, Klara Konopelska†, Krystyna Kuszta, Andrzej Łowkis, Jacek Rózga, Alicja Szwaglis i Krystyna Okuniewska.

*Prof. Andrzej Zakrzewski, Minister Kultury i Sztuki, 27 czerwca 1998 r.*

W maju 1998 roku w sali kinowej The Directors Guild of America odbyło się spotkanie z **Jerzym Skolimowskim**, połączone z projekcją jego filmu *Ręce do góry*, zorganizowane przez Zarząd Klubu i Konsulat Generalny Rzeczpospolitej Polskiej. Rozmowę z reżyserem poprowadził Jacek Rózga.

W czerwcu Marysia i Edward Piłatowicz gościli członków Klubu na spotkaniu z profesorem **Andrzejem Zakrzewskim**, które poprowadził profesor **Andrzej Korboński**. Nasz gość, wówczas poseł do Sejmu i przewodniczący Komisji Łączności z Polakami za Granicą, obecnie zajmuje stanowisko ministra kultury i sztuki. Padło wiele pytań dotyczących sytuacji politycznej w kraju oraz doświadczeń profesora na stanowisku ministra stanu w kancelarii Lecha Wałęsy.

Po przerwie wakacyjnej spotkaliśmy się we wrześniu przy blasku świec w pięknym ogrodzie Krysi i Bolka Wydżgów na Wieczorze z Jazzem w wykonaniu **Los Angeles Jazz Quartet** z jego liderem Darkiem Oleszkiewiczem. Rozmowę z Darkiem poprowadziła Marysia Piłatowicz.

W październiku u Zosi i Witka Czajkowskich spotkaliśmy się z redaktorem naczelnym *Panoramy*, uznanej za najlepszy program informacyjny Telewizji Polskiej, **Michałem Maliszewskim**, obecnie szefem działu wiadomości programu I. W rozmowie z Tadeuszem Bociańskim podzielił się wspomnieniami z pracy na stanowisku komentatora politycznego, będącego świadkiem przemian politycznych w świecie podczas ostatnich 10 lat.

Pod koniec listopada odbył się u Moniki i Davida Lehman wieczór poświęcony twórczości jednego z najwybitniejszych polskich poetów, zmarłego niedawno **Zbigniewa Herberta**. Jego poezje i prozę poetycką recytowali **Elżbieta Liebel, Tadeusz Bociański i Andrzej Łowkis** na tle muzyki w wykonaniu Carlosa Velasco.

*Z Michałem Maliszewskim rozmawia Tadeusz Bociański. Po prawej: Jola Zych, Jan Pietrzak i Tadeusz Bociański.*

W grudniu mieliśmy okazję gościć w Klubie w siedzibie POLAM - Polish Credit Union znanego artystę kabaretowego, pamiętanego z występów w Hybrydach i Kabarecie pod Egidą, **Jana Pietrzaka.** Pełne humoru monologi przeplatane piosenkami wywoływały burze śmiechu i niekończące się oklaski.

W połowie stycznia u Państwa Czajkowskich odbyło się spotkanie z wybitnymi twórcami polskiej polityki współczesnej, których nazwiska są znane wszystkim Polakom: **Biskupem Tadeuszem Pieronkiem**, redaktorem naczelnym „Gazety Wyborczej" **Adamem Michnikiem** i senatorem, wieloletnim redaktorem „Tygodnika Powszechnego", **Krzysztofem Kozłowskim**. Tematem dyskusji, którą poprowadził Tadeusz Bociański, był stosunek społeczeństwa do przewidywanych konsekwencji przystąpienia Polski do ekonomicznych struktur Europy Zachodniej.

W ostatnią sobotę stycznia zgodnie z klubową tradycją w pięknie udekorowanym salonie Państwa Wydżgów odbył się program świąteczno-noworoczny. Tym razem był to wieczór kolęd **Witolda Lutosławskiego** przygotowany przez **Jacka Rózgę**. Było to znamienne wydarzenie kulturalne: prawdopodobnie pierwsze wykonanie tych kolęd na kontynencie amerykańskim. Piękna, aczkolwiek trudna muzyka była zaprezentowana niezwykle profesjonalnie przez Jolantę Tensor, Jacka Rózgę i Marka Szpakiewicza. Niezapomniany wieczór.

W lutym w salonie Państwa Wandy i Stefana Wilków odbył się koncert znakomitych polskich artystów: **Barbary Hesse-Bukowskiej** i **Macieja Piotrowskiego**. Większość członków Klubu znała wykonawców koncertu od wielu lat z nagrań oraz programów radiowych. Muzyka żywa jest jednak niezastąpiona, szczególnie w tak wspaniałym wykonaniu legendarnej już polskiej pianistki.

W marcu znów spotkanie z artystą, tym razem światowej sławy grafikiem i malarzem **Rafałem Olbińskim**. Plakaty i obrazy Olbińskiego znalazły międzynarodowe uznanie zarówno krytyków jak i szerokiej publiczności. Barwne reminiscencje Olbińskiego na temat jego drogi życiowej i twórczości w rozmowie z profesorem Leonardem Konopelskim łatwo trafiły do słuchaczy. Gościny udzielili jeszcze raz Państwo Piłatowiczowie.

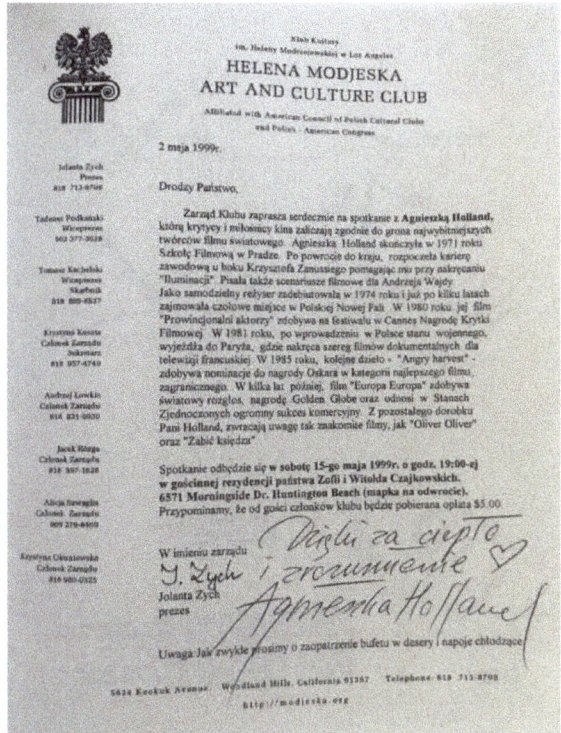

W maju odbyły się dwa spotkania z twórcami filmowymi. W sali POLAM-Polish Federal Credit Union gościliśmy twórców *Ogniem i mieczem*, przybyłych do Los Angeles na prapremierę amerykańską tego filmu. Mieliśmy okazję porozmawiać nie tylko z reżyserem **Jerzym Hoffmanem**, lecz również producentem filmu, **Jerzym Michalukiem** i odtwórcą roli Skrzetuskiego **Michałem Żebrowskim**. Zbigniew Nyczak, który pędzlem dokumentował powstawanie filmu, sprowokował pytaniami wiele ciekawych wspomnień.

Drugie majowe spotkanie to wieczór z **Agnieszką Holland**. Niesłychanie żywe i inspirujące wydarzenie. Nie tylko dlatego, że pani Agnieszka jest jedną z najwybitniejszych postaci współczesnej kinematografii, lecz także bardzo interesującą osobą. Czekamy z niecierpliwością na jej kolejny film *Trzeci cud*. Spotkanie u niezawodnych Państwa Czajkowskich poprowadził Andrzej Maleski.

Ostatnie spotkanie tego roku, poświęcone obchodom Roku Chopina odbyło się u Państwa Wilków. 150 rocznica śmierci naszego genialnego rodaka jest wydarzeniem międzynarodowym. Szczególne znaczenie miał więc koncert światowej sławy pianisty amerykańskiego **Kevina Kennera**, który związany jest z Polską przez studia w Akademii Muzycznej w Krakowie i zdobycie w 1990 roku pierwszej nagrody w Konkursie Chopinowskim w Warszawie. Pani Wanda Wilk poprzedziła występ pianisty krótką opowieścią o jego życiu i osiągnięciach artystycznych. Wieczór był zorganizowany wspólnie przez nasz Klub i stowarzyszenie Friends of Polish Music.

*Wanda Wilk, Kevin Kenner, Jolanta Zych, czerwiec 1999.*

W listopadzie 1998 roku ponieśliśmy ogromną stratę. Zmarła nagle **Klara Konopelska**, członek Zarządu, zasłużona od wielu lat dla Klubu, a przede wszystkim wspaniała, obdarzona głęboką kulturą, pełna wdzięku i dobroci kobieta, na którą zawsze można było liczyć. Aby zapełnić powstałą lukę poprosiliśmy do udziału w pracy w Zarządzie Klubu **Alę Szwaglis i Krysię Okuniewską**. Więcej informacji na temat spotkań i gości Klubu mogą Państwo znaleźć na naszej stronie internetowej pod adresem: http://modjeska.org. Dziękujemy serdecznie Ewie Świder, której zaangażowaniu zawdzięczamy istnienie tej strony. Dziękujemy również wszystkim członkom i sympatykom Klubu imienia Heleny Modrzejewskiej, którzy przyczynili się do realizacji powyższego programu.

*Krystyna Kuszta*
*Sekretarz Klubu*

# SPOTKANIA W OKRESIE WRZESIEŃ 1999 – CZERWIEC 2000

Kadencja obecnego Zarządu dobiegła końca. W drugim roku naszej działalności zorganizowaliśmy dziewięć spotkań. Po wakacyjnej przerwie we wrześniu 1999 roku u Państwa Krystyny i Bolesława Wydżgów odbył się kolejny wieczór muzyki kameralnej zorganizowany przez **Jacka Rózgę.** Wystąpili **Hubert Pralicz**, znakomity skrzypek z Polski i znany nam z poprzednich występów wiolonczelista **Marek Szpakiewicz**. Na fortepianie grał nasz niezastąpiony Jacek Rózga. Interesujący program i maestria wykonania zostały docenione przez publiczność, która domagała się szeregu bisów. Tego wieczoru pożegnaliśmy ustępującego Konsula Generalnego Polskiej Rzeczpospolitej **Macieja Krycha** i jego małżonkę Renatę. Przez cztery lata służyli oni Klubowi życzliwą radą i pomocą. Jola Zych podziękowała im serdecznie, wręczając im dyplomy honorowych członków Klubu.

*Jacek Rózga, skrzypek Hubert Pralicz i wiolonczelista Marek Szpakiewicz.*

W październiku Autry Museum of Western Heritage wraz z Fundacją Kościuszkowską zaprosiły nasz Klub do wzięcia udziału w spotkaniu z wybitnymi twórcami polskiego plakatu. Spotkanie odbyło się w muzeum trzy dni po uroczystym otwarciu wystawy pod tytułem *Western Amerykański: Polish Poster Art and the Western* przedstawiającej twórczość artystów okresu powojennego – od końca lat czterdziestych do początku lat dziewięćdziesiątych. Na uroczystość otwarcia wystawy przybyło kilkuset amerykańskich i polskich miłośników polskiej sztuki plakatowej. Wystawę otworzył nowy Konsul Generalny Rzeczpospolitej Polskiej w Los Angeles, **Krzysztof Kasprzyk**.

*Rozmowę z Magdą Zawadzką prowadzi Tadeusz Bociański*

W listopadzie Państwo Zofia i Jerzy Korzeniowscy udzielili gościny członkom Klubu podczas spotkania ze znaną aktorką teatralną i filmową, **Magdą Zawadzką**. Pani Magda zarecytowała dwie ballady Adama Mickiewicza *Romantyczność* i *Świtezianka*, a następnie podzieliła się ze słuchaczami wspomnieniami ze swego interesującego życia. Z dużym poczuciem humoru opowiedziała anegdoty o słynnych kolegach i koleżankach. Rozmowę z aktorką poprowadził Tadeusz Bociański.

I znów tydzień później mieliśmy okazję spotkania z kolejnym znakomitym przedstawicielem polskiej kultury, **Danielem Olbrychskim**. Wspaniały i ogromnie popularny aktor filmowy i teatralny przyjechał do Los Angeles na krótko, żeby wziąć udział w amerykańskiej premierze *Pana Tadeusza*. Podczas niezapomnianego spotkania Olbrychski recytował poezje, opowiedział o swojej karierze artystycznej, podzielił się z publicznością refleksjami na temat ważnych wydarzeń w jego życiu i osób które wywarły na nie wpływ. Po raz kolejny gościny udzielili nam Państwo Krysia i Bolek Wydżgowie.

W grudniu ubiegłego roku **Jacek Rózga** zrezygnował z funkcji członka zarządu. Dziękujemy Jackowi serdecznie i mamy nadzieję, że jego talent i smak artystyczny jeszcze niejeden raz przyczynią się do uświetnienia klubowych spotkań.

Pierwsze w nowym roku spotkanie Klubu o tematyce świątecznej odbyło się już tradycyjnie w salonie Państwa Krysi i Bolka Wydżgów. Gościem Klubu był popularny aktor **Mieczysław Gajda**. W programie klubowym recytował utwory o tematyce świątecznej, oraz podzielił się wspomnieniami ze współpracy z wieloma wybitnymi aktorami scen warszawskich. W części muzycznej Jola Tensor pięknie zaśpiewała bliskie naszym sercom kolędy. Janusz Supernak, profesor uniwersytetu w San Diego i utalentowany muzyk, akompaniował pani Joli i również zaśpiewał kilka wzruszających kolęd własnej kompozycji.

W odpowiedzi na liczne prośby członków Klubu zorganizowaliśmy kolejny **Bal Karnawałowy** o nazwie *Bal pod koniec...* Odbył się on w jednej z sal balowych hotelu Sofitel w Beverly Hills, pięknie udekorowanej na tę okazję przez Krysię Okuniewską i Adama Zycha. Sądząc z reakcji wielu uczestników był on imprezą udaną. Złożyła się na to praca komitetu organizacyjnego w składzie: Helena Kołodziej, Leonard Konopelski, Krystyna Kuszta, Jadzia Łowkis, Krystyna Okuniewska, Tadeusz Podkański, Ala Szwaglis oraz Jola i Adam Zychowie, którym serdecznie dziękujemy. Specjalnym gościem wieczoru był Konsul Roman Czarny.

Bardzo dużym wydarzeniem w życiu kulturalnym Polaków była nagroda Oskara przyznana **Andrzejowi Wajdzie**. Dzięki zatem szczęśliwemu zbiegowi okoliczności wspomaganym dyplomatycznymi zabiegami wielu osób mieliśmy niekłamaną przyjemność uczestniczenia w spotkaniu z panem Wajdą, dosłownie na kilkanaście godzin przed oficjalnymi uroczystościami wręczania Oskarów. Oczywiście gorące słowa podziękowania należą się samemu Mistrzowi, który mimo szczelnie wypełnionego programu pobytu znalazł jednak sporo czasu na spotkanie z południowo-kalifornijską Polonią w rezydencji Państwa Wydżgów.

W kwietniu wieloletni członek Klubu, **Sławek Łobodziński**, zaprezentował audiowizualny reportaż z wysokogórskiej wyprawy, której celem był trawers systemu lodowcowego Biaffo-Hispar. Sławek, który uczestniczył w wielu wyprawach na najwyższe góry świata, jest wspaniałym gawędziarzem. Barwne opowieści sprowokowały ciekawą dyskusję słuchaczy licznie zgromadzonych w domu Państwa Marysi i Edwarda Piłatowiczów. Obecny na spotkaniu Konsul Generalny Rzeczpospolitej Polskiej Krzysztof Kasprzyk oznajmił zgromadzonym, że wieloletni, ogromnie zasłużony członek zarządu, pełniący „od zawsze" funkcję skarbnika, **Tomek Kachelski** zostanie odznaczony Krzyżem Kawalerskim Orderu Zasługi RP. Uroczystość ta odbyła się tydzień później podczas obchodów Święta Konstytucji 3 Maja organizowanego przez Konsulat i Oddział Południowy Kongresu Polonii Amerykańskiej. Wielu członków Klubu wzięło udział w uroczystościach i gratulowało Tomkowi tak wysokiego odznaczenia. W czerwcu odbyło się Walne Zebranie na którym ponownie wybrano obecny zarząd z wyjątkiem Ali Szwaglis. Ala, po blisko dwóch latach ofiarnej, zawsze wykonywanej z uśmiechem pracy, postanowiła nie kandydować.

Nasza klubowa strona internetowa: http://modjeska.org juz od trzech lat przynosi zainteresowanym sporo informacji dotyczących naszego Klubu. Jest to możliwe dzięki niezwykłemu zaangażowaniu **Ewy Świder**, której przy tej okazji chcielibyśmy serdecznie podziękować. Rok temu Ewa zaproponowała rozszerzenie profilu strony i zawiązanie Zespołu Redakcyjnego Internetowej Strony Klubowej. Z listą członków zespołu mogą się państwo zapoznać na internecie. Z inicjatywy członków Klubu powstały działy takie jak Poznajmy się czyli Who is Who oraz Moim zdaniem.../Forum Klubowe. Zapraszamy członków Klubu do współpracy.

Podczas ubiegłej kadencji Klub miał swój udział w sponsorowaniu kilku wydarzeń artystycznych i organizacji kulturalnych: stowarzyszenia Friends of Polish Music, wystawy grupy artystycznej Krak, premiery *Pana Tadeusza*, Festiwalu Filmu Polskiego, oraz wystawy połączonej ze sprzedażą dzieł polskich lokalnych artystów na rzecz pomocy Tomaszowi Misztalowi. Klub współpracował owocnie z Konsulatem RP w Los Angeles, Salonem Artystycznym w San Diego, Friends of Polish Music oraz Kościuszko Foundation.

Dziękujemy serdecznie gospodarzom naszych spotkań, naszym sponsorom: Lenie i Jerzemu Wagnerom, Helenie i Stanleyowi Kołodziejom, Krzysztofowi Hillerowi i POLAM Credit Union, Annie Holland i PeKaO oraz wszystkim członkom i sympatykom Klubu imienia Heleny Modrzejewskiej, którzy przyczynili się do realizacji powyższego programu. Zarząd Klubu działał w składzie: Jolanta Zych, Tadeusz Podkański, Tomasz Kachelski, Krystyna Kuszta, Andrzej Łowkis, Jacek Rózga, Alicja Szwaglis i Krystyna Okuniewska.

*Krystyna Kuszta*
*Sekretarz Zarządu*

*Spotkanie z Joanną Bruzdowicz: Lila Dowen, Joanna Bruzdowicz, Helena Kołodziey, Jolanta Zych, Halina Biel.*

# SPOTKANIA PODCZAS KADENCJI PREZES JOLANTY ZYCH, 2000-2002

## SPOTKANIA W OKRESIE CZERWIEC 2000 – CZERWIEC 2001

4 czerwca 2000 roku kolejne **Walne Zebranie** Klubu im. Heleny Modrzejewskiej odbyło się w Tara Hill Club House w Culver City przy nadspodziewanie dużej frekwencji (54 osoby). Wyłoniona Komisja Skrutacyjna ogłosiła wyniki głosowania. Sposród 154 uprawnionych osób, karty do głosowania przysłało 80 członków Klubu, którzy wybrali na okres kadencji 2000-2001 Zarząd w następującym składzie: Prezes: Jola Zych, Wiceprezes: Tadeusz Podkański, Wiceprezes / Sekretarz: Krystyna Kuszta, Skarbnik: Tomasz Kachelski, Członkowie Zarządu: Andrzej Łowkis i Krystyna Okuniewska.

Pierwsze spotkanie w nowym sezonie spotkało się z niezwykle gorącym przyjęciem tłumnie zgromadzonych członków Klubu i zaproszonych gości. Był to program kabaretowy zatytułowany *Piernikalia czyli pochwała wieku dojrzałego*. W przedstawieniu, wyreżyserowanym przez **Marysię Piłatowicz,** wzięli udział nasi utalentowani artyści: Jadzia Łowkis, Ewa Świder, Pani reżyser, Tadeusz Bociański, Tomek Kachelski, Andrzej Łowkis, Edward Piłatowicz i Jacek Świder. W roli wnuczki wystąpiła Jola Tensor. Artystom akompaniował Jacek Rózga. Nie sposób opisać w paru słowach ten przezabawny spektakl. Bardziej szczegółowy opis autorstwa Andrzeja Maleskiego można znaleźć na stronie klubowej. Serdeczne gratulacje i podziękowania należą się Marysi Pilatowicz, *spiritus movens* całego przedstawienia. Gościny udzielili nam Państwo Liliana i Stefan Sznajder.[3]

Po wakacyjnej przerwie, 10 września 2000 gościliśmy **Joannę Szczepkowską**. Tym razem Pani Joanna w spektaklu jednego aktora zaprezentowała szereg własnych tekstów – zabawnych i refleksyjnych zarazem. Pani Joanna jest bardzo uzdolnioną osobą o szerokich zainteresowaniach i niebanalnych poglądach. Po spektaklu odbyła się rozmowa z widzami, równie interesująca jak samo przedstawienie. Gospodarze spotkania Krysia i Artur Okuniewscy wspaniale zadbali o to, aby wszyscy czuli się komfortowo.

W październiku mieliśmy spotkanie z **Jerzym Stuhrem**, znanym aktorem i reżyserem, który zaprezentował film *Duże zwierzę* według szkicowego scenariusza Krzysztofa Kieślowskiego.[4] Po projekcji rozmowę z Panem Stuhrem poprowadził Krzysztof Wojciechowski. Spotkanie odbyło się w domu państwa Zosi i Witolda Czajkowskich.

---

[3] Link do video: (https://www.youtube.com/watch?v=wUdu26Hj4oM&list=UUhDbD-sbHpJuS1e8HJ_dnlQ)

[4] Zob. Jadwiga Inglis, "Spotkanie z aktorem i reżyserem Jerzym Stuhrem", "Głos" 16 listopada 2000, s. 7.

W listopadzie odbył się pierwszy program muzyczny sezonu. Tym razem był to koncert jazzowy w wykonaniu znanego członkom Klubu, jednego z najlepszych zespołów na zachodnim wybrzeżu, **Los Angeles Jazz Quartet** Darka „Oles" Oleszkiewicza. Koncert odbył się w pięknie udekorowanej przez Janka Sytnika i Adama Zycha sali POLAM-u.

Grudzień to okres przedświątecznych przygotowań. Stosownie do okazji w grudniowym spotkaniu **Jan Englert** zaprezentował sztukę pod tytułem *Św. Mikołaj*. Ten piękny wieczór zawdzięczamy Tadeuszowi Bociańskiemu, który nie tylko sprowadził Jana Englerta do Los Angeles, ale również udzielił gościny w domu klubowym. Dzięki ogromnemu wkładowi pracy naszych dzielnych członkiń, spotkaliśmy się w pięknie udekorowanej sali przy stołach zastawionych świątecznymi przysmakami. Dyskusja dotyczyła nie tylko wystawionej sztuki. Pan Englert jest nie tylko twórcą teatralnym i pedagogiem w Warszawskiej Wyższej Szkole Teatralnej, ale również znanym działaczem społecznym i kulturalnym. Odpowiadał ze swadą na liczne pytania i przekazał klubowiczom niebanalne obserwacje na temat stanu kultury w Polsce. W grudniu w skład Zarządu weszli Helena Kołodziej i Jarek Klimczak.

*Spotkanie z Krzysztofem Zanussim prowadzi Andrzej Maleski.*

Spotkania klubowe w nowym Milenium zapoczątkował niebyle jaki rarytas. Do Kalifornii przybył na promocję swojego filmu **Krzysztof Zanussi**. Jego najnowszy film *Życie jako śmiertelna choroba przenoszona drogą płciową* mieliśmy okazję oglądać parę dni przed spotkaniem. Spory tłum zebrał się tym razem u Joanny i Andrzeja Maleskich. Zanussi jest bardzo elokwentnym mówcą i ma rzadką zdolność wyzwolenia dużego zaangażowania u słuchaczy, dzięki czemu spotkanie przeciągnęło się do późnych godzin. O tym, że spotkanie było udane świadczą wciąż powracające dyskusje na tematy poruszone w czasie spotkania przez Pana Zanussiego.

Następny wieczór klubowy odbył się w marcu u Państwa Jolanty i Aleksa Wilków. Spotkanie przygotowane i świetnie poprowadzone przez Panią profesor **Maję Trochimczyk**, muzykologa i dyrektora Centrum Muzyki Polskiej przy USC poświęcone było postaci kompozytora **Romana Maciejewskiego** i jego muzyce. Odbyło się ono w 25 rocznicę amerykańskiej premiery monumentalnego dzieła Maciejewskiego *Requiem*. Podczas spotkania mieliśmy również okazję obejrzeć fragmenty filmu biograficznego *Outsider* w reżyserii Stefana Szlachtycza. Prawdziwą niespodzianką była „żywa" muzyka Maciejewskiego – trio smyczkowe „Matinata" w wykonaniu młodych, bardzo uzdolnionych muzyków, studentów USC. Miłym akcentem spotkania było przyznanie członkostwa honorowego ogromnie zasłużonym dla Klubu Ani i Tomkowi Kachelskim.

I znowu w kwietniu nasi niezawodni przyjaciele z POLAM-u udzielili nam gościny. Tym razem było to spotkanie ze znakomitym polskim artystą, **Tomaszem Misztalem**, połączone z wystawą jego prac. Wystawa składała się z dwóch części: „Malarstwo" i „Kartki z dziennika szpitalnego". Prace powstały w bardzo trudnym dla artysty okresie pobytu w szpitalu po wypadku samochodowym, któremu uległ w listopadzie 1998 roku i podczas długiej rekonwalescencji. Spotkanie z Tomaszem Misztalem poprowadził znakomity artysta i znawca sztuki, profesor Leonard Konopelski.

*Roman Czarny, Jolanta Zych, Tomasz Misztal i Leonard Konopelski.*

Podczas majowego spotkania gościliśmy **Beatę Poźniak**. Pani Beata jest nie tylko znaną aktorką filmową i telewizyjną, ale również maluje, rzeźbi, pisze sztuki teatralne, wiersze oraz jest energicznym działaczem społecznym (amerykańskie marcowe „Święto Kobiet" jest w znacznej mierze wynikiem jej akcji politycznej). Spotkanie odbyło się w siedzibie POLAM-u, gdzie wystawione były rzeźby, grafiki i obrazy artystki. Pani Beata opowiedziała nam o swojej karierze zawodowej w Polsce i w Stanach Zjednoczonych, uzupełniając opowieść fragmentami filmów i sztuk teatralnych, w których brała udział. W spotkaniu wzięli również udział jej przyjaciele z kręgów aktorskich i ugrupowań społecznych.

Sezon zakończyło spotkanie ze znanym podróżnikiem **Andrzejem Piętowskim,** 3 czerwca 2001 roku. Bardzo ciekawie opowiedział członkom Klubu o wyprawie do kanionu Colca w Ameryce Południowej, którą kierował w 1981 roku. Wyczyn ten został zapisany w księdze Guinnessa jako pierwsze przepłynięcie tego niezwykłego kanionu. Ostatnio poprowadził wyprawę AMAZON 2000 zorganizowaną przez National Geographic Society, która ustaliła położenie źródła rzeki Amazonki. Gościny udzielili Klubowi Państwo Liliana i Stefan Sznajderowie.

*Jolanta Zych i Beata Poźniak.*

W sezonie 2000-2001 Klub miał swój udział w sponsorowaniu kilku wydarzeń artystycznych i organizacji kulturalnych: Centrum Muzyki Polskiej w USC, grupy artystycznej Krak i Festiwalu Filmu Polskiego w Los Angeles. Dziękujemy serdecznie gospodarzom naszych spotkań oraz naszym sponsorom: Krzysztofowi Hillerowi i POLAM, Polish Credit Union, Barbarze Klary i Markowi Sławatyńcowi z Polskich Linii Lotniczych LOT, Zosi i Witoldowi Czajkowskim, Joasi i Andrzejowi Maleskim, Krysi i Arturowi Okuniewskim, Lilianie i Stefanowi Sznajderom, Lenie i Jerzemu Wagnerom, Jolancie i Aleksowi Wilkom,

Krzysztofowi Wojciechowskiemu, oraz wszystkim członkom i sympatykom Klubu imienia Heleny Modrzejewskiej, którzy przyczynili się do realizacji powyższego programu.

*Zarząd z aktorką – Tomasz Kachelski, Jolanta Zych, Beata Poźniak, Krystyna Kuszta, Tadeusz Podkański.*

Zarząd Klubu działał w składzie: Jolanta Zych, Tadeusz Podkański, Tomasz Kachelski, Krystyna Kuszta, Krystyna Okuniewska, Helena Kołodziej, Andrzej Łowkis i Jarosław Klimczak.

*Krystyna Kuszta, Sekretarz Zarządu*

## SPOTKANIA W OKRESIE CZERWIEC 2001 – CZERWIEC 2002

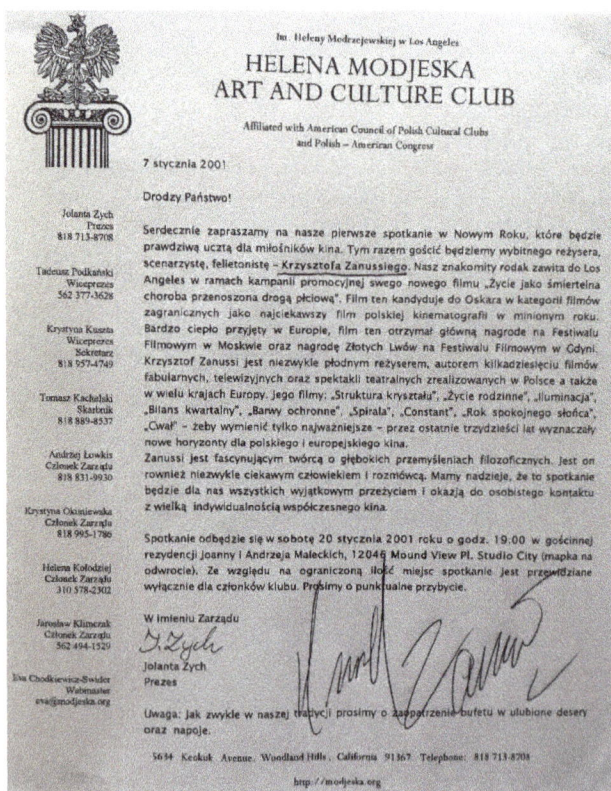

W sezonie 2001-2002 Klub brał udział w sponsorowaniu kilku wydarzeń artystycznych i organizacji kulturalnych: Polish Culture Festival, Polish American Film Society i Funduszu Zamku Warszawskiego. Jesienią 2001 roku Klub wysłał również na fundusz ofiar 11 września sumę zebraną z prywatnych składek członków. W podziękowaniu za długoletnią pracę Zarząd przyznał honorowe członkostwa Klubu Ewie Świder i Elżbiecie Bociańskiej.

Dziękujemy serdecznie gospodarzom naszych spotkań oraz naszym sponsorom: Krzysztofowi Hillerowi i Polish Credit Union, Helenie i Stanleyowi Kołodziej, Lenie i Jerzemu Wagnerom, Zosi i Witoldowi Czajkowskim, Teresie i Mikołajowi Gerutto, Monice i Dawidowi Lehman, Joasi i Andrzejowi Maleskim, Krysi i Arturowi Okuniewskim, Urszuli i Jerzemu Zagnerom, Krzysztofowi Wojciechowskiemu, oraz wszystkim członkom i sympatykom Klubu imienia Heleny Modrzejewskiej, którzy przyczynili się do realizacji powyższego programu. Zarząd Klubu działał w składzie: Jolanta Zych, Tadeusz Podkański, Tomasz Kachelski, Krystyna Kuszta, Helena Kołodziej, Krystyna Okuniewska i Andrzej Łowkis.

**Spotkanie z Wojciechem Młynarskim, 25 sierpnia 2001.** Pierwszym spotkaniem po wakacyjnej przerwie, już w sierpniu, był wieczór autorski niezwykle popularnego autora tekstów piosenek, poety i piosenkarza Wojciecha Młynarskiego. Artysta, który niedawno obchodził czterdziestą rocznicę pracy twórczej, opowiedział o swoim życiu i twórczości, cytując wiele swoich znakomitych utworów, dawniejszych i nowych, które były przyjęte przez uczestników spotkania równie gorąco, jak te znane od lat. Spotkanie odbyło się w domu Państwa Teresy i Mikołaja Gerutto.

**Wieczór z Konsulem Romanem Czarnym, 29 września 2001.** We wrześniu w pięknym ogrodzie Państwa Moniki i Davida Lehman odbył się wieczór ballad w wykonaniu utalentowanego Konsula Rzeczypospolitej Polskiej w Los Angeles, Romana Czarnego. Spotkanie poprowadził Jacek Serafin, a artyście towarzyszył na gitarze Tomasz Krzysztofik, który zaśpiewał także kilka piosenek autorstwa bohatera wieczoru.

**Spotkanie z Filipem Bajonem, 14 października 2001.** W Teatrze Magicopolis w Santa Monica udostępnionym Klubowi dzięki uprzejmości Steve i Bożeny Spill obejrzeliśmy projekcję zapisu filmowego sztuki Maryny Miklaszewskiej *Hrabia* w reżyserii znanego twórcy filmowego – reżysera, scenarzysty i pisarza Filipa Bajona. Artysta przyjechał do Los Angeles na promocję swego najnowszego filmu *Przedwiośnie*. Po projekcji odbyło się spotkanie z artystą, które poprowadził ze znajomością tematu Andrzej Maleski.

**Spotkanie z Leszkiem Długoszem, 3 listopada 2001.** Listopadowe, jesienne w nastroju spotkanie z Leszkiem Długoszem - wieczór poezji śpiewanej w wykonaniu słynnego barda krakowskiej Piwnicy pod Baranami, poety, kompozytora, aktora i publicysty. Spotkanie odbyło się w domu Państwa Zosi i Witolda Czajkowskich. Artysta zachwycił publiczność piosenkami sprzed lat i niedawno powstałymi, do których sam skomponował muzykę. Gościa Klubu przedstawił Andrzej Łowkis.

**Spotkanie z aktorem Emilianem Kamińskim, 1 grudnia 2001.** Następny wieczór klubowy odbył się w grudniu w rezydencji Państwa Krystyny i Artura Okuniewskich. Był to spektakl autorski *W Obronie Jaskiniowca* oparty na wątkach z książki Johna Graya *Men are from Mars, Women are from Venus* w wykonaniu znakomitego aktora Teatru Narodowego w Warszawie, Emiliana Kamińskiego. Przed spektaklem Tadeusz Bociański zapoznał nas z sylwetką artysty.

*Wojciech Młynarski i Prezes Jolanta Zych.*

***Pastorałka* Leona Schillera, 27 stycznia 2002.** Pierwsze spotkanie w nowym roku spotkało się z niezwykle gorącym przyjęciem tłumnie zgromadzonych członków Klubu i zaproszonych gości. Barwne przedstawienie *Pastorałki* Leona Schillera z muzyką Jana Maklakiewicza i Leona Schillera w wykonaniu Teatrzyku Dyletantów i w reżyserii naszej niestrudzonej i utalentowanej Marysi Piłatowicz odbyło się w Teatrze Magicopolis w Santa Monica. Znakomita scenografia Jana Sytnika i Wito Wójcika, olśniewające kostiumy Ewy Świder i pełna humoru gra całego zespołu sprawiły, że licznie zgromadzona publiczność bawiła się wspaniale. (Link: https://www.youtube.com/watch?v=0JLr7VoZCUE&list=UUhDbD-sbHpJuS1e8HJ_dnlQ).

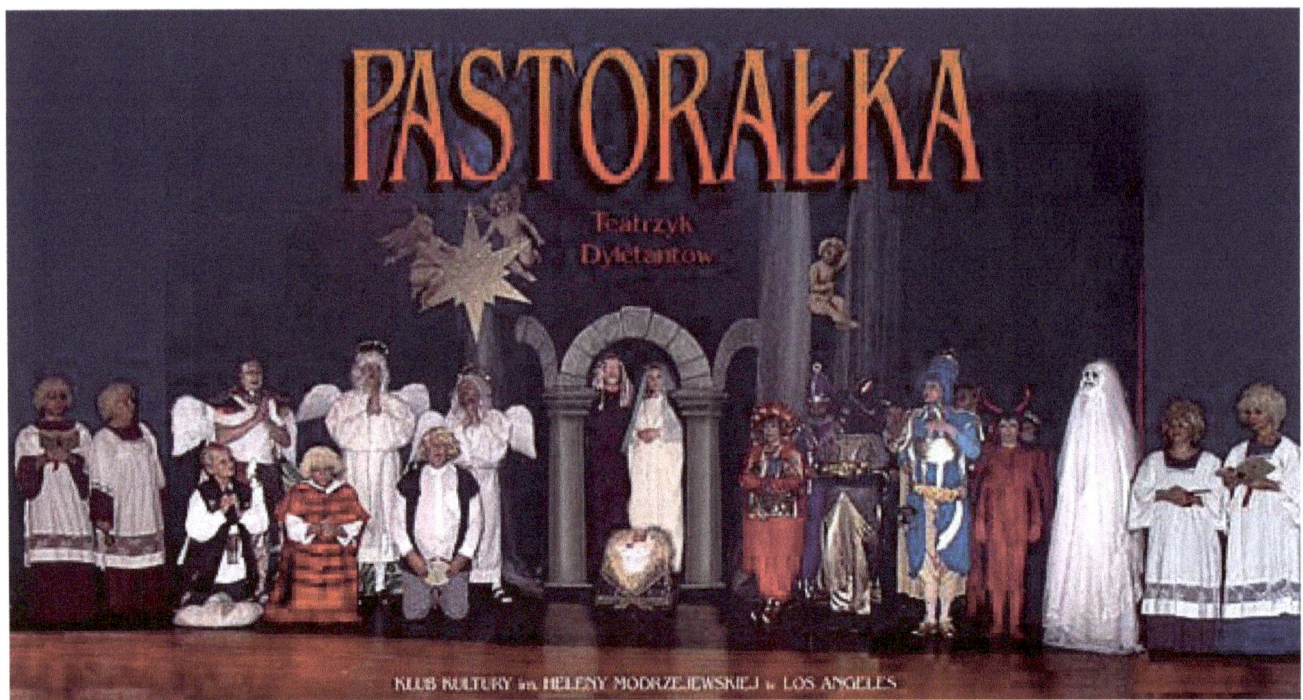

*Kuszenie Ewy (Ewa Chodkiewicz-Świder i Joanna Maleska jako Ewa).*

**Bal Trzydziestolecia, 9 lutego 2002.** Wspaniała zabawa uświetniająca 30-tą rocznicę istnienia Klubu odbyła się 9 lutego w pięknie udekorowanej przez Krysię Okuniewską i Adama Zycha sali bankietowej Lakeside Golf Club w Burbank. Wspomnieniowe kuplety w wykonaniu Tadeusza Bociańskiego i Edwarda Piłatowicza oraz występy Piotra Andrzejewskiego i gościa honorowego balu – Grażyny Szapołowskiej, dodały kolorytu imprezie. Dodatkową niespodzianką wieczoru była obecność ekipy filmowej Telewizji Polonia, która przybyła do Los Angeles, aby nakręcić film poświęcony naszemu Klubowi. Reportaż ten, zatytułowany *Tam gdzie jesteśmy – 30-lecie Klubu imienia Heleny Modrzejewskiej*, był wielokrotnie transmitowany przez TV Polonia. Link do nagrania YouTube: https://youtu.be/sEPjE_vEYS0.

*Matka Boska (Jolanta Tensor) z dzieciątkiem i Św. Józefem (Andrzej Łowkis).*

*Goście Balu, Grażyna Szapołowska i Piotr Andrzejewski (Peter J. Lucas). Wpis Szapołowskiej do Księgi Spotkań.*

**Noc czerwcowa, spotkanie z Grażyną Szapołowską, 23 lutego 2002.** Następny wieczór klubowy odbył się dwa tygodnie po balu u Państwa Zosi i Witolda Czajkowskich. Była to projekcja telewizyjnej sztuki Jarosława Iwaszkiewicza *Noc czerwcowa* w reżyserii Andrzeja Wajdy połączona ze spotkaniem z występującą w roli głównej Grażyną Szapołowską. Znana aktorka, która w trakcie pełnej sukcesów kariery artystycznej wystąpiła w 60 filmach i otrzymała ogromną ilość nagród, podzieliła się z nami wspomnieniami ze współpracy z wielkimi postaciami polskiego i europejskiego kina. Wieczór ten poprowadził Witold Czajkowski.

**Spotkanie z prof. Andrzejem Rottermundem, 24 marca 2002.** Krysia i Artur Okuniewscy udzielili gościny podczas marcowego spotkania z profesorem Andrzejem Rottermundem, przebywającym w Los Angeles na zaproszenie Los Angeles County Museum of Art. Wybitny historyk sztuki przedstawił i zilustrował przeźroczami historię Zamku Królewskiego w Warszawie, którego obecnie jest dyrektorem. Spotkanie poprowadziła kustosz LACMA, dr Monika Król.

*Adam Zagajewski czyta wiersze w Klubie. Prof. Andrzej Rottermund i Prezes Jolanta Zych.*

*Adam Zagajewski otrzymuje kwiaty od Jolanty Zych. Publiczność na spotkaniu w kwietniu 2002.*

**Spotkanie z Adamem Zagajewskim, 20 kwietnia 2002.** W kwietniu przy wyjątkowej frekwencji odbyło się u Joanny i Andrzeja Maleskich spotkanie z wybitnym współczesnym poetą i prozaikiem Adamem Zagajewskim. Podczas niezwykłego wieczoru artysta przeczytał szereg utworów, w tym kilka najnowszych, powstałych podczas pobytu w Los Angeles, oraz podzielił się refleksjami na temat swojego życia i twórczości. Rozmowę z naszym gościem poprowadziła Marysia Piłatowicz.

**Spotkanie ze Zbigniewem Rybczyńskim, 1 czerwca 2002.** Udanym zakończeniem sezonu było czerwcowe spotkanie ze Zbigniewem Rybczyńskim.[5] Znakomity twórca filmowy, który jako pierwszy Polak w 1983 roku zdobył nagrodę Oskara za film krótkometrażowy *Tango*, opowiedział o swojej twórczości i drodze życiowej. Prezentację ilustrowały fragmenty fascynujących prac artysty, które przyniosły mu światową sławę. Spotkanie poprowadził ze znakomitym rozeznaniem merytorycznym Pan Krzysztof Wojciechowski, a gospodarze spotkania Krysia i Artur Okuniewscy wspaniale zadbali o to, aby wszyscy czuli się komfortowo.

*Krystyna Kuszta, Sekretarz Zarządu*

---

[5] Jadwiga Inglis, „Zbigniew Rybczyński", „Głos/The Voice", 11 lipca 2002, s. 10-11.

*Jolanta i Adam Zych z Magdą Zawadzką. Jolanta Zych z Agnieszką Holland.*

*Jolanta Zych i aktor Emilian Kamiński. Jolanta Zych i Tadeusz Bociański.*

*Wycieczki z gośćmi to zadanie Prezesa: Magda Zawadzka w Getty Center, Wojciech Młynarski w Grand Canyon.*

# ROMAN MACIEJEWSKI – PORTRET KOMPOZYTORA

## Dr Maja Trochimczyk, prelekcja w Klubie w dniu 17 marca 2001 roku

*Wybrałam ten temat do druku ponieważ tekst jest kontynuacją tematu poruszanego w Klubie od początku, a ponadto nie był nigdzie publikowany. Inne moje wykłady dla Klubu, jak prezentacja pieśni* Liquid Light *Marty Ptaszyńskiej, czy tekst o postaci, portretach i muzyce Marii Szymanowskiej ukazały się drukiem.*[6]

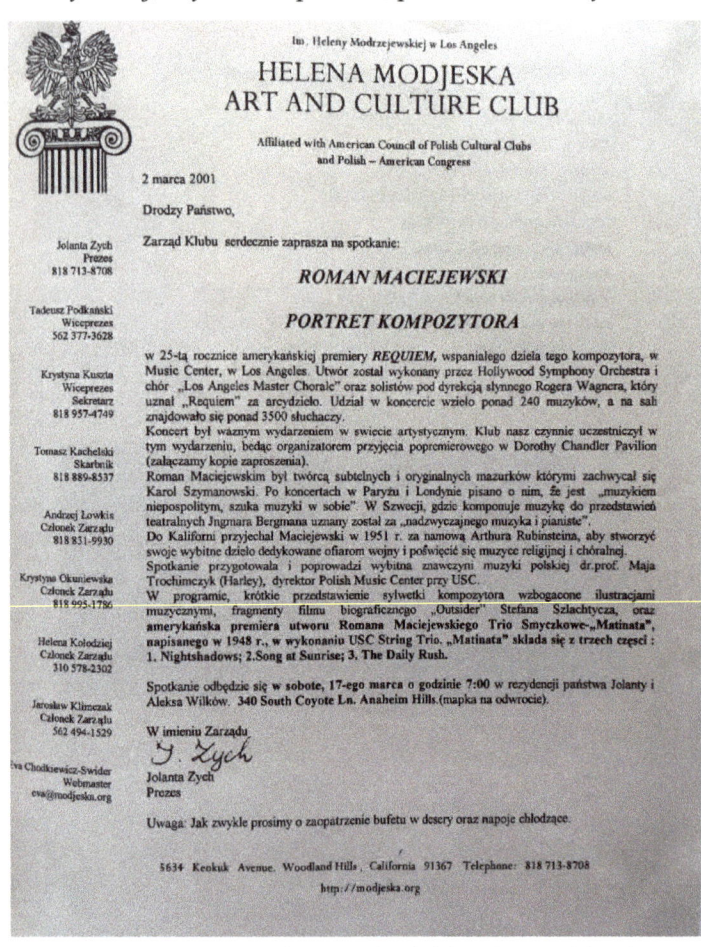

Witam Państwa na wieczorze poświęconym muzyce i osobie wspaniałego, choć nieco zapoznanego kompozytora, Romana Maciejewskiego. Urodzony 28 lutego 1910 roku w Berlinie, kompozytor mieszkał i działał w Polsce, Francji, Szwecji, Kalifornii, i ponownie w Szwecji, gdzie zmarł 30 kwietnia 1998 roku w wieku 88 lat. Był członkiem pierwszego zarządu Klubu, pracując z prezesem Dudarew-Ossetyńskim. Maciejewski studiował najpierw w Berlinie, gdzie się urodził; a później w Warszawie. „Z uczelni Maciejewski został wyrzucony za zorganizowanie studenckiego strajku w obronie rektora uczelni, Karola Szymanowskiego, którego chciano zdymisjonować. Z Warszawy pojechał Maciejewski do Paryża i tam związał się z francuską awangardą" jak pisał Jacek Marczyńki w artykule w „Rzeczpospolitej" z 1994 roku. Studentem Maciejewski był wiernym, i pozostał w tradycji Szymanowskiego – choć nie w jego stylu – do końca, zwłaszcza w mazurkach. Jego muzykę charakteryzuje połączenie wielkich tematów, narodowych treści z osobistym stylem i wyszukaną klasycystyczną formą. W okresie paryskim zainteresował się Strawińskim oraz Orffem – echa ich muzyki są wyraźne w monumentalnym *Requiem*.

Jako kompozytor, Maciejewski miał bardzo ambiwalentny stosunek do swej kariery – niby szukał uznania dla swojego talentu i organizował wykonania utworów, aby zaraz po odniesieniu sukcesu przed nim uciec i zupełnie – niespodziewanie i niewytłumaczalnie – zmienić kierunek życia.

Spotykamy się w 25 rocznicę wykonania wielkiego dzieła Maciejewskiego w Los Angeles; będziemy o tym koncercie dalej mówić. Chciałabym jednak zacząć przegląd muzyki Maciejewskiego od fragmentu jego utworu *Kołysanka* na fortepian i orkiestrę, skomponowanego w 1944 roku, w wykonaniu Rinko Kobayashi. [*muzyka*].

Delikatność, subtelność, piękno dźwięku – to cechy, które później przeważały w Mazurkach Maciejewskiego. Posłuchajmy zatem innego uworu z tego samego roku – popisowego *Allegro concertante* na fortepian i orkiestrę, z wyraźnymi wpływami Gershwina, Bernsteina, czyli amerykańskiej muzyki poważnej, z korzeniami w muzyce rozrywkowej. [*muzyka*]

---

[6] Zob. Maja Trochimczyk, „Percussion, Poetry and Color: The Music of Marta Ptaszyńska". „Musicworks", 74 (1999); "On Genius and Virtue in the Professional Image of Maria Szymanowska", „Annales de Centre Scientifique de'l Academie Polonaise des Sciences a Paris", Warszawa-Paryż, t. 14 (2012), s. 256-278.

Gdyby chciał, Maciejewski rzeczywiście miał szansę na wspaniałą karierę jako pianista-kompozytor. Tyle, że nie chciał. Zamiast koncertować po całym świecie jako solista, czy dawać recitale mazurków dla koneserów, przez dziesięć lat zajął się pisaniem ogromnego *Requiem*. Muzyka tego utworu służy za kanwę filmu *Outsider* zrealizowanego dla Telewizji Polskiej przez Stefana Szlachtycza, więc usłyszymy jej więcej podczas projekcji filmu. Pozwolę sobie powiedzieć o *Requiem* parę słów.[7]

Utwór o olbrzymich rozmiarach, ponad dwu-godzinny (130 minut muzyki!) oraz zdominowany przez ogromne, wielo-częściowe *Dies Irae*, ma bardzo poważną dedykację. Kompozytor pisze: "Pod przytłaczającym wrażeniem ogromu ludzkich cierpień, i morza przelanej krwi, postanowiłem pod koniec drugiej wojny śwatowej skomponować dzieło, które stałoby się jednym z licznych przyczynków do utrwalenia w ludzkiej świadomości przeświadczenia o tragicznym nonsensie wojen. *Requiem* poświęcone jest ofiarom ludzkiej niewiedzy w pierwszym zaś rzędzie – pamięci poległych w wojnach wszechczasów oraz ofiarom więzień tyranów."

Zamiar monumentalny, a z takiego łatwo stworzyć monumentalny kicz. Do pierwszego wysłuchania *Requiem* przystępowałam zatem z obawą: a może nie jest to dzieło wybitne, ale grafomański gniot? Na szczęście, czekało mnie rozczarowanie, i to bardzo pozytywne: *Requiem* zasługuje w pełni na entuzjastyczne głosy krytyków muzycznych.

Ciekawe, że po premierze w Warszawie podczas festiwalu Warszawska Jesień w 1960 roku, okazało się, iż był to utwór zbyt konserwatywny dla większości słuchaczy, spragnionych szoku innowacji. Nie nadszedł jeszcze jego czas – bo w tym samym roku Witold Lutosławski komponował *Gry Weneckie,* Krzysztof Penderecki – *Tren pamięci ofiarom Hiroszimy*, zaś Henryk Mikołaj Górecki właśnie skończył swoją Pierwszą Symfonię, całkowicie dysonansową i dwunastotonową…. Eksperymentami podobnego rodzaju zachwycała się i muzyczna awangarda, i jej publiczność, i krytyka. Okres zachłyśnięcia się swobodą i nowością eksperymentu nie sprzyjał zrozumieniu i akceptacji *Requiem,* W tym czasie, w Polsce docenił utwór tylko Michał Kondracki stwierdzając: „kompozytor pisze utwór tonalny, wysoce emocjonalny, wizjonerski, wstrząsający rozpiętością, potęgą, rozmachem, szerokim oddechem, sugestywną siłą. *Requiem* można zaliczyć do rzędu dzieł nieprzemijających, ponadczasowych". („Ruch Muzyczny" 15, 1961).

Później przeszła moda na awangardę za wszelką cenę. W 1990 roku, Bohdan Pociej pisał o *Requiem,* odkrywając jego duchową głębię: „Tony posępne, mroczne, pesymistyczno-żałobne rozjaśniają się i przestrzeń muzyki w ostatnich partiach sekwencji zdominowują barwy nadziei – jasność, światło – jest to prawdziwa i wielka symbolika eschatologiczna". („Ruch Muzyczny", 1990). Ksiądz Stanisław Dąbek również oceniał dzieło Maciejewskiego w kategoriach teologicznych, twierdząc, że rozumiał on twórczość jako powołanie i zadanie sobie dane a nie tylko auto-ekspresję. Na pewno nie jako środek do zdobycia kariery i wygodnego życia.

O wydarzeniach związanych z amerykańską premierą *Requiem* opowie nam dyrygent Roger Wagner oraz sam kompozytor w filmie *Outsider*. To wykonanie ponad dwugodzinnego utworu na ogromny chór, solistów i orkiestrę odbyło się w 1975 r. w Los Angeles Music Center. Pięć lat później miało miejsce prawykonanie szwedzkie, w 1980 r. w Goeteborgu, zaś w1989 roku powstało nagranie Polskich Nagrań. W 1990 roku odbyło

---

[7] O *Requiem* pisał obok Michała Kondrackiego w 1961 roku, także Wiesław Lisiecki: „Requiem (1946-1959) Romana Maciejewskiego" w tomie *Muzyka źle obecna*, red. Krystyna Tarnawska-Kaczorowska, Warszawa, 1989. W latach 1990-tych zainteresował się *Requiem* obok Pocieja, Krzysztof Bilica. Nie było żadnych większych prac na temat tego utworu czy kompozytora, gdy przygotowywałam mój wykład, możliwy dzięki informacjom od brata kompozytora, Wojciecha.

się wiele wykonań w Polsce, np. w Warszawie w Filharmonii Narodowej, czy na festiwalu muzyki oratoryjno-kantatowej *Vratislavia Cantans* we Wrocławiu.

Posłuchajmy dwóch fragmentów owego monumentalnego dzieła, pamiętając przy tym, że jego trzon stanowi olbrzymie, podzielone na wiele części *Dies Irae*, czyli opracowanie średniowiecznej sekwencji *Dzień gniewu*. Sekwencję tę śpiewano przy okazjach żałobnych, głównie w okresie Wielkiego Postu. W muzyce nowszej pojawia się w Symfonii Fantastycznej Berlioza (1830), *Tańcu śmierci* (*Totentanz*) Liszta (1849), operze *Faust* Charles'a Gounoda (1859), *Danse Macabre* Camille Saint-Saëns'a (1878), oraz utworach Mussorgskiego, Czajkowskiego, Mahlera (Druga Symfonia), Glazunowa i Rachmaninowa, który cytował *Dies Irae* aż w dziewięciu utworach). W XX wieku aluzje do *Dies Irae* uczynili Gustav Holst w *Planetach (Saturn),* czy Arthur Honegger w *La Danse des Morts* (1938). Pozostawmy zrobienie kompletnej listy muzykologom a zauważmy tylko, że w XX-tym wieku powstało dramatyczne *Dies Irae* Pendereckiego; kompozytor nie wspominał o tym, czy kiedykolwiek słyszał wcześniejsze dzieło Maciejewskiego – chociaż może na koncercie Warszawskiej Jesieni w 1960 roku był obecny.

*Słuchacze wykładu w domu Państwa Jolanty i Alexa Wilk*

W Los Angeles, dyrygent Master Chorale, Roger Wagner, bardzo chwalił potrójną fugę *Kyrie/Christe*. Jest ona oparta na trzech tematach i rzeczywiście jest to majstersztyk polifonii – głosy splatają się w kunsztowną tkaninę dźwięku. Jeden temat jest przeprowadzony w orkiestrze, gdzie po kolei intonują go różne grupy instrumentów, po czym głosy wchodzą z tematem, jaki pojawił się wcześniej w fudze jednotematycznej *Kyrie*. *Christe* to następny temat, który również był już zaprezentowany wcześniej. Cały odcinek trwa około 10 minut; wysłuchamy pierwszych dwóch. Pomimo perfekcyjnej formy, jest to muzyka pełna emocji i ekspresji: to dramatyczne wołanie o łaskę, o zmiłowanie, wołanie dochodzące z głębokości. "Panie zmiłuj się" – wyśpiewane po najstraszniejszej wojnie, która na zawsze zmieniła obraz kultury europejskiej i świata.

Drugi fragment *Requiem* jest to wizja niebiańska – wspaniały, krystalicznie anielski głos Zdzisławy Donat, słynnej na operowych scenach jako Królowa Nocy w *Zaczarowanym flecie* Mozarta. To sopran koloraturowy najwyższej miary. Tutaj pokazuje swą stronę liryczną w niezwykle słodkim, wyciszonym obrazie spokoju *Inter Oves* – ta wizja nieba w *Dies Irae* to iście eteryczna piękność. [*muzyka*] Po wizycie w muzycznym niebie wraca piekło w *Confutatis* i płacz żałobny w *Lacrimosa*, lecz ten chwilowy przebłysk niezrównanej piękności pozostaje w pamięci słuchaczy. W liście do rodziny z 1959 roku kompozytor pisał o dedykacji *Requiem*, iż

> „wynika z założenia, że ignorancja jest największą przeszkodą w ewolucji człowieka, któremu tak trudno zrozumieć samego siebie, a co za tym idzie, swego bliźniego i swego Stwórcę. Wydaje mi się, że wielkie rozmiary *Requiem* nie będą stanowiły przeszkody w jego rozpowszechnieniu. Nie czas trwania stanowi o wartości użytkowej dzieła, ale sposób organizowania tego czasu, w którym

świadomy tylko tej sprawy artysta może dokonywać cudów sztuki magicznej: dowolnego skracania czy przedłużania tej samej wartości czasowej. Oczywiście, że zamiast ślęczeć nad dziełem rozmiarów mego *Requiem* prawdopodobnie mógłbym był napisać jakieś koncerty czy symfonie, albo „odstawiać" hurtem masy miniaturek czy „duperelek," które dałyby ludziom dorywcze chwile przyjemności i okazję do krytykowania, ale wiem, że moje przeznaczenie jest inne, więc chętnie godzę się na wszelke z tym związane konsekwencje, wyrzekając się bardziej błyskotliwego a zarazem bardziej powierzchownego życia artysty z 'karierą' kontynuując pracę w mojej właściwej dziedzinie z całym przekonaniem i z niczym nie zachwianym spokojem, niezależnie od klimatów i warunków życiowych. Tak było w zimnej i bezsłonecznej Szwecji, w mglistej Anglii, i wilgotnej Szkocji, w zielonym Wisconsin i w słonecznej Kalifornii, niezależnie od smrodów zatrutego powietrza, czy podmuchów od Pacyfiku".

Oryginalność talentu Maciejewskiego i niezmienność jego stylu przez dekady mają podstawę w jego poglądach estetycznych i teoretycznych. W manuskrypcie o *Requiem* (kopia w zbiorach Centrum Muzyki Polskiej w Uniwersytecie Południowej Kalifornii, którym kieruję) Maciejewski pisał:

„Moje środki harmoniczne opierają się na naturalnym, akustycznym zjawisku alikwotów. Długi rząd alikwotów daje nieograniczone możliwości wariacji kolorów, świateł, cieni i ciemności. Używam ich, nigdy nie tracąc mocnego podłoża pierwszych czterech alikwotów. Procedura ta utrwaliła moją harmonię w solidnych ramach tonalnych i zgodnie z prawami fizycznymi i fizjologicznymi pozwala mi żyć w zgodzie z naturą i ludźmi". [Maciejewski o historii *Requiem*, mps, b.d.]

Utwór ten tuż po skomponowaniu został nagrodzony przez Fundację Ignacego Jana Paderewskiego. W 1989 roku nagranie Polskich Nagrań zostało ocenione w ankiecie pisma *Gramophone* jako najlepsze nagranie roku 1990 przez krytyka Stephena Johnsona. Johnson stwierdził:

„ Trudno opisać styl praktycznie nieznanego kompozytora bez cofania się do porównań. Czyją muzykę więc przypomina *Requiem* Romana Maciejewskiego? Nie brzmi to specjalnie po polsku. Od czasu do czasu pojawiają się sugestie Holsta, a także odległe echa Szostakowicza, Waltona, Hindemitha i Franka Martina, jego wspaniałej Mszy bez akompaniamentu. Jest tu, być może okazjonalny posmak Hollywood, a długie crescendo w *Tuba mirum* jest zainspirowane pomysłami z *Tańca Ziemi* i *Rytuału Przodków* ze *Święta Wiosny* [Igora Strawińskiego]. Ale nic z tego nie daje cienia posmaku tego dzieła – a jest to bardzo charakterystyczny smak. Być może głównym wyróżnikiem jest użycie *ostinato* przez Maciejewskiego. Proste figury powtarzane są z niewielkimi zmianami przez długie okresy, często z efektem hipnotycznym. Jednym z najpiękniejszych przykładów jest subtelnie zmieniający się wzór flet-celesta-kotły, który kończy *Tractus*: wyciszenie zajmuje trochę czasu, ale ani na chwilę muzyka nie przestaje być mile widziana... Odkrywcy szerokich ścieżek muzyki powinni poszukać tego utworu: ofiaruje on bardzo charakterystyczne doświadczenie".

Nie było to jedyne wyróżnienie nagrań Maciejewskiego. Nagranie jego Mazurków w interpretacji Michała Wesołowskiego, który też zredagował je dla wydawnictwa Brevis w Poznaniu, zdobyło nagrodę Diapazon d'Or – za najlepsze nagranie w 1998 roku.[8]

Film *Outsider*, którego fragment będziemy dziś oglądać, wykorzystuje w warstwie muzycznej wyłącznie *Requiem*. Mówiłam już o mazurkach. A co jeszcze skomponował Maciejewski? Przez wiele lat nie było wiadomo. W 1994 roku w „Rzeczpospolitej" (nr. 241 z 15 października 1994 roku) Jacek Marczyński pisał: "Kto wyda utwory Romana Maciejewskiego? Rękopisy w walizkach". Istotnie, muzyka Maciejewskiego miała nieliczne wydania drukiem w latach 30-tych przed wojną, potem kompozytor unikał szukania wydawców, czy promowania własnej osoby. W ogóle się tym nie zajmował... W 1994 roku PWM wydało *Requiem*; partyturę przyniosłam na wykład, aby mogli ją sobie Państwo obejrzeć. Natomiast resztą spuścizny kompozytora nie zajmował się nikt.

Obecnie jest ona dostępna w wydaniach poznańskiej firmy Brevis. Gdy po śmierci Maciejewskiego w Szwecji, jego brat, Wojciech, przywiózł ze sobą do kraju walizkę rękopisów, było w niej 130 utworów w tym ok. 60

---

[8] Michał Wesołowski, ur. 1936 w Warszawie, wyemigrował do Szwecji w 1972 roku, był profesorem w Lund.

mazurków.[9] Listę tych dzieł zamieszczono po raz pierwszy w książce programowej festiwalu Maciejewskiego w Lesznie, skąd wywodzi się jego rodzina. Wszystkie zostały w Polsce, z wyjątkiem *Christmas Carols* czyli kolęd angielsko-języcznych, których rękopis został przekazany przez Wojciecha Maciejewskiego do kolekcji Centrum Muzyki Polskiej w USC podczas specjalnej ceremonii przy okazji Warszawskiej Jesieni. Kolędy też sobie pozwoliłam przywieźć na wykład, aby Maciejewski był z nami obecny nie tylko duchem i obrazem, lecz jakby fizycznie, poprzez ślady ołówka na papierze na którym pisał.

*Dr Maja Trochimczyk i Prezes Jolanta Zych*

Mazurki Maciejewskiego to skarb muzyki i kultury polskiej. Po raz pierwszy wydał je i nagrał pianista polski mieszkający na stałe w Szwecji, Michał Wesołowski, z którym kompozytor się przyjaźnił. Mazurki te są bardzo indywidualne a przy tym bardzo polskie, kontynuując tradycje Chopina i Szymanowskiego w oryginalnej formie. Po jednorazowym wysłuchaniu, ma się ochotę na więcej. Dzisiaj, w nagraniu Rinko Kobayashi słuchaliśmy Mazurka numer 3, w stylu i fakturze podobnego do modelu Chopina. W Mazurku numer 5 skomplikowany motyw „ostinato", który mógłby być niezależnym tematem, tak piękna to melodia, nagle staje się akompaniamentem czy kontrapunktem, gdy nowa melodia pojawia się w wyższym głosie. W Mazurku nr 8 mamy pokaz techniki wirtuozowskiej: jest to utwór szybki, popisowy i lśniący kaskadą dźwięków.

Tym przeglądem najbardziej intymnej i niewątpliwie trwałej części dorobku Maciejewskiego pozwolę sobie zakończyć wprowadzenie do jego twórczości. W dalszej części wieczoru obejrzymy fragment filmu *Outsider*, po którym nastąpi mini-koncert. To prawdziwy „rodzynek" naszego programu – amerykańska premiera tria smyczkowego *Matinata*. Najpierw posłuchajmy, co mieli do powiedzenia o Maciejewskim nasi filmowi goście sprzed lat, Czesław Miłosz, Roger Wagner, Pani Elżbieta Wars i Pani Korzeniowska, oraz sam kompozytor. Film opowiada o okresie od studiów w Paryżu do premiery *Requiem* w Los Angeles, sponsorowanej przez nasz Klub. [*30 minut filmu*].

Jak Państwo mieli okazję zauważyć, poza nastrojami dramatu w monumentalnej muzyce *Requiem* i subtelną nostalgią mazurków, Maciejewski miał też poczucie humoru. W Los Angeles wynotował sobie humor z zeszytów szkolnych, między innymi takie perełki: „*Kolumb myślał, że odkrył Indie, a to były Stany Zjednoczone*" oraz „*Węgiel powstał z paproci, skrzypków i widłaków*". . . Trzeba uważać, bo może nam się dziś nasz skrzypek zwęglić... Kopię listy żartów przepisanych przez Maciejewskiego otrzymałam od jego przyjaciela w Szwecji, Michała Wesołowskiego. Maciejewskiemu też, jak widać, było czasem wesoło. Wiele jeszcze należy zrobić, aby jego talent został uznany w mierze, na jaką kompozytor zasługuje.[10]

Następny i ostatni punkt naszego programu to wykonanie tria smyczkowego *Matinata*, jego amerykańska premiera. Ten programowy utwór zawiera muzyczny opis przebudzenia i początek dnia. Wprawdzie wysłuchamy go wieczorem, ale mam nadzieję, że „obudzi" nas do dyskusji na temat Maciejewskiego i jego kalifornijskich lat, jaką zakończymy oficjalną część naszego spotkania. Trio wykona trójka studentów USC, kierowana przez wiolonczelistkę Elizabeth Means, która ukończyła studia jako najlepsza studentka roku a obecnie pracuje nad stopniem magistra.

Życzę Państwu wspaniałych wrażeń muzycznych. Zapraszam na koncert, Trio Matinata!

---

[9] Wojciech Maciejewski, reżyser teatralny i radiowy zmarł w 2018 roku w wieku 94 lat.
[10] Od doktoratu Marleny Wieczorek z 2004 roku, Maciejewski przeżywa renesans w Polsce i powstało na jego temat wiele książek, w tym: Marlena Wieczorek, *Roman Maciejewski. Klasyk XX wieku*, Gdańsk 2004; Marlena Wieczorek, *Roman Maciejewski. Kompozytor pokolenia zgubionego*, Poznań 2008; Katarzyna Rajs, *Chopinowski idiom mazurkowy w fortepianowych mazurkach Romana Maciejewskiego*, Bydgoszcz 2011; i in. Zob. http://maciejewski.polmic.pl/

# DWA GŁOSY O *PASTORAŁCE* LEONA SCHILLERA
## Jan Świder i dr Kleofas Rundzio

*Jacek Świder jako Adam i Herod.*

## *PASTORAŁKA* LEONA SCHILLERA
### Jan Świder

Miesiące zimowe są intensywne w wydarzenia o charakterze duchowym, ale również jest to pora karnawału, podczas którego zabawa przeplata się z religią a długie noce sprzyjają przeróżnym fantastycznym opowieściom. Jedną z pięknych polskich tradycji tego okresu, oprócz przebierańców, chodzenia po kolędzie, oraz balów karnawałowych, są kolędy i widowiska szopkowo-jasełkowe. Opowieść o Świętej Rodzinie z udziałem diabłów i aniołów, Heroda, Trzech Króli, i wielu innych postaci biblijnych – często nawiązująca do naszych polskich zalet i przywar – była i jest celebracją Narodzin Pańskich, a jednocześnie okazją do pokazania swojskiego humoru. Jest to tradycja ludowa, która pod koniec XIX i na początku XX wieku przyciągnęła twórców takiego kalibru jak Lucjan Rydel, Stanisław Wyspiański czy Leon Schiller.

*Pastorałka* Leona Schillera jest dziełem szczególnym, gdyż traktuje misteria bożenarodzeniowe z przymrużeniem oka i dużą dozą humoru. Schiller wykorzystał autentyczne ludowe teksty misteryjne począwszy od średniowiecza po jemu współczesne i przełożył je na język teatru, spoglądając na wydarzenia biblijne poprzez specyficzny pryzmat polskiej szopki. W ten sposób powstała komedia biblijna, gdzie pastisz przeplata się z patosem a groteska z humorem.

Realizacji *Pastorałki* Schillera podjął się ostatnio Teatrzyk Dyletantów Klubu Kultury im. Heleny Modrzejewskiej w Los Angeles. Tego typu sztuka teatralna jest trudna do grania, gdyż nie mieści się w kanonach ani typowego dramatu, ani komedii. Jednak grupa zapalonych miłośników teatru z Klubu Modrzejewskiej dowiodła, że można i warto jest stawiać sobie ambitne cele. Przedstawienie odbyło się 27 stycznia 2002 roku na gościnnej scenie Teatru Magicopolis w Santa Monica.

Od pierwszych chwil, ze sceny powiało sarmacką gościną, gdy polski Szlachcic w tradycyjnym kontuszu zaprosił zabawnym monologiem do uczestnictwa w misterium narodzin Zbawiciela. A wszystko, jak wiadomo zaczęło się w Raju. Adam i Ewa kuszeni przez Diabła sięgnęli po zakazany owoc i stąd zaczęły się nasze grzechy i problemy, z których dopiero Odkupiciel mógł nas wybawić. Gdy Anioł Pański ogłosił pasterzom radosną nowinę o przyjściu na świat Zbawiciela, odnaleźli oni nie tylko sens życia i nadzieję na zmazanie grzechu, ale również i potrzebę złożenia hołdu Nowonarodzonemu. A droga ich do Betlejem była taka typowo polska, bo wiodła i przez Skalmierz, i Los Angeles, i Tyniec, i wiele innych miejsc zdeptanych polskimi stopami. A przecież byli jeszcze i Trzej Królowie zdążający do stajenki, i uroczy acz podstępny Diabełek, i Herod okrutny, i Feldmarszałek posłuszny jak dziadek do orzechów, i piękne Anioły w okularach i z wąsem, i wiele innych postaci, które przewijały się przez scenę szpalerem dowcipu i różnorodności. Sceny biblijne, przeplatane intermediami w formie klepanego pacierza, przemieszczały się tym bardziej wartko.

Wszyscy aktorzy wykazali się dużym kunsztem. Jednak szczególne brawa należą się Jackowi Świdrowi za zaiste komediowe potraktowanie zarówno roli Adama jak i Heroda, czołowych postaci spektaklu, oraz umiejętność zawładnięcia publicznością. Jola Tensor w roli Matki Boskiej przepięknie wyśpiewywała kolędy przy żłobku Maleńkiego. Chociaż cała widownia je znała to jednak, pomimo zachęty by przyłączyć się do śpiewu, większość publiczności wolała napawać się jej śpiewem. Było wiele okazji do śmiechu, ale wszystko zostało przebite, gdy na scenie zjawiła się Herodia, grana przez Tomka Kachelskiego. Sam pomysł obsadzenia Tomka w tej roli jest już warty zasługi, a przepiękny kostium królowej w jakim on wystąpił uwypuklił zarówno znaczenie jak i tragiko-komiczną rolę Herodii w tej sztuce. Brawa dla reżysera, Marysi Piłatowicz, za taką decyzję.

Przedstawienie to zostało zrealizowane z dużym rozmachem. Prosta w konstrukcji, lecz bogata w formie scenografia subtelnie podkreślała istotę przedstawienia. Wspaniałe stroje, związane z polską tradycją zarówno ludową jak i teatralną były dużą atrakcją tego widowiska. Ewa Chodkiewicz-Świder zaprojektowała kostiumy prezentujące się tęczą barw, wiarygodnością i niesamowitą pieczołowitością detali. Jednocześnie, kostiumy dodały humoru, mieszając epoki i style. Niejeden profesjonalny teatr mógłby pozazdrościć takich kreacji. Stroje te, poprzez nawiązanie do polskich tradycji, podkreśliły mocno, że historia z Betlejem została osadzona w naszych rodzimych realiach. Dzięki temu, twórcy spektaklu uświadomili widzowi uniwersalny charakter narodzin Zbawiciela. Ponadto, świetny akompaniament muzyczny i prowadzenie świateł uwypukliły treść sztuki.

*Publiczność w teatrze Magicopolis. Herod, Jan Świder i Herodia, Tomasz Kachelski.*

Wydawałoby się, że we współczesnym świecie mass mediów, Hollywoodu, i MTV, ten rodzaj sztuki odszedł już do lamusa. Nic bardziej błędnego. Okazuje się, że dobra sztuka teatralna, w dobrym wykonaniu, jest w stanie trafić do publiczności. Wystawienie tej sztuki to wielomiesięczna praca członków grupy. Wielkie dzięki dla Marysi Piłatowicz, która jako reżyser włożyła dużo serca i energii w zorganizowanie 22-osobowego zespołu. Nie jest to łatwe w żadnej sytuacji, a jest szczególnie trudnym, gdy większość składu aktorskiego stanowią inżynierowie słynący z dociekliwości i uporu. Pracując na co dzień w różnych profesjach poświęcili oni swój wolny czas na przygotowanie tego jednorazowego spektaklu. Chwała im za to, że podjęli się takiego zadania. Zrobili to tak dobrze, że aż żal, iż sztuka ta nie jest grana przez cały sezon karnawałowy. Realizacja *Pastorałki* sprawiła satysfakcję uczestnikom tego przedsięwzięcia a jednocześnie zapewniła wspaniałą zabawę zebranej publiczności. Warte to było obejrzenia dla każdego, kto znalazł się na widowni.

*Jan Świder*
*(zbieżność z nazwiskiem aktora Jacka Świdra jest całkowicie przypadkowa)*

# DIABELSKIE SZTUCZKI W MAGICOPOLIS
## Dr Kleofas Hubert Rundzio

*Autor jako Pasterz, Joanna Maleski i Ewa Chodkiewicz-Świder jako Ewa i Diabeł.*

Nie byłby diabeł diabłem — *tfu, ty siło nieczysta!*, jak u nas mawiali w zaścianku — gdyby nie płatał ludziom figli. Szatańskie moce z całą siłą występowały przeciwko idei wystawienia religijnego misterium Leona Schillera pt. *Pastorałka*.

Końcowe próby przedstawienia odbywały się w teatrze Magicopolis, którego współwłaścicielką jest Pani Bożena. Występuje ona w różnych magicznych aktach budzących zdumienie i zgrozę. W foyer, za kulisami, pod sceną teatru znajduje się masa niezwykłych obiektów, takich jak piszczele, trumny, obcięte damskie nogi, kościotrupy, używane w czarnej magii. Widzowie i aktorzy ocierają się o nie nieustannie. Nic też dziwnego, że jeden z aniołów – Sławek Brzeziński – wdrapując się na scenę potknął się o rzucony beztrosko piszczel i zaczął spadać ze schodów. Na szczęście lecącą na złamanie karku pierzastą postać podtrzymał przed upadkiem znajdujący się w pobliżu diabeł. Na ratunek upadającemu aniołowi pośpieszył też ministrant Bolek Meluch. Pędząc w kierunku wypadku nadepnął on na ogon skaczącego do przodu diabła. W wyniku powyższego incydentu przedstawicielowi piekła ogon został prawie oderwany z tylnej części ciała. Widocznie Belzebub, za chęć okazania pomocy delegatowi niebios, pragnął w ten sposób ukarać swojego reprezentanta. Od tego czasu diabeł trzymał w garści koniec własnego ogona i wachlując się nim szatańsko się uśmiechał.

Wydział Drogowy z chwilą rozpoczęcia prób i podczas przedstawienia w Magicopolis, rozkopał jezdnię przed teatrem do tego stopnia, że trzeba było dokonywać ekwilibrystycznych wyczynów, żeby przedostać się do wejścia. W niedzielę zaś, jak na zaklęcie, zaczęła się rzadka w Kalifornii ulewa. Przemoknięci do nitki widzowie musieli przedzierać się przez hałdy gruzu, błotniste kałuże i zalaną świeżym asfaltem jezdnię do foyer. Ciekła z nich woda i pachniało świeżo roztopioną smołą. Na dodatek stada czarnych, miauczących kotów przebiegały co chwilę ludziom drogę. Widziałem, jak nagle jedna z pań usiłując przekroczyć wyrwę w ziemi wylądowała na kocim stadku. Odgłosy wydawane przez wgniecione w błoto zwierzęta żywo mi przypomniały sceny z *Mistrza i Małgorzaty* Bułhakowa.

Zaczęło się przedstawienie. Kiedy w pośpiechu, przebrawszy się z bogatych szat szlachcica w ubogi strój pastuszka, wgramoliłem się zza kulis na scenę, poczułem nagle bolesne ukłucie w stopę. Miałem wrażenie, że coś mnie dźgnęło widłami. Każdy krok, każdy ruch, powodował drgawki w lewej nodze. Z trudem, kulejąc, za pastuszkami wywlokłem się na środek sceny. Po odegraniu swojej partii na czworakach zlazłem, po wąskich, stromych schodach, do szatni. Kiedy zdjąłem pastuszy łapeć, zauważyłem grubą, wielką igłę z czarną, lekko osmoloną nitką tkwiącą w kości mojej lewej stopy. Jak się okazało, to diabeł ze swoim pomocnikiem —

Alicją Szwaglis – „szył mi buty" (dosłownie). Podobno, po skończonej pracy, obie panie zapomniały usunąć igłę z łapcia. Ha! Ha! Ha! Skąd my to znamy?

Inną zagadką było systematyczne znikanie metalowego zawieszenia na stalowym trójkącie. Dźwięk uderzeń żelaznym prętem po tym instrumencie muzycznym miał towarzyszyć słowom śpiewanego przeze mnie łacińskiego tekstu. Niestety, najczęściej zawieszenie tuż przed wykonaniem pieśni znikało. I tak, przed samym występem, Staszek Szwaglis, widząc wynikłe problemy, przyniósł z domu łańcuszek. Przytwierdziliśmy to z inspicjentką Krysią Okuniewską do trójkąta, lecz kiedy stanąłem przed publicznością i sięgnąłem do kosza po instrument, łańcuszka na nim ... nie było. Uderzenie po trzymanym w palcach trójkącie nie dało efektu. Co u diabła! – burknąłem do siebie ze złością, i wtedy zza kurtyny usłyszałem złośliwe *Chi! Chi! Chi!* — Szatana. Wielki hetman koronny – Jan Karol Chodkiewicz zapewne przewraca się w grobie i pluje w swoją siwą brodę, że jego krewniaczka – Ewa z Chodkiewiczów Świder – poszła na usługi Szatana.

W trakcie przedstawienia, na skutek ciężkich strojów, takich jak kontusz, szeroki pas słucki, czy też odzież pastuszka, w pomieszczeniu za sceną, bez okien i wentylacji, aktorom było duszno. W związku z powyższym w czasie gry, wielu artystom dawało się we znaki pragnienie. Gaszono je okowitą, piwem, miodem pitnym. Nie pomagało to jednak wiele. W czasie prób, dr Basi Zakrzewskiej, żony niżej podpisanego, wykonującej podkład muzyczny na keyboardzie, dwukrotnie, ni z tego ni z owego, włączyła się głośna muzyka big-beatowa. Nie można było od razu jej wyłączyć, nawet przy pomocy takich fachowców, jak Zosia Czajkowska, czy Tadek Podkański. Widocznie szatańskie kopyto w ciemnościach nacisnęło nieodpowiedni klawisz.

Do innych szatańskich tricków należy stwierdzenie diabła podpowiedziane prezesowi Klubu Modrzejewskiej Joli Zych, która przekazała je w powitalnej mowie do gości zgromadzonych na widowni. Chodzi o to, że podobno 90% uczestników w przedstawieniu *Pastorałki* stanowili inżynierowie. Tymczasem w rzeczywistości tylko 11 osób z 31 jest absolwentami politechnik. Sprawdziło się też staropolskie przysłowie, że „każda sroka swój ogon chwali". W celu załagodzenia faux-pas, na spotkaniu poprzedstawieniowym przyznano wszystkim nie-inżynierom tytuł „inżyniera humoris causa".

Marysi Piłatowicz, która wspaniale wyreżyserowała sztukę należą się też pochwały za uginające się stoły z doskonałymi wyrobami kulinarnymi, jakimi potraktowano gości w jej pałacu. Przypuszczałem, że otrzymała tę siedzibę od króla Heroda za zasługi położone w trakcie pełnienia funkcji housekeeperki w jego zamku. Natomiast niebiosa, w nagrodę za opozycję Piłata przeciwko ukrzyżowaniu Chrystusa, dały jego dalekiemu potomkowi z Polski — Edwardowi Piłatowiczowi - role archanioła w sztuce oraz wspaniały dwór…

*Kleofas Hubert Rundzio*
*szlachcic z zaścianka Oddzielno w Kurlandii*

*Ewa (Joanna Maleska), Diabeł (Ewa Świder) i Anioły w Magicopolis.*

# BAL 30-LECIA KLUBU, 9 LUTEGO 2002

*Grażyna Szapołowska, Piotr Andrzejewski („Lucas") Jolanta Zych.   Tadeusz Bociański i Edward Piłatowicz.*

Obchody 30-lecia Klubu odbyły się w ekskluzywnym Klubie Golfowym Lakeside w Burbank, Kalifornia. Format? Elegancki bal karnawałowy. Prezes Jolanta Zych i Konsul RP Roman Czarny prowadzili konferansjerkę, a w programie wystąpili Edward Piłatowicz i Tadeusz Bociański, aby opowiedzieć zebranym o historii Klubu. Bogato ilustrowane sprawozdanie z balu opublikowała Jadwiga Inglis, m.in. w piśmie „The Voice/Głos", w języku angielskim, pod tytułem „The 30th Anniversary, Helena Modrzejewska Art and Culture Club" (21 marca 2002), strony 10-11.

Z okazji jubileuszu, Maria Piłatowicz uhonorowała Prezes Jolantę Zych okolicznościowym wierszykiem, nadając jej tytuł Jolanty Energicznej. Portret władczyni w złotych ramach znalazł się w lobby obok portretu króla Witolda Dobrodusznego.

### DALSZY CIĄG POCZTU KRÓLÓW KLUBOWYCH

Pod berłem Jolanty Energicznej
Klub się panoszył do nieprzytomności
I prócz innych eminencji kulturalnych
Laureata Oskarów ugościł.

Na tym to tle później powstał
Pośród członkostwa rokosz dziki
Gdy Ró-żne fakcje Wy-wrotowe
„Rządały" zmiany polityki.

Do Zarządu powołane zostały
Nowe, wielkie intelektu asy
Oczywiście oprócz Skarbnika,
Który przyrośnięty jest do kasy.

Trzyma on Kasę w objęciach
I uśmiecha się doń prześlicznie
Zakochany jest w Kasi(e) bez pamięci
Że rozdzielić by ich trzeba chirurgicznie.

A Królewską Mość Jolantę Energiczną
Członkostwo klubowe wciąż chwali
Że pomimo anonimów dziarsko działa
I klubowa karawana jedzie dalej.

*Marysia Piłatowicz, 1/21/2002*

## SPOTKANIA PODCZAS KADENCJI PREZES JOLANTY ZYCH, 2002-2004

- **22 czerwca 2002** – Walne Zebranie Sprawozdawczo-Wyborcze
- **14 września 2002** – Spotkanie z prof. Januszem Deglerem o Witkacym
- **6 października 2002** – Wieczór muzyczno-poetycki – Omar Sangare i Jakub Omsky
- **16 października 2002** – Spotkanie z Ambasadorem Przemysławem Grudzińskim
- **16 listopada 2002** – *Od La Scali do Piwnicy pod Baranami,* Jacek Wójcicki i Beata Rybotycka w Magicopolis w Santa Monica
- **18 stycznia 2003** - Spotkanie poświęcone pamięci Jana Kotta (1914-2001)
- **23 lutego 2003** – Spotkanie z Janem Machulskim
- **9 marca 2003** – Włodzimierz Staniewski i jego zespół *Gardzienice*
- **22 marca 2003** – Spotkanie z Barbarą Krafftówną
- **5 kwietnia 2003** – Spotkanie z Jackiem Cyganem
- **17 maja 2003** – Spotkanie z Henrykiem Rozpędowskim, redaktorem Radia Wolna Europa

**22 czerwca 2002 - Walne Zebranie Klubu** odbyło się 22 czerwca 2002 roku w rezydencji Urszuli i Jerzego Zagnerów. Pomimo długotrwałych usiłowań Komisji Nominacyjnej oraz konsultacji z wieloma członkami Klubu nie wyłoniono żadnego kandydata na nowego prezesa. W tej sytuacji Komisja zwróciła się do Prezes Joli Zych i zarządu z prośbą o kontynuowanie pracy. W wyniku głosowania przedłużono kadencję zarządu na następne dwa lata, czyli na okres 2002-2004. W skład zarządu weszła Marysia Piłatowicz, obejmując stanowisko wiceprezesa. Obecny skład zarządu przedstawia się następująco: Prezes - Jola Zych; Wiceprezes - Tadeusz Podkański; Wiceprezes - Maria Piłatowicz; Wiceprezes / Sekretarz - Krystyna Kuszta; Skarbnik - Tomasz Kachelski; członkowie zarządu: Helena Kołodziej, Andrzej Łowkis i Krystyna Okuniewska.

**14 września 2002 – Spotkanie z prof. Januszem Deglerem.** Na pierwszym po wakacyjnej przerwie spotkaniu klubowym gościlismy profesora Janusza Deglera, znakomitego teatrologa i historyka literatury. Wygłosił on odczyt o życiu, twórczości i ideach Stanisława Ignacego Witkiewicza – Witkacego, niezwykłego i kontrowersyjnego artysty dwudziestolecia międzywojennego. Profesor Degler, który od wielu lat studiuje życie artysty i jego dzieła poprowadził wykład z pasją prawdziwego miłośnika tematu. Gospodarzami wieczoru byli Joanna i Andrzej Malescy.

**6 października 2002 – Wieczór muzyczno-poetycki, Omar Sangare i Jakub Omsky.** Październikowe spotkanie klubowe odbyło się pod znakiem muzyki i poezji. We wspólnym programie zatytułowanym *Nic dwa razy…* wystąpili młodzi polscy artyści, Omar Sangare i Jakub Omsky. Program, zarówno muzyczny jak i poetycki zawierał przede wszystkim utwory klasyków. Oprócz muzyki Jana Sebastiana Bacha i Grażyny Bacewicz, poezji Wisławy Szymborskiej i May'i Angelou, wykonawcy uraczyli nas również własnymi utworami, które umiejętnie zostały wplecione w program wieczoru. Spotkanie odbyło się w domu Moniki i Davida Lehman, gdzie mogliśmy podziwiać wspaniałe tkaniny artystyczne autorstwa naszej gospodyni.

*Prof. Degler z kwiatami od Prezes Jolanty Zych. Jakub Omsky, Omar Sangare i Krystyna Kuszta.*

**16 października 2002 – Spotkanie z Ambasadorem Przemysławem Grudzińskim.** W październiku w rezydencji Zofii i Witolda Czajkowskich odbyło się spotkanie z ambasadorem Rzeczypospolitej w Stanach Zjednoczonych, historykiem, wybitnym specjalistą w dziedzinie transatlantyckiego systemu bezpieczeństwa międzynarodowego i amerykańskiej strategii nuklearnej, Przemysławem Grudzińskim. Rozmowa, którą poprowadził Tadeusz Bociański, koncentrowała się głównie na sprawach związanych z przystąpieniem Polski do Unii Europejskiej oraz na konflikcie irackim. Po blisko godzinnej dyskusji ambasador Przemysław Grudziński odpowiadał na pytania z sali.

*Tadeusz Bociański rozmawia z Ambasadorem Grudzińskim. Obsługa techniczna Tadeusz Podkański.*

***Od La Scali do Piwnicy pod Baranami*, 16 listopada 2002.** W listopadzie, w szczelnie wypełnionej sali teatru Magicopolis, zobaczyliśmy program z udziałem **Jacka Wójcickiego** i **Beaty Rybotyckiej** pod tytułem „Od La Scali do Piwnicy pod Baranami". Tytuł ten pochodzi z programu, jaki miał miejsce i został zarejestrowany przez telewizję właśnie w Piwnicy pod Baranami. Krakowscy artyści zaprezentowali duże fragmenty tego programu według scenariusza i w reżyserii Marka Pacuły. Wyimaginowana wizyta Jana Kiepury w kabarecie stanowiła kanwę opowieści. Jacek i Beata śpiewali przy akompaniamencie **Konrada Mastyło.**

**18 stycznia 2003, Spotkanie poświęcone pamięci Jana Kotta (1914-2001).** Pierwsze spotkanie w nowym roku odbyło się z inicjatywy historyka teatru, dr Anny Krajewskiej-Wieczorek, przy współpracy Marysi Piłatowicz. Było ono poświęcone pamięci zmarłego dwa lata temu profesora Jana Kotta, światowej sławy szekspirologa, znanego pisarza, eseisty i krytyka teatralnego. Do udziału w spotkaniu zaproszono także Barbarę Krafftównę, Joannę Klass oraz Małgorzatę Kruszewską. Gościny udzielili nam Państwo Malescy.

**23 lutego 2003 – Spotkanie z Janem Machulskim.** W lutym obejrzeliśmy sztukę napisaną i wyreżyserowaną przez Jana Machulskiego pod tytułem *Niebezpieczne zabawy*.[11] W spektaklu udział wzięli **Agnieszka Zduńczyk, Rafał Cieszyński** i **Jan Machulski.** Sztuka była grana w teatrze Magicopolis w Santa Monica, a po przedstawieniu aktorzy i goście klubowi przy lampce wina dzielili się uwagami na jej temat.

*Sztuka Jana Machulskiego w Magicopolis, luty 2003.*

Marcowe spotkanie wspaniale rozpoczęło wiosenny sezon. Było ono kontynuacją spektaklu, który zespół **Włodzimierza Staniewskiego** *Gardzienice* zaprezentował publiczności Los Angeles w Getty Center. Większość obecnych widziała spektakl *Metamorfozy czyli Złoty Osioł* oparty na historii Lucjusza Apulejusza. Wszyscy, zachwyceni niezwykłym przedstawieniem, z niecierpliwością oczekiwali bezpośredniego spotkania z artystami. Podczas niedzielnego spotkania w siedzibie POLAM-u Staniewski opowiedział o 25-letniej historii zespołu. Zobaczyliśmy krótki film o Ośrodku Praktyk Teatralnych prowadzonym w Gardzienicach, do którego ciągną młodzi artyści z całego świata. Mieliśmy również okazję zobaczyć fragment *Elektry*, spektaklu, nad którym zespół obecnie pracuje. Gratulacje dla Joanny Klass, która sprowadziła nam ten niezwykły zespół.

*Teatr Gardzienice w marcu 2003.*

Pod koniec marca salon Joasi i Andrzeja Maleskich wypełnili po brzegi wielbiciele wielkiej gwiazdy teatru i filmu, która niedawno obchodziła w Polsce 55-lecie swej pracy, pani **Barbary Krafftówny**. Spotkanie z publicznością aktorka potraktowała retrospektywnie. Z przyjemnością obejrzeliśmy zarejestrowane na taśmie fragmenty występów teatralnych, filmu *Jak być kochaną* no i oczywiście niezrównane piosenki, perełki z *Kabaretu Starszych Panów*. Pani Barbarze we wspomnieniowej rozmowie z publicznością towarzyszyli jej

---

[11] Jadwiga Inglis, „Jan Machulski and his play in Santa Monica", „Głos/The Voice" t. 22 nr 4, 20 marca 2003, s. 1.

przyjaciele i koledzy: pani dr Anna Krajewska-Wieczorek i Michael Hackett, wykładowcy UCLA. Oboje byli twórcami spektaklu *Biesiady u Hrabiny Kotłubaj* według opowiadania Gombrowicza, którego fragment również mogliśmy podziwiać. Spotkanie klubowe wyśmienicie przygotował i poprowadził Andrzej Maleski.

W kwietniu nasz Klub odwiedził **Jacek Cygan**, autor tekstów popularnych piosenek, scenariuszy telewizyjnych i filmowych. Spotkanie poprowadził Konsul Generalny Krzysztof Kasprzyk. Z przyjemnością słuchaliśmy opowiadań naszego gościa o jego utworach, ich genezie i niewątpliwej popularności, jaką się cieszą. Pan Jacek Cygan okazał się błyskotliwym gawędziarzem, mistrzem skrótów myślowych. Gospodarzami tego interesującego spotkania byli Zosia i Witek Czajkowscy.

Okazją do majowego spotkania z **Henrykiem Rozpędowskim**, pisarzem i dramaturgiem, niegdyś pracownikiem Rozgłośni Polskiej Radia Wolna Europa, a od ponad dwudziestu lat członkiem naszego Klubu, była promocja jego, wydanej w Polsce w ubiegłym roku, trzeciej z kolei książki pod tytułem *Charleston*. Nasz gość podzielił się z członkami Klubu wspomnieniami ze swego barwnego życia. Spotkanie odbyło się u Marysi i Edwarda Piłatowiczów, a poprowadził je Andrzej Maleski.

*Barbara Krafftówna, Jerzy Antczak, Jadwiga Barańska (marzec). Jolanta Zych i Jacek Cygan (kwiecień 2003).*

W ubiegłym sezonie Klub miał swój udział w sponsorowaniu kilku wydarzeń artystycznych i organizacji kulturalnych: Centrum Muzyki Polskiej w Uniwersytecie Południowej Kalifornii, Festiwalu „Proud to be Polish" w Yorba Linda, i Festiwalu Filmu Polskiego w Los Angeles.

Dziękujemy serdecznie gospodarzom naszych spotkań oraz naszym sponsorom: Zosi i Witoldowi Czajkowskim, Krzysztofowi Hillerowi i Polish Credit Union, Helenie i Stanleyowi Kołodziej, Monice i Dawidowi Lehman, Joasi i Andrzejowi Maleskim, Krysi i Arturowi Okuniewskim, Marysi i Edwardowi Piłatowiczom, Urszuli i Jerzemu Zagnerom, oraz wszystkim członkom i sympatykom Klubu imienia Heleny Modrzejewskiej, którzy przyczynili się do realizacji powyższego programu.

Zarząd Klubu działał w składzie: Jolanta Zych, Tadeusz Podkański, Tomasz Kachelski, Krystyna Kuszta, Maria Piłatowicz, Helena Kołodziej, Krystyna Okuniewski, Joanna Maleski i Andrzej Łowkis.

*Krystyna Kuszta, Sekretarz Zarządu*

*Andrzej Maleski rozmawia z Henrykiem Rozpędowskim.| Renata Rozpędowska, Andrzej Maleski, Jolanta Zych oraz Henryk Rozpędowski (maj 2003).*

## SPOTKANIA W OKRESIE SIERPIEŃ 2003 – MAJ 2004

- **9 sierpnia 2003** – Spotkanie z Andrzejem Sewerynem i medal dla Prezes Jolanty Zych
- **13 września 2003** – Spotkanie z Grzegorzem Turnau i Andrzejem Sikorowskim
- **21 września 2003** – Sztuka Kazimierza Brauna *Tamara L*, oraz spotkanie z Marią Nowotarską i Agatą Pilitowską z Teatru Polskiego w Toronto
- **25 października 2003** – Spotkanie ze Sławkiem Łobodzińskim
- **16 listopada 2003** – Spotkanie z aktorem Krzysztofem Majchrzakiem
- **10 stycznia 2004** – Koncert Świąteczny w wykonaniu Wojciecha Kocyana i Jakuba Omsky'ego
- **7 lutego 2004** – Spotkanie z Konsulem Generalnym Krystyną Tokarską-Biernacik
- **20 marca 2004** – Spotkanie z prof. astronomii Aleksandrem Wolszczanem
- **3 kwietnia 2004** – *Baby w reformach*, spotkanie z aktorką Elżbietą Jodłowską
- **10 kwietnia - 2 maja 2004** – Wystawa fotografii Ojca Świętego Jana Pawła II
- **24 kwietnia 2004** – Spotkanie z aktorem Zbigniewem Zamachowskim

*Publiczność na spotkaniu we wrześniu w Magicopolis. Andrzej Seweryn w sierpniu 2003.*

Nowy sezon 2003-04 rozpoczęliśmy już w sierpniu 2003 roku spotkaniem ze znakomitym aktorem **Andrzejem Sewerynem**. W 1980 roku pan Seweryn związał sie z teatrem francuskim osiągając coraz to znaczniejszą pozycję w świecie teatralnym ukoronowaną członkostwem Comédie Française. W czasie godzinnego spektaklu w wypełnionym do ostatniego miejsca teatrze Magicopolis nasz gość czytał wybrane fragmenty *Dzienników* Witolda Gombrowicza. Po przedstawieniu odbyło się ożywione spotkanie z publicznością. Przed spektaklem Konsul Generalny Krzysztof Kasprzyk wręczył Prezes Klubu **Joli Zych** Krzyż Kawalerski Orderu Zasługi Rzeczypospolitej Polskiej.

Wrześniowe spotkanie klubowe zawdzięczamy inicjatywie Konsula Generalnego RP w Los Angeles, Krzysztofa Kasprzyka. Kończąc czteroletnią kadencję, uraczył nas specjalnym darem ze swojego rodzinnego miasta - zaprosił dwóch krakowskich trubadurów, **Andrzeja Sikorowskiego i Grzegorza Turnau**. Przy wypełnionej po brzegi sali teatru Magicopolis podziękowaliśmy Krzysztofowi i jego żonie Marcie za współpracę i życzliwość, wręczając im dyplomy Honorowych Członków Klubu.

Podczas drugiego wrześniowego spotkania mieliśmy okazję gościć po raz kolejny **Marię Nowotarską i Agatę Pilitowską**, które przedstawiły sztukę Kazimierza Brauna *Tamara L.* opartą na wyimaginowanym epizodzie z życia Tamary Łempickiej, znanej malarki stylu Art Deco, bardzo popularnej w latach dwudziestych i trzydziestych zeszłego wieku. Przedstawienie zostało wystawione w zaimprowizowanej sali teatralnej u Państwa Liliany i Stefana Sznajderów.

*Tomasz Kachelski zapowiada w październiku. Maria Nowotarska i Agata Pilitowska w kostiumach z Tamary L.*

Bohaterem październikowego spotkania był **Sławek Łobodziński**, wieloletni członek naszego Klubu. Po kilkuletniej przerwie Sławek dał się namówić na wspomnienia o swojej chyba najbardziej ambitnej wyprawie himalajskiej na najwyższy szczyt świata, Mt. Everest. Wyprawa ta, pod kierownictwem Eugeniusza Chrobaka i Sławka, wyznaczyła nową drogę na północno-wschodniej ścianie masywu. Spotkanie odbyło się w domu Państwa Czajkowskich.

Gościem listopadowego, ostatniego spotkania klubowego w 2003 roku był jeden z najlepszych polskich aktorów, również utalentowany muzyk, **Krzysztof Majchrzak**. Artysta przyjechał do Los Angeles na amerykańską premierę filmu reżyserii Jana Jakuba Kolskiego *Pornografia* opartego na powieści Witolda Gombrowicza. Rozmowę z naszym gościem przeprowadził Andrzej Maleski, jak zwykle wykazując się znakomitą wiedzą z dziedziny kultury polskiej. W drugiej części spotkania Krzysztof Majchrzak zagrał kilka utworów ze swojego repertuaru jazzowego. Spotkanie odbyło się w salonie Heleny i Stanleya Kołodziey.

Koncert Świąteczny odbył się w tym roku na początku stycznia w odświętnie udekorowanej rezydencji Państwa Kołodziey. Słuchaliśmy dwóch znakomitych polskich muzyków zamieszkałych w Kalifornii, **Wojciecha Kocyana i Jakuba Omsky'ego**. Wystąpili oni w programie o tematyce świątecznej z utworami Chopina i Lutosławskiego. Jakub Omsky zagrał także kilka miniatur własnej kompozycji. Gospodarze wieczoru, Helena i Stanley dołożyli wszelkich starań, aby wszyscy bawili się doskonale.

W lutym gościem Klubu była pani **Krystyna Tokarska-Biernacik**, od 2001 roku Podsekretarz Stanu w Ministerstwie Pracy i Polityki Społecznej, a od października ubiegłego roku Konsul Generalny Rzeczypospolitej Polskiej w Los Angeles. Wiodącym tematem spotkania była sprawa integracji Polski w ramach Unii

Europejskiej, integracji, która weszła w życie 1 maja 2004 roku. Rozmowę z panią Konsul przeprowadził niezawodny Tadeusz Bociański, a gościli nas Zosia i Witek Czajkowscy.

*Wiolonczelista Jakub Omsky i Wojciech Kocyan na koncercie w styczniu 2004.*

W marcu odwiedził nasz Klub światowej sławy astronom, odkrywca pierwszych planet poza Układem Słonecznym, profesor **Aleksander Wolszczan**. Profesor Wolszczan okazał się wytrawnym popularyzatorem nauki. W wykładzie swoim naświetlił słuchaczom zawsze interesujące zagadnienia ewolucji wszechświata. Słowo wstępne wygłosił Bogdan Kuszta, a spotkanie odbyło się u nowych członków Klubu, Państwa Haliny i Andrzeja Jagoda.

W kwietniu po wspaniałym występie **Elżbiety Jodłowskiej** w salonie u Moniki i Davida Lehman w Pasadenie, gościlismy **Zbigniewa Zamachowskiego**, znanego polskiego aktora teatralnego, filmowego i estradowego, kompozytora i autora wielu piosenek. Spotkanie odbyło się u państwa Andrzeja i Joanny Maleskich, a przygotował je i poprowadził gospodarz. Podczas rozmowy artysta opowiedział nam o swoich rolach filmowych, fragmenty których mieliśmy okazję zobaczyć podczas tego wieczoru. Na zakończenie aktor zaśpiewal jedną ze swoich piosenek.

Ostatnią imprezą tego sezonu, dzięki wspaniałej inicjatywie Krystyny Okuniewskiej, była wystawa fotografii z okazji **25-lecia Pontyfikatu Ojca Świętego Jana Pawła II.** Na otwarcie przybył jej kustosz, Jacek Stroka z Oficyny Wydawniczej „Kwadrat" z Krakowa, który opowiedział o historii i idei powstania wystawy, jak również odpowiadał na liczne pytania zwiedzających. Wystawę zaprezentowaliśmy w trzech ośrodkach polonijnych: w sali parafialnej kościoła na Adams Boulevard, w San Diego i w Yorba Linda. Wystawa była dostępna dla publiczności i cieszyła się dużą popularnością.

*Krystyna Kuszta, Elżbieta Jodłowska, dr Bogdan Kuszta i Jolanta Zych.*

Zorganizowanie tej wystawy stało się możliwe dzięki donacji wielu sponsorów, którzy wsparli naszą inicjatywę. Specjalne podziękowania należą się przede wszystkim Państwu Okuniewskim, jak również wielu innym członkom Klubu: Państwu Królom, Zagnerom, Wagnerom, Zychom, Brzezińskim, Inglis, Iwańczykom, Kachelskim, Kołodziejom, Kusztom, Podkańskim, Wilkom, Stefanowi Grubińskiemu i Joli Herz. Sponsorami byli: POLAM Credit Union, Polski Ośrodek w Los Angeles, Andrzej Mossakowski, Anna Kane, Zbigniew Nyczak i Zbigniew Bełza z San Diego.

Klub sponsorował wydarzenia artystyczne i organizacje kulturalne na terenie Los Angeles: Centrum Muzyki Polskiej w USC, Festiwal Filmu Polskiego, obchody 11-tego listopada, obchody 65-tej rocznicy wybuchu II Wojny Światowej i 60-tej rocznicy Powstania Warszawskiego. Dziękujemy serdecznie gospodarzom spotkań, sponsorom oraz członkom Klubu, którzy czynnie przyczynili się do realizacji powyższego programu.

*Krystyna Kuszta, Sekretarz Zarządu*

*Wystawa fotografii Jana Pawła II w sali parafialnej Kościoła Matki Bożej Jasnogórskiej, Los Angeles.*

*Zbigniew Nyczak, Jerzy Hoffman, Jolanta Zych i goście na spotkaniu o* Ogniem i mieczem, *maj 1999.*

# KRZYŻ KAWALERSKI DLA PREZES KLUBU KULTURY IM. MODRZEJEWSKIEJ ORAZ ANDRZEJ SEWERYN W SANTA MONICA
### Jadwiga Inglis, „The Voice/Głos", 1 września 2003[12]
### dr Maja Trochimczyk, przekład

Prezes Klubu Kultury i Sztuki im. Modrzejewskiej Pani Jolanta Zych otrzymała Krzyż Kawalerski Rzeczypospolitej Polskiej - […] nadany przez Prezydenta RP, a wręczony jej przez Konsula Generalnego RP w Los Angeles. Prezentacja orderu miała miejsce w Teatrze Magicopolis w Santa Monica podczas sierpniowego spotkania Klubu im. Heleny Modrzejewskiej. Konsul Generalny Krzysztof Kasprzyk odczytał list Prezydenta RP Aleksandra Kwaśniewskiego, w którym złożył on gratulacje Pani Jolancie Zych za jej pracę i osiągnięcia. Konsul Kasprzyk również wysoko ocenił Prezes Jolantę i całą pracę, jaką wykonała dla Klubu na rzecz promocji kultury polskiej w Los Angeles.

Jolanta Zych otrzymała piękny bukiet kwiatów od członków organizacji. Klub również złożył gratulacje i wyrazy uznania dla całej wspaniałej pracy jaką wykonała Pani Prezes. Konsul Kasprzyk podkreślił, że podczas kadencji jako Prezes Klubu Kultury i Sztuki im. Heleny Modrzejewskiej Jolanta Zych sprowadziła wielu fascynujących i ciekawych gości z Polski oraz stworzyła bardzo miłą atmosferę dla członków i gości. Byli wśród nich reżyserzy filmowi, aktorzy, kompozytorzy, artyści i pisarze. Klub Kultury i Sztuki im. Heleny Modrzejewskiej jest organizacją non-profit i spotyka się co miesiąc w prywatnych rezydencjach członków Klubu oraz w teatrach. Klub w 2002 roku obchodził 30-lecie istnienia i promocji kultury polskiej. W przeszłości medale i odznaczenia otrzymali Państwo Czajkowscy, Kachelski, Piłatowicz i Bociański.

Ten wyjątkowy wieczór zakończyła wspaniała dwugodzinna prezentacja wspomnień i myśli Witolda Gombrowicza oraz egzystencjalistów, przedstawiona przez Andrzeja Seweryna. Wybitny aktor odwiedził nas

---

[12] Jadwiga Inglis, „Cavalier Cross for President of Modjeska Art and Culture Club and Andrzej Seweryn in Santa Monica", „The Voice/Głos", 1 wrześna 2003 r.

wcześniej w Los Angeles podczas drugiego festiwalu filmowego. Mieliśmy zaszczyt zobaczyć go w filmie Teresy Kotlarczyk *Kardynał* w roli głównego bohatera, Kardynała Wyszyńskiego. Podziwialiśmy też jego rolę Wiśniowieckiego w filmie *Ogniem i mieczem* oraz Sędziego w filmie *Pan Tadeusz*. Andrzej Seweryn to bardzo ceniony, zasłużony i utalentowany aktor.

Seweryn jest absolwentem i wykładowcą PWST. Występował także w warszawskim Teatrze Ateneum. Od 1980 mieszka we Francji i pracuje w Comédie-Française. Jest profesorem w National School of Art and Theatrical Methods w Lyonie. Od początku swojej kariery szybko zyskał sławę jako jeden z najbardziej utalentowanych polskich aktorów, który mógł występować również w sztukach klasycznych, takich autorów jak Dostojewski, Schiller, Fredro, a także w sztukach współczesnych: Beckett, Witkacy, Kafka…

Zagrał w wielu najważniejszych filmach polskiego i francuskiego kina, m.in. w *Ziemi obiecanej*, filmie nominowanym do Oskara, a także w filmie *Indochiny*, nagrodzonym w kategorii filmów obcojęzycznych. Współpracuje z Andrzejem Wajdą, Regisem Wagnerem i wieloma innymi znanymi reżyserami filmowymi na całym świecie. We Francji Andrzej Seweryn stał się jednym z najpopularniejszych francuskich aktorów. Na scenie Comédie-Française gra najbardziej cenione role we francuskiej i światowej literaturze. W 1996 roku otrzymał nagrodę krytyków dla najlepszego aktora oraz francuski Order Kawalerski Sztuki i Literatury.

W 1997 roku Andrzej Seweryn otrzymał Krzyż Kawalerski wręczony mu przez Prezydenta RP oraz dyplom za honorowe reprezentowanie kultury polskiej na świecie.

Prezentacja, gra i wykład Andrzeja Seweryna w Teatrze Magicopolis w sierpniu podczas wydarzenia Klubu Modrzejewskiej przyniosły nam wgląd w życie wewnętrzne Witolda Gombrowicza. Seweryn chciałby przekazać widzom głębię myśli i przedstawić fragmenty wspomnień autora z pełnym zrozumieniem. Była to ogromna przyjemność znalezienia się w obecności tego wielkiego artysty, usłyszenia każdego słowa, które wyszło z jego ust i obserwowania wiele intensywnych ekspresji na jego twarzy. Pokazał umiejętności jakie zdobył dzięki dziesiątkom lat pracy na scenie. Długie i głośne brawa podsumowały znaczenie jego występu, a odpowiedzi na pytania publiczności dopełniły wieczoru Klubu Kultury im. Modrzejewskiej.

Wydarzenie było sponsorowane przez nasz Klub Kultury i Sztuki im. Heleny Modrzejewskiej, szeroko reklamowane i otwarte dla wszystkich.

*Jadwiga Inglis*

*Konsul Kasprzyk wręcza medal Jolancie Zych. Joanta Zych i Andrzej Seweryn.*

# SPOTKANIA PODCZAS KADENCJI PREZES JOLANTY ZYCH, 2004-2006

- **21 sierpnia 2004** – *A Forgotten Odyssey,* Spotkanie z Jagną Wright i Anetą Naszyńską
- **11 września 2004** – Spotkanie z dyrygentem Stanisławem Skrowaczewskim
- **24 października 2004** – *Współczesny teatr polski,* Spotkanie z profesorem teatrologii Kathleen Cioffi oraz aktorami Teatru Provisorium i Kompanii Teatr
- **4 grudnia 2004** – Spotkanie z artystą Witoldem Kaczanowskim
- **30 stycznia 2005** – Przedstawienie teatralne *Historyjki grudniowe*[13]
- **20 lutego 2005** – *Bal u Salomona* w wykonaniu Jana Englerta i Beaty Ścibakówny
- **25 lutego 2005** – Spotkanie z artystami nominowanymi do Oskara: Janem A.P. Kaczmarkiem, Hanną Polak i Andrzejem Celińskim
- **23 kwietnia 2005** – Spotkanie z reżyserem Januszem Zaorskim
- **1 maja 2005** – *Wieczny tułacz* w wykonaniu Stanisława Górki i Zbigniewa Rymarza
- **11 czerwca 2005** – Wieczór poświęcony pamięci Papieża Jana Pawła II
- **17 września 2005** – Spotkanie z aktorem Omarem Sangare
- **2 października 2005** – Wieczór poświęcony 25-tej rocznicy powstania Solidarności, we współpracy z Konsulatem RP. Z Shaną Penn, autorką książki *Podziemie kobiet* rozmawia dr Maja Trochimczyk. Po rozmowie film Andrzeja Wajdy *Człowiek z żelaza*
- **15 października 2005** – Spotkanie z kompozytorką Martą Ptaszyńską
- **23 października 2005** – Program kabaretu Superduo, Marian Opania i Wiktor Zborowski
- **3 grudnia 2005** – Świąteczny opłatek i kolędy
- **15 stycznia 2006** – Spotkanie z aktorem Andrzejem Sewerynem i z producentem Mirosławem Słowińskim
- **26 lutego 2006** – Spotkanie z Jego Ekscelencją Januszem Reiterem Ambasadorem Rzeczypospolitej Polskiej w Stanach Zjednoczonych
- **25 marca 2006** – 30-lecie filmu *Noce i dnie,* projekcja filmu na UCLA i spotkanie z aktorką Jadwigą Barańską i reżyserem Jerzym Antczakiem
- **30 kwietnia 2006** – Spotkanie z aktorem Piotrem Adamczykiem, rozmawia dr Maja Trochimczyk
- **6 maja 2006** – *Odchodził mężczyzna od kobiety* w wykonaniu Anny Seniuk i Jana Matyjaszkiewicza

---

[13] Nagranie w YouTube: https://www.youtube.com/watch?v=wt59yXTEP4U&t=6s.

*Kazimierz Cybulski, Jagna Wright, Aneta Naszyńska, Jolanta Zych i Tadeusz Podkański w The Patriotic Hall.*

## SPOTKANIA W OKRESIE CZERWIEC 2004 – CZERWIEC 2005

Pierwsze spotkanie w nowym sezonie poświęcone było projekcji filmu dokumentalnego *A Forgotten Odyssey* autorstwa **Jagny Wright i Anety Naszyńskiej**. Film, złożony z ocalałych zdjęć archiwalnych oraz nagranych przez autorki wywiadów, przedstawia historię 1,7 miliona Polaków, których wojna i upadek Polski zastała na terenach wschodnich, a którzy zostali deportowani przez Sowietów na Syberię. Projekcja filmu i dyskusja z jego realizatorkami odbyła się w The Bob Hope Patriotic Hall, a poprowadził je **Kazimierz Cybulski**, który dzielił losy bohaterów filmu.

We wrześniu odbyło się kolejne spotkanie z muzyką w znakomicie nadającym się do tego celu salonie Państwa Heleny i Stanleya Kołodziey. Tym razem gościem Klubu był sławny kompozytor i dyrygent polski – **Stanisław Skrowaczewski**. Spotkanie z artystą poprowadził dyrektor programowy i kurator Polish Music Center w USC, Marek Żebrowski. Maestro Skrowaczewski podzielił się z nami wspomnieniami ze swojego życia, a zespół kameralny z USC wykonał brawurowo jego *String Trio* skomponowane w 1991 roku. Licznie zgromadzeni członkowie Klubu nagrodzili występ żywiołowymi brawami.

*Kathleen Cioffi, Elżbieta Kański, Jolanta Zych oraz przedstawiciele Teatru Provisorium i Kompanii Teatr*

W październiku **Kathleen Cioffi**, profesor Princeton University, wygłosiła wykład, którego tematem był współczesny teatr polski. Profesor Cioffi, która kilkakrotnie odwiedziła Polskę, wykazała się dużą znajomością polskiego tematu. Okazją do jej wykładu były występy **Teatru Provisorium** i **Kompanii Teatr** z Lublina, które w ramach tournee po Stanach Zjednoczonych odwiedziły również Los Angeles. Członkowie obu teatrów byli obecni na spotkaniu i odpowiedzieli na pytania licznie zgromadzonych uczestników wieczoru. Spotkanie odbyło się w domu Państwa Haliny i Andrzeja Jagoda.

W tajemnice sztuki malarskiej wprowadzał nas podczas grudniowego spotkania **Witold Kaczanowski**, światowej sławy malarz, rzeźbiarz i grafik, który podzielił się z nami wspomnieniami ze swego barwnego życia. Tym razem gościnnego domu użyczyli Klubowi Konsul Generalny RP Pani Krystyna Tokarska-Biernacik wraz z małżonkiem. Spotkanie połączone z wystawą dzieł artysty poprowadził profesor Leonard Konopelski.

*Andrzej Łowkis, Elżbieta Bociańska, Konsul Paulina Kapuścińska wśród publiczności. Występują Tadeusz Bociański, Maria Piłatowicz i dzieci ze Szkoły Polskiej, styczeń 2005.*

Pod koniec stycznia w odświętnie udekorowanym domu Joanny i Andrzeja Maleskich zobaczyliśmy program świąteczny, zatytułowany ***Historyjki grudniowe***, w wykonaniu zawsze życzliwie przyjmowanego **Teatrzyku Dyletantów**. Nasz niestrudzony reżyser **Marysia Piłatowicz** wraz z grupą zapaleńców przedstawili nam momentami zabawny, ale przede wszystkim wzruszający spektakl oparty na tekstach Miłosza, Gałczyńskiego, Tuwima, Hemara i innych poetów polskich. Wyboru tekstów dokonała Dorota Olszewska. Z jej inicjatywy w programie wzięli również udział uczniowie Szkoły Polskiej w Los Angeles.

W lutym, w przyjaznym Klubowi nie od dzisiaj Teatrze Magicopolis w Santa Monica, gościliśmy zaprzyjaźnionych z nami od lat **Jana Englerta** i **Beatę Ścibakównę**. Aktorzy zaprezentowali *Bal u Salomona* Konstantego Ildefonsa Gałczyńskiego. Poezji towarzyszyła muzyka w wyborze i pięknym wykonaniu **Jacka Rózgi**. Po spotkaniu odbyła się interesująca dyskusja z artystami na temat obecnego stanu i przyszłości polskiego teatru.

*Beata Ścibakówna, Prof. Hackett, Barbara Krafftówna, Jola Zych, Jan Englert i Tadeusz Podkański (luty 2005). Konsul Paulina Kapuścińska, Janusz Zaorski i Tadeusz Podkański (kwiecień).*

W kwietniu, z okazji odbywającego się w Los Angeles VI Festiwalu Filmów Polskich członkowie Klubu mieli okazję spotkać się z goszczącym na Festiwalu **Januszem Zaorskim**, reżyserem, scenarzystą i producentem. Spotkanie odbyło się w rezydencji Heleny i Stanleya Kołodziey, a poprowadził je, świetnie zorientowany w tematyce dotyczącej filmu i filmoznawstwa, Andrzej Maleski.

Drugie spotkanie lutowe odbyło się w rezydencji Konsula Generalnego RP w bardzo szczególnym terminie – dwa dni przed uroczystością wręczenia słynnych Oskarów, czyli dorocznych nagród za wybitne osiągnięcia filmowe przyznawanych przez członków Amerykańskiej Akademii Filmowej. Gośćmi spotkania zorganizowanego przez Konsulat Generalny w Los Angeles i nasz Klub byli nasi rodacy nominowani do nagrody Oskara. Znany kompozytor **Jan A. P. Kaczmarek**, zamieszkały w Los Angeles, uzyskał nominację w kategorii oryginalnej muzyki filmowej, którą skomponował do filmu *Marzyciel* (*Finding Neverland*). **Hanna Polak** oraz **Andrzej Celiński** zostali nominowani do nagrody w dziedzinie krótkiego metrażu dokumentalnego za film *Dzieci z Leningradzkiego*. Spotkanie, ilustrowane fragmentami filmów, poprowadził znakomicie przygotowany dyrektor programowy i kurator Polish Music Center w USC, Marek Żebrowski.

W maju, w wypełnionej po brzegi sali teatru Magicopolis gościliśmy aktorów **Stanisława Górkę** i **Zbigniewa Rymarza**, członków Towarzystwa Teatralnego *Pod Górkę*. Monodramem kabaretowym *Wieczny tułacz* przybliżyli nam sylwetkę słynnego polskiego poety, satyryka, komediopisarza i autora ponad trzech tysięcy piosenek, Mariana Hemara. W programie mieliśmy okazję przypomnieć sobie wiele jego przebojów, i również poznać mniej znaną stronę twórczości Hemara jako publicysty z okresu wojny, w której brał czynny udział, i z lat spędzonych na emigracji w Londynie.

Sezon zakończyliśmy wyjątkowym programem poświęconym pamięci naszego wielkiego rodaka Karola Wojtyły, **Ojca Świętego Jana Pawła II**. Program, na który składały się poezje Papieża, wspomnienia i anegdoty z Jego licznych podróży apostolskich przygotowała i wykonała aktorka pracująca na terenie Los Angeles, zaprzyjaźniona z Klubem, **Elżbieta Liebel**. Podkład muzyczny zapewnił gitarzysta, Carlos Velasco.

Klub sponsorował wydarzenia artystyczne i organizacje kulturalne na terenie Los Angeles, między innymi Centrum Muzyki Polskiej w USC i Festiwal Filmu Polskiego. Dziękujemy serdecznie gospodarzom spotkań, naszym sponsorom: Konsulatowi RP w Los Angeles, Jadwidze, Jerzemu i Mikołajowi Antczakom, Witoldowi Kaczanowskiemu oraz członkom Klubu, którzy czynnie przyczynili się do realizacji powyższego programu.

## SPOTKANIA W OKRESIE CZERWIEC 2005 – CZERWIEC 2006

Na wrześniowym, pierwszym po wakacyjnej przerwie spotkaniu, gościliśmy **Omara Sangare,** znanego polskiego aktora i autora bestsellerów literackich *Bajki dla starego konia* i *Bajki dla czarnej owcy*. Podczas spotkania usłyszeliśmy fragmenty tekstów z obu książek. Nasz gość podzielił się również z nami refleksjami na temat swojego życia i kariery. Gościli nas w swojej rezydencji Monika i David Lehman w Pasadenie.

*Marta Ptaszyńska.* | *Dorota i Witold Olszewscy, Jacek Rózga, Wanda Wilk, i inni goście.*

Drugiego października, z okazji 25-lecia powstania Solidarności, w Teatrze Magicopolis w Santa Monica odbyło się zorganizowane wspólnie z Konsulatem Generalnym RP w Los Angeles spotkanie z amerykańską pisarką **Shana Penn**, autorką książki *Podziemie kobiet* – dokumentującej udział i rolę kobiet w ruchu solidarnościowym.[14] Rozmowę z autorką poprowadziła dr Maja Trochimczyk. Po rozmowie wyświetlono film **Andrzeja Wajdy** *Człowiek z żelaza*.

W połowie października, w rezydencji Diany Wilk i Michael'a Burch, odbył się piękny koncert utworów **Marty Ptaszyńskiej** w wykonaniu studentów USC. Była to już druga wizyta kompozytorki w naszym Klubie. Marta Ptaszyńska przyjechała do Los Angeles jako gość honorowy, aby dać Wykład im. Paderewskiego w Uniwersytecie Południowej Kalifornii (USC), organizowanego corocznie przez Centrum Muzyki Polskiej. Spotkanie prowadził dyrektor Centrum, Marek Żebrowski.

Pod koniec października w wypełnionej po brzegi sali Teatru Magicopolis w zabawnym programie kabaretowym *Superduo* wystąpili popularni aktorzy scen warszawskich **Marian Opania** i **Wiktor Zborowski**. Gościny artystom podczas ich pobytu w Los Angeles udzielili Dorota i Witold Olszewscy.

Ostatni raz w 2005 roku spotkaliśmy się w świątecznie udekorowanej i pachnącej przysmakami rezydencji Heleny i Stanley'a Kołodziey. W miłej atmosferze, składając sobie wzajemnie świąteczne życzenia, podzieliliśmy się tradycyjnym opłatkiem i śpiewaliśmy piękne polskie kolędy przy akompaniamencie **Karoliny Naziemiec** i **Henryka Chrostka.**

W styczniu 2006 roku mieliśmy zaszczyt gościć ponownie w Klubie znakomitego polskiego aktora odnoszącego od lat sukcesy we Francji, członka zespołu słynnej paryskiej Comédie Française, **Andrzeja Seweryna** i producenta filmowego **Mirosława Słowińskiego**. Rozmowę, w której aktor podzielił się wspomnieniami ze swego barwnego życia i pełnej sukcesów kariery artystycznej, poprowadził niezawodny Andrzej Maleski, który wraz z żoną Joanną jeszcze raz udzielił gościny członkom Klubu.

Bardzo ciekawe spotkanie z ambasadorem polskim w Stanach Zjednoczonych **Januszem Reiterem** odbyło się w lutym w rezydencji Państwa Kołodziey.[15] Rozmowę z gościem poprowadzili Andrzej Maleski i Jerzy

---

[14] Jadwiga Inglis, „Women's Role in Solidarity", „The Post Eagle" t. 44 nr 45, 16 listopada 2005, s. 1, 6.
[15] Jadwiga Inglis, „Janusz Reiter, Polish Ambassador to the United States visits Los Angeles", „White Eagle/Biały Orzeł", t. 2 nr 3, marzec 2006, s. 1.

Maculewicz. Ambasador odpowiedział na liczne pytania uczestników spotkania dotyczące politycznej i gospodarczej sytuacji w Polsce i stosunków międzynarodowych.

*Ambasador Janusz Reiter, Jolanta Zych, Konsul Krystyna Tokarska-Biernacik i in. podczas prelekcji w lutym 2006 r.*

Trzydziesci lat temu polski film *Noce i dnie* został nominowany do nagrody Oskara w kategorii filmu obcojęzycznego. Aby uczcić tę rocznicę i przypomnieć widzom znakomity i równie dzisiaj jak przed laty poruszający film, zorganizowaliśmy w marcu wraz z Konsulatem RP jego projekcję. Odbyła się ona w Bridges Theater na UCLA, a gośćmi honorowymi wieczoru byli znakomita aktorka **Jadwiga Barańska,** odtwórczyni głównej roli, i reżyser filmu **Jerzy Antczak**, któremu polska publiczność zawdzięczała przez lata wiele niezapomnianych przeżyć teatralnych i filmowych. Na projekcję, oprócz licznie zgromadzonej Polonii, przybyło wielu gości z amerykańskiego środowiska filmowego.

*Jadwiga Inglis, Jerzy Antczak, Jola Zych. Dr Maja Trochimczyk prowadzi wywiad z Piotrem Adamczykiem.*

W kwietniu mieliśmy okazję gościć w Klubie popularnego aktora młodego pokolenia **Piotra Adamczyka**, odtwórcę roli Karola Wojtyły w filmie *Karol – człowiek, który został Papieżem*. Aktor przebywał w Los Angeles na zaproszenie Polskiego Festiwalu Filmowego. Artyście towarzyszyli: znany aktor **Andrzej Chyra**, członek Rady Programowej TVP SA **Ewa Czeszejko-Sochacka**, członek Krajowej Rady Radiofonii i Telewizji **Witold Kołodziejski,** oraz **Wiesław Dąbrowski** wraz z kamerami Telewizji Polskiej. Rozmowę z artystą poprowadziła wszechstronna muzykolog, dr Maja Trochimczyk. Gospodarzami wieczoru byli Halina i Andrzej Jagoda.

Zakończenie sezonu w maju uwieńczył występ znakomitych aktorów teatralnych i filmowych, **Anny Seniuk** i **Jana Matyjaszkiewicza**. Aktorzy, którzy przyjechali do Kalifornii na zaproszenie Klubu, wystąpili w teatrze Magicopolis w sztuce *Odchodził mężczyzna od kobiety* Siemiona Złotnikowa, wystawianej z dużym sukcesem w teatrze Ateneum w Warszawie. Państwo Anna i Joseph Kane gościli artystów podczas ich dwutygodniowego pobytu w Los Angeles.

*Anna Seniuk i Jan Matyjaszkiewicz w Magicopolis*

W ubiegłym sezonie Klub sponsorował wydarzenia artystyczne organizowane przez Konsulat Generalny RP, Centrum Muzyki Polskiej w USC i Festiwal Filmu Polskiego. Dziękujemy serdecznie gospodarzom spotkań, naszym sponsorom: Konsulatowi RP w Los Angeles, Jadwidze Barańskiej, Jerzemu i Mikołajowi Antczakom, Annie i Josephowi Kane oraz członkom Klubu, którzy czynnie przyczynili się do realizacji powyższego programu. Specjalne podziękowania składamy tym członkom Klubu, którzy swą pracą i finansowym wsparciem przyczynili się do uzyskania przez Klub statusu **Non-Profit Organization**: Komitetowi Organizacyjnemu (Jola Zych, Danuta Żuchowska, Marysia Piłatowicz, Elżbieta Kański i Krystyna Kuszta), Annie i Tomaszowi Kachelskim, Zofii i Jerzemu Korzeniowskim, Marysi i Edwardowi Piłatowiczom, Lenie i Jerzemu Wagnerom oraz Uli i Jerzemu Zagnerom.

*Krystyna Kuszta, Sekretarz Klubu*

*Carlos Velasco, Monika Chmielewska Lehman, Jolanta Zych, Elżbieta Liebel, Anna Krusiewicz, czerwiec 2005.*

*Jolanta Zych i Daniel Olbrychski. 1999. Po prawej: Adam Zych, Jolanta Zych, prof. Rottermund, marzec 2002.*

# MOJE 4 KADENCJE 1998-2006
## Prezes Jolanta Zych

Z pisaniem tych wspomnień odbyło się tak jak z planowaniem programów w czasie mojej 8-letniej prezesury od 1998 do 2006 (najdłuższej jak do tej pory kadencji prezesa). Wpierw, gdy zostałam prezesem starałam się wymyśleć jakąś oryginalną formułę prezentowania naszych spotkań. Wczytywałam się w dokumentację klubową, słuchałam wspomnień prezesów, opinii członków Klubu, opinii ludzi postronnych. Wszystko to doprowadziło mnie do przekonania, że cały dorobek poprzednich prezesów stworzył organizację o tak doskonałym profilu, że wyglądało na to, iż już niewiele potrzeba, aby Klub nadal rozwijał się pomyślnie. Podczas mojego inauguracyjnego przemówienia powiedziałam, że będę kontynuować pracę poprzednich prezesów i utrzymywać wyznaczony profil Klubu.

Jest takie angielskie powiedzenie „Do not fix what is not broken". W tym też tonie kontynuuję zwierzenia prezesa, czyli po kolei...

Rozpoczynałam swoją karierę w Klubie od przynależności do zarządu prezes Zosi Czajkowskiej, a następnie Edka Piłatowicza. Praca w obu zarządach dała mi lekki przedsmak obowiązków prezesa. Kiedy zaproponowano mi przejęcie prezesury, wszyscy poprzedni prezesi obiecali pomoc. Zgodziłam się, nie przewidując, że pomiędzy moją pracą zawodową, prowadzeniem domu a prezesurą będzie to niebywały wysiłek. Ale jednak nie oddałabym ani jednej minuty z przeżyć jakie dostarczyły mi moje kadencje.

Pracy było huk. Organizowanie spotkań oczywiście było najciekawszym aspektem pracy, wiązało się z delikatnym procesem poznawania zapraszanych gości, z ich wymaganiami, ich możliwościami, z ich osobowościami. Staraliśmy się naszym gościom zapewnić wszystko co mogliśmy, rewanżując się im za ich występ w Klubie.

Starałam się kłaść duży nacisk na ten osobisty kontakt z naszymi gośćmi. Gwarantowało to w przyszłości ponowny kontakt. Nigdy nie mieliśmy dość Jana Englerta i Beaty Ścibakówny, Andrzeja Seweryna, Basi Krafftówny, Wojtka Młynarskiego, Daniela Olbrychskiego czy Adama Michnika. Wielkie to nazwiska, wspaniali artyści, którzy mimo swoich angaży znaleźli czas aby nas odwiedzać. Większość spotkań odbywała się w warunkach kameralnych, w posiadłościach naszych członków Klubu. Gdy czułam, że niektórzy z naszych gości wymagają sceny teatralnej, wynajmowaliśmy teatry, zapraszaliśmy publiczność spoza Klubu.

*Barbara Krafftówna, dr Jan Iwańczyk, Jolanta Zych, Andrzej Piętowski (czerwiec 2001).*

Poza wieloma organizacjami w Los Angeles współpracowaliśmy również z tymi w San Diego, San Francisco, Arizonie, a nawet w Chicago. Staliśmy się jedynym miejscem, gdzie prominenci odwiedzający Los Angeles z ramienia rządu, czy w związku z wykładami uniwersyteckimi lub premierami filmowymi mogą spotkać się ze środowiskiem polskiej inteligencji w Los Angeles. Prestiż Klubu urósł znacznie też dzięki współpracy z

Polskim Konsulatem, Polskim Centrum Muzycznym na Uniwersytecie Kalifornii Południowej (USC) oraz Polskim Festiwalem Filmowym w Los Angeles.

Obrośliśmy w piórka....

Przyjmowaliśmy Andrzeja Wajdę, który odbierał w Los Angeles nagrodę Oskara za całokształt pracy twórczej. Z tego powodu też doszło do nieporozumienia wśród członków Klubu, ale po latach wszystko sie rozpogodziło.

*Jolanta Zych (luty 2004). Jolanta Zych i Zbigniew Rybczyński (czerwiec 2002).*

Gościliśmy kolejnych zdobywców Oskara, za muzykę do filmu *Finding Neverland* Jana A.P. Kaczmarka, za film krótkometrażowy Zbigniewa Rybczyńskiego, nominowanych do Oskara Annę Polak i Andrzeja Celińskiego.

*Jolanta Zych, Tadeusz Bociański, Konsul Generalny RP Krystyna Tokarska-Biernacik, Krystyna Kuszta, Andrzej Łowkis, luty 2004.*

Niezapomniane było spotkanie z Agnieszką Holland, z którą spędziliśmy wspaniały wieczór. Gościliśmy Adama Zagajewskiego słuchając jego poezji, wyświetliliśmy wzruszające *Noce i dnie* i gościliśmy Jerzego Antczaka z Jadwigą Barańską, Jerzego Hoffmana, Jerzego Skolimowskiego, Jana Pietrzaka, Joannę Szczepkowską, Janusza Zaorskiego, Jerzego Stuhra, Krzysztofa Zanussiego, Magdę Zawadzką, Emiliana Kamińskiego, Zbigniewa Zamachowskiego, Piotra Adamczyka, Annę Seniuk z Janem Matyjaszkiewiczem, Leszka Długosza, Mariana Opanię z Witoldem  Zborowskim, Omara Sangare, Stanisława Szlachtycza, Elżbietę Jodłowską, Grażynę Szapołowską, Marię Nowotarską z córką Agatą Pilitowską, Jacka Cygana, Grzegorza Turnaua i Andrzeja Sikorowskiego, wspaniałą Piwnicę pod Baranami z Jackiem Wójcickim, Beatę Rybotycką z akompaniatorem Konradem Mastyłło, Teatr Gardzienice, redaktora Michała Maliszewskiego, Biskupa Tadeusza Pieronka, senatora Krzysztofa Kozłowskiego, ambasadora Przemysława Grubińskiego, konsula Krystynę Tokarską-Biernacik, profesora Andrzeja Rottermunda, profesora Janusza Deglera, profesora Andrzeja Zakrzewskiego, profesor Kathleen

Cioffi, profesora Aleksandra Wolszczana, pianistów i muzyków: profesor Barbarę Hesse-Bukowską z synem Maciejem Piotrowskim, Martę Ptaszyńską, Kevina Kennera, Stanisława Skrowaczewskiego, Darka Oleszkiewicza, artystów malarzy i rzeźbiarzy: Tomasza Misztala, Beatę Poźniak, Rafała Olbińskiego oraz Witolda Kaczanowskiego.

*Leonard Konopelski, Jola Zych, Witold Kaczanowski i Tadeusz Podkański (grudzień 2004).*

Z wielką satysfakcją zaprezentowaliśmy w trzech ośrodkach polonijnych na terenie Południowej Kalifornii wystawę fotografii Ojca Św. Jana Pawła II, wystawioną w San Diego, Orange County i Los Angeles.

Gdy najbardziej artystycznie twórczą grupę członków Klubu roznosiła muza, to trzeba było temu dopomóc wystawiając szereg wspaniałych szopek teatralnych, którym przewodziła wspaniała produkcja *Pastorałki* Schillera w reżyserii Marysi Piłatowicz ze wspaniałymi kostiumami Ewy Świder i scenografią Janka Sytnika. To była pyszna zabawa, ogromny wysiłek tylu ludzi, którzy poza pracą, karierą, domem spędzali godziny na próbach przygotowując nasze własne produkcje. Cudowne wspomnienia... niezapomniane produkcje *Piernikali* czy *Historyjek Grudniowych*.

Bogaty nasz dorobek jest zanotowany przez telewizję Polonia, która z okazji 30-lecia Klubu nakręciła półgodzinny program o Klubie Heleny Modrzejewskiej w Los Angeles. Reportaż ten był emitowany dwukrotnie w programie telewizji Polonia na całym świecie. Znalazły się w nim urywki ze spotkań klubowych, cała gama zdjęć oraz wypowiedzi wszystkich Prezesów, którzy opowiedzieli o historii, założeniach, programie i atmosferze Klubu. Muszę przyznać, że przygotowaniu tego programu towarzyszyło duże napięcie. Reportaż był związany z rocznicą obchodów 30-lecia Klubu, a więc obejmował też urywki z balu, który z tej okazji został w tym samym czasie przygotowany. Uroczyście, wieczorowo. TV Polonia transmitowała „na żywo" przebieg tego balu. Uff... ale wyszło doskonale.

Rozwijaliśmy klubową stronę internetową. Była to era nowych technologii, niekiedy bardzo pracochłonna w użyciu i jako osoba zawodowo zajmująca się programami komputerowymi chylę głowę przed członkami Klubu, którzy utrzymywali stronę internetową w doskonałej formie, stwarzając wspaniałe źródło informacji o pracy Klubu.

*Maja Trochimczyk, Piotr Adamczyk, Jola Zych i Witold Kołodziejski (kwiecień 2006).*

Członkowie zarządu i wielu członków Klubu czynnie angażowało się w organizację spotkań czy dodatkowych imprez klubowych. Członków Klubu ciągle przybywało, aż byliśmy zmuszeni ograniczyć członkostwo, bo niestety pomieszczenia, w których spotykaliśmy się, pękały w szwach.

Za pracę swoją zostałam nagrodzona Krzyżem Kawalerskim wręczonym mi w niezwykłych okolicznościach. Był to dla mnie ogromny zaszczyt „dzielić" scenę z wielkim artystą Andrzejem Sewerynem, bowiem przed jego występem w teatrze Magicopolis w Santa Monica, Konsul Generalny Krzysztof Kasprzyk wręczył mi Krzyż Kawalerski Orderu Zasługi RP, nadany przez Prezydenta Aleksandra Kwaśniewskiego, oraz wygłosił napisany przez siebie na tę okazję uroczy limeryk. Co za wspomnienia.

Podczas mojej kadencji Klub uzyskał status organizacji nieobliczonej na zysk (non-profit), co umożliwia szersze korzystanie z udogodnień organizyjnych przysługujących takim jednostkom. Natomiast członkowie mogą odpisywać od podatków zapłacone składki roczne.

Muszę przyznać, że miałam przez 8 lat mojej prezesury niezwykle prężny, chętny do pracy zarząd, który dzielnie towarzyszył mi w prowadzeniu Klubu. Tomasz Kachelski, Krysia Kuszta, Krysia Okuniewska, Klara Konopelska, Andrzej Łowkis, Jacek Rózga, Tadeusz Podkański, Jarek Klimczak, Jacek Roszkowski, Marysia Piłatowicz, Elżbieta Kański, Danuta Żuchowska, Dorota Olszewska, dzielili ze mną niezliczone godziny (przed i po) przygotowań do spotkań, zebrań, ustaleń, do późnych godzin nocnych rozmowy telefoniczne, bo dzień nigdy niestety nie miał wystarczająco godzin.

Nigdy nie zawiodłam się na silnej grupie prezesów, którzy obiecywali mi pomóc na początku mojej kadencji, zawsze mogłam liczyć na ich zaangażowanie w działalność Klubu, dzięki któremu oprócz wspomnień pozyskałam wielu serdecznych i wieloletnich przyjaciół.

*Jolanta Zych, Prezes, 1999-2006*

*Prezes Jolanta Zych prowadzi spotkanie Klubu w Beverly Hills.*

## SPOTKANIA PODCZAS KADENCJI PREZES DOROTY OLSZEWSKIEJ, 2006-2008

- **16 września 2006** – *Współczesny język publiczny i jego odmiany,* prof. Jerzy Bralczyk
- **29 października 2006** – Spotkanie z aktorem Markiem Proboszem
- **12 listopada 2006** – Spotkanie z Wrocławskim Teatrem Lalek
- **10 grudnia 2006** – Spotkanie Opłatkowe u Państwa Olszewskich w Moorpark
- **11 lutego 2007** – Koncert charytatywny z recitalem Ewy Błaszczyk, *Nawet gdy wichura*
- **17 marca 2007** – Koncert jazzowy Krzesimira Dębskiego, Darka Oleszkiewicza i Darryl'a „Munyungo" Jackson'a, rozmowę prowadzi dr Maja Trochimczyk
- **29 kwietnia 2007** – Spotkanie z Pierwszą Damą RP Marią Kaczyńską
- **27 maja 2007** – Sztuka *Pierwsza młodość* w wykonaniu Anny Seniuk i Zofii Saretok
- **16 czerwca 2007** – Spotkanie z żołnierzem 1. Samodzielnej Brygady Spadochronowej, Panem Marcinem Henzlem
- **22 września 2007** – Koncert na rzecz budowy pomnika Ignacego Jana Paderewskiego na terenie Uniwersytetu Południowej Kalifornii, w wykonaniu Marka Żebrowskiego, fortepian, Larsa Hoefs'a, wiolonczela i Joel'a Pargmana, skrzypce
- **20 października 2007** – Koncert duetu akordeonowego Harmonium Duo (Hubert Giziewski i Paweł Sulej) w Uniwersytecie Loyola-Marymount
- **25 listopada 2007** – rozmowa z przedstawicielami Teatru ZAR (dyrektor artystyczny Jarosław Fret, menedżer Magdalena Mądra) oraz prezentacja zespołu teatru
- **8 grudnia 2007** – Spotkanie Opłatkowe, Teatrzyk Śnieżynka u Państwa Maleskich
- **9 lutego 2008** – „Dlaczego współczesny człowiek nie rozumie Biblii?" Spotkanie z księdzem Markiem Ciesielskim
- **23 lutego 2008** – Spotkanie z twórcami filmu *Katyń*
- **8 marca 2008** – *Chlip hop czyli nasza mglista lap-top lista* w wykonaniu Magdy Umer, Andrzeja Poniedzielskiego i Wojciecha Borkowskiego
- **29 marca 2008** – Koncert Urszuli Dudziak, rozmowę prowadzi dr Maja Trochimczyk
- **27 kwietnia 2008** – Spotkanie z Danutą Szaflarską, Dorotą Kędzierzawską i Danutą Stenką, rozmowę prowadzi dr Maja Trochimczyk

- **28 czerwca 2008** – Projekcja filmu *Trzech kumpli* (Stanisław Pyjas, Bronisław Wildstein, Lesław Maleszka) i rozmowa z reżyserem Anną Ferens

## SPOTKANIA W OKRESIE CZERWIEC 2006 – CZERWIEC 2007

Po przerwie wakacyjnej, pod kierownictwem nowej Prezes Klubu Doroty Olszewskiej, gościliśmy przybyłego na specjalne zaproszenie Klubu profesora **Jerzego Bralczyka**, który wygłosił wykład zatytułowany „Współczesny język publiczny i jego odmiany". Spotkanie odbyło się 16 września 2006 roku w rezydencji Elżbiety i Jana Iwańczyk. Jerzy Bralczyk, profesor zwyczajny, jest znakomitym polskim językoznawcą, specjalistą w dziedzinie języka polityki, mediów i reklamy. Uczy w Instytucie Dziennikarstwa Uniwersytetu Warszawskiego oraz w Szkole Wyższej Psychologii Społecznej. Olbrzymią popularność przyniosły Jerzemu Bralczykowi cotygodniowe programy w Telewizji Polonia pod tytułem *Mówi się* oraz codzienne audycje radiowe *Słowo o słowie*.

O granicach ludzkiej wytrzymałości, o „śpiączce dobrobytu", o poezji, historii, pracy w Hollywood i o tym czy świat potrzebuje bohaterów – 29 października 2006 roku członkowie Klubu im. Heleny Modrzejewskiej rozmawiali ze swym gościem **Markiem Proboszem**, absolwentem Wydziału Aktorskiego PWSFTviT w Łodzi oraz wydziału reżyserii filmowej w The American Film Institute w Los Angeles, scenarzystą i profesorem aktorstwa na UCLA. Marek Probosz zagrał główną rolę w filmie Ryszarda Bugajskiego *Śmierć rotmistrza Pileckiego*, wstrząsającej historii o Witoldzie Pileckim, piłsudczyku, uczestniku wojny polsko-bolszewickiej w 1920 roku i kampanii wrześniowej w 1939 roku, oficerze Armii Krajowej. Rozmowę z Markiem Proboszem przeprowadziła dr Maja Trochimczyk, a materiał filmowy o bogatym dorobku naszego gościa przygotował Sławek Brzeziński. Gościny Klubowi udzielili Państwo Monika i David Lehman.

Na spotkaniu ze znakomitym **Wrocławskim Teatrem Lalek** w arkana sztuki lalkarskiej wraz z całym zespołem wprowadzali nas pan dyrektor **Aleksander Maksymiak**, aktor, scenograf i reżyser, pani **Jolanta Góralczyk**, aktorka, a jednocześnie profesor i dziekan Wydziału Lalkarskiego Państwowej Wyższej Szkoły Teatralnej we Wrocławiu oraz pani **Anna Hejno**, kierownik Biura Promocji i Marketingu. Spotkanie odbyło się 12 listopada 2006 roku, a gościny Klubowi Modrzejewskiej udzielili tym razem Joanna Klass i jej Galeria Arden2, obchodząca w 2006 roku 10-lecie swojej działalności.

*Krzesimir Dębski, Darek Oleszkiewicz, Darryl „Munyungo" Jackson i Dorota Olszewska u Państwa Maleskich.*

Jedną z najmilszych, polskich i rodzinnych uroczystości w okresie świątecznym było **Spotkanie Opłatkowe** Klubu Heleny Modrzejewskiej, które odbyło się w niedzielę 10 grudnia 2006 roku. W domu Doroty i Witka Olszewskich w Moorpark członkowie Klubu mieli okazję podzielić się opłatkiem z przyjaciółmi, pośpiewać kolędy, popróbować świątecznych potraw, zobaczyć inscenizację przygotowaną na podstawie wiersza

Gałczyńskiego *Trąbki świątecznej poczty*, a również rozszerzyć swoją wiedzę o polskich tradycjach postu i świętowania związanych z Bożym Narodzeniem.

11 lutego 2007 roku w Jeff Bridges Theater na UCLA odbył się koncert charytatywny *Nawet gdy wichura* na rzecz Fundacji „Akogo?" z recitalem **Ewy Błaszczyk**. Fundacja „Akogo?" powstała dwa lata po tragicznym wypadku, któremu uległa Ola, córka Ewy Błaszczyk i Jacka Janczarskiego, znanego satyryka i scenarzysty. Od tego czasu dziewczynka pogrążona jest w śpiączce. Mimo, że spotkanie miało miejsce w niedzielę o godz. 17, sala obliczona na 280 osób była pełna.

W sobotę 17 marca 2007 spotkaliśmy się z **Krzesimirem Dębskim**, skrzypkiem jazzowym, kompozytorem muzyki filmowej, jazzowej, telewizyjnej i współczesnej. Słuchacze oczarowani zostali inteligencją i dowcipem artysty oraz jego muzykalnością i talentem improwizacyjnym, przepięknie ukazanym w serii interpretacji polskich i amerykańskich standardów jazzowych. Podczas wieczoru w salonie Joanny i Andrzeja Maleskich Dębski pojawił się w towarzystwie dwóch jazzmenów światowej klasy, basisty **Darka Oleszkiewicza** (dobrze znanego z wielu fascynujących koncertów dla klubowiczów) oraz oryginalnego perkusisty **Darryla „Munyungo" Jacksona**. Wieczór poprowadziła dr Maja Trochimczyk, znająca Krzesimira od czasów studenckich.

W niedzielę 29 kwietnia 2007 roku Klub został zaszczycony wizytą **Pani Marii Kaczyńskiej**, Pierwszej Damy Rzeczypospolitej Polskiej, która przebywała w Los Angeles w związku z VIII Polskim Festiwalem Filmowym, nad którym objęła w 2007 roku patronat. Spotkanie odbyło się w rezydencji Państwa Heleny i Stanley'a Kołodziej i było prowadzone przez Andrzeja Maleskiego. Konsulat reprezentowała Pani Krystyna Tokarska-Biernacik, Konsul Generalny w Los Angeles, oraz Konsul Paulina Kapuścińska. W spotkaniu wzięła również udział Pani Ambasadorowa **Hanna Reiter.**

O tym, że na spełnienie marzeń, na nowe przyjaźnie i odmiany życiowe nigdy nie jest za późno przekonywały nas 27 maja 2007 roku bohaterki sztuki *Pierwsza młodość* w reżyserii Bogdana Augustyniaka. Autorem sztuki jest francuski dziennikarz i powieściopisarz Christian Giudicelli, a sama sztuka była przebojem teatralnym Paryża przełomu lat 80. i 90. W wersji polskiej przedstawienia zagrały dwie znakomite aktorki przybyłe do Kalifornii na specjalne zaproszenie Klubu Modrzejewskiej: **Anna Seniuk** i **Zofia Saretok**. Spektakl odbył się w zaprzyjaźnionym teatrze Magicopolis w Santa Monica.

Rzadko kto pamięta i wie, że prawdziwi bohaterowie z krwi i kości żyją wśród nas, a tu w dalekiej Kalifornii znaleźli się bohaterowie, którzy zostali wyrzuceni poza nawias powojennej Polski za walkę po „niewłaściwej" stronie. W niezwykłym spotkaniu z jednym z takich bohaterów członkowie Klubu Modrzejewskiej mieli sposobność wziąć udział 16 czerwca 2007 roku w rezydencji Moniki i Davida Lehman. Gościem spotkania był Pan **Marcin Henzel**, żołnierz I Samodzielnej Brygady Spadochronowej, która wzięła udział w wielkiej bitwie pod Arnhem, znanej z filmu *O jeden most za daleko*. Marcin Henzel był żołnierzem legendarnego już generała Stanisława Sosabowskiego. Spotkanie ilustrowane materiałem filmowym przygotowanym przez Sławka Brzezińskiego poprowadziła Dorota Olszewska.

*Anna Seniuk i Zofia Saretok w Magicopolis. Zarząd i członkowie Klubu z aktorkami.*

## SPOTKANIA W OKRESIE CZERWIEC 2007 - CZERWIEC 2008

22 września 2007 roku nowy powakacyjny sezon Klub rozpoczął koncertem na rzecz budowy pomnika Paderewskiego w wykonaniu **Marka Żebrowskiego**, fortepian, **Larsa Hoefs'a**, wiolonczela i **Joel'a Pargmana**, skrzypce. W 1923 roku Ignacy Jan Paderewski otrzymał doktorat honoris causa z University of Southern California. By upamiętnić to wydarzenie, w 2000 roku ówczesna dyrektor Polish Music Center, dr Maja Trochimczyk zainicjowała akcję postawienia pomnika Paderewskiego na terenie uniwersytetu. Dochód z koncertu został w całości przeznaczony na pomnik Ignacego Jana Paderewskiego. Koncert odbył się w rezydencji Heleny i Stanley'a Kołodziey.

Wieczór 20 października 2007 w Klubie im. Heleny Modrzejewskiej okazał się fascynującym wydarzeniem muzycznym. Polski duet akordeonowy **Harmonium Duo,** czyli panowie **Hubert Giziewski i Paweł Sulej**, wystąpił z recitalem *Tańce świata* w sali kameralnej Burns Fine Arts Center w Loyola Marymount University w Los Angeles. Muzycy rozpoczęli w ten sposób swoje tournée amerykańskie, podczas którego mieli również zagrać koncerty w Santa Barbara, San Diego, Denver, Dallas, Tucson i innych miastach południowo-zachodnich Stanów.

Na spotkanie z aktorami **Teatru ZAR** w niedzielę 25 listopada 2007 roku, które odbyło się u Zosi i Witka Czajkowskich, przybyli: dyrektor teatru i Instytutu Grotowskiego **Jarosław Fret**, menadżer **Magdalena Mądra** wraz z zespołem. Jarosław Fret opowiedział o działalności teatru, a młodzi wykonawcy zaprezentowali fragmenty śpiewanych spektakli. Inicjatorką sprowadzenia Teatru ZAR do Kalifornii była Joanna Klass i jej Arden2, od lat zajmujący się promowaniem polskich teatrów alternatywnych w Stanach Zjednoczonych, a jednym ze sponsorów tego teatralnego przedsięwzięcia był Klub Kultury im. Heleny Modrzejewskiej.

8 grudnia 2007 roku **Teatrzyk „Śnieżynka"** zaprezentował tłumnie przybyłej publiczności opowiastkę niemoralną pod nieco przyzwoitszym i świątecznym tytułem *Historia pewnej Gwiazdki*, przygotowanej na podstawie doskonałych tekstów mistrza Jeremiego Przybory. Teatrzyk „Śnieżynka" powstał w listopadzie 2007 roku i po licznych castingach i przesłuchaniach skompletował grupę znamienitych aktorów, w skład której weszli: **Kuba Chyła, Elżbieta i Jan Hiszpańscy, Elżbieta Kański i Joanna Maleska**. Nowo powstały

teatrzyk objęła reżyserską opieką **Dorota Olszewska**, która również dokonała wyboru i adaptacji tekstów. Scenografią zajęła się nasza niezrównana w projektach plastycznych koleżanka klubowa Krysia Okuniewska, której w stawianiu dekoracji dzielnie pomagał Witek Olszewski. Spotkanie odbyło się w rezydencji Joasi i Andrzeja Maleskich.

*Wykonawcy grupy ZAR, listopad 2007.*

Kolejne spotkanie odbyło się w sobotę 9 lutego 2008 roku w domu Państwa Moniki i Davida Lehman, a jego tematem była historia Biblii, którą przybliżył zebranym w wykładzie „Dlaczego współczesny człowiek nie rozumie Biblii?" **ksiądz Marek Ciesielski**.

Nazwisko **Andrzeja Wajdy** jest wystarczającym magnesem zdolnym przyciągnąć na spotkanie tłumy Polaków. W dodatku tym razem tematem spotkania był najnowszy film Mistrza *Katyń*, wywołujący natychmiast w każdym z nas silne emocje. Nic też dziwnego, że 23 lutego 2008 roku, w przeddzień uroczystości wręczenia Oskarów, salon Państwa Heleny i Stanley'a Kołodziey szczelnie wypełnili członkowie Klubu i zaproszeni goście. Niestety sam reżyser nie przybył na spotkanie ze względów zdrowotnych, natomiast pozostali twórcy filmu dopisali znakomicie. Rozmowy z nimi były prowadzone przez Andrzeja Maleskiego.

*Teatrzyk Śnieżynka, grudzień 2007.*

*Chlip hop czyli nasza mglista lap-top lista* to pełna subtelnego humoru, tocząca się przez Skype'a, inteligentna opowieść o blaskach i cieniach naszej egzystencji, przemijaniu, e-mailowej nieszczęśliwej miłości do „mężczyzny, który się nie zdarza" oraz wszelkich konsekwencjach wynikających z tej miłości.

W przedstawieniu wzięli udział: **Magda Umer, Andrzej Poniedzielski i Wojciech Borkowski**, którzy przybyli do Kalifornii na specjalne zaproszenie Klubu Modrzejewskiej. Sztuka została zaprezentowana 8 marca 2008 roku w Pasadenie, w domu Kasi i Bartka Chmielewskich, do którego przybyły tłumy gości.

**Urszula Dudziak**, znakomita gwiazda polskiego jazzu odwiedziła Klub 29 marca 2008 roku, odsłaniając nam odmienną, bardziej intymną stronę swojej muzycznej osobowości podczas spotkania w domu Elżbiety i Jana Iwańczyków. Spotkanie poprowadziła dr Maja Trochimczyk.

Podczas IX Festiwalu Filmu Polskiego w Los Angeles Klub miał niekłamaną okazję goszczenia Pierwszej Damy sceny polskiej **Danuty Szaflarskiej**, reżyser **Doroty Kędzierzawskiej** i znanej aktorki **Danuty Stenki**. Spotkanie odbyło się w rezydencji Haliny i Andrzeja Jagodów 27 kwietnia 2008 roku i było prowadzone przez jak zwykle niezawodną dr Maję Trochimczyk.

*Dorota Olszewska i Urszula Dudziak.*

28 czerwca 2008 roku w Klubie został wyświetlony film *Trzech kumpli* w reżyserii **Anny Ferens** i **Ewy Stankiewicz**. Film opowiada o dramatycznej historii przyjaźni trzech studentów polonistyki Uniwersytetu Jagiellońskiego: Stanisława Pyjasa, Lesława Maleszki i Bronisława Wildsteina. W losach bohaterów odbija się historia socjalistycznej Polski, czasów transformacji i demokracji. Jak w greckiej tragedii – jeden z bohaterów zostaje zamordowany, drugi okazuje się zdrajcą kreującym się na autorytet moralny w jednym z największych polskich dzienników, trzeci wciąż dochodzi sprawiedliwości i prawdy. Po pokazie rozmowę z reżyserką Anną Ferens przeprowadziła Dorota Olszewska. Spotkanie odbyło się w rezydencji Moniki i David'a Lehman.

*Dorota Olszewska, Maja Trochimczyk, Dorota Kędzierzawska, Danuta Szaflarska, Małgorzata Brzezińska, Danuta Stenka, kwiecień 2008.*

Pragniemy podziękować za pomoc i wkład czasowy gospodarzom spotkań, Konsulatowi RP w Los Angeles, Polish Music Center w USC i Festiwalowi Filmu Polskiego, których wydarzenia Klub również sponsorował. Dziękujemy wszystkim tym, którzy pomagali Klubowi i bez których Klub nie mógłby funkcjonować. Szczególne podziękowania dla:

- Krysi i Jurka Dzięciołów za goszczenie Anny Seniuk, Zofii Saretok, Ewy Błaszczyk z córką Manią, dyrektorką Fundacji „Akogo?" Anną Krzysztofowicz i muzykiem Andrzejem Kowalczykiem, oraz wcześniejszych gości klubowych Piotra Adamczyka, Stanisława Górki i Zbyszka Rymarza,
- Ani i Josephowi Kane za goszczenie Anny Seniuk i Zofii Saretok (podzielili się opieką nad paniami z państwem Dzięcioł) oraz za donacje na spotkanie z twórcami *Katynia*,
- Beaty Musielak za pomoc w prowadzeniu strony internetowej oraz za wycieczkę zorganizowaną dla profesora Jerzego Bralczyka,
- Jadwigi Inglis za artykuły drukowane w prasie polonijnej i zdjęcia ze spotkań,
- Zawodowego fotografa Jacka Nowaczyńskiego za robienie pięknych zdjęć na koncercie Ewy Błaszczyk, spotkaniu z Panią Prezydentową Marią Kaczyńską i spotkaniu z twórcami *Katynia*,
- Lucyny Przasnyskiej za dostarczanie swych ciekawych fotoreportaży ze spotkań, są umieszczone na naszej witrynie internetowej,
- Małgosi i Roberta Chyłów za olbrzymią pomoc w organizowaniu spotkań opłatkowych, przygotowaniu syna Kuby do występów w naszych klubowych przedstawieniach, dostarczaniu pianina na spotkania opłatkowe i występ Magdy Umer oraz za pomoc w zajmowaniu się profesorem Bralczykiem,
- Danusi Wołdańskiej za goszczenie akordeonistów Huberta Giziewskiego i Pawła Suleja,
- Ewy i Zbyszka Nyczaków za goszczenie Urszuli Dudziak z córką Kasią Urbaniak,
- Naszych klubowych „dzieci": dla córki Krysi Okuniewskiej Agaty i córki Lilianny Moradi Roksany za wielką pomoc na różnych spotkaniach klubowych,
- Grupy przewożącej gości festiwalowych na spotkanie klubowe: Elżbiety Kańskiej, Elżbiety i Jana Hiszpańskich, Teresy Leżak, Elżbiety Michałkiewicz oraz Jadwigi i Jacka Jaworowskich,
- Państwa Olszewskich za goszczenie profesora Jerzego Bralczyka,
- Witka Olszewskiego za wyrozumiałość i wsparcie dla żony podczas jej prezesowania.

Szczególne, najserdeczniejsze podziękowania dla członków Zarządu za wspaniałą pracę:
- Dla wiceprezes Krysi Kuszty za wsparcie i służenie swą olbrzymią wiedzą w zakresie prowadzenia Klubu i za pomoc w najróżniejszych pracach organizacyjnych,
- Dla skarbniczki Danusi Żuchowskiej za wzorowe prowadzenie finansów klubowych i pomoc w innych pracach organizacyjnych,
- Dla sekretarza Eli Kańskiej za wysyłanie zawiadomień, za wszystkie raporty z zebrań Zarządu, działalność marketingową (zwłaszcza przy spotkaniach otwartych dla publiczności spoza Klubu),
- Dla Krysi Okuniewskiej za wszystkie piękne dekoracje i kwiaty dla gości klubowych i inne prace organizacyjne,
- Dla Lilianny Moradi za koncertowe wręcz prowadzenie sekcji gopodarczej, działalność marketingową przy spotkaniach otwartych i pomoc w najróżniejszych pracach organizacyjnych (Lilianna potrafiła prawie zakręcić na 405, jeśli okazało się nagle, że potrzebne jest na przykład żelazko tuż przed koncertem),
- Dla Jacka Roszkowskiego za piękne zdjęcia ze spotkań i prowadzenie naszej strony internetowej. Jacek zawsze był w pogotowiu o każdej porze dnia i nocy i jeśli się coś ze stroną działo – reagował natychmiastowo,
- Dla Sławka Brzezińskiego za wspaniałe prowadzenie działu technicznego i przywożenie za każdym razem ton sprzętu nagłaśniającego,
- Dla całego Zarządu podziękowania za wdzięk, inteligencję, poczucie humoru, niezwykłą pracowitość i zgodność w podejmowaniu różnych decyzji klubowych.

*Dorota Olszewska, Prezes 2006-2008*

*Koncert Ewy Błaszczyk, luty 2007. Jadwiga Barańska, Ewa Błaszczyk i Jerzy Antczak.*

*Koncert Ewy Błaszczyk, luty 2007. Poniżej po prawej Prezes Olszewska i weteran Marcin Henzel, czerwiec 2007.*

*Koncert na rzecz Centrum Muzyki Polskiej u Państwa Kołodziey: muzycy i Zarząd Klubu, wrzesień 2007.*

*Wykład Prof. Jerzego Bralczyka,, wrzesień 2006 r.*

*Z Markiem Proboszem rozmawia dr Maja Trochimczyk w domu Państwa Moniki Chmielewskiej-Lehman i Davida Lehman w Pasadenie, październik 2006 r.*

*Spotkanie filmowe z Anną Ferens u panstwa Lehman prowadzi Dorota Olszewska, czerwiec 2008 r.*

# SPOTKANIA PODCZAS KADENCJI PREZESA ANDRZEJA MALESKIEGO, 2008-2010

- **4 października 2008** – *Księga Pana Tadeusza,* Spotkanie z Tadeuszem Bociańskim prowadzi Andrzej Maleski
- **1 listopada 2008** – *Taniec z Gwiazdami,* Spotkanie z Witoldem Czajkowskim i Rebeccą Grazziano, pokaz tanga oraz prelekcja o historii tanga (dr Maja Trochimczyk) w McGroarty Arts Center, Tujunga
- **9 grudnia 2008** – Spotkanie z reżyserem i operatorem Januszem Kamińskim, projekcja filmu *Hania,* rozmawia Andrzej Maleski
- **lutego 2009** – Spotkanie z Michałem Rusinkiem, sekretarzem poetki, laureatki nagrody Nobla, Wisławy Szymborskiej prowadzi Andrzej Maleski
- **8 marca 2009** – Spotkanie z reżyserem filmu dokumentalnego o Chopinie, Ophrą Yerushalmi
- **24 kwietnia 2009** – Spotkanie z aktorką Aliną Janowską i Ministrem Kultury i Sztuki, Bogdanem Zdrojewskim
- **6 czerwca 2009** – *Modrzejewska, Paderewski, teatr, muzyka... i Kalifornia,* spotkanie z Markiem Żebrowskim, dyrektorem Centrum Muzyki Polskiej w Uniwersytecie Południowej Kalifornii
- **13 września 2009** – *Modjeska - Woman Triumphant,* prapremiera filmu dokumentalnego Barbary Myszyńskiej w Silent Movie Theater
- **10 października 2009** – *Mixer czyli Zarząd przedstawia,* przegląd kabaretów polskich
- **15 listopada 2009** – Spotkanie z Grzegorzem Jarzyną oraz aktorami spektaklu T.E.O.R.E.M.A.T.
- **28 listopada 2009** – Wieczór poświęcony obchodom Roku Jerzego Grotowskiego
- **9 stycznia 2010** – Świąteczny koncert polskiej muzyki renesansowej i wczesno-barokowej
- **27 lutego 2010** – Koncert galowy z okazji 200 rocznicy urodzin Fryderyka Chopina, zorganizowany we współpracy z Towarzystwem im. Ignacego Jana Paderewskiego, udziałem pianistów (prof. John Perry i prof. Wojciech Kocyan) oraz wiolonczelisty Aleksandra Sulejmana
- **13 marca 2010** – Spektakl *Dual Citizen* w wykonaniu Anny Skubik w teatrze Odyssey
- **22 maja 2010** – Wieczór poetycko-muzyczny *Monologi romantyczne* z muzyką Fryderyka Chopina w wykonaniu Jerzego Treli i Michała Białka

*Tadeusz Bociański i publiczność podczas spotkania u P. Maleskich, październik 2008.*

## SPOTKANIA W OKRESIE CZERWIEC 2008 - CZERWIEC 2009

Nowy Zarząd Klubu Kultury im. Heleny Modrzejewskiej rozpoczął pracę od spotkania, jakie odbyło się w domu Joanny i Andrzeja Maleskich, gdzie nowy Prezes naszego Klubu Andrzej Maleski przedstawił plany programowe Klubu na przyszłość oraz wspomnienia z przeszłości. O historii naszej organizacji, udokumentowanej w *Księgach Pana Tadeusza* – tj. w Księgach Spotkań z trzech kadencji **Tadeusza Bociańskiego**, byłego Prezesa Klubu. Maleski stwierdził, że historia Klubu „jest naprawdę kroniką polskich wydarzeń kulturalnych w Los Angeles na przestrzeni ostatnich dwudziestu pięciu lat. Tadeusz był nie tylko organizatorem naszych spotkań klubowych, ale także ważnym impresario kulturalnym na całym zachodnim wybrzeżu U.S.A. Sprowadzał najlepszych artystów z Polski, organizował im trasy występów, był ich producentem, menadżerem, konferansjerem, przewodnikiem i niezastąpionym gospodarzem".

W listopadzie w stylowym wnętrzu dworku McGroarty Arts Center w Tujunga, miał miejsce specjalny program, pt. *Taniec z Gwiazdami*, Spotkanie z **Witoldem Czajkowskim i Rebeccą Grazziano**. Gwiazdy dały pokaz tanga i lekcje tańca dla wszystkich zebranych. Do pokazu dołączyły inne pary specjalistów od tanga, Krystyna Durian z partnerem, i Marcela Bojanic rodem z Argentyny z mężem Jackiem Roszkowskim. Przed pokazami tanga prelekcję o historii tego zmysłowego tańca wygłosiła dr Maja Trochimczyk, obficie ilustrując swoje tezy przykładami muzycznymi i fragmentami filmów.

Okazało się, że geneza tanga w Argentynie jest bardzo skomplikowana, z konkurującymi teoriami źródeł tańca: tango afrykańskie, przesycone ostrymi rytmami perkusji; tango marynarskie, z muzyką graną na bandoeonie; tango burdelowe, grane przez marynarzy w tawernach argentyńskich miast, zwłaszcza w Buenos Aires; oraz tango ludowe, tańczone przez Argentyńczyków we wsiach i na przedmieściach miast, na zabłoconych klepiskach, w domach, na parkietach sal balowych i wszędzie indziej. Tango „erotyczne" spopularyzowały filmy Hollywood od lat 20-tych z gwiazdorem Rudolfem Valentino. W Polsce zaistniały warianty tanga romantycznego, nostalgicznego i ironicznego. W kinematografii spopularyzowały tango Pola Negri (*Tango Notturno*), Tola Mankiewiczówna (*Odrobina szczęścia*), Hanka Ordonówna (*Na pierwszy znak*) i Sława Przybylska (*Pamiętasz, była jesień*). Na estradzie *Tango Milonga* i *Jesienne Róże* śpiewał Mieczysław Fogg a tango *Rebeka* hipnotycznie interpretowała Ewa Demarczyk. Tango ironiczne i surrealistyczne pojawiło się w filmie Rybczyńskiego, sztuce Mrożka, i piosenkach Alibabek. Po prelekcji i występie tancerzy, widzowie sami stali się tancerzami, ucząc się kroków tanga. Podczas wykładu nieskazitelną obsługę techniczną zapewnił Sławek Brzeziński.

*Witek Czajkowski uczy panów a Rebecca Graziano pokazuje paniom jak tańczyć tango, listopad 2007. Andrzej Maleski, Rebecca Graziano I Witold Czajkowski. Poniżej dr Maja Trochimczyk podczas wykładu o historii tanga.*

Projekcja filmu *Hania* **Janusza Kamińskiego** to temat spotkania w grudniu 2008. Film Kamińskiego wprowadził wszystkich w prawdziwie polski, świąteczny nastrój. Projekcja filmu i spotkanie z reżyserem odbyły się w Laemmle Music Hall 3 w Beverly Hills. Ze względu na obecność anglojęzycznych gości, Andrzej Maleski prowadził spotkanie i rozmowę z reżyserem w języku angielskim. Projekcja filmu oraz spotkanie z reżyserem zostały zorganizowane przy współpracy z Polish American Film Society w Los Angeles. Sprawozdania opublikowali Andrzej Maleski (przedrukowane poniżej) oraz Jadwiga Inglis.[16]

W lutym Klub przedstawił poezję Noblistki Wisławy Szymborskiej, widzianą poprzez pryzmat jej osobistego sekretarza **Michała Rusinka**. Poetka zachorowała i nie mogła przyjechać na zaproszenie Klubu, natomiast podpisała, z dedykacją dla Klubu, tom humorystycznych wierszy dla dorosłych.

W marcu reżyser **Ophra Yerushalmi** opowiadała (po angielsku) o swoim filmie o recepcji Chopina na świecie. Podróżowała z kraju do kraju, robiła wywiady z artystami, muzykami i ludźmi z ulicy aby dotrzeć do tajemnicy wpływu tego kompozytora na kulturę świata i magię muzyki wciąż żywej 200 lat po jego śmierci.

---

[16] Jadwiga Inglis, „Looking at *Hania*" – Janusz Kamiński's Film", „Głos/The Voice", grudzień 2005. Sprawozdanie Prezesa Maleskiego reprodukujemy poniżej.

*Michał Rusinek, Andrzej Maleski, Maria Piłatowicz i Joanna Maleski. Dedykacja Wisławy Szymborskiej dla Klubu.*

Spotkanie kwietniowe z **Aliną Janowską**, aktorką komediową, oraz Ministrem Kultury i Sztuki, **Bogdanem Zdrojewskim** związane było z Polskim Festiwalem Filmowym w Los Angeles, a wśród gości zaproszonych na eleganckie przyjęcie do gościnnej rezydencji Heleny i Stanley'a Kołodziey w Beverly Hills znaleźli się filmowcy z Polski i USA oraz przedstawiciele Konsulatu Rzeczypospolitej Polskiej w Los Angeles. W pamięci utkwiły uczestnikom prześmieszne anegdoty Ministra z czasów, gdy był burmistrzem Wrocławia i o szóstej rano odbywał inspekcje miasta podczas powodzi. Wrocław pokryty był dwumetrową warstwą wody. Jeden z surrealistycznych widoków, jaki napotkał Pan Zdrojewski, pływając po ulicach wojskową motorówką był kajakarz czekający w swoim kajaku na zmianę świateł na skrzyżowaniu całkowicie opustoszałych ulic zalanych wodą …

Klub zakończył sezon wykładem **Marka Żebrowskiego**, dyrektora Centrum Muzyki Polskiej w Uniwersytecie Południowej Kalifornii, pod tytułem *Modrzejewska, Paderewski, teatr, muzyka i Kalifornia*. Prelekcja była ilustrowana fragmentami pamiętników obojga artystów, nieznanymi zdjęciami i dokumentami z kolekcji archiwalnej Centrum oraz nagraniami archiwalnymi Paderewskiego.

*Publiczność na premierze, filmu* Modjeska – Woman Triumphant, *m.in. Agata Kowalska i Zbigniew Nyczak. Mikołaj Stroiński i Andrzej Maleski po premierze filmu.*

# SPOTKANIE Z JANUSZEM KAMIŃSKIM
## Andrzej Maleski, 13 grudnia 2008

*Janusz Kamiński, Jan Achrem, Jerzy Antczak, Jadwiga Barańska, grudzień 2008.*

Film Janusza Kamińskiego *Hania* wprowadził nas w prawdziwie polski świąteczny nastrój. Projekcja filmu i spotkanie z reżyserem odbyły się w Laemmle Music Hall 3 w Beverly Hills. Ze względu na obecność anglojęzycznych gości, nasze spotkanie i rozmowę z reżyserem prowadziliśmy w języku angielskim. Po projekcji *Hani*, reżyser filmu podzielił się z nami swymi refleksjami na temat tego obrazu. Film *Hania* powstał w Polsce w 2007 roku. Reżyser wyznał, że po raz pierwszy przeczytał scenariusz tego filmu dziewięć lat wcześniej i już wówczas postanowił nakręcić ten film. Od lat pragnął zrealizować film w Polsce, z której wyjechał mając 22 lata. Zapytany o elementy autobiograficzne w filmie przyznał, że temat dojrzewającego mężczyzny oraz zmaganie pokoleniowe ojca z synem były mu bliskie. W filmie zobaczyliśmy kolorową, pięknie fotografowaną, świąteczną Warszawę. Janusz Kamiński pragnął pokazać w pozytywnym świetle Polskę, która dziś niczym się nie różni od innych krajów Europy. W Polsce, gdzie większość współczesnych filmów jest depresyjna i pokazuje szarą, smutną rzeczywistość, optymistyczne zakończenie *Hani* było zaskoczeniem i zostało odczytane przez część krytyków za manierę twórcy, który pracuje w Hollywood.

*Hania* była drugim po *Straconych duszach* reżyserowanym przez niego filmem. Mimo to, jak twierdził, podczas realizacji tego filmu czuł się niczym w roli debiutanta. Reakcje widzów po naszej projekcji filmu były entuzjastyczne. Podkreślali oni nie tylko walory estetyczne filmu (reżyser był także autorem zdjęć), ale również zręczne prowadzenie aktorów oraz konsekwentnie opowiedzianą historię *Hani*. Nasza rozmowa z reżyserem po filmie trwała ponad godzinę, podczas której poznaliśmy nie tylko drogę do kariery jednego z najlepszych operatorów w Hollywood, ale również mieliśmy okazję poznać z bliska prawdziwego artystę kina.

Kiedy jako młody człowiek wylądował w U.S.A., Janusz Kamiński postanowił zostać wiernym swej pasji i robić filmy. Był w swym zamierzeniu, jak we wszystkim co robi, bardzo konsekwentny. W Chicago studiował film w Columbia College, a po przyjeździe do Los Angeles uczęszczał do American Film Institute. Przełomowym momentem w jego karierze było spotkanie ze Stevenem Spielbergiem, który po obejrzeniu zdjęć Kamińskiego do telewizyjnego filmu Diane Keaton *Dziki kwiat*, zaproponował młodemu operatorowi najpierw współpracę przy telewizyjnym filmie *Klasa 1961* a następnie przy *Liście Schindlera*. Janusz Kamiński potrafił świetnie odczytać intencje reżysera i zarejestrował wspaniały czarno-biały obraz, który wiernie ukazywał Kraków i jego okolice podczas II wojny światowej. Film ten przyniósł mu ogromne uznanie i nagrodę Oskara za zdjęcia. W kolejnym filmie Spielberga *Szeregowiec Ryan*, Kamiński wykreował szalenie wiarygodny obraz inwazji aliantów w Normandii uzyskując efekt dokumentalnych niemal zdjęć. Zdjęcia do tego filmu były ponownie sukcesem polskiego operatora i zostały nagrodzone kolejną nagrodą Oskara. Mówiąc o pracy ze Spielbergiem, Kamiński podkreślał, że w każdym kolejnym filmie stara się zostawić własny unikalny odcisk na taśmie. Przyznał, że tempo pracy Spielberga bywa zawrotne. Reżyser rzadko powtarza ujęcia, co jest dodatkowym utrudnieniem dla operatora.

Janusz Kamiński zdradził się, że ciągle szuka nowych wyzwań, nowych rozwiązań oświetlenia scen, nowych ujęć. Czyta setki scenariuszy, robi notatki, często ucieka się do skomplikowanych rozwiązań technicznych aby osiągnąć zamierzony efekt wizualny. Każdy jego film poprzedza okres precyzyjnych i często mozolnych przygotowań i dokumentacji. Kino fascynuje go jako pewna forma narracji opowiadanej za pomocą kamery i światła.

Jednym z artybutów sukcesu Kamińskiego jest zespół jego współpracowników. Wśród nich są również Polacy. Wszyscy oni są wysokiej klasy fachowcami. Kamiński bardzo ich ceni. Pracują z nim od wielu lat i całkowicie ufa im w kolejnych wyzwaniach na planie. Efekty tej współpracy są często technicznie skomplikowane, ale również nowatorskie i zaskakujące. Podczas realizacji futurystycznego thrillera jego zespół wybudował olbrzymią konstrukcję w Burbank, która miała około 90 stóp wysokości i była wyższa od wszystkich budynków w mieście. Tam kręcona była scena pościgu powietrznego, który na ekranie wyglądał nadzwyczaj naturalnie.

Artysta przyznał, że wielkim wyzwaniem zawodowym był dla niego film Juliana Schnabla *Motyl i skafander*. Film ten opowiada prawdziwą historię francuskiego dziennikarza magazynu "Elle", który został kompletnie sparaliżowany w wieku 43 lat. Przykuty do szpitalnego łóżka, bohater komunikuje się ze światem poruszając jedynie powieką oka. Kamiński starał się opowiedzieć tę historię z perspektywy pacjenta gdzie kamera jest jego okiem. Przystępując do pracy nad tym filmem szukał środków i sposobu na pokazanie procesu umierania. Na ekranie widzimy dokładnie to, co dzieje się w mózgu pacjenta. Po raz pierwszy w historii kina został zarejestrowany ten odkrywczy język opowiadania kamerą. Janusz Kamiński został uhonorowany za zdjęcia do *Motyla i skafandra* główną nagrodą na Festiwalu Operatorów Filmowych Camerimage w Łodzi w 2007 roku.

Kamiński jest dziś jednym z najbardziej znanych operatorów filmowych w Hollywood. Jest podziwiany przez rzesze kinomanów na całym świecie. Jest ceniony przez reżyserów, aktorów i współpracowników za rzetelność, profesjonalizm i nieustanne dążenie do doskonałości. Za tym wielkim sukcesem stoi skromny i nieustannie poszukujący artysta pasjonat.

*Andrzej Maleski, Prezes*

*Janusz Kamiński z Andrzejem Maleskim oraz z Jadwigą Inglis.*

*Plakat filmu* Modjeska – Woman Triumphant. *Bogna Szupińska, Andrzej Maleski, Barbara i Leonard Myszyński.*

## SPOTKANIA W OKRESIE WRZESIEŃ 2009 – CZERWIEC 2010

Światowa prapremiera filmu *Modjeska Woman Triumphant* w reżyserii **Barbary Myszyńskiej** odbyła się w wypełnionej widzami sali Silent Movie Theater, 611 North Fairfax Ave, Los Angeles, w niedzielę 13 września 2009 roku, z udziałem pani reżyser. Po projekcji odbyła się dyskusja prowadzona przez prezesa Klubu Andrzeja Maleskiego. Sprawozdanie opublikowała Jadwiga Inglis. Jest ono przedrukowane po omówieniu rocznego programu naszego Klubu podczas kadencji Prezesa Maleskiego.

10 października 2009 roku w domu Państwa Andrzeja i Joanny Maleskich odbyło się spotkanie pod tytułem ***Mixer, czyli Zarząd przedstawia***. W tym towarzysko-rozrywkowym wieczorze, każdy z członków zarządu podzielił się z publicznością swoim ulubionym skeczem komediowym wybranym z bogatej historii kabaretu w Polsce. Zaproszenie zawierało następującą notatkę: „Ostrzegamy, że śmiech jest zaraźliwy i może spowodować wybuchy nieposkromionych emocji."

*Zarząd w akcji: Andrzej Maleski zapowiada, Danuta Żuchowska i Krystyna Kuszta sprawdzają listę.*

29 października 2009 roku spotkanie w restauracji Warszawa w Santa Monica miało za temat eksperymentalny i awangardowy teatr polski. Reżyser **Grzegorz Jarzyna**, przywiózł do Los Angeles sztukę T.E.O.R.E.M.A.T opartą na filmach Pasoliniego, w wykonaniu zespołu z teatru TR Warszawa (poprzednio znany jako Teatr

Rozmaitości). Podczas spotkania, reżyser i aktorzy – **Jan Englert, Danuta Stenka** i **Jadwiga Jankowska Cieślak** prosto z samolotu opowiadali o pracy nad nową sztuką, filozofią teatru, i warsztacie aktorskim. Wydarzenie to było jednym z kilku celebrujących Rok Jerzego Grotowskiego, słynnego reżysera teatru Laboratorium.

28 listopada 2009 roku, ponownie w domu Państwa Maleskich odbyło się kolejne spotkanie z okazji Roku Grotowskiego, 10 rocznicy śmierci wybitnego reżysera. Tym razem, tematem był teatr Grotowskiego i jego dziedzictwo w Polsce. Udział wzięli **Zbigniew Osiński**, teatrolog i specjalista od Grotowskiego, **Jarosław Fret**, dyrektor teatru eksperymentalnego ZAR inspirowanego metodą Grotowskiego, **Tomasz Kubikowski**, teatrolog i profesor akademii teatralnej w Warszawie oraz **Joanna Klass**, dyrektor wykonawczy roku Grotowskiego 2009 w Instytucie Adama Mickiewicza. Na zakończenie spotkanie uświetnili aktorzy teatru ZAR wykonując fragment z tryptyku *Ewangelie dzieciństwa*, wystawianego w UCLA w Los Angeles od 1 do 3 grudnia 2009 r.

Spotkanie świąteczno-noworoczne odbyło się zgodnie z polską tradycją w styczniu, a nie amerykańską – w grudniu. W koncercie kolęd i polskiej muzyki dawnej 9 stycznia 2010 roku wystąpiły zespoły **Wessex** instrumentów dętych w stylu renesansowym, oraz zespołu **Holborne** dawnych instrumentów smyczkowych, wiol i lutni. Solistka sopran **Krysta Close** śpiewała pieśni Karłowicza i Szymanowskiego jako dopełnienie programu. Członkowie Klubu przynieśli domowe potrawy świąteczne a unikalną atmosferę zapewnił dworek poety w górach Los Angeles w stylu prawie podhalańskim, z wielkim kominkiem i drewnianymi belkami w suficie, czyli McGroarty Arts Center w dzielnicy Tujunga. Trudno sobie wyobrazić w tym malowniczym wnętrzu, otoczonym wysokimi sosnami i dębami, że to urokliwe miejsce znajduje się w mieście Los Angeles.

*Andrzej Maleski rozmawia z Grzegorzem Jarzyną oraz aktorami spektaklu T.E.O.R.E.M.A.T.*

4 lutego 2010 roku odbył się **Koncert Urodzinowy Chopina**, przygotowany we współpracy Klubu z Towarzystwem Muzycznym im. Ignacego Jana Paderewskiego w sali Zipper Concert Hall w Colburn School of Music, Los Angeles. W programie wystąpili znakomici muzycy i profesorowie uczelni w Los Angeles: pianiści prof. **John Perry** z USC i prof. **Wojciech Kocyan** z Loyola Marymount University oraz wiolonczelista prof. **Aleksander Sulejman** z USC. Gospodynią programu była znana aktorka polskiego pochodzenia, **Jane Kaczmarek**, która ze swadą recytowała angielskie wiersze poświęcone Chopinowi, jakie wybrała z antologii redagowanej przez Maję Trochimczyk, *Chopin with Cherries: A Tribute in Verse*. Dochód z koncertu przeznaczony był w całości na zorganizowanie Pierwszego Amerykańskiego Konkursu im. Paderewskiego w Los Angeles.

*Jane Kaczmarek recytuje poezje w towarzyszeniu pianistów. Urodziny Chopina, Colburn School of Music.*

13 marca 2010 roku Klub zaprosił swoich członków i gości na wycieczkę do Teatru Odyssey w Los Angeles na spektakl dwóch monodramów, w pierwszym pod tytułem *Dual Citizen* wystąpiła **Anna Skubik** z Polski, w drugim pod tytułem *Look, What I Don't Understand* autor, imigrant z Bułgarii **Antoni Nikolchev** opowiadał o losach emigracyjnych swojej rodziny.

23 kwietnia 2010 roku z okazji otwarcia Polskiego Festiwalu Filmowego w Los Angeles planowanym gościem Klubu miała być Wicemarszałek Senatu RP, **Krystyna Bochenek**. Dodatkowo, na eleganckim i ekskluzywnym przyjęciu zorganizowanym dla Festiwalu przez Klub w pięknej rezydencji państwa Stanley i Heleny Kołodziey w Beverly Hills mieli rozmawiać z widzami goście Festiwalu: **Borys Szyc, Mateusz Damięcki, Roma Gąsiorowska, Ewa Kasprzyk, Adam Woronowicz, Eryk Luboś**, oraz **Maciej Michalski**. Na wstępie znakomity pianista **Wojciech Kocyan** miał grać kompozycje Ignacego Jana Paderewskiego.

Niestety, Pani Bochenek była jedną z ofiar tragicznej katastrofy lotniczej polskiego samolotu, który rozbił się 10 kwietnia 2010 roku pod Smoleńskiem w drodze na uroczystości Katyńskie. Spotkanie zostało odwołane ze względu na stan żałoby narodowej i śmierć 96 osób w tak tragicznej katatstrofie.

Na zakończenie sezonu, w maju 2010, Klub odwiedził znakomity aktor teatralny z Krakowa, **Jerzy Trela**. Wystąpił w wieczorze poetycko-muzycznym *Monologi romantyczne* z muzyką Fryderyka Chopina w wykonaniu pianisty **Michała Białka.**

W czerwcu 2010 roku odbyło się **Walne Zebranie Sprawozdawczo-Wyborcze**, i wybory nowego zarządu Klubu. Prezesem została dr Maja Trochimczyk.

*Andrzej Maleski i aktorzy teatru lalek w teatrze Odyssey.*

## *MODJESKA – WOMAN TRIUMPHANT* – PREMIERA FILMU W LOS ANGELES
### Jadwiga Inglis, „The Post Eagle", 14 października 2009
### Sprawozdanie z prapremiery w Silent Movie Theater, Hollywood
### Przekład dr Maja Trochimczyk

13 września 2009 w Silent Theatre w Hollywood przy Fairfax Ave. Klub Kultury im. Heleny Modrzejewskiej w Los Angeles zorganizował prapremierę wspaniałego pełnometrażowego filmu dokumentalnego *Modjeska – Woman Triumphant (Modrzejewska – kobieta triumfująca)* w reżyserii Barbary Myszyńskiej, ze zdjęciami jej męża, operatora Leonarda Myszyńskiego. Film opowiada o „zdobywaniu tego, co nieosiągalne" – czyli misji życia artystki, XIX-wiecznej kultowej polskiej aktorki, Heleny Modrzejewskiej. Krok po kroku budowała własną „osobowość" („personę"), by później stać się ikoną na amerykańskiej scenie. Film opowiada o jej najwcześ-

niejszych wrażeniach, wpływach, konfliktach i pragnieniach, gdy opuściła rozdartą wojną Polskę, aby stać się głosem Polski i kobiet – tych dostojnych, i tych upadłych, i tych których życie było pełne konfliktów. To podróż pełna wiary i współczucia.

*Plakat filmu. Barbara and Leonard Myszyński, Silent Movie Theater, Hollywood, wrzesień 2009.*

Modrzejewska była muzą światowej klasy artystów, inspirującą kompozytora Ignacego Jana Paderewskiego, amerykańską pisarkę Willę Cathe, poetę Henry'ego Wadswortha Longfellowa, aktorów szekspirowskich Edwina Bootha i Maurice'a Barrymore'a oraz Noblistę Henryka Sienkiewicza. Uwielbiana i podziwiana za piękno i szlachetność, nigdy nie zapomniała o swojej prawdziwej naturze i wpływie Matki Natury na jej sztukę.

Film Barbary Myszyńskiej to także film o Kalifornii, gdzie triumfują utopijne życie i wolność artystyczna. Symbolicznie, „Arden" w Orange County stał się ukochanym sanktuarium Modrzejewskiej. Na podstawie listów i wspomnień Modrzejewskiej, jej biografii i wywiadów z naukowcami i potomkami aktorki, ten stylizowany film dokumentalny opowiada historię zaangażowania tej „triumfującej" kobiety – jej wiary w siebie, w teatr, w Szekspira, w swoją rodzinę, w swoje „kraje" Polskę i USA, oraz w całą ludzkość – wyrażane poprzez sztukę. Piękną muzykę do *Modrzejewskiej - kobiety triumfującej* napisał młody kompozytor Mikołaj Stroiński, uwydatniając fabułę i wydobywając dogłębnie romantyczną duszę Heleny Modrzejewskiej.

Reżyser i autor zdjęć Barbara i Leonard Myszyńscy ukończyli PWSFTviT w Łodzi. Po studiach mieszkają i pracują w Kalifornii. Po projekcji Barbara wyjaśniła widzom kilka szczegółów związanych z produkcją filmu i co Modrzejewska dla niej znaczy. Barbara powiedziała:

„Ten film to nasza sześcioletnia praca miłości, polsko-amerykańskich twórców filmowych, której kulminacją była setna rocznica śmierci Modrzejewskiej w 2009 roku. Nasza historia zawiera materiały z filmu niemego, ponad 15 godzin wywiadów z naukowcami i biografami Modrzejewskiej (polscy i amerykańscy historycy), reżyserami teatralnymi i potomkami aktorki, w tym ponad 300 archiwalnych fotografii i wiele symbolicznych rekonstrukcji. Postanowiliśmy stylizować film na symboliczne wrażenia Modrzejewskiej poprzez efekty dyfuzji obrazu, takie jak szkło, zasłony i elementy Natury, zamiast próbować reprodukować jej spektakle, których żaden obecnie żyjący człowiek nigdy nie był świadkiem. Nie chcieliśmy fałszywie przedstawić kultowej Modrzejewskiej. Każde ujęcie zostało ujednolicone w postprodukcji, aby wizualnie pasowało do XIX-wiecznej fotografii i wczesnych filmów".

Operator / producent i montażysta Leonard Myszyński, mąż Barbary, wykonał niesamowitą pracę jako autor zdjęć i partner w realizacji filmu. Pochodzący z Polski, Leonard „wychował się" w studiu fotograficznym. gdzie stworzył swoje pierwsze prace. Jako absolwent wydziału operatorskiego Państwowej Akademii Filmowej w Polsce zyskał uznanie za kunszt tworzenia oszałamiających efektów wizualnych wzbogaconych zmysłowym oświetleniem, wyrazistymi kątami kamery i prowokującymi kompozycjami. Przez całą karierę, jego wiedza, umiejętności rozwiązywania problemów i bogate doświadczenie w połączeniu z głęboką pasją do sztuk pięknych pozwoliły mu tworzyć wielkie kampanie reklamowe i filmy. Dodatkowo, ma niesamowity wgląd w tajemnice montażu i efektów specjalnych, co łatwo zauważyć w filmie o Helenie Modrzejewskiej oraz w wielu innych produkcjach. Pracował przy każdym większym projekcie filmowym / wideo, który Basia, jego partnerka, reżyserowała i współredagowała, tworząc ich ogólny projekt wizualny.

„Chciałam też spersonalizować film" – powiedziała reżyser Barbara Myszyńska, „pokazać wewnętrzny świat myśli i impresji, które nawiedzały Modrzejewską, zidentyfikowane poprzez teksty zaczerpnięte z jej własnych wspomnień, używając emocjonalnego głosu i współczesnego tonu – wykreowanego dla naszej stylizowanej Królowej Teatru Polskiego przez Danutę Stenkę".

*Barbara Myszyńska i Wanda Wilk. Barbara Myszyńska i Jadwiga Inglis.*

Urodzona w Kalifornii, reżyser Barbara Myszyńska interesowała się sztuką teatralną, którą ukończyła z tytułem licencjata z dramatu na Uniwersytecie Kalifornijskim w Irvine. Podróżowała po całej Europie, występując na polskiej scenie w samodzielnie wyreżyserowanych jednoosobowych sztukach. Otrzymała tytuł magistra reżyserii na PWSFTviT w Łodzi, gdzie poznała Leonarda, swojego partnera i współpracownika.

Zdobywając uznanie na Międzynarodowych Festiwalach Filmowych, razem wyprodukowali filmy krótkometrażowe w Europie, a następnie w USA stworzyli Solar Eye Communications, firmę zajmującą się fotografią reklamową i produkcją.

Romantyczna muzyka stworzona przez polskiego kompozytora Mikołaja Stroińskiego, którą Barbara wykorzystała w swoim filmie, pogłębiła efekt filmowych wrażeń. Barbara powiedziała: „W moich oczach Modrzejewska była romantyczną realistką o wielkiej mocy i wdzięku. Film przedstawia podróż jej duszy, jej poetycki charakter i łagodność, (jej „Arden") zestawione z jej nieustannym dążeniem w górę i naprzód (czego przykładem w filmie była lokomotywa pociągu, „Żelazny Koń"). Modrzejewska przekraczała granice kultur, kontynentów, krajów, klas społecznych i statusu. Była głosem Polski, jej „artystyczną misjonarką" – tak pięknie opisaną przez profesor Beth Holmgren z Duke University, kluczową badaczkę cytowaną w filmie dokumentalnym. „Była głosem wszystkich kobiet. Nie ma dla mnie nic bardziej świętego niż szlachetność i współczucie. Modrzejewska reprezentuje jedno i drugie " – dodała Barbara.

Na zakończenie spotkania z członkami Klubu Kultury im. Heleny Modrzejewskiej Myszyńska powiedziała: „Jestem dumna, że nasz film jest pierwszym pełnometrażowym dokumentem o słynnej Helenie Modrzejewskiej. Jestem również zaszczycona, że Klub Kultury im. Heleny Modrzejewskiej z Los Angeles zaprezentował światową premierę w Silent Movie Theater w Hollywood".

Film *Modjeska – Woman Triumphant* został wyprodukowany przez OC Influential Productions, LLC we współpracy z GetBizzy Entertainment Inc., a stworzony przez Basię i Leonarda Myszyńskich w 2009 roku. Film był pokazywany na Festiwalu Polskich Filmów Fabularnych w Toronto, został również przyjęty do Polish Film Festival in America w Chicago i Ann Arbor Polish Film Festival, obie projekcje planowane na listopad 2009. Projekcja filmu miała również miejsce w Krakowie na wystawie zorganizowanej przez Muzeum Historii Krakowa i jest zaplanowana na zakończenie Wystawy Modrzejewskiej w Muzeum Teatru Wielkiego w Warszawie w styczniu 2010 roku.

*Jadwiga Inglis*

*Barbara Myszyńska, Leonard Myszyński i Bogna Ladowicz-Szupińska przed Silent Movie Theater. Myszyńska w rozmowie z Andrzejem Maleskim.*

# ALBUM 50-LECIA KLUBU KULTURY IM. HELENY MODRZEJEWSKIEJ

## SPIS SPOTKAŃ 2010-2021

## SPOTKANIA PODCZAS KADENCJI PREZES MAI TROCHIMCZYK, 2010-2012

- **6 sierpnia 2010 roku** – Premiera baletu Stefana Wenty *Fantasy on Polish Airs* do muzyki Chopina, w wykonaniu Luminario Ballet of Los Angeles, Ford Amphitheater, Hollywood.
- **13 sierpnia 2010 roku** – Premiera filmu dokumentalnego *The Labyrinth* o Marianie Kołodzieju, z udziałem producentów: Ojciec Ron Schmidt, S.J., i Jason Schmidt. Arclight Cinema-Hollywood.
- **11 września 2010 roku** – *Kapuściński i Domosławski*[1]. Rozmowa z Arturem Domosławskim, biografem Kapuścińskiego i pokaz filmu dokumentalnego *Poet on the Frontline: The Reportage of Ryszard Kapuściński*. Rozmawia Dorota Czajka-Olszewska, Ruskin Art Club, Los Angeles.
- **10 października 2010 roku** – *Koncert Muzyki Romantycznej*. Marta Wryk, sopran, i Adam Kośmieja, fortepian; z okazji 200-tej rocznicy urodzin Chopina. Biblioteka Południowej Pasadeny.[2]
- **16 października 2010 roku** – *Spotkanie z prof. Leszkiem Balcerowiczem*, rezydencja Heleny i Stanley'a Kolodziey, Beverly Hills. Przygotowane we współpracy z Polskim Konsulatem w Los Angeles.
- **17 października 2010 roku** – *Spotkanie z Janem Nowickim i Małgorzatą Potocką*, w rezydencji Heleny i Stanley'a Kołodziey, Beverly Hills. Nowicki otrzymuje Modjeska Prize 2010. Przygotowane we współpracy z Polskim Festiwalem Filmowym w Los Angeles.[3]
- **21 listopada 2010 roku** – *Kabaret Starszych Panów* w wykonaniu klubu PIE, Polacy w Inland Empire. Long Beach Petroleum Club.
- **11 grudnia 2010 roku** – *Koncert Kolęd i Przyjęcie Świąteczne* w rezydencji Państwa Alexa i Jolanty Wilk w Orange County. Arek Niezgoda, gitara; Karolina Naziemiec, altówka i śpiew; Irina Chirkova, wiolonczela.
- **31 grudnia 2010 roku** – *Bal Sylwestrowy* w Long Beach Petroleum Club. „Zimowa Kraina Czaru" z dekoracjami Krystyny Okuniewskiej
- **22 stycznia 2011 roku** – *Podróż do Tybetu* prezentują Maria i Edward Pilatowicz, pokaz filmu, fotografii, i rozmowa w rezydencji Moniki i Davida Lehman w Pasadenie.

---

[1] *Ryszard Kapuściński and Artur Domosławski.* „PAHA Newsletter" t. 67 nr 2, 2010, s. 16.
[2] Zawiadomienie w "Polish Music Center Newsletter", t. 16 nr 10, 8 października 2010, https://polishmusic.usc.edu/newsletter/2010/october-2010/
[3] *Jan Nowicki Receives the Modjeska Prize 2010*, "PAHA Newsletter" t. 67 nr 2, 2010, s. 15. Sprawozdanie TV TV Polonia https://www.youtube.com/watch?v=hUvOOqd7ieMl; Vimeo: https://vimeo.com/16050902.

- **19 lutego 2011 roku** – *Mickiewicz Today*, rozmowa z prof. Roman Koropeckyj, UCLA (specjalista od Mickiewicza) i z prof. Leonard Kress, Owens College (poeta i tłumacz *Pana Tadeusza*), po angielsku. Ilustrowana recytacją fragmentów z *Pana Tadeusza*. Ruskin Art Club, Los Angeles.[4]
- **12 marca 2011 roku** – Z reżyserem Janem Kidawą-Błońskim rozmawia Andrzej Maleski. Projekcja fragmentów filmu *Różyczka*. Rezydencja Heleny i Stanley'a Kołodziey w Beverly Hills.
- **26 marca 2011 roku** – *Prawdziwa poezja Kosmosu*. Andrew Z. Dowen i polscy naukowcy z NASA/JPL. Wspólne spotkanie z klubem Polacy w Inland Empire. Po angielsku.
- **16 kwietnia 2011 roku** – *Miłosz in My Life*, O Miłoszu opowiadają poeci, John Guzlowski i Cecilia Woloch (USC), z okazji Roku Miłosza. Spotkanie po angielsku w Ruskin Art Club, Los Angeles.
- **19 czerwca 2011 roku** – *W drodze na Antarktydę*, wideo i fotografie z Antarktyki, Argentyny i Chile. Bogdan Plewnia i Andrzej Jagoda oraz Witold Frączek, Prezes Klubu PIE. Biblioteka Południowej Pasadeny.

*Inżynierowie z dyplomami: dr Witold Sokolowski, Marek Tuszyński, Andrew Dowen, Artur Chmielewski, David Lehman Klub Modrzejewsiej na spotkaniu „kosmicznym" w Von Karman Auditorum, JPL/NASA, 2011.*

---

[4] Dr. Mira N. Mataric, *"Mickiewicz Today – Report from Los Angeles"*, "PAHA Newsletter" t. 68 nr 1, 2011, s. 13-14.

# SPOTKANIA W OKRESIE CZERWIEC 2010 – CZERWIEC 2011

Szanowni Państwo,                                                                                                           30 lipca 2011 roku

Ledwo zakończyliśmy bogaty w wydarzenia sezon 2010-2011 a już minęła połowa wakacji! Sytuacja ta skłania do refleksji o naturze czasu... „Czterdzieści lat minęło, jak jeden dzień…" śpiewa bohater *Czterdziestolatka* Jerzego Gruzy. My też możemy popatrzeć cztery dekady w przeszłość, przygotowując obchody rocznicowe naszej organizacji i zastanawiając się nad jej osiągnięciami i przyszłością. „Czas to najlepsza cenzura, a cierpliwość – najdoskonalszy nauczyciel" według opinii Fryderyka Chopina. Adam Mickiewicz natomiast ostrzega, że „Czas jest to wiatr, on tylko małą świecę zdmuchnie, Wielki pożar od wiatru tym mocniej wybuchnie". Inni podchodzą do tematu filozoficznie: „Czas pozostanie ludożercą", mawia Stanisław Jerzy Lec, natomiast Jan Jakub Rousseau jest eschatologicznym optymistą – „Tylko miłość potrafi zatrzymać czas". Cztery głosy, cztery odmienne opinie o naturze czasu. A cóż by było, gdybym zapytała o zdanie klubowiczów?

*Dorota Czajka-Olszewska i Artur Domosławski w Ruskin Art Club w Los Angeles, wrzesień 2010 r.*

Moją kadencję prezesa rozpoczęłam od zgubienia się w drodze na Walne Zebranie i dwu-godzinnego spóźnienia. Jestem, jak widać, co nieco na bakier z czasem. Udało mi się jednak w naszym kalendarzu umieścić bardzo dużo ciekawych spotkań i wydarzeń, balansując nasze potrzeby intelektualne, nostalgiczne, artystyczne, rozrywkowe, i gastronomiczne. Udało mi się też na te spotkania zdążyć, tak że obca mi będzie maksyma z bramy do Dantejskiego Piekła – *Lasciate omni speranza*... Nadzieja, jak się okazało, jest.

*Mickiewicz Dzisiaj - prof. Koropeckyj, Beata Poźniak, pianistka Sue Zhou, prof. Leonard Kress, Maja Trochimczyk, Ruskin Art Club, luty 2011. Po prawej: Prof. Balcerowicz z gospodarzami spotkania, Helena i Stanley Kołodziey.*

Opis naszych piętnastu spotkań w sezonie 2010-2011 znajduje się w internecie na nowym blogu (www.modjeskaclub.org). Było ich tak dużo trochę przez przypadek: zaplanowaliśmy cały sezon na pół roku z góry, a tu jadą goście, jadą, i trzeba zrobić przyjęcie dla Leszka Balcerowicza czy Jana Kidawy-Błońskiego... zaproszonych do Klubu przez Konsula Generalnego, **Joannę Kozińską-Frybes.** Kto by naszej Pani Władzy odmówił! Sezon zaczęliśmy jeszcze w wakacje, od wspólnej wycieczki do Teatru Forda, gdzie odbyła się premiera baletu **Stefana Wenty** do muzyki Chopina. Było kilka spotkań literackich. Wspominaliśmy Ryszarda Kapuścińskiego, sportretowanego w filmie Gabrielle Pfeiffer *Poet on the Frontline* i w słowach jego biografa, dziennikarza **Artura Domosławskiego** (11 września). Obchodziliśmy uroczyście Rok Chopina (10 października) i Rok Miłosza (16 kwietnia), i skupiliśmy się na roli Adama Mickiewicza we współczesnej kulturze świata (19 lutego). W wykładzie o Mickiewiczu wzięli udział ekspert z UCLA, prof. **Roman Koropeckyj** i poeta, tłumacz *Pana Tadeusza* na angielski, prof. **Leonard Kress.**

O swojej poezji mówili, oprócz prof. Kressa, dr **John Z. Guzlowski i Cecilia Woloch** (kwietniowe spotkanie o Miłoszu). To troje poetów polonijnych piszących po angielsku – dlatego właśnie dwa z naszych spotkań literackich były prowadzone w tym języku. Jednym z najważniejszych zadań Klubu Kultury im. Heleny Modrzejewskiej jest promocja kultury polskiej w Kalifornii. Włączenie języka angielskiego do naszych programów należy do podstawowych sposobów realizacji tego celu. Przypomnijmy, że Polski Festiwal Filmowy w ogóle nie publikuje żadnych materiałów w języku polskim, gdyż jego publicznością są przede wszystkim Amerykanie.

*Kabaret Starszych Panów – Klub PIE i członkowie zarządu Klubu Modrzejewskiej.*

Według statutu naszego klubu, podstawowym jego celem jest edukowanie i informowanie członków o dorobku kultury polskiej, a ten cel najlepiej zrealizować można poprzez wierność językowi polskiemu.

Ojczyznę-Polszczyznę reprezentowali w spotkaniach angielskojęzycznych o Mickiewiczu i Miłoszu wspaniali aktorzy, **Beata Poźniak-Daniels** (Mickiewicz) i **Marek Probosz** (Miłosz), mieszkający w Kalifornii, ale bardzo aktywni również w Polsce. Ich 15-minutowe występy oraz pełna inwencji, głęboko poruszająca publiczność deklamacja wierszy stanowiły najciekawsze punkty wieczoru. Prośby publiczności o więcej zachęciły nas do przygotowania dłuższych spotkań z obojgiem aktorów w sezonie wiosennym 2012 roku.

Wirtuozowskie opanowanie języka polskiego zademonstrowali również nasi znakomici goście z Polski: pisarz **Artur Domosławski**, ekonomista i polityk prof. **Leszek Balcerowicz**, oraz wybitny aktor **Jan Nowicki**, który odwiedził nasz Klub podczas Polskiego Festiwalu Filmowego w towarzystwie żony, **Małgorzaty Potockiej**, tancerki i choreografa, założycielki teatru Sabat w Warszawie. Jana Nowickiego uhonorowaliśmy szczególnie: został laureatem nowo utworzonej Nagrody im. Heleny Modrzejewskiej (*Modjeska Prize 2010*), która będzie przyznawana dorocznie za najwybitniejsze osiągnięcia w dziedzinie aktorstwa (17 października 2010).

O karierze Jana Nowickiego można by mówić długo, ale my oddaliśmy głos samemu artyście, który zabawił nas dziesiątkami humorystycznych anegdotek ze sceny teatralnej i planu filmowego. Przyjemnie prowadzi się wywiady, gdy odpowiedzią na każde pytanie jest fascynujący monolog! (Oprócz mnie, w tym roku „wywiadowcami" byli **Dorota Czajka-Olszewska**, która rozmawiała z Arturem Domosławskim o Ryszardzie Kapuścińskim oraz **Andrzej Maleski**, który przeprowadził wywiad z **Janem Kidawą-Błońskim**, 12 marca). Świat filmu był również tematem dwóch odrębnych spotkań: premiera filmu dokumentalnego *Labirynt* o byłym więźniu Oświęcimia, artyście Marianie Kołodzieju (13 sierpnia), oraz marcowe spotkanie z reżyserem Janem Kidawą-Błońskim ilustrowane fragmentami filmu *Różyczka*.

*Karolina Naziemiec i Irina Chirikova w koncercie świątecznym u Państwa Wilk. Jan Nowicki cieszy się z Nagrody im. Modrzejewskiej, obok: Krystyna Okuniewska, Małgorzata Potocka i Maja Trochimczyk.*

Urywki filmów czy wideo pokazywaliśmy też podczas spotkań z Arturem Domosławskim (11 września), prof. Leszkiem Balcerowiczem (16 października), o polskich podbojach kosmosu (26 marca, **Prawdziwa Poezja Kosmosu**, wykłady pięciu inżynierów ilustrowane filmami NASA), i podróżach Polaków – członków Klubu – do Tybetu (22 stycznia, **Edward i Marysia Piłatowicz** wspomagani przez **Witolda i Zofię Czajkowskich**) i na Antarktydę (19 czerwca, **Bogdan Plewnia i Andrzej Jagoda,** oraz prezes zaprzyjaźnionego Klubu PIE, Polacy z Inland Empire, **Witold Frączek**).

Dwa spotkania wypełniła nam muzyka: Wieczór Muzyki Romantycznej Chopina i Dworzaka w wykonaniu znakomitej młodej śpiewaczki **Marty Wryk** i pianisty **Adama Kośmieji** (10 października) i Wieczór Kolęd w aranżacjach jazzowych gitarzysty-kompozytora **Arka Niezgody** oraz w wykonaniu **Karoliny Naziemiec** (wokalistka jazzowa i altowiolistka), z wiolonczelistką Iriną Chirikovą (10 grudnia). Mini-koncert obejmował też Trio Beethovena i premierę *Adelita Variations* Niezgody. Spotkanie zakończyło się wspólnym kolędowaniem, ku radości wszystkich zebranych w gościnnej i pięknie udekorowanej rezydencji **Jolanty i Alexa Wilków** w Anaheim Hills. Wielką przyjemność sprawił też wszystkim gościom listopadowy Kabaret Starszych Panów, w wykonaniu amatorskiego teatrzyku **Klubu PIE**. Niezapomniany wieczór!

*Marta Wryk i Adam Kośmieja w koncercie pieśni Chopina, październik 2010.*

Oprócz Państwa Wilków gościli nas kilkakrotnie Państwo **Helena i Stanley Kołodziey** w Beverly Hills, za co jesteśmy przemiłym i szczodrobliwym gospodarzom bardzo wdzięczni. Wiele spotkań odbyło się w dwóch miejscach – w historycznym 130-letnim saloniku w Ruskin Art Club w rejonie Mid-Wilshire w Los Angeles i w eleganckiej sali Biblioteki Południowej Pasadeny. Dlaczego tam? Sale bardzo nastrojowe a wynajem mieści się w budżecie! Na Kabaret Starszych Panów i na Sylwestra pojechaliśmy aż do Long Beach Petroleum Club, gdzie oryginalne dekoracje przygotowała **Krystyna Okuniewska**, koncert życzeń starych polskich przebojów zafundował nam **Andrzej Maleski**, poloneza poprowadziła **Irene Ujda**, a ulubioną muzykę do tańca wybrał **Wojciech Szeremeta.** DJ Richard Mojica uzupełnił repertuar o amerykańskie standardy i latynoskie przeboje.

Jeśli są Państwo trochę zmęczeni tym tempem działalności, wyobraźcie sobie jak czuje się zarząd! Powitaliśmy w nim Bożenę Szeremeta, więc działamy w składzie 9-osobowym, do którego wchodzą też: Krystyna Kuszta (wiceprezes), Krystyna Bartkowska (sekretarz), Danuta Żuchowska (skarbnik), i członkowie: Andrew Z. Dowen, Krystyna Okuniewska, Bogdan Plewnia i Wanda Presburger. Doszły nas pytania: „A co robią nowi?" Andy Dowen zorganizował spotkanie w NASA/JPL i jest szefem Komisji Statutowej (rezultaty już niedługo); Bogdan Plewnia zorganizował spotkanie o Antarktydzie i nazbierał dotacje na nowy sprzęt audio-wizualny; Wanda Presburger ufundowała wspaniałe przyjęcie dla Leszka Balcerowicza; wszyscy karmimy Klub przynosząc smakołyki.

W następnym sezonie spróbujemy przygotować nieco mniej, 10 do 12 spotkań, ale jeśli zjawią się w Kalifornii niezwykli goście, nie odmówimy! Zauważmy, że Balcerowicz i Nowicki występowali u nas dzień po dniu, a oba spotkania miały 100-osobową frekwencję. Na koncert w Pasadenie też przyszło około stu osób, tyle że w większości z okolicy, a nie spośród członków. Najwięcej było nas – wraz z Klubem PIE ponad 200 osób – na wykładach w NASA Jet Propulsion Laboratory. Na doroczny koncert im. Ignacego Jana Paderewskiego w USC Centrum Muzyki Polskiej w październiku, częściowo sponsorowany przez nasz Klub, wybrały się od nas tylko dwie osoby – Prezes i Wiceprezes. Wniosek? Polacy wolą sobie pogawędzić!

W nowym sezonie chcemy więcej uwagi poświęcić szerszej promocji naszych wydarzeń – i przed, i po fakcie. Potrzeba nam do tego celu ochotników! W roku 2010 roku Klub rozszerzył swoją rolę promotora kultury polskiej w Ameryce poprzez utworzenie dwu-języcznej strony internetowej. Są tam linki do programów, plakatów i dłuższych sprawozdań opublikowanych w formacie PDF, które łatwo przeczytać i wydrukować. Życzę miłej lektury! Wersję angielską zawiadomień i sprawozdań zawiera blog, ilustrowany zdjęciami oraz linkami do dokumentacji fotograficznej (modjeskaclub.blogspot.com). Odwiedziło go do tej pory 5.000 osób, a najbardziej popularne okazały się wiadomości o Polakach w Kosmosie, balecie Stefana Wenty, Marku Proboszu, oraz o Mickiewiczu. Informacje przygotowywane są obecnie po polsku i po angielsku.

*Aktorka Ewa Boryczko i Maja Trochimczyk w ogrodzie Arden Heleny Modrzejewskiej.*

Wiadomości o Klubie publikowane też były w innych mediach. TV Polonia nadała reportaże o Janie Nowickim jako laureacie nagrody im. Modrzejewskiej oraz o Helenie Modrzejewskiej w Kalifornii. Ta sama firma nagrała materiały o Karolinie Naziemiec i naszym kolędowaniu. Biuletyny Polish-American Historical Association zawierały sprawozdania, m.in., ze spotkań z Nowickim, Domosławskim i premiery filmu *Labirynt*. Na czerwcowym zjeździe Polskiego Instytutu Naukowego w Ameryce w Waszyngtonie (PIASA), prezento-wałam referat o 40-letniej historii Klubu, który powtórzę na zjeździe PAHA w Chicago. Zawiadomienia o koncertach czy wykładach po angielsku ukazały się w „Los Angeles Times", „Pasadena Weekly", „Pasadena Star News" i internetowych publikacjach. Zabrakło jednak chętnych do pisania sprawozdań i rozsyłania ich do prasy polonijnej: „News of Polonia", „Biały Orzeł", „Polish-American Journal" i podobne im pisma czekają! Liczymy na pomoc ochotników!

Podczas zmiany zarządu zaszły zmiany także w sferze sprzętu audio-wizualnego; straciliśmy dostęp do sprzętu używanego w poprzednich kadencjach, dzięki szczodrobliwości Tadeusza Podkańskiego, który sprzęt ten bezpłatnie przez lata pożyczał Klubowi, za co należą mu się wyrazy wdzięczności. Tymczasowym rozwiązaniem było zatrudnienie Emila Schultza, ale z jego pomocy musieliśmy zrezygnować. Bogdan Plewnia postanowił przyjąć na siebie odpowiedzialność wyboru nowego sprzętu i nazbierania funduszy na ten cel. Jego plan realizować będziemy krok po kroku, w miarę uzupełniania naszej „skarbonki" – czekamy na nowe donacje! Na obecną sumę ok. $3.000 złożyło się dotychczas ponad 40 długoletnich i nowych członków Klubu; dotacje obejmują także grant z The Wagner Foundation ($1.000).

W sezonie 2010-2011 przyjęliśmy do Klubu sporo nowych członków, zaproszonych przez przyjaciół. Serdecznie witamy i cieszymy się, że będzie nas w Klubie trochę więcej. Zainspirowani książką Malcolma Gladwella *The Tipping Point* nie chcemy przekroczyć granicy 150 osób, gdyż cenimy sobie bardzo intymną, przyjacielską atmosferę w naszym Klubie. W roku czterdziestolecia liczymy na aktywne włączenie się nowicjuszy w różne sfery naszej działalności. Nowe nazwiska na naszej liście to: Ewa Barsam, Urszula Oleksy i Marek Bazan, Bożena i Janusz Brzezińscy, Gabriel Duverglas, Wiesława Jean Fried, dr Grażyna Gąsiorowska, Bogumiła Malinowski, Elżbieta Przybyła, Jolanta i Marek Przywara oraz Iwona i Cedomir Saranowic. Cieszymy się z sukcesów naszych członków; dziękujemy im za ich pracę i pomoc. W sezonie 2010-2011 nasze Dyplomy Uznania otrzymali: **Stefan Wenta, Andrew Dowen oraz Inżynierowie z NASA – Artur Chmielewski, David Lehman, Marek Tuszyński i dr Witold Sokołowski.** Na nowy rok szykujemy bardzo ciekawe spotkania, trochę o Helenie Modrzejewskiej, ale dużo o nas, bo to rok naszego czter-dziestolecia...

Rok ubiegły był też rokiem pożegnań. Kilka osób wyprowadziło się, albo zrezygnowało z dalszego uczestnictwa w działalności Klubu, a dwóch ogromnie zasłużonych członków Klubu zabrała nam śmierć. Na Florydzie tragicznie zmarł **Andrzej Łowkis** (26 listopada 2010 roku), a 14 lipca 2011 roku odszedł **Tadeusz Bociański**, którego pożegnaliśmy uroczystą Mszą Żałobną i wspomnieniami Witolda Czajkowskiego, Andrzeja Maleskiego i Jolanty Zych. Pożegnania, powitania... tego co Andrzej i Tadeusz zrobili dla Klubu nie zapomnimy, zabierając się do intensywnej pracy nad uroczystościami rocznicowymi i programem na nowy, bardzo ciekawy sezon! Serdecznie dziękuję wszystkim Państwu za wspaniały wspólny rok. Oby tak dalej nam się wesoło i ciekawie podróżowało przez krainę polskiej kultury.

*Maja Trochimczyk*

*W 2010-2011 patronka Klubu występowała na plakatach w stroju Julii, pod kolumną z orłem nieco socrealistycznym. Później towarzyszyła nam na bombce świątecznej ze śpiewnika kolęd w 2012 r. Grafika komputerowa M. Trochimczyk.*

*Od lewej: Bogdan Plewnia, Danuta Żuchowska, Krystyna Okuniewska, prof. Leszek Balcerowicz, Maja Trochimczyk, dr Krystyna Bartkowska, Krystyna Kuszta, Wanda Presburger, Andrew Dowen. 16 października 2010*

*Wpis Jana Nowickiego do Księgi Spotkań, w październiku 2010 z okazji Nagrody im. Heleny Modrzejewskiej: „Dziewczęta! Chłopcy! Panie! Panowie! Z klubu Helenki Modrzejewskiej – obejmuję was; - kocham; - czekam na przyszłe spotkania". Wpis Patricka Scott'a po koncercie Góreckiego,* Pieśni Kamieni, *19 listopada 2011*

*Kolędowanie u Państwa Jolanty i Alexa Wilków w Orange County, grudzień 2010 r. Jerzy Antczak, Jadwiga Barańska, Jan Kidawa-Błoński (gość), Maja Trochimczyk, Andrzej Maleski, 2011.*

## TEKST UCHWAŁY ZARZĄDU O PRZYZNANIU NAGRODY IM. HELENY MODRZEJEWSKIEJ 2010 JANOWI NOWICKIEMU

ZWAŻYWSZY, że Klub Kultury im. Heleny Modrzejewskiej w Los Angeles (Helena Modjeska Art and Culture Club in Los Angeles) jest organizacją charytatywną pożytku publicznego zarejestrowaną w stanie Kalifornia, której celem jest: promowanie wśród swoich członków wiedzy o polskim dziedzictwie i kulturze; organizowanie przedstawień publicznych, koncertów, wykładów i wystaw w celu zapoznania szerokiej publiczności z kulturą i sztuką Polski; organizowanie wystaw, wykładów, koncertów i zjazdów, których celem jest umożliwienie polskim artystom zaprezentowania swoich talentów; oraz wykorzystanie wszystkich obecnych i przyszłych środków Klubu, aby rozszerzyć strefę wpływów Klubu i dalej realizować powyższe cele; oraz

ZWAŻYWSZY, że Zarząd Klubu im. Heleny Modrzejewskiej, aby kontynuować tradycje patronki Klubu, polskiej aktorki Heleny Modrzejewskiej, znanej w Kalifornii jako Helena Modjeska, ustanowił doroczną nagrodę „MODJESKA PRIZE", w celu uhonorowania i promowania wybitnych osiągnięć w dziedzinie aktorstwa teatralnego i filmowego i, tym sposobem, realizacji określonych zadań i szczególnej misji Klubu im. H. Modrzejewskiej; oraz

ZWAŻYWSZY, że Jan Nowicki w czasie swojej słynnej na całym świecie kariery aktorskiej występował w niezliczonych produkcjach teatralnych, telewizyjnych i filmowych, a także pracując jako profesor, uczył zasad i rzemiosła aktorskiego kolejne pokolenia artystów w Polsce i za granicą, i że wniósł powszechnie znany wkład w sztukę aktorstwa poprzez swoje talenty, umiejętności, wiedzę, pasję i poświęcenie; zatem, niech będzie teraz

ZDECYDOWANE, że Jan Nowicki otrzyma Nagrodę im. Heleny Modrzejewskiej 2010 (Modjeska Prize 2010) od Klubu Kultury im. Heleny Modrzejewskiej w Los Angeles; i niech będzie dalej

POSTANOWIONE, że wszyscy członkowie Klubu im. Heleny Modrzejewskiej jednogłośnie dziękują Janowi Nowickiemu za wybitne osiągnięcia w dziedzinie teatru, filmu i pedagogiki, które wzbogaciły kulturę świata.

Niniejsza UCHWAŁA zostaje jednogłośnie zatwierdzona i podpisana przez Zarząd Klubu Kultury im. Heleny Modrzejewskiej w Los Angeles, 30 września 2010:

[podpisy]

*Dr Maja Trochimczyk (Prezes), Krystyna Kuszta (Wiceprezes),*
*Dr Krystyna Bartkowska (Sekretarz), Danuta Zuchowska (Skarbnik)*
*Andrew Z. Dowen, Krystyna Okuniewska, Wanda Presburger, Bogdan Plewnia*

*Małgorzata Potocka, Jan Nowicki, Maja Trochimczyk, Krystyna Kuszta i Wanda Presburger, 2010 r.*

# MICKIEWICZ DZISIAJ – SPRAWOZDANIE Z LOS ANGELES
Dr Mira N. Mataric, „PAHA Newsletter", t. 68 nr. 1, kwiecień 2011, s. 13-14

W dniu 19 lutego 2011 r. Klub Kultury im. Heleny Modrzejewskiej zaprezentował program poświęcony interpretacjom poezji i życia Adama Mickiewicza (1798-1855). Goście wieczoru, prof. Leonard Kress z Owens College (poeta i tłumacz *Pana Tadeusza*) oraz prof. Roman Koropeckyj z UCLA (autor dwóch monografii naukowych o Mickiewiczu) opowiadali o związkach z poezją wielkiego romantyka i fascynacjach jego życiem. Aktorka Beata Poźniak-Daniels w towarzystwie pianistki Sue Zhou ożywiła wieczor, wykonując *Koncert nad Koncertami* z tekstem Mickiewicza, "Koncert Jankiela" z *Pana Tadeusza*. Utwór ten reprezentuje zapomniany XIX-wieczny gatunek salonowego „melodramatu", w którym głos recytujący poezję Mickiewicza ma akompaniament muzyczny, napisany przez zapomnianego kompozytora z Krakowa, M. Signio.

Dzisiaj polski wieszcz „mesjanistyczny" Adam Mickiewicz żyje nie tylko w swoim Muzeum w Paryżu. Wykłady o jego poezji odbywają się w ośrodkach słowiańskich, liceach, na uczelniach i na uniwersytetach w ramach programów literatury światowej – w wielu krajach europejskich a zwłaszcza słowiańskich. Teraz, być może bardziej niż kiedykolwiek, z oczywistych powodów, jego głos przemawia do uchodźców politycznych, zwłaszcza w USA. Rozumieją jego tragedię, dzieląc losy wygnańcze także inni uciekinierzy z coraz innych krajów naszego zglobalizowanego świata.

Na spotkaniu Klubu im. Modrzejewskiej słuchaczami byli polscy Amerykanie oraz inni imigranci urodzeni w Europie i niedawno przybyli do Ameryki, o szerokich zainteresowaniach intelektualnych: pisarze, poeci, tłumacze i profesorowie. Goście spodziewali się poznać najnowsze badania i współczesną ocenę tego, co w twórczości Mickiewicza wciąż jest cenne. Nie byli zawiedzeni. Pierwszym mówcą był prof. Roman Koropeckyj (którego samo nazwisko już wskazuje na słowiańskie, ukraińskie pochodzenie), znany ekspert i specjalista od twórczości i biografii Mickiewicza. Jest pracownikiem naukowym UCLA od 1992 roku, autorem ważnych prac: *The Poetic Revitalization: Adam Mickiewicz between Forefathers' Eve, cz.3*. i *Pan Tadeusz* (2001) oraz *Adam Mickiewicz: Życie romantyka* (2008). Zamiast suchego wykładu akademickiego, Prof. Koropeckyj wybrał bardziej nieformalny ton konwersacyjny, dotykając tematyki środowiska geopolitycznego Mickiewicza, jego pochodzenia etnicznego i dodając kilka szczegółów z życia osobistego, które wymagały wyjaśnienia. Nie omówił związku poety z zachodnio-europejskim ruchem romantycznym: Wordsworth, Coleridge, Shelley, Keats. Wspomniał tylko o kilku angielskich poetach. Dwa

odkrycia z tego wieczoru, stare i nowe, do zabrania ze sobą do domu jako warte zapamiętania: pierwsze to przyjaźń Mickiewicza z Puszkinem, Chopinem i Goethem; drugie to porównanie przez krytyków Mickiewicza do Byrona i Szekspira, oceniające Mickiewicza jako „zdrowszego" emocjonalnie niż słynni Brytyjczycy.

*Beata Poźniak prezentuje poezje Mickiewicza z pianistką Sue Zhou.*

Drugi mówca, prof. Leonard Kress z Owens College w Ohio, po studiach na słynnym Uniwersytecie Jagiellońskim i Uniwersytecie Columbia, poświęcił się poezji, wydając sześć tomów wierszy, w tym nowe tłumaczenie uniwersalnie popularnego epickiego poematu Mickiewicza, *Pan Tadeusz* (HarrowGate Press; https://leonardkress.com/Pan%20Tadeusz.pdf). Inne książki Kressa to *Kompleks Orfeusza* i *Trzynastki*. Kress okazał się właściwym partnerem do dialogu z naukowcem, mieszkając daleko, w sensie geograficznym, ale blisko w sferze zainteresowań, pracując nad tym samym poetą, co Koropeckyj. Jego oryginalny przekład *Pana Tadeusza* na język angielski unika „realistycznej" wierności formie polskiego wersetu (13-zgłoskowiec), zastępując ją bardziej naturalnie brzmiącą w języku angielskim formą pentametru jambicznego (10-zgłoskowiec). Posłużmy się tu przykładem z wprowadzenia do "Koncertu Jankiela":

| | |
|---|---|
| Jankiel z przymrużonemi na poły oczyma | Jankiel half-shuts his eyes, becomes silent, |
| Milczy i nieruchome drążki w palcach trzyma. | holding the hammers in the air a moment. |
| […] Dziwią się wszyscy, lecz to była tylko próba – | […] Yet this is just a test; the storm grows soft; |
| Bo przerwał i w górę podniósł drążki oba. | Jankiel breaks off, holding the sticks aloft |

Wspaniałe zakończenie wieczoru po recytacji poezji Mickiewicza w pomysłowym, świeżym i czarownym przekładzie profesora Kressa stanowił występ młodej polskiej aktorki, artystki, poetki i aktywistki Beaty ( co za imię! Nomen est omen!) Poźniak Daniels. Wypełniła salę potężnym, dramatycznym głosem a recytowała poezję Mickiewicza z akompaniamentem znakomitej pianistki Sue Zhou, zachwycając słuchaczy. Na początku występu, Pani Zhou wcieliła się w wybitną pianistkę-kompozytorkę i teściową Mickiewicza, Marię Szymanowską (1790-1831), która towarzyszyła Mickiewiczowi gdy improwizował poezję w jej salonie w Petersburgu. W salonie Klubu w Los Angeles (a właściwie to w staroświeckim salonie Klubu im. Johna Ruskina), Nokturn As-dur *Le Murmure* Marii Szymanowskiej towarzyszył recytacji humorystycznego wiersza Mickiewicza *Lis i Kozioł*.

*Maja Trochimczyk z historycznym wydaniem* Koncertu and Koncertami.

Szczególną atrakcją wieczoru było pierwsze od ponad stu lat wykonanie *Koncertu nad Koncertami* – melodramatu z tekstem z *Pana Tadeusza* a muzyką napisaną pod koniec XIX wieku przez nieznanego dziś kompozytora Mariana Signio. W tym fascynującym przykładzie formy „melodramatu" (partytura została odnaleziona w antykwariacie przez dr Maję

Trochimczyk), fortepian ilustruje grę Jankiela na cymbałach, przepięknie opisaną w poezji Mickiewicza.

Utwór zaczyna się od fortepianowej imitacji strojenia instrumentu, wypróbowania różnych melodii. Ilustracja z partytury pokazuje, jak głos mówiący jest tu skoordynowany z muzyką, przechodząc od obrazu improwizowanego strojenia do pierwszych, „triumfalnych" akordów w rytmie poloneza. W innym fragmencie, na wzmiankę zdrady Targowicy, tak dysonansowej jak „zgrzyt żelaza po szkle" – słynna onomatopeja Mickiewicza! – w partii fortepianu pojawiają się ostre, dysonansowe, mocno akcentowane akordy, po których następuje niespokojna cisza…

W Ruskin Art Club w Los Angeles Mickiewicz był uczczony tak, jak na to zasłużył. Cieszyłby się, z uśmiechem zadowolenia, profesjonalizmem i entuzjazmem swoich wielbicieli na całym świecie.

*Ewa Barsam, Beata Poźniak i Jola Wilk w Ruskin Art Club, Los Angeles.*

Poezja nie zna politycznie krępujących nas granic. Mickiewicz musiał walczyć o wolność. Dzisiaj możemy świętować spokojnie, pasjonować się miłością do piękna i sztuki.

Wieczór pozostanie w naszej pamięci dzięki wszystkim tym, o których wspominano i nie wspominano, którzy okazują szacunek bardom przeszłości, podtrzymując ich przy życiu i inspirując do lepszej przyszłości – coraz wspanialszej sztuki i kultury. Dziękujmy wszystkim, którzy promują sztukę i kulturę poprzez pokój i miłość!

*Dr Mira N. Mataric*
*Dr Maja Trochimczyk, przekład*

# CZERWIEC 2011 – CZERWIEC 2012. OBCHODY 40-TEJ ROCZNICY KLUBU

**21 lipca 2011** – *Tadeusz Bociański - Msza Żałobna i Pożegnanie* w Parafii Polskiej, Matki Bożej Jasnogórskiej, Los Angeles.

**11 września 2011** – *Tour de Polonia* Polskiego Muzeum Emigracji, prezentują Edi i Asia Pyrek, Ladera Ranch, Orange County.

**11 października 2011** – Marian Dziędziel otrzymuje Nagrodę im. Heleny Modrzejewskiej; przyznanej też dla Anny Dymnej (dwie Nagrody), podczas Festiwalu Polskiego Filmu, The Egyptian Theater, Hollywood.

**15 października 2011** – Polska Muzyka Filmowa, kompozytor Bartek Gliniak, śpiewająca aktorka Marta Honzatko i wokalistka jazzowa Anna Kostrzewska, Beverly Hills.

**24 października 2011** – Spotkanie z Adamem Michnikiem, wydawcą „Gazety Wyborczej", Ruskin Art Club, Los Angeles. Spotkanie prowadzi dr Bohdan Oppenheim, Loyola Marymount University.

**20 listopada 2011** – Koncert muzyki Henryka Mikołaja Góreckiego w wykonaniu grupy Jacaranda, dyr. Mark Alan Hilt, we współpracy z Konsulatem RP w Los Angeles.

**11 grudnia 2011** – Kolędowanie z Markiem Proboszem. Przyjęcie świąteczne, prezentacja jego książki *Zadzwoń, jak cię zabiją*, wspólne śpiewanie kolęd, Pasadena, dom Państwa Chmielewskich.

**4 lutego 2012** – Uroczysty Bal 40-Lecia, „W ogrodzie Arden..." Mountaingate Country Club, honorowy gość Konsul Generalny Joanna Kozińska-Frybes, przedstawiciele Miasta i Hrabstwa Los Angeles, w roli Heleny Modrzejewskiej, Eva Boryczko, *Z Albumów Klubu* – Edward Piłatowicz i Andrzej Maleski.[5]

**14 lutego 2012** – *Difficult Questions on Polish-Jewish Relations*. Spotkanie z dziennikarzami Konstantym Gebertem i Joanną Podolską, prowadzi Konsul Generalny RP Joanna Kozińska-Frybes. Rezydencja Heleny i Stanley'a Kołodziey, Beverly Hills, po angielsku.

**11 marca 2012** – *Walking on Ice*, spotkanie literackie z Marią Piłatowicz, z udziałem Sue Zhou i Katisse w mini-recitalu, *Walking on Air* (J.S. Bach, Astor Piazzola, Maria Szymanowska). Ruskin Art Club.

**23 marca 2012** – *Koncert Polsko-Litewski* (*The Polish-Lithuanian Connection*) w ramach Festiwalu Premier, USC Centrum Muzyki Polskiej, premiery Marka Żebrowskiego i Veroniki Krausas.

**24 marca 2012** – Wizyta na wystawie Aliny Szapocznikow w Hammer Museum, UCLA. Oprowadza Kustosz Allegra Pesenti. *Alina Szapocznikow: Sculpture Undone, 1955-1972*.

**22 kwietnia 2012** – Prof. Beth Holmgren, biograf Modrzejewskiej, zorganizowane wspólnie z Bowers Museum i Helena Modjeska Foundation w Santa Ana, Hrabstwo Orange.

**11 maja 2012** – Koncert pianisty Macieja Grzybowskiego, First Presbyterian Church, Santa Monica.

**19 maja 2012** – O Historii Europejskiej z prof. Normanem Daviesem. Beverly Hills, CA. Spotkanie tylko dla członków Klubu i gości VIP Konsulatu Rzeczypospolitej Polskiej.[6]

**29 maja 2012** – Przekazanie Nagrody im. Heleny Modrzejewskiej (*Modjeska Prize 2011*) Annie Dymnej, w Krakowie, podczas konferencji w Uniwersytecie Jagiellońskim.

**23 czerwca 2012** – Walne Zebranie Wyborcze. Rezydencja Wiesława i Danuty Żuchowski, Pasadena. Zarząd na lata 2012-2014: dr Maja Trochimczyk – Prezes, Elżbieta Kański – Wiceprezes, Danuta Zuchowska – Skarbnik, Leela Chmielewski – Sekretarz, Dyrektorzy – dr Krystyna Bartkowska, Andrew Z. Dowen, Krystyna

---

[5] Zob. *The Modjeska Club and Leonidas Dudarew Ossetyński*, "PAHA Newsletter" t. 69 nr 1, 2012, s. 14. Sprawozdanie TV Polonia, https://www.youtube.com/watch?v=1er4KANCies.

[6] Video Norman Davies w Klubie im. Modrzejewskiej, https://www.youtube.com/watch?v=-z__qa0TiVw, 2012.

Okuniewska, Bogdan Plewnia, Wanda Presburger, Jolanta Wilk. Jednocześnie zatwierdzono poprawki do Statutu Klubu.

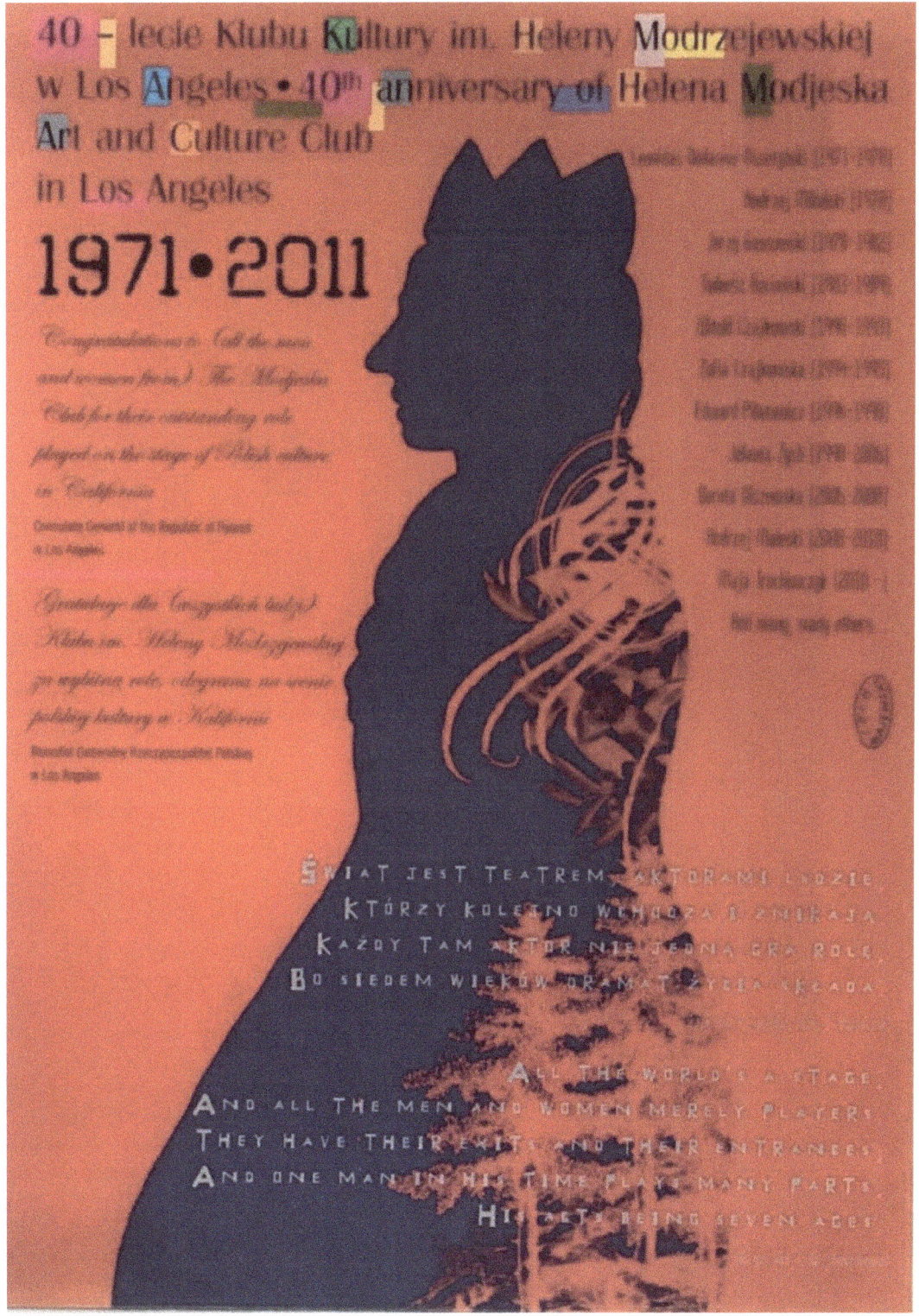

*Plakat na 40-lecie klubu. Projekt Lecha Majewskiego, zamówiony przez Konsul Generalną Joannę Kozińską-Frybes z numerowanymi kopiami dla wszystkich członków Klubu, prezentacja na balu 40-lecia w lutym 2012. Cytat ze sztuki Szekspira* Jak wam się podoba, *w dwóch językach: „Świat jest teatrem, aktorami ludzie, / Którzy kolejno wchodzą i znikają./ Każdy tam aktor nie jedną gra rolę, / Bo siedem wieków dramat życia składa."*

# DOROCZNY BIULETYN PREZESA – 2012

Szanowni Państwo,                                                                                                   20 czerwca 2012 roku

Po 15 spotkaniach w naszym 39-tym sezonie, planowaliśmy nieco zwolnić tempo w rocznicowym sezonie 40-lecia Klubu, ze względu na dodatkowe zajęcia związane z naszym jubileuszem, ale nie bardzo się to udało. Jest po prostu za dużo ciekawych postaci w kulturze polskiej, żeby siedzieć w domu i oglądać je w TV Polonia, czy w innych elektronicznych mediach. Najlepiej się rozmawia osobiście, w cztery oczy (w naszym przypadku raczej dwieście cztery), najlepiej się słucha muzyki na żywo, ogląda dzieła sztuki obchodząc je dookoła... Tak też właśnie zorganizowaliśmy nasze programy—aby jak najbliżej „dotykowo" przedstawić naszym członkom i gościom skarby kultury polskiej. W sumie Klub sponsorował 28 wydarzeń kulturalnych w trakcie mojej kadencji. W jubileuszowym, czterdziestym sezonie odbyło się klubowych spotkań aż trzynaście, plus dwie imprezy przekazania naszych nagród im. Heleny Modrzejewskiej wybitnym polskim aktorom. Przedstawiciele władz lokalnych—miasta i hrabstwa Los Angeles—wręczyli Klubowi i zasłużonym jego członkom honorowe, jubileuszowe dyplomy. Na nagrody i medale od rządu polskiego będziemy czekać do jesieni. Napisałam w tej sprawie sporo podań!

*Klub i prof. Norman Davies, od lewej: Andrew Dowen, Jolanta Zych, Krystyna Bartkowska, Bożena Szeremeta, Dorota Olszewska, prof. Norman Davies, Elżbieta Kański, Krystyna Okuniewska, Maja Trochimczyk, Helena Kołodziey, Krystyna Kuszta, Bogdan Plewnia.*

Najsłynniejszym gościem naszego pierwszego sezonu był prof. Leszek Balcerowicz; jego odpowiednikiem w 2012 roku okazał się znakomity brytyjski historyk i wielki przyjaciel Polski, prof. **Norman Davies** (19 maja 2012 r.). Zaproszenie obydwu gości zawdzięczamy Pani Konsul **Joannie Kozińskiej-Frybes.**

Cieszymy się z dalszej, intensywnej współpracy z Konsulatem Generalnym Rzeczypospolitej Polskiej, który sponsorował razem z nami koncerty Henryka Góreckiego (19 listopada 2011) i pianisty Macieja Grzybowskiego (11 maja 2012). Na pomoc konsularną możemy liczyć od dawna: zmienia się załoga, ale Konsulat nadal jest „nasz"! Dalej rozszerzaliśmy grono naszych współpracowników wśród ważnych instytucji kulturalnych w Kalifornii: dodaliśmy do Polskiego Festiwalu Filmowego i Polskiego Centrum Muzycznego w Uniwersytecie Południowej Kalifornii także Hammer Museum w UCLA, grupę muzyki współczesnej *Jacaranda: Music on the Edge*, oraz Bowers Museum w Santa Ana. Ten ostatni nabytek zaowocuje serią spotkań i wydarzeń artystycznych szeroko reklamowanych przez Muzeum i umieszczanych w jego regularnym kalendarzu imprez kulturalno-edukacyjnych. Już zaklepana jest data 21 października (sala i promocja za darmo!). Oczywiście nadal współpracowaliśmy z naszymi zaprzyjaźnionymi klubami kultury polskiej w San Diego i PIE w Riverside.

Na pierwsze spotkanie po wakacjach, poświęcone **Polskiemu Muzeum Emigracji** w Gdyni, „Tour de Polonia – Świat oczami Polaków", wybraliśmy się aż do Ladera Ranch w Orange County, do domu Kingi Rymsza-Sarabia, córki członka zarządu, Wandy Presburger (11 września 2011 r). W gościnnej, domowej atmosferze, Muzeum reprezentowali autorzy projektu, **Edi** i **Asia Pyrek,** podróżnicy i artyści, współpracownicy „National Geographic", którzy większą część spotkania spędzili nagrywając wywiady z wybranymi członkami

Klubu. Planowane przekazanie naszych darów do zbiorów Muzeum dokończone zostało dopiero w maju 2012 roku, gdy zawiozłam paczkę materiałów do Polski i przekazałam je Dyrektor Muzeum, **Karolinie Grabowicz-Matyjas** podczas międzynarodowej konferencji o emigracji w Uniwersytecie Gdańskim („East Central Europe in Exile: Patterns of Transatlantic Migrations").

Pierwsza duża uroczystość rocznicowa połączona z nadaniem nagród Klubu, Modjeska Prizes (Nagrody im. Heleny Modrzejewskiej), zaplanowana na 15 października, sprawiła nam trochę kłopotu organizacyjnego. Po raz drugi przyznaliśmy nagrody im. Heleny Modrzejewskiej za całokształt osiągnięć artystycznych wybitnym aktorom scen polskich. Najpierw okazało się, że nasza laureatka, słynna i bardzo zapracowana aktorka Teatru Starego im. Heleny Modrzejewskiej, **Anna Dymna**, w żaden sposób nie dojedzie do Los Angeles. Potem obiecana obecność **Mariana Dziędziela** na ceremonii wręczenia nagród również nie doszła do skutku. Pan Marian musiał wracać do Polski na plan filmowy, więc odebrał swoją nagrodę podczas otwarcia Festiwalu Filmowego, 11 października 2011 r., z rąk wiceprezesa, Krystyny Kuszty. Natomiast Anna Dymna poczekała na mój przyjazd do Polski i otrzymała swoją nagrodę w Krakowie, podczas konferencji o emigracji w Uniwersytecie Jagiellońskim (29 maja 2012 r.) w obecności międzynarodowego grona profesorskiego oraz przedstawicieli Konsulatu amerykańskiego.

Cóż było robić? Jak mawiał Jerzy Waldorf, „muzyka łagodzi obyczaje" i rozwiązuje wszystkie problemy... Postanowiliśmy zatem jako temat spotkania wybrać **Polską Muzykę Filmową**. Grono młodych artystów reprezentowali: kompozytor **Bartek Gliniak (Paweł Mykietyn** nie dojechał) oraz śpiewające aktorki **Marta Honzatko i Anna Kostrzewska.**

*Krystyna Kuszta i Andrew Dowen prezentują Nagrodę im. Modrzejewskiej 2011 dla Mariana Dziędziela podczas Festiwalu Filmowego.*

Marta Honzatko, która wystąpiła w filmie o bohaterze Solidarności, zaśpiewała słynny hymn *Janek Wiśniewski padł* z taką hipnotyczną intensywnością, że klubowicze natychmiast zaczęli prosić o jej powrót i następny występ w Klubie. Oczarowała publiczność także wspaniała Anna Kostrzewska w mini-recitalu piosenek. Nasze wstępne obchody 40-lecia obejmowały też prezentację honorowych dyplomów od Miasta i Hrabstwa Los Angeles. Radny Richard Alarcón sponsorował rezolucję Rady Miasta a w imieniu Hrabstwa gratulował nam John Henning z biura Nadzorcy Michael'a Antonovich'a. Ponadto rozdaliśmy część dyplomów dla tych członków Klubu, którzy odważyli się gościć Klub im. Modrzejewskiej u siebie w domu. Wieczór zakończyliśmy urodzinowym tortem, kremowo-truskawkowym, jak się należy biało-czerwonym.

Tylko dziewięć dni później, 24 października, odbyła się rozmowa z **Adamem Michnikiem**, znanym dziennikarzem, redaktorem naczelnym „Gazety Wyborczej", pierwszego niezależnego dziennika w Polsce, i współarchitektem przemiany systemu politycznego w 1989 roku. Nasze spotkanie w Ruskin Art Club poprowadził prof. Bohdan Oppenheim z Loyola Marymount University a znamienitym gościem opiekowała się sama Pani Konsul Kozińska-Frybes. Nie był on w Klubie nowicjuszem; to już trzecia wizyta wśród nas.

*Stanley i Helena Kołodziey, dr Maja Trochimczyk, Anna Kostrzewska, Bartek Gliniak i Marta Honzatko.*

W listopadzie odbył się koncert monograficzny **Henryka Mikołaja Góreckiego,** który zmarł w 2010 roku w wieku 78 lat. Koncert, zatytułowany *Songs of Stones: The Music of Henryk Górecki*, zorganizowała grupa *Jacaranda: Music on the Edge*, w First Presbyterian Church w Santa Monica, w sobotę, 19 listopada 2011.[7] Bardzo pozytywne recenzje w „Los Angeles Times" i innych pismach były dla nas nagrodą za ciężką pracę. Wśród grupy sponsorów koncertu był, oprócz naszego Klubu, także Konsulat RP, świętujący w ten sposób fakt Polskiej Prezydentury w Unii Europejskiej (czerwiec – grudzień 2011 r.). Podczas koncertu, utrzymanego w poważnej, uduchowionej atmosferze, ekipa filmowa z Telewizji Polskiej nagrywała materiały do filmu dokumentalnego o Henryku Góreckim. Program obejmował: Cztery Preludia Op. 1 (1955); Kwartet Nr 2 *Quasi una Fantasia*, Op. 64 (1991); Kwartet Nr 1 *Already it is Dusk*, Op. 62 (1988); i *Kleines Requiem für eine Polka,* Op. 66 (1993). Wykonawcy: Mark Robson, fortepian; Calder Quartet; Lyris Quartet; Jacaranda Chamber Orchestra; Mark Alan Hilt, dyrygent. Mamy się czym pochwalić, bo cały program powstał z naszej inicjatywy, a planowanie zajęło ponad rok!

*Koncert Pieśni Kamieni (Songs of Stones) Grupy Jacaranda, 19 listopada 2011, w rocznicę śmierci Góreckiego.*

---

[7] Zawiadomienia w „Santa Monica Mirror", https://smmirror.com/2011/11/santa-monica-tribute-concert-this-weekend-to-polish-composer-henryk-gorecki/; „L.A. Weekly" 18 listopada 2011; „Polish Music Center Newsletter" t. 17 nr 11. Recenzje w „Los Angeles Times" - Mark Swed, *A Górecki tribute from Jacaranda,* 20 listopada 2011, https://latimesblogs.latimes.com/culturemonster/2011/11/music-review-a-g%C3%B3recki-tribute-from-jacaranda.html November 20, 2011; „Polish Music Center Newsletter", t. 17 nr. 12, grudzień 2011. Przedruk w naszym albumie.

Świąteczne spotkanie 11 grudnia 2011 roku nazwaliśmy **Kolędowaniem z Markiem Proboszem**, dobrze nam znanym aktorem, reżyserem i pisarzem. Przyjęcie odbyło się w w Pasadenie w rezydencji Państwa Katarzyny i Artura (Bartka) Chmielewskich, pięknie udekorowanej na święta przez Krystynę Okuniewską. W programie: krótki wywiad z naszym ulubionym aktorem i autorem o jego osiągnięciach, pasjach i planach; czytanie fragmentów z jego nowej książki,

*Zadzwoń, jak cię zabiją* (opublikowanej w Polsce w maju 2011, mamy jeszcze jej kopie!); wspólne kolędowanie; i składkowe przyjęcie świąteczne w domowej atmosferze, którą jakże radośnie uświetniły nam cztery anielice. W tajemnicy przygotowały występ i obsypały wszystkich śniegiem biało-srebrne i uskrzydlone aktorki-amatorki. Sama radość! | *Dorota Olszewska, Małgosia Złotnicki, Małgosia Chyła i Grażyna Gąsiorowski.*

*Działacze Klubu otrzymują dyplomy od Hrabstwa Los Angeles z okazji 40-lecia podczas balu, 4 luty 2012.*

Nie zorganizowaliśmy w 2011 roku Sylwestra, o co sporo członków Klubu składało zażalenia. Spotkaliśmy się natomiast 4 lutego 2012 r. na uroczystym **Balu z Okazji 40 Rocznicy Klubu** w eleganckim Mountaingate Country Club niedaleko Getty Center w Brentwood. Pani Konsul Generalny RP **Joanna Kozińska-Frybes** była gościem honorowym a jednak sama obdarowała wszystkich pięknym prezentem: specjalnie na tę okazję zamówionym plakatem **Lecha Majewskiego**. Plakat czerwono-granatowy przedstawia Modrzejewską w koronie, z profilu (wygląda jak figura na szachownicy...), z cytatem Szekspira: „Świat jest teatrem, aktorami ludzie,/ którzy kolejno wchodzą i znikają. / Każdy tam aktor nie jedną gra rolę, / bo siedem wieków dramat życia składa..." z *Jak wam się podoba*, tłum. Stanisław Barańczak) i nazwiskami wszystkich Prezesów.

Otrzymaliśmy wielki plakat w ramie dla całego Klubu i małe kopie dla wszystkich balowiczów! W swym wystąpieniu, Pani Konsul obficie cytowała pożegnalne przemówienie założyciela Klubu, Leonidasa Dudarew-

Ossetyńskiego z 1978 roku, jakie odnalazłam w Polskim Muzeum w Ameryce w Chicago, podczas konferencji PAHA. Na chwilę pojawiła się wśród nas również sama Helena Modrzejewska, czyli znakomita aktorka **Ewa Boryczko** we fragmentach ulubionych ról naszej patronki.

Członkami honorowymi Klubu zostali **Stefan Wenta** i **Stephanie Powers**, działający w pierwszej dekadzie. Honorowe Dyplomy od Hrabstwa Los Angeles otrzymali byli prezesi (Jolanta Zych, Andrzej Maleski, Edward Piłatowicz, Witold Czajkowski, Zofia Czajkowska i Dorota Olszewska) oraz członkowie obecnego zarządu (Maja Trochimczyk, Krystyna Kuszta, Krystyna Bartkowski, Danuta Żuchowski, Andrew Z. Dowen, Bogdan Plewnia, Krystyna Okuniewska, Wanda Presburger i Bożena Szeremeta). W książce programowej znalazły się gratulacje od Polskiego Instytutu Naukowego w Ameryce (PIASA), Polsko-Amerykańskiego Towarzystwa Historycznego (PAHA), Polskiego Festiwalu Filmowego w Los Angeles, Centrum Kultury Polskiej w Nowym Jorku, The Polish Center of Los Angeles, Polskiego Centrum Muzycznego w USC i od naszych przyjaciół, w tym Państwa Jerzego Antczaka i Jadwigi Barańskiej. Bogato ilustrowaną, dowcipną prelekcję o historii Klubu prowadzili Andrzej Maleski i Edward Pilatowicz a oprawę graficzną albumu zdjęć przygotował Sławek Brzeziński. Portrety Modrzejewskiej wypożyczył Chris Ciepły (Helena Modjeska Society), dary dla pań ofiarowała firma kosmetyczna Thibiant Int., muzykę do tańca zapewnił DJ Richard Mojica, a reportaż dla TV Polonia przygotowała Matylda Liro. Wsparcie finansowe zaoferowali POLAM i the Polish Center. Na zakończenie wszystkich zaskoczyły tancerki w stylu lat 70-tych (ABBA), w tęczowych perukach, okrągłych okularach, i błyszczących sukienkach mini. Zaśpiewały wersję piosenki Andrzeja Rosiewicza, „Czterdzieści lat minęło, jak jeden dzień..."

Bal, bal i po balu... Zostało nam trochę pieniędzy na druk książki o historii Klubu, więc będą z tego wieczoru trwałe i pozytywne ślady. A już 10 dni później, w same Walentynki, 14 lutego 2012 r. odbyło się kolejne spotkanie z gośćmi konsulatu. **Konstanty Gebert** i **Joanna Podolska** brali udział w dyskusji (tylko w języku angielskim na prośbę konsulatu), pt. *Trudne pytania o relacjach polsko-żydowskich* (*Difficult Questions on Polish-Jewish Relations*. Rozmowę prowadziła Konsul Generalny Joanna Kozińska-Frybes. Gościli nas Państwo Kołodziey w Beverly Hills, ale wbrew tytułowi wielkich kontrowersji nie było: około 40 zebranych podziwiało pracę obydwojga zasłużonych w tej dziedzinie działaczy, autorów wielu książek.

Wielką przyjemność stałym bywalcom spotkań klubowych zrobiło nasze ósme spotkanie rocznicowego sezonu: wieczór literacki **Marii Piłatowicz**, z gościnnym udziałem **Sue Zhou i Katisse**, 11 marca 2012 r.

*Maria i Edward Piłatowicz*

Rozmowę z pisarką, ostoją teatrzyków klubowych i byłym wiceprezesem Klubu, o jej nowej powieści, *Walking on Ice* (*Chodzenie po lodzie*, Tate Publishing, 2012 r.) prowadził Andrzej Maleski. Gwiazda wieczoru czytała fragmenty inspirowane wydarzeniami z okresu stalinowskiego w Polsce oraz podpisywała książki. Na jej prośbę, aby nikt się nie znudził, wystąpili pianistka Sue Zhou i flecista/saksofonista Katisse z muzyką J.S. Bacha, Miles'a Davis'a i Piazzoli. O nudzie oczywiście nie było mowy, tak fascynująca okazała się nowa książka, napisana w świetnym stylu.

Nie tylko w Klubie działo się na wiosnę bardzo wiele. Postanowiłam zaprosić naszych członków na wydarzenia zorganizowane przez innych i zamiast wynajmować sale i płacić honoraria odwiedziliśmy amerykańskiw instytucje kulturalne, promujące polską sztukę. I tak, 23 marca odbył się **Koncert Polsko-Litewski**, zorganizowany przez Centrum Muzyki Polskiej w USC, z udziałem kompozytorów **Joanny Bruzdowicz**, dyrektora PMC, **Marka Żebrowskiego i Veroniki Krausas.** Koncert był częścią Festiwalu Premier, a przedstawił światowe prawykonania *UN-intermezzi* (2012) Veroniki Krausas i *Five Piano Preludes*

(2000) Marka Żebrowskiego. Grał profesor USC, Aaron Kallay, pianista-kompozytor, który specjalizuje się w muzyce współczesnej.

Następnego dnia, w sobotę, 24 marca, odbyła się wizyta na wystawie rzeźby, *Alina Szapocznikow: Sculpture Undone, 1955-1972,* w UCLA Hammer Museum. Artystkę przybliżyła nam kurator **Allegra Pesenti**, która koordynowała przyjazd wystawy do Los Angeles. To spotkanie zorganizowała Joanna Szupińska.

Kwietniowy weekend poświęcony został samej **Helenie Modrzejewskiej**. Wspólnie z Helena Modjeska Foundation w Orange County i z Bowers Museum w Santa Ana, zaprosiliśmy do Kalifornii prof. **Beth Holmgren** z Duke University. W sobotę 21 kwietnia wygłosiła wykład dla Fundacji im. Modrzejewskiej w Irvine (opisany w „O.C. Register") a 22 kwietnia 2012 odbył się „nasz" wykład w Santa Ana, w Bowers Museum. Spotkanie z prof. Beth Holmgren, autorką nowej biografii Heleny Modrzejewskiej, *Starring Madame Modjeska,* to drugie z trzech wydarzeń kulturalnych w tym sezonie, zorganizowanych we współpracy z amerykańskimi i polskimi instytucjami kulturalnymi. Reprezentuje zatem nasz wkład w promocję oraz „publiczną" obecność kultury polskiej w Kalifornii.

*Krystyna Kuszta, prof. Beth Holmgren, prof. Anna Włodarczyk w Bowers Museum.*

Kolejne ważne wydarzenie to koncert pianisty **Macieja Grzybowskiego**, 11 maja 2012 r., w Santa Monica, przygotowany we współpracy z Instytutem Adama Mickiewicza w Polsce oraz Konsulatem Generalnym Rzeczpospolitej Polskiej. Program muzyki polskich kompozytorów (Paweł Mykietyn, Witold Lutosławski, Paweł Szymański oraz Fryderyk Chopin), i klasyków (Johannes Brahms, Claude Debussy i Maurycy Ravel) był wspaniałym przeżyciem artystycznym. Zachwyciły słuchaczy zwłaszcza *Dwie Etiudy* Pawła Szymańskiego (ur. 1954). Nowoczesna dysonansowość muzyki doskonale pasowała do surowego wnętrza kościoła...

W tydzień później pojawił się wśród nas prof. **Norman Davies.** I już, koniec sezonu. Informacje o naszych programach i naszej historii były publikowane w: TV Polonia, „Los Angeles Times", „O.C. Register", „News of Polonia", „PAHA Newsletter", i in. Po dokonaniu pierwszego przeglądu historii Klubu podczas dorocznego zjazdu Polskiego Instytutu Naukowego w Ameryce (Polish Institute of Arts and Sciences of America) w czerwcu 2011 roku, drugi, pogłębiony referat o historii naszej organizacji wygłosiłam na zjeździe Polsko-Amerykańskiego Towarzystwa Historycznego (PAHA) w styczniu 2012 r. w Chicago, gdzie miałam też okazję zajrzeć do archiwum Leonidasa Dudarew-Ossetyńskiego z bardzo ciekawym skutkiem. Wraz z małym gronem redakcyjnym i ze wsparciem zarządu rozpoczęłam prace nad książką o historii Klubu.

*Dr Maja Trochimczyk, prof. Norman Davies, Helena Kołodziey i Konsul Generalny RP dr Joanna Kozińska-Frybes na spotkaniu w Beverly Hills, 2011.*

Oprócz dwujęzycznej strony modjeskaclub.org (linki, albumy i dokumenty PDF), nasz blog (ModjeskaClub.blogspot.com) nadal rósł w popularności. Przekroczył już 12.240 wizyt. Od lata 2010 r. opublikowałam tam 42 wiadomości, przeciętnie dwa razy miesięcznie. Blog zawiera informacje o zbliżających się wydarzeniach kulturalnych w Klubie i nie tylko. Jeśli ktoś się zapisze, aby nasz blog śledzić („follow"), będzie dostawał zawiadomienia do skrzynki emailowej. Ponadto, z inicjatywy **Lucyny Przasnyskiej** powstała grupa Facebook, a do niej zapisało się na razie 12 osób. Serdecznie zapraszamy!

Największy projekt, „niewidzialny" na co dzień, ale jakże ważny dla przyszłości Klubu zrealizował **Andrew Dowen**: jako przewodniczący komisji statutowej kierował pracami nad nową wersją naszego regulaminu (Bylaws). **Bogdan Plewnia** zajął się zbieraniem darów na zakup nowego sprzętu AV i doprowadził ten projekt do realizacji; oraz wystąpił o dotację od swej firmy, Sharp, o nowy projektor (o wartości ponad $3000). Za obydwie inicjatywy i ofiarną pracę przy obsłudze technicznej spotkań serdecznie dziękuję.

Wielką stratą dla Klubu było odejście **Tadeusza Bociańskiego**, który zmarł tragicznie w lipcu. Msza Żałobna i Pożegnanie 21 lipca 2011 roku uczciły jego pamięć w Parafii Matki Bożej Jasnogórskiej w Los Angeles. Tadeusza Bociańskiego (17 sierpnia 1935 - 14 lipca 2011) wspominali Witold Czajkowski, Jolanta Zych i Andrzej Maleski.

Ponieważ kilka osób zrezygnowało z aktywnego udziału w działaniach Klubu a mamy wielu kandydatów, przyjęliśmy do Klubu **Nowych Członków**: Halina Biel, Andrzej i Elżbieta Kozłowski, Ewa Cullum, Barbara Nowicki, Maria Menclewicz, Ewa i Andrzej Mazur, Basia i Iwa Wójcik i Daniela Zarakowski (innych wspomniałam wcześniej). Powrócili: Bohdan Oppenheim, Bogusław Ziemecki i Daniela Kosiński. Jestem wdzięczna wszystkim naszym dobroczyńcom, w tym: Państwo Kuszta, Czajkowscy, Piłatowicze i Kane, oraz Konsulat RP i firmy POLAM, Sharp, Thibiant International i Wagner Foundation. Dziękuję zwłaszcza dużej grupie, jaka złożyła się na zakup sprzętu AV.

Nie udało się otrzymać większego grantu od Senatu, ale mam pisać nowe podanie do Ministerstwa Spraw Zagranicznych. Nie udało się też postawić Modrzejewskiej pomnika (do wyboru z trzech projektów! Stanisława Szukalskiego i Tomasza Misztala), ani załatwić dla naszego Klubu stałej siedziby (może ktoś ma dom, aby nam oddać w prezencie?). Jest zatem bardzo dużo do zrobienia w przyszłości.

Na zakończenie wypada bardzo serdecznie podziękować wszystkim, którzy nam pomagali. W ostatnim roku spotkania klubowe gościli we własnych domach: Katarzyna i Artur B. Chmielewski, Helena i Stanley Kołodziey (wielokrotnie), oraz Jolanta i Alex Wilk, a spotkania zarządu – Danuta i Wiesław Żuchowski. Cały Zarząd spisał się znakomicie; a Wanda nawet ufundowała nam kilka przyjęć!

Cóż więcej? Oprócz pracy zawodowej i prowadzenia tak obfitej działalności w Klubie, zajmuję się pracą naukową i poetycką. Prezentowałam referaty na konferencjach naukowych w Paryżu, Bostonie, Waszyngtonie, Chicago, Krakowie i Gdańsku; publikowałam artykuły w Polsce, Francji i USA; oraz wydałam wiele wierszy w różnych pismach i antologię poezji, *Meditations on Divine Names*. Z radością też nosiłam wielkie kapelusze i jeździłam w paradach Święta Niepodległości, 4 lipca... Ale o tym innym razem...

*Przyjęcie 40-tych urodzin Klubu. Zarząd: dr Krystyna Bartkowska, dr Maja Trochimczyk, Krystyna Kuszta, Danuta Żuchowska, Bożena Szeremeta, Lila Dowen (gość), Bogdan Plewnia, Andrew Z. Dowen, Wanda Presburger.*

*Gratulacje od Miasta Los Angeles dla Klubu z okazji 40-lecia i dla Anny Dymnej z okazji Nagrody im. Heleny Modrzejewskiej, 2011. Maja Trochimczyk, Benjamin Ousley Naseman z konsulatu U.S. w Krakowie. old.mimowszystko.org/pl/aktualnosci/biezace/2239,Nagroda-im-Heleny-Modrzejewskiej-dla-Anny-Dymnej.html*

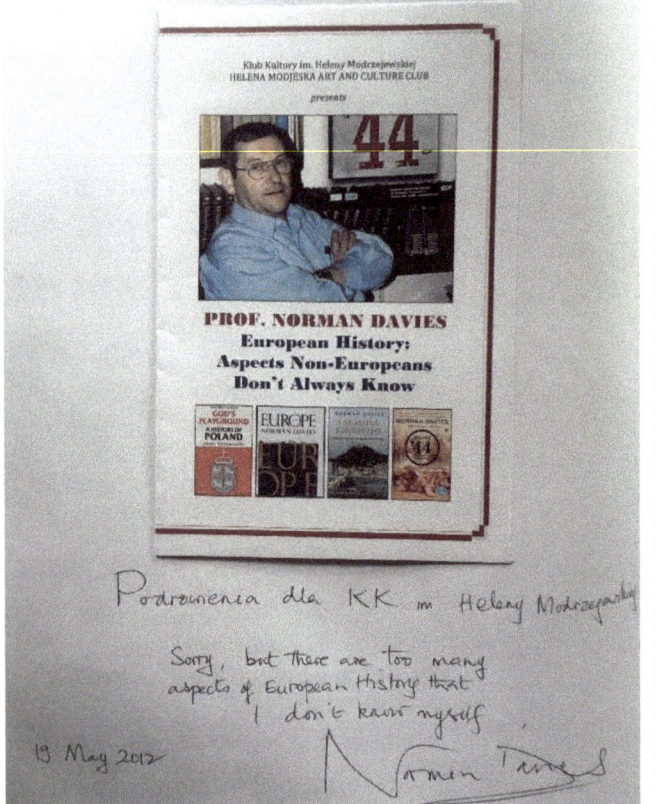 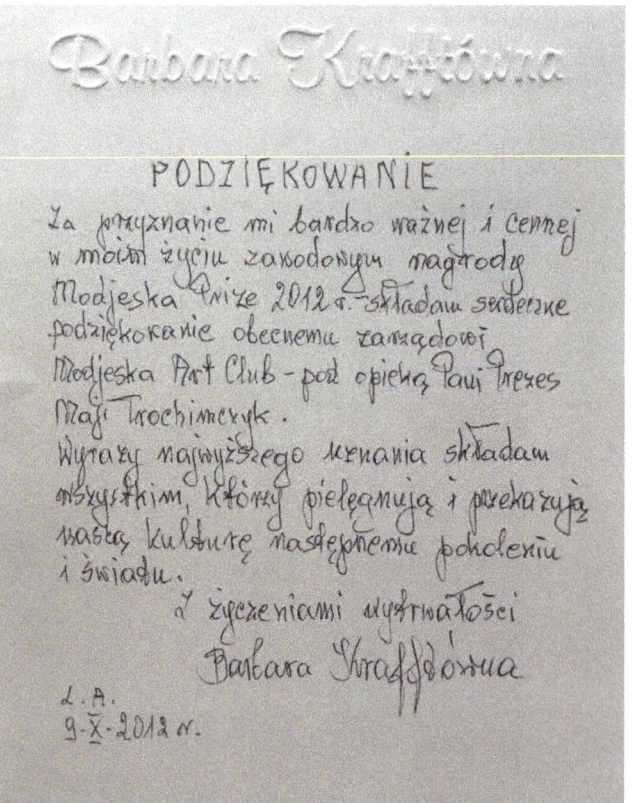

*Wpis do księgi Klubu prof. Normana Davies'a, 2012: „Pozdrowienia dla K.K. im. Heleny Modrzejewskiej. Przepraszam, ale jest zbyt wiele aspektów historii europejskiej, których nie znam sam", w odpowiedzi na tytuł spotkania (Historia Europejska: Aspekty, o których nie-Europejczycy nie zawsze wiedzą), 19 maja 2012. Podziękowanie za nagrodę od Barbary Krafftównej. 9 października 2012: „Podziękowanie. Za przyznanie mi bardzo ważnej i cennej w moim życiu zawodowym nagrody Modjeska Prize 2012 składam serdeczne podziękowanie obecnemu zarządowi Modjeska Art Club – pod opieką Pani Prezes Maji Trochimczyk. Wyrazy najwyższego uznania składam wszystkim, którzy pielęgnują i przekazują naszą kulturę następnemu pokoleniu i światu. Z życzeniami wytrwałości".*

## TEKST UCHWAŁY RADY MIASTA LOS ANGELES W STANIE KALIFORNIA O KLUBIE KULTURY IM. HELENY MODRZEJEWSKIEJ W LOS ANGELES

ZWAŻYWSZY, że założony w 1971 roku Klub Kultury im. Heleny Modrzejewskiej jest organizacją pożytku publicznego o charakterze apolitycznym, zajmującą się promocją polskiego dziedzictwa kulturowego oraz polskiej sztuki i nauki w Kalifornii; oraz

ZWAŻYWSZY, że Klub im Modrzejewskiej nosi imię polskiej aktorki szekspirowskiej, Heleny Modrzejewskiej (1840-1909), która po wygnaniu z okupowanej przez Rosję Polski za swoje wypowiedzi polityczne osiadła w Kalifornii w latach 70. XIX wieku i spędziła amerykańską część swojej kariery jako Helena Modjeska, wykonując główne role szekspirowskie i inne role teatralne na scenach amerykańskich i europejskich, często wracając do swego ukochanego kalifornijskiego domu; oraz

ZWAŻYWSZY, że członkowie Klubu im. Modrzejewskiej to polsko-amerykańscy profesjonaliści, profesorowie wyższych uczelni, menedżerowie, artyści, muzycy, lekarze, prawnicy i właściciele firm, którzy poszli śladami Modrzejewskiej z Polski do Kalifornii, oraz którzy chcą promować polską kulturę w Ameryce, więc poświęcili tysiące godzin na działalność wolontariacką, organizację wydarzeń kulturalnych i przedstawień teatralnych; oraz

ZWAŻYWSZY, że w ciągu czterdziestu lat swojej działalności, wspartej wolontariatem, Klub im. Modrzejewskiej zaprosił do Kalifornii setki wybitnych gości z Polski, poprawiając stosunki międzynarodowe i porozumienie, prezentując polskich artystów, aktorów, reżyserów filmowych, naukowców, dziennikarzy i muzyków w pełnym wachlarzu publicznych wykładów, koncertów, pokazów filmowych, przedstawień teatralnych i wystaw; oraz

ZWAŻYWSZY, że tysiące mieszkańców południowej Kalifornii, w tym Amerykanie i Polacy, miało okazję uczestniczyć w wydarzeniach Klubu, poszerzać swoją wiedzę o polskiej kulturze i dziedzictwie oraz o międzynarodowym pokoju i współpracy; oraz

ZWAŻYWSZY, że za działalność na rzecz promocji kultury polskiej Klub i jego wolontariusze zostali uhonorowani wieloma nagrodami państwowymi z Polski, w tym Medalem Ministra Kultury RP 1997 „za zasługi dla promocji kultury polskiej", Nagrodą Specjalną 2009 od Związku Artystów Scen Polskich „Za promocję kultury polskiej za granicą" oraz ośmioma nagrodami dla byłych prezesów Klubu, odznaczonych Krzyżami Kawalerskimi Orderu Zasługi RP; oraz

ZWAŻYWSZY, że w ciągu ostatnich czterech dekad swojego istnienia Klub im. Modrzejewskiej wniósł istotny wkład we wzbogacenie etnicznej mozaiki południowej Kalifornii, promocję polskiej kultury i dziedzictwa w Kalifornii oraz międzynarodową współpracę kulturalną, zacieśniając więzi kulturowe między oba krajami; zatem, niech będzie teraz

ZDECYDOWANE, że Rada Miasta Los Angeles wysoko ocenia Klub Kultury im. Heleny Modrzejewskiej w Los Angeles, jego funkcjonariuszy i członków, z okazji czterdziestej rocznicy Klubu i przez cały rok za ich wyjątkowe zaangażowanie i służbę społeczną; oraz niech będzie ponadto

POSTANOWIONE, że miasto Los Angeles potwierdzi swoje zobowiązanie do poszanowania i doceniania wkładu całej społeczności polonijnej w Kalifornii, w szczególności jej przedstawiciela Klubu im. Heleny Modrzejewskiej, w tworzenie mozaiki etnicznej w Kalifornii; oraz niech będzie dalej

POSTANOWIONE, że miasto Los Angeles wyraża uznanie dla tych mężczyzn i kobiet, którzy poświęcili swoje wysiłki na rzecz poprawy międzynarodowych stosunków kulturalnych oraz promocji polskiej kultury i dziedzictwa w Kalifornii, poświęcając swój czas i wysiłek na programy i działalność Klubu Kultury im. Heleny Modrzejewskiej w Los Angeles.

[Podpisy]
Członkowie Rady Miasta Los Angeles, Sekretarz i Przewodniczący Rady

*Walne Zebranie Klubu 23 czerwca 2012, w ogrodzie Państwa Żuchowskich w Pasadenie: Edward Piłatowicz, Tadeusz Podkański, Andrzej Bartkowski, Andrzej Maleski, Jan Achrem, dr Witold Sokołowski oraz Zbigniew Nyczak.*

*Andrzej Maleski rozmawia z Marią Piłatowicz. Publiczność w Ruskin Art Club, P. Kamińscy oraz dr Andrew i Jadwiga Inglis na pierwszym planie, marzec 2011.*

# GÓRECKI BŁYSZCZY W JACARANDZIE
Krysta Close, „Polish Music Center Newsletter", t. 17 nr 12, grudzień 2011
Przekład Maja Trochimczyk

W sobotę 19 listopada (a także w niedzielę 20 listopada) seria muzyczna Jacaranda przyniosła nam kolejny znakomity koncert z udziałem najbardziej utalentowanych muzyków z Los Angeles. Zatytułowana *Muzyka na brzegu (Music at the Edge),* seria Jacaranda jest naprawdę najlepsza, gdy przedstawia ambitne programy z rzadko słyszaną muzyką z taką łatwością i wdziękiem, że nawet najbardziej „nieoświeceni" słuchacze czują się komfortowo, a jednocześnie są zaintrygowani. Program koncertu *Pieśń Kamieni (Song of Stones)* nie był wyjątkiem.

Z tej okazji wielkie sanktuarium Pierwszego Kościoła Prezbiteriańskiego w Santa Monica wypełniła w całości muzyka Henryka Mikołaja Góreckiego (1933-2010), upamiętniając rocznicę śmierci tego giganta polskiej muzyki współczesnej. Podczas gdy kompozytor zyskał międzynarodową sławę przede wszystkim dzięki sukcesowi III Symfonii na listach przebojów, program *Song of Stones* Jacarandy skoncentrował się na szerszej gamie twórczości Góreckiego, prezentując utwory w różnych kameralnych oprawach z prawie 40 lat.

Po krótkim przemówieniu dyrektora artystycznego Jacarandy Patricka Scott'a – którego treść została dopracowana z doskonałymi szczegółami w dłuższych notatkach programowych – koncert rozpoczął się „od początku", czyli od Op. 1. Wykonywanie wczesnych utworów jakiegokolwiek kompozytora może być wyzwaniem, ale pianista Mark Robson nie miał za co przepraszać podczas wykonywania *Czterech Preludiów* (1955). Gdy tylko Robson przejął władzę nad klawiszami, muzyka wypełniła każdy zakątek szeroko otwartego sanktuarium. Chociaż chwilami wydawało się, że pianista odrzuca delikatną muzykę, nigdy nie było to lekceważące, ale raczej tak, jakby rzucał te rzadkie klejnoty w świat, żądając, aby zostały wysłuchane i docenione. Muskularne podejście Robsona dało siłę płynnym i efektownym przebiegom czwartego Preludium, a ogólnie jego poczucie balansu i budowy pomogło zapewnić prawidłową strukturę czasu i narracji muzycznej przez cały utwór. Pod koniec, publiczność miała poczucie, jakie bogate emocje Górecki może „zmieścić" w ośmiu minutach solowej muzyki fortepianowej, a także zdała sobie sprawę z intensywności uwagi, jaką musieliśmy poświęcić, aby uchwycić każdy dowcipny niuans muzyczny w pozostałej części programu.

Calder Quartet wszedł na scenę w swoim debiucie w serii Jacaranda, aby wykonać II Kwartet smyczkowy *Quasi una Fantasia* op. 64 (1991). Po dyplomach z USC Thornton School of Music, a następnie studiach i rezydenturach w Colburn School i Juilliard School, nie ma wątpliwości, dlaczego ten zespół stał się ulubieńcem sceny kameralnej w Los Angeles. Tak samo utalentowani jako soliści – skrzypkowie Benjamin Jacobson i Andrew Bulbrook, altowiolista Jonathan Moerschel i wiolonczelista Eric Byers – wykazali pięknie wyważoną grę między elementami zespołu i dzielili jednakowo głęboki szacunek dla muzyki.

Podobnie jak słynną III Symfonię (1976), Górecki rozpoczyna swój Drugi Kwartet smyczkowy nawiedzonym pulsowaniem niskich strun, które pozostają emocjonalnym rdzeniem całego utworu. Chociaż altówka czasami brzmiała metalicznie, zwłaszcza w taktach otwierającego Kwartet tematu *secco*, została zrównoważona wspaniałym brzmieniem skrzypiec i ciepłą barwą wiolonczeli. W powrocie tematu otwierającego Kwartet w ostatniej części utworu, ton altówki był dopasowany do tonów jego partnerów. Górecki dostarcza momentów rytmicznej żwawości i harmonicznej transcendencji w całym czteroczęściowym dziele, a jednocześnie nigdy nie pozwala słuchaczowi oddalić się od źródła bólu, które zdaje się napędzać tę muzykę. Calder Quartet okazał się potężnym i biegłym przewodnikiem w tej emocjonalnej podróży.

Po przerwie, Kwartet Lyris wszedł na scenę aby wykonać Kwartet Smyczkowy Nr 1 *Już się zmierzcha*, Op. 62 Góreckiego (1988). To ambitne dzieło mogło wejść do repertuaru Lyris dzięki wiolonczeliście Timothy Loo, który wykonał go znakomicie jako członek Denali Quartet podczas Paderewski Lecture-Recital (Los Angeles) i Paderewski Festival (Paso Robles) w 2009 roku. Chociaż Lyris nie wykazywał takiego samego zaangażowania jak Denali w 2009 r., czy Calder wcześniej, w Drugim Kwartecie, ciepłe brzmienie grupy wydobyło poetyckie cechy stroficznej struktury utworu. Grając jak jednolity, spójny zespół, skrzypaczki Alyssa Park i Shalini Vijayan, altowiolista Luke Maurer i wiolonczelista Loo umieli stworzyć przytłaczające ściany dźwięku w najbardziej uderzających momentach tego pełnego intensywnej energii utworu muzycznego.

Zwieńczeniem urozmaiconego programu koncertu było wykonanie *Kleines Requiem für eine Polka* Op. 66 (1993) przez Jacaranda Chamber Orchestra. Jak zauważył Patrick Scott w swoich uwagach w programie, powstaje pytanie, czy *Requiem* Góreckiego jest napisane dla bezimiennej Polki, czy też dla XIX-wiecznej formy tańca (reprezentowane tym samym słowem po polsku). To poczucie klarownego humoru przenika cały utwór, choć zestawione jest z momentami prostej, boleśnie pięknej melodii. Na początku: partia solowa na fortepianie w wykonaniu ponownie przez Marka Robsona, którego wcześniejsze ostre brzmienia przeszły w znacznie łagodniejsze, ale nie mniej przekonujące. Wkrótce dołączył do niego cudownie czysty ton pierwszych skrzypiec – Alyssa Park z Lyris Quartet – która wydawała się grać intuicyjnie, ledwo widząc dyrygenta Marka Alana Hilta, a jednocześnie pozostając w doskonałej synchronizacji z Robsonem.

*Kleines Requiem* zapewnia tak satysfakcjonującą różnorodność faktur – od rzadkiej kombinacji otwierającego utwór fortepianu, skrzypiec i dzwonów rurowych, przez sekcje ze smyczkami, instrumentami dętymi drewnianymi i blaszanymi, po dzwoniącą eksplozję unisono pełnej orkiestry kameralnej – i ten zespół znakomitych solistów był dobrze przygotowany do tego zadania. Dzieło to pokazuje również talent Góreckiego do tworzenia harmonii, w które publiczność może się zatopić, nawet gdy jest przeplatana drażniącymi dysonansami. To właśnie te niesamowicie piękne harmonie trwały, gdy publiczność opuściła salę na hojne przyjęcie zorganizowane przez Klub Kultury im. Heleny Modrzejewskiej, świętując kolejny sukces serii muzycznej Jacaranda.

*Krysta Close*
*Centrum Muzyki Polskiej*

*Sala z zespołem Jacaranda, dyryguje Alan Hilt. Maja Trochimczyk i Patrick Scott.*

*Kolędowanie w grudniu 2011. Po prawej: Małgorzata Miller, Ewa Barsam, Elżbieta Przybyła i Lila Dowen.*

*Przewodniczki w Historycznym Domu Modrzejewskiej, Arden, listopad 2012.*

# Program Balu

### ~ Koktajle & Cocktails ~
## Kolacja & Dinner
## Prezentacja Nagród & Awards Presentation

Maja Trochimczyk, Prezes/President, Jolanta Zych, Przewodnicząca
Balu/Chairperson & Helena Modrzejewska/Modjeska (Eva Boryczko)

### Gość Honorowy & Guest of Honor
Konsul Generalny R. P., Consul General of the Republic of Poland Joanna Kozińska-Frybes

### Członek Honorowy & Honorary Member
Stefan Wenta

### Gratulacje Miasta & Hrabstwa Los Angeles
### Commendations by the City and County of Los Angeles
Modjeska Art & Culture Club, Witold Czajkowski, Zofia Czajkowska, Andrzej Maleski, Dorota Olszewska, Edward Piłatowicz, Jolanta Zych, Krystyna Bartkowski, Andrew Z. Dowen, Krystyna Kuszta, Krystyna Okuniewska, Wanda Presburger, Bogusław Plewnia, Bożena Szeremeta, Maja Trochimczyk & Danuta Zuchowski

### Dyplomy Uznania za Gościnę Klubu & Diplomas of Appreciation for Hosting the Club
Katarzyna & Artur B. Chmielewski, Elżbieta & Jan Iwańczyk, Halina & Andrzej Jagoda, Helena & Stanley Kolodziey, Monika & David Lehman, Joanna & Andrzej Maleski, Krystyna & †Artur Okuniewski, Dorota & Witold Olszewski, Maria & Edward Piłatowicz, Zofia & Witold Tchaikovsky, Jolanta & Alex Wilk

## Anegdoty i zdjęcia z naszego albumu
## Quips and Pics from Our Photo Album
Andrzej Maleski & Edward Piłatowicz, with assistance by Maria Piłatowicz & Sławomir Brzeziński

### ~ ~ & ~ ~

## Bal do Północy & Dancing till Midnight
Mijo Entertainment, Richard Mojica

### ~ Menu (po angielsku) ~

**MountainGate Salad** – Assorted Mixed Greens with Diced Apples, Dried Cranberries, Candied Pecans, Crumbled Blue Cheese and added Yellow Tomatoes with Balsamic Vinaigrette Dressing & Warm Assorted Bread
**Main Entrée** – **Herb Crusted Stuffed Chicken Breast** (Breast of Chicken Stuffed with Mushrooms, Artichokes, Bell Peppers & Provolone Cheese Drizzled with a Dijonese Sauce Accompanied with Herb Risotto and Green Beans) OR **Grilled Filet of Atlantic Salmon** topped with a Roasted Pepper Chardonnay Butter served atop a Lemon Herb Risotto, with Asparagus (Red & White Wine Served throughout Dinner)
**Dessert** – A Trio of Miniature Venetian Desserts, Served with Coffee & Hot Tea

**ZARZĄD
BOARD OF DIRECTORS**

---

**Maja Trochimczyk**
Prezes / President
prezes@modjeska.org
818-555-5555

**Krystyna Kuszta**
Wiceprezes /Vice President
818-555-5555

**Danuta Żuchowski**
Skarbnik / Treasurer
626-555-5555

**Krystyna Bartkowska**
Sekretarz / Secretary
818-555-5555

**Andrew Z. Dowen**
Członek Zarządu/Director
818-555-5555

**Krystyna Okuniewski**
Członek Zarządu/Director
818-555-5555

**Bogusław Plewnia**
Członek Zarządu/Director
949-555-5555

**Wanda Presburger**
Członek Zarządu /Director
310-555-5555

**Bożena Szeremeta**
Członek Zarządu /Director
949-555-5555

---

P.O. Box 4288
Sunland, CA 91041-4288
prezes@modjeska.org

www.modjeska.org
www.modjeskaclub.org
modjeskaclub.blogspot.com

---

Klub Kultury
im. Heleny Modrzejewskiej w Los Angeles

# HELENA MODJESKA
# ART AND CULTURE CLUB

Szanowni Państwo,   4 lutego 2012 roku

W imieniu Zarządu Klubu i wszystkich organizatorów serdecznie witam Państwa w Mountaingate Country Club na uroczystości 40-tej rocznicy Klubu. Nasz Bal jest kulminacją całej serii wydarzeń, rozpoczętych w październiku 2011 roku. Nadaliśmy wówczas Nagrody im. Modrzejewskiej wspaniałym aktorom, Annie Dymnej i Marianowi Dziędzielowi. Obchody rocznicowe kontynuowaliśmy podczas spotkań poświęconych polskiej muzyce filmowej (Bartek Gliniak, Anna Kostrzewska i Marta Kostyrko), polityce (Adam Michnik), muzyce współczesnej (koncert Henryka Mikołaja Góreckiego w wykonaniu grupy Jacaranda), oraz literaturze i tradycjom świątecznym (Marek Probosz i... anioły). Szczególną rolę w naszej historii odgrywa Konsulat Rzeczypospolitej Polskiej a naszym Gościem Honorowym jest dziś Pani Konsul Joanna Kozińska-Frybes.

Przez czterdzieści lat może się wiele zdarzyć i nasza bogata historia jest tego najlepszym dowodem. Przedstawią ją Panowie Prezesi Andrzej Maleski i Edward Piłatowicz, a za przygotowanie rocznicowego programu dziękujemy Marii Piłatowicz i Sławkowi Brzezińskiemu. Piękne dekoracje zaprojektowała Krystyna Okuniewska. Nasz uroczysty Bal umożliwili POLAM, Thibiant International, Polish Center in Los Angeles, a sponsorami medialnymi są TV Polonia i Moonrise Press...

Bawmy się więc dobrze promując polską kulturę przez następne 40 lat!

Ladies and Gentlemen,   4 February 2012 roku

On behalf of the Board of Directors of Modjeska Club and all organizers of tonight's festivities, I welcome you to our 40th Anniversary Ball at the elegant Mountaingate Country Club. This is a culmination of a series of events, initiated in October 2011 with the awarding of our Modjeska Prizes to two distinguished actors, Anna Dymna and Marian Dziędziel. Our anniversary celebrations featured events dedicated to Polish film music (Bartek Gliniak, Anna Kostrzewska & Marta Kostyrko), politics (Adam Michnik), contemporary music (a concert of Henryk Mikołaj Górecki by Jacaranda: Music on the Edge), literature and holiday traditions (Marek Probosz & the angels). In recognition of the significant role played in our history by the Consulate of the Republic of Poland, our Honorary Guest tonight is the honorable Consul General, Joanna Kozińska-Frybes.

A lot can happen in forty years ... as proven by our rich history, presented by Past Presidents, Andrzej Maleski & Edward Piłatowicz, with the assistance of Maria Piłatowicz and Sławomir Brzeziński. Beautiful decorations were designed by Krystyna Okuniewski. Our Ball was made possible by sponsors POLAM, Thibiant International, and the Polish Center in Los Angeles. Media sponsorship is by TV Polonia, Polskie Radio w Chicago, and the Moonrise Press...

Let's enjoy promoting Polish culture for the next 40 years!

*Maja Trochimczyk*

Maja Trochimczyk, Prezes/President

# Gość Honorowy & Guest of Honor
## KONSUL GENERALNY R.P. JOANNA KOZIŃSKA-FRYBES

Pani Joanna Kozińska-Frybes została powołana na stanowisko Konsula Generalnego RP w Los Angeles z dniem 30 września 2009 roku. Jest członkiem Polskiej Służby Cywilnej oraz Polskiej Służby Zagranicznej, od 2008 roku pełni funkcję Ambasadora lub Konsula Generalnego. Joanna Kozińska-Frybes ukończyła w 1985 roku Instytut Studiów Ibero-amerykańskich na Uniwersytecie Warszawskim, a w 1991 roku uzyskała dyplom w Instytucie Studiów Latynoskich w Paris III, Sorbonne Nouvelle.

W latach 80-tych Pani Kozińska-Frybes była aktywną działaczką studenckiego ruchu antykomunistycznego w Polsce. W 1985 roku pod wpływem nacisków politycznych na męża Marcina Frybesa wyjechali razem z Polski do Paryża, gdzie Kozińska-Frybes podjęła studia podyplomowe z XVI-wiecznej historii Ameryki Łacińskiej na uniwersytecie Sorbonne Nouvelle. Podczas pobytu w Paryżu wraz z mężem współtworzyła Komisję Europy Środkowo-Wschodniej, organizację w ramach Międzynarodowego Ruchu Studentów Katolickich (IMCS - Pax Romana), której celem było umożliwienie międzynarodowych kontaktów polskim studentom w czasie, gdy polski rząd zabronił działania wszystkim organizacjom niekomunistycznym. W trakcie i po studiach Kozińska-Frybes korzystała z możliwości badawczych w archiwach Francji i Hiszpanii, a także w archiwach i społecznościach tubylczych Meksyku, Gwatemali i Peru. Jej teksty były publikowane w międzynarodowych czasopismach historii latynoskiej, prowadziła wykłady na uniwersytetach i seminariach w całej Europie i Ameryce Łacińskiej.

Po przemianach politycznych 1989 roku, Kozińska-Frybes wróciła do ojczyzny, by zaoferować swoje międzynarodowe doświadczenie w odbudowie nowej, niepodległej i demokratycznej Polski. Jej wkład w MSZ rozpoczął się od pełnienia funkcji współzałożyciela Polskiego Komitetu Narodowego 500-lecia Spotkania Dwóch Światów. W 1992 roku Kozińska-Frybes została sekretarzem generalnym Polskiego Komitetu ds. UNESCO, którym kierowała przez dwa lata. W 1993 roku została powołana na stanowisko Ambasadora RP w Meksyku. Po powrocie do Warszawy, w latach 1999-2002 kierowała Departamentem Współpracy Kulturalnej i Naukowej w Ministerstwie Spraw Zagranicznych. W latach 2001-2006 była Konsulem Generalnym RP w Barcelonie. Po pobycie w Hiszpanii, aż do ostatniej nominacji do Los Angeles, pełniła funkcję zastępcy dyrektora Departamentu Konsularnego i Polonijnego w Ministerstwie Spraw Zagranicznych. Pani Joanna Kozińska-Frybes biegle posługuje się językami: polskim, hiszpańskim, francuskim i angielskim. Jest mężatką i ma jedno dziecko.

**Ms. Joanna Kozińska-Frybes** has been appointed Consul General of the Republic of Poland in Los Angeles, effective September 30, 2009. She is a member of the Polish Civil Service and the Polish Foreign Service, holding the rank of Ambassador since 2008. Ms. Joanna Kozińska-Frybes graduated in 1985 from the Institute of Ibero-American Studies at Warsaw University, and in 1991 obtained her post-graduate diploma from the Institute of Hispanic Studies at Paris III, Sorbonne Nouvelle. In the 1980s, Ms. Kozińska-Frybes was an active member of the student anti-communist movement in Poland. In 1985, due to political pressures on her husband Marcin Frybes, they left Poland together for Paris, where Kozińska-Frybes undertook postgraduate studies in sixteenth-century Latin American history at Sorbonne Nouvelle University. While in Paris, she and Frybes co-founded the Central and Eastern European Commission, an organization within the International Movement of Catholic Students (IMCS - Pax Romana) whose purpose was to enable international contacts for Polish students at a time when the Polish government prohibited all non-communist organizations. During and following her studies, Kozińska-Frybes pursued research opportunities in the archives of France and Spain, as well as in archives and indigenous communities in Mexico, Guatemala and Peru. Her writing has been published in international

Hispanic history journals, and she has delivered lectures at universities and seminars throughout Europe and Latin America.

After the political changes of 1989, Kozińska-Frybes returned to her homeland to offer her international experience toward the rebuilding of a new, independent and democratic Poland. Her contribution to the Ministry of Foreign Affairs began with her position as a co-founding member of the Polish National Committee of the 500th Anniversary of the Encounter of Two Worlds. In 1992, Kozińska-Frybes was appointed Secretary General of the Polish National Commission for UNESCO, which she directed for two years. In 1993, she was appointed to the post of Ambassador of the Republic of Poland to Mexico. Following her return to Warsaw, she directed the Cultural and Scientific Cooperation Department in the Ministry of Foreign Affairs from 1999 to 2002. From 2001 to 2006, she served as Consul General of the Republic of Poland in Barcelona. Following her time in Spain, and until her latest nomination to Los Angeles, she served as the Deputy Director of the Consular and Polish Communities Abroad Department in the Ministry of Foreign Affairs in Warsaw. Ms. Joanna Kozińska-Frybes is fluent in Polish, Spanish, French and English. She is married and has one child.

##  Helena Modjeska – Eva Boryczko

Eva Boryczko to polska aktorka i pisarka, która stworzyła solową sztukę o życiu i karierze Modrzejewskiej i zagrała ją w wielu miejscach w Kalifornii. Zatytułowany *Modrzejewska! Sen artysty*, spektakl oparty jest na pamiętnikach i listach Modrzejewskiej. W tym utworze, Eva Boryczko interpretuje niezwykłą podróż słynnej polskiej aktorki Heleny Modrzejewskiej, która przybyła do Ameryki w 1876 roku z marzeniem występu na amerykańskiej scenie. Kostium wypożyczony od Helena Modjeska Society of Orange County (dzięki Krisowi Ciepły) jest wierną reprodukcją jednego z własnych kostiumów scenicznych Modrzejewskiej.

Eva Boryczko is a Polish actress and writer, who created a solo play about Modjeska's life and career and performed it in a series of venues throughout California. Entitled *Modjeska! An Artist's Dream*, the play is based on Modjeska's diaries and letters. In this work, Eva Boryczko interprets the extraordinary journey of the famous Polish actress Helena Modjeska, who came to America in 1876 with the dream of performing on the American stage. The costume, on loan from Helena Modjeska Society of Orange County (thanks to Kris Ciepły), is a faithful reproduction of one of Modjeska's own stage costumes.

## W Podziękowaniu za Gościnę dla Klubu
## In Appreciation of Hosting the Club (1971-2011)

Katarzyna & Artur B. Chmielewski, Irina & Andrzej Dąbrowski, Teresa Domańska, Leonidas Dudarew-Ossetyński, Sefan Grubiński, Wanda Gwoździowska, Jolanta & Krzysztof Hiller, Elżbieta & Jan Iwańczyk, Ewa Jasińska, Halina & Andrzej Jagoda, Helena and Stanley Kolodziey, Zofia & Jerzy Korzeniowski, Renata & Maciej Krych, Monika & David Lehman, Joanna & Andrzej Maleski, Monika & Iwan Nesser, Dorota & Witold Olszewski, Krystyna & Artur Okuniewski, Stefan Pasternacki, Maria & Edward Piłatowicz, Longina Postal, Stephanie Powers, Muzia Sierotwińska & Dionizy Rewicki, Jerzy Stefański, Zofia & Jan Szewc, Liliana & Stefan Sznajder, Zofia & Stanisław Szweycer, Zofia & Witold Tchaikovsky (Czajkowski), Franciszka Tuszyńska, Stefan Wenta, Jolanta & Alex Wilk, Wanda & Stefan Wilk, Diane Wilk Burch & Michael Burch, Hanna Roman Wojciechowska, Krystyna & Bolesław Wydżga.

# Honorowy Członek Klubu im. Modrzejewskiej
# Honorary Member of the Modjeska Club

## STEFAN WENTA

**Stefan Wenta** to polsko-amerykański tancerz i choreograf z wybitną karierą na dwóch kontynentach. Był głównym tancerzem i choreografem Baletu Opery Warszawskiej, gdzie występował w takich baletach jak *Romeo i Julia, Jezioro łabędzie* i *Coppelia*. Po otrzymaniu stypendium na studia w Paryżu, wraz z innymi polskimi znakomitościami, takimi jak Roman Polański, Zbigniew Cybulski i Krzysztof Komeda, Stefan został partnerem primabalerin Opery Paryskiej Yvette Chauvire i Lycette Darsonval. Jako pierwszy tancerz Theatre d'Art du Ballet występował w Indiach, Indonezji, Chinach, Afryce i całej Europie. W 1960 przyjechał do Ameryki, gdzie został dyrektorem artystycznym Western Ballet of Los Angeles, a później Wenta Ballet of Los Angeles. Był autorem choreografii do wielu baletów i wielu filmów, takich jak *Logan's Run, Our Man Flint, Fantastic Voyage* i Warren Beatty's *Reds*. Obecnie wykłada w studio MIMODA w Hollywood, pracując nad swoją powieścią, która ukaże się jeszcze w tym roku. Pan Wenta jest jednym z założycieli Klubu im. Modrzejewskiej i zasiadał w Zarządzie Klubu w latach 70-tych. Prowadził wiele imprez klubowych w swoim studio tańca i przeprowadził kilka prezentacji o swoich projektach dla Klubu. W sierpniu 2010 roku Pan Wenta zaprezentował swój balet *Fantazja na tematy polskie* z okazji 200. urodzin Chopina i do utworu Chopina o tym samym tytule (*Fantaisie brillante na tematy polskie* A-dur op. 13). Premiera baletu dana przez Luminario Ballet z Los Angeles odbyła się w ramach programu *Taking Flight* w amfiteatrze Ford w Hollywood.

**Stefan Wenta** is a Polish-American dancer and choreographer with a distinguished career spanning two continents. He was a principal dancer and choreographer of the Warsaw Opera Ballet where he performed in such ballets as *Romeo and Juliet, Swan Lake* and *Coppelia*. After receiving a scholarship to study in Paris, along with other Polish notables such as Roman Polański, Zbigniew Cybulski and Krzysztof Komeda, Stefan became a partner of the Paris Opera's prima-ballerinas Yvette Chauvire and Lycette Darsonval. As the premier dancer of the Theatre d'Art du Ballet he performed in India, Indonesia, China, Africa and all over Europe. In 1960 he came to America where he became the Artistic Director of the Western Ballet of Los Angeles and later the Wenta Ballet of Los Angeles. He choreographed numerous ballets and a number of films such as *Logan's Run, Our Man Flint, Fantastic Voyage* and Warren Beatty's *Reds*. Currently, he is teaching at the MIMODA studio in Hollywood while working on his novel which is to be published later this year. Mr. Wenta is one of the founding members of the Modjeska Club and served on the Club's Board in the 1970s. He hosted many club events in his dance studio and made several presentations about his projects for the Club. In August 2010, Mr. Wenta presented his ballet "Fantasy on Polish Airs" celebrating Chopin's 200th birthday and set to Chopin's piece of the same title (*Fantaisie brillante on Polish Airs* in A major, Op. 13). The ballet was premiered by the Luminario Ballet of Los Angeles, as part of the "Taking Flight" program at the Ford Amphitheater in Hollywood.

## CZŁONKOWIE HONOROWI KLUBU  &  HONORARY MEMBERS OF THE CLUB

Gwiazdy/Stars: Jerzy Antczak, Jadwiga Barańska, Stefan Wenta; Konsulowie/Consuls: Roman Czarny, Krzysztof and Marta Kasprzyk, Maciej and Renata Krych, Wojciech Siewierski, Jan Szewc, Tomasz Trafas; Prezesi i Działacze/Presidents & Activists: Tadeusz & Elżbieta Bociański, Teresa Domańska, Jerzy Gąssowski, Dr. Bogdan & Krystyna Kuszta, Tomasz & Anna Kachelski, Krystyna Okuniewski, Edward & Maria Piłatowicz, Tadeusz & Jolanta Podkański, Jacek & Eva Świder, Witold & Zofia Tchaikovsky (Czajkowski), Adam & Jolanta Zych.

# Klub Kultury
## im. Heleny Modrzejewskiej w Los Angeles
## HELENA MODJESKA ART AND CULTURE CLUB

## HISTORIA KLUBU

Założony w 1971 roku przez Leonidasa Dudarewa-Ossetyńskiego i jego krąg przyjaciół, Klub Kultury im. Heleny Modrzejewskiej jest organizacją apolityczną, dedykowaną promocji polskiego dziedzictwa kulturalnego, oraz nauki i sztuki polskiej w Kalifornii. W 2011 roku obchodzi swoje 40-lecie. Jako organizacja charytatywna typu 501(c)(3), z zatwierdzonym przez IRS numerem EIN 20-3491956 (od 2006 roku), Klub jest sponsorem ważnych wydarzeń kulturalnych w Los Angeles i okolicach. Finansowany dochodami ze składek członkowskich oraz indywidualnych donacji, Klub organizuje spotkania z artystami i naukowcami, oraz prezentuje publiczne koncerty, pokazy, przedstawienia teatralne i filmy. Zaprasza wybitnych gości z Polski i współpracuje z takimi instytucjami akademickimi i kulturalnymi regionu, jak Polski Festiwal Filmowy w Los Angeles, czy Centrum Muzyki Polskiej w Uniwersytecie Południowej Kalifornii. Członkowie klubu to profesjonaliści (lekarze, prawnicy, profesorowie uniwersytetów, biznesmeni, artyści, muzycy i in.), którzy często biorą aktywny udział w przygotowaniu spektakli. Działalność Klubu i jego władz została nagrodzona wieloma polskimi odznaczeniami państwowymi.

*Powyżej: Czesław Miłosz i prezes Tadeusz Bociański. Plakat na 40-lecie klubu; po prawej: Prof. Leszek Balcerowicz, były prezes Banku Narodowego Polskiego z zarządem Klubu (2010).*

Przez czterdzieści lat aktywności, Klub zorganizował setki wydarzeń kulturalnych, w tym: publiczne spotkania z zasłużonymi przedstawicielami kultury i nauki polskiej, wykłady, projekcje filmów, koncerty muzyki klasycznej i jazzowej, oraz prezentacje sztuk teatralnych, monodramów, i spektakli kabaretowych. W wydarzeniach sponsorowanych przez Klub wzięło udział tysiące widzów i słuchaczy, a publiczność składała się w równej mierze z przedstawicieli Polonii i szerokiej publiczności amerykańskiej.

## GOŚCIE KLUBU

Gośćmi Klubu byli, między innymi, przedstawiciele następujących dziedzin:

**Teatr i film:** Piotr Adamczyk, Jerzy Antczak, Filip Bajon, Jadwiga Barańska, Ryszard Bugajski, prof. Janusz Degler, Jan Englert, Robert Gliński, Agnieszka Holland, Marta Honzatko, Alina Janowska, Krzysztof Janczar, Zbigniew Kamiński, Emilian Kamiński, Janusz Kamiński, Jerzy Kopczewski, Barbara Krafftówna, Jan Machulski, Jan Nowicki, Anna Nehrebecka, Daniel Olbrychski, Marian Opania, Jan Pietrzak, Małgorzata Potocka, Beata Poźniak, Marek Probosz, Zbigniew Rybczyński, Omar Sangare, Zofia Saretok, Beata Ścibakówna, Andrzej Seweryn,

Anna Seniuk, Justyna Sienczyłło, Jerzy Skolimowski, Stefan Szlachtycz, Danuta Stenka, Jerzy Stuhr, Danuta Szaflarska, Grażyna Szapołowska, Joanna Szczepkowska, Teatr Gardzienice, Teatr Provisorium, Teatr ZAR, Jerzy Trela, T.E.O.R.E.M.A.T, Andrzej Wajda, Wrocławski Teatr Lalek, Krzysztof Zanussi, Janusz Zaorski, Zbigniew Zamachowski, Magda Zawadzka, i Wiktor Zborowski.

*Krzysztof Zanussi i J. Zych | Andrzej Wajda, T. Podkański, A. Szwaglis, i Zych. | Agnieszka Holland i A. Maleski*

**Literatura:** Jarosław Abramow-Neverly, prof. Jerzy Bralczyk, Olgierd Budrewicz, Leszek Długosz, Artur Domosławski, dr John Z. Guzlowski, red. Julita Karkowska, Jan Kott, prof. Leonard Kress, prof. Roman Koropeckyj, Wiesław Kuniczak, red. Michal Maliszewski, Czesław Miłosz, Jan Nowak-Jezioriański, prof. Iwo Cyprian Pogonowski, Edward Redliński, Harvey Sarner, Jan Tadeusz Stanisławski, Adrianna Szymańska, Olga Tokarczuk, Teresa Torańska, Cecilia Woloch, i Adam Zagajewski.

**Muzyka:** Piotr Anderszewski, Michał Białek, Ewa Błaszczyk, Jacek Cygan, Halina Czerny-Stefańska, Urszula Dudziak, Krzesimir Dębski, Bartek Gliniak, Barbara Hesse-Bukowska, Elżbieta Jodłowska, Jan A.P. Kaczmarek, Kevin Kenner, Adam Kośmieja, Wojciech Kocyan (3 razy), Róża Kostrzewska-Yoder, Anna Kostrzewska, Kwartet „Calder", Kwartet „Lyris", Jacaranda Music Ensemble, Konrad Mastyło, Wojciech Młynarski, Karolina Naziemiec, Arkadiusz Niezgoda, Darek Oleszkiewicz, Jan Kanty Pawluśkiewicz, Maciej Piątkowski, Jan Pietrzak, Marta Ptaszyńska, Kazimierz Rosiewicz, Beata Rybotycka, Andrzej Sikorowski, Joanna Trzeciak, Stanisław Skrowaczewski, Grzegorz Turnau, Magda Umer, Jacek Wójcicki, Marta Wryk, Aga Zaryan, Maciej Zembaty, i Marek Żebrowski.

**Polityka**: Prof. Leszek Balcerowicz, Konsul Roman Czarny, Ambasador Przemysław Grudziński, Maciej Henzler, Pierwsza Dama Rzeczypospolitej Polskiej Maria Kaczyńska, Jan Karski, Jacek Kalabiński, Konsul Generalny Krzysztof Kasprzyk, Krzysztof Kozłowski, prof. Andrzej Korboński, Antoni Macierewicz, Aleksandr Małachowski, Adam Michnik (3 razy), Leszek Moczulski, Ks. Biskup Tadeusz Pieronek, Małgorzata Piętkiewicz-Jedynak, Witold Osiatyński, Ambasador Janusz Reiter, Władysław Siła-Nowicki, Jerzy Surdykowski, Janusz Zawadzki, Minister Bogdan Zdrojewski.

*Andrzej Seweryn, 2003.*

**Sztuka:** Magdalena Abakanowicz, Danuta Künstler-Langer; Monika Lehman, prof. Andrzej Rottermund. **Wystawy:** Fotografie Ojca Świętego Jana Pawla II - (Adam Bujak, Grzegorz Gałązka, Arturo Mari, Ryszard Rzepecki), Witold Kaczanowski, Polski Plakat (we współpracy z the Autry Center), Tomasz Misztal, Rafal Olbiński, i Leszek Szurkowski - „Bruno Schultz" (we współpracy z San Diego Muzeum).

## MODJESKA PRIZE - NAGRODA IM. HELENY MODRZEJEWSKIEJ

W 2010 roku, aby upamiętnić swoją patronkę Helenę Modrzejewską i uhonorować osiągnięcia wybitnych artystów scen polskich, Klub ustanowił doroczną nagrodę za zasługi dla kultury polskiej w dziedzinie aktorstwa, „Nagroda im. Heleny Modrzejewskiej" (The Modjeska Prize). W październiku 2010 pierwszą nagrodę otrzymał aktor Jan Nowicki. W październiku 2011 drugą nagrodę otrzymali Anna Dymna i Marian Dziedziel.

# ODZNACZENIA DLA KLUBU

Lista odznaczeń i nagród dla Klubu im. Modrzejewskiej i członków Zarządu, którzy włożyli poważny i istotny wkład w promocję kultury polskiej obejmuje następujące pozycje.

Odznaczenia dla Klubu im. Heleny Modrzejewskiej:
- 1997 – Medal Ministra Kultury „Zasłużony dla Kultury Polskiej"
- 2009 – Specjalna Nagroda Związku Artystów Scen Polskich ZASP "Za propagowanie polskiej kultury na obczyźnie" dla Klubu im. Heleny Modrzejewskiej
- 2011 – Proklamacja i Rezolucja Miasta Los Angeles, podpisana przez wszystkich radnych miasta i innych członków lokalnych władz, z gratulacjami z okazji 40-lecia Klubu
- 2011 – List pochwalny od Hrabstwa Los Angeles z okazji 40-lecia Klubu

  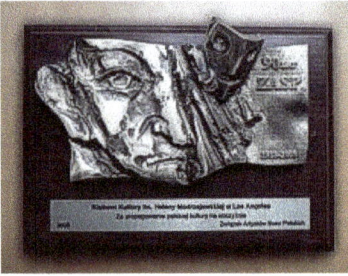 

Odznaczenia indywidualne dla Prezesów i Członków Zarządu:
- 1994 – **Witold Czajkowski** (Prezes Klubu w latach 1990-1993), za zasługi dla szerzenia kultury polskiej za granicą, w imieniu Prezydenta Rzeczpospolitej, został odznaczony Krzyżem Kawalerskim Orderu Zasługi Rzeczypospolitej Polskiej
- 1998 – za zasługi dla szerzenia kultury polskiej za granicą, w imieniu Prezydenta Rzeczpospolitej, Krzyże Kawalerskie Orderu Zasługi Rzeczypospolitej Polskiej otrzymali:
    - **Tadeusz Bociański** (Prezes w latach 1983-1989, w Zarządzie wiele lat)
    - **Zofia Czajkowska** (Wiceprezes w latach 1984-1994, Prezes, 1994-1995)
    - **Maria Piłatowicz** (Wiceprezes i członek Zarządu przez ponad 16 lat, organizatorka wielu amatorskich przedstawień teatralnych)
    - **Edward Piłatowicz** (Prezes w latach 1996-1998, w Zarządzie, 1981-1986)
- 2000 – **Tomasz Kachelski** (wieloletni Skarbnik Klubu) został odznaczony Krzyżem Kawalerskim Orderu Zasługi Rzeczpospolitej Polskiej za zasługi dla szerzenia kultury polskiej za granicą
- 2003 – **Jolanta Zych** (Prezes Klubu w latach 1998-2006), odznaczona Krzyżem Kawalerskim Orderu Zasługi Rzeczpospolitej Polskiej za zasługi dla szerzenia kultury polskiej za granicą
- 2009 – **Dorota Olszewska** (Prezes Klubu w latach 2006-2008) otrzymała nagrodę Związku Artystów Scen Polskich ZASP "Za propagowanie polskiej kultury na obczyźnie"
- 2011 – **Maja Trochimczyk** (Prezes klubu od 2010 r.), Proklamacja i Rezolucja Miasta Los Angeles, podpisana przez wszystkich radnych miasta i innych członków władz.

*Jan Englert i Tadeusz Bociański (2000). Jerzy Antczak, Jan Kidawa-Błoński i Jadwiga Barańska (2011). Dr Maja Trochimczyk i dyplomy od miasta i hrabstwa Los Angeles (2011).*

IP/NY/1/4/2012

# POLISH CULTURAL INSTITUTE NEW YORK

New York, NY
January 25, 2012

Maja Trochimczyk, Ph.D.
President
Helena Modjeska Art and Culture Club
8644 Le Berthon St.
Sunland, CA 91040

Dear Dr. Trochimczyk,

On behalf of the Polish Cultural Institute New York, a diplomatic mission of the Republic of Poland, it gives me great pleasure to congratulate the Helena Modjeska Art and Culture Club on its fortieth anniversary of supporting and promoting Polish culture in Los Angeles. We feel a particular affinity for the Helena Modjeska Club at this time, as we are co-presenting a one-woman show at ABC No Rio in New York by Monica Hunken, about her travels in Poland in search of the legacy of her grandfather, the Modjeska Club's founder, Leonidas Dudarev-Ossetyński.

We greatly appreciate the Helena Modjeska Art and Culture Club's collaboration in publicizing our recent events in Southern California, such as the visit of Olga Tokarczuk in 2010 and the Festival of Polish Animation in 2011, and we are looking forward to increased cooperation over the *next* 40 years.

With heartfelt congratulations,

Sincerely,

Jerzy Onuch
PCI Director
Consul

350 Fifth Avenue, Suite 4621, New York, NY 10118  t. 212.239.7300  f. 212.239.7577
PolishCulture-NYC.org

**THE POLISH INSTITUTE OF ARTS & SCIENCES OF AMERICA, INC.**
*Polski Instytut Naukowy w Ameryce*
208 East 30th Street
New York, New York 10016
Tel: (212) 686-4164; Fax: (212) 545-1130
Email: piasany@verizon.net; Web: www.piasa.org

**Dr. M.B.B. Biskupski**
*President*
*Central Connecticut State University*

**Dr. Susanne S. Lotarski**
*Vice President*
*U. S. Department of Commerce (ret.)*

**Mr. Leonard J. Baldyga**
*Secretary*
*International Research and Exchanges Board*

**Dr. Richard J. Hunter**
*Treasurer*
*Seton Hall University*

**Dr. Bozena Leven**
*Executive Director*
*The College of New Jersey*

**Members of the Board of Directors:**

**Dr. Anna M. Cienciala**
*University of Kansas*
**Dr. Patrice M. Dabrowski**
*University of Massachusetts-Amherst*
**Dr. Zbigniew Darzynkiewicz**
*New York Medical College*
**Dr. Hanna Chroboczek Kelker**
*New York University Medical Center*
**Dr. Paul W. Knoll**
*University of Southern California*
**Ms. Eve Krzyzanowski**
*Branded Media Corp.*
**Rafal Olbinski**
*Graphic Artist, New York*
**Dr. James S. Pula**
*Purdue University – North Central*
**Dr. Jan Napoleon Saykiewicz**
*Duquesne University*
**Dr. Anne Hermanowski Vosatka**
*Merck Research Laboratories*
**Dr. John Wasacz**
*Manhattan College*
**Dr. Teresa G. Wojcik**
*Villanova University*

January 14, 2012

Maja Trochimczyk
President
Modjeska Club
8644 LeBerthon St.
Sunland, CA 91040

Dear Maja,

Allow me to congratulate your distinguished cultural organization after more than forty years of service to Polonia. Your vigorous and imaginative activities have done much to bring the millennial culture of our ancestral Fatherland to the people of Southern California.

Please accept my warmest regards,

*[signature]*

M. B. B. Biskupski
President
Polish Institute of Arts and Sciences
In America

Polish American Historical Association
c/o Central Connecticut State University
1615 Stanley St., New Britain, CT 06050
www.polishamericanstudies.org

January 20, 2012

Ms. Maja Trochimczyk
President
Helena Modjeska Art and Culture Club
8644 Le Berthon Street
Sunland CA 91040

Dear Ms. Trochimczyk,

In my capacity as president of the Polish American Historical Association, it is my great pleasure to extend congratulations to the Helena Modjeska Art and Culture Club on the occasion of its 40th anniversary.

As an organization dedicated to the advancement of Polish and Polish American history and heritage, PAHA is delighted to recognize the impressive achievements of the Club in promoting these aims in Southern California.

The record of your Club in organizing and sponsoring lectures, concerts, exhibitions, theatrical presentations, and the like over the past four decades is outstanding. The list of your guest notables from Poland resembles a "Who's Who" of modern Polish culture.

Wishing continued success to the Modjeska Club, with confident expectation that its coming forty years will be as fruitful as those whose completion you now celebrate. With all best wishes,

Sincerely,

Neal Pease
President, Polish American Historical Association
Professor of History
University of Wisconsin-Milwaukee

*Over Seventy Years of Polish American History, 1944-2012*

**USC**
UNIVERSITY OF SOUTHERN CALIFORNIA

*The Polish Music Center was established in 1985 by Dr. Stefan and Wanda Wilk*

Flora L. Thornton
School of Music

Polish Music Center

Dr. Maja Trochimczyk, President
Helena Modjeska Art and Culture Club
8644 Le Berthon Street
Sunland, CA 91040

17 January 2012

    On behalf of the Polish Music Center at USC, we would like to extend our sincere congratulations to the Helena Modjeska Art and Culture Club of Los Angeles on the occasion of the fortieth anniversary of Club's existence. Throughout the past four decades, the Modjeska Club had sponsored countless events with the top echelon of distinguished Poles who visited Southern California. Thousands of local Polish-Americans have benefited from Club's rich and varied offering of meetings, lectures, concerts, interviews, discussions and other creative forms of interactive cultural dialogue.

    We are very happy that the Modjeska Club and the Polish Music Center enjoy a longstanding connection—initiated by PMC founder Wanda Wilk in 1982—continues to thrive and bring mutual benefits to our two organizations. Please accept our thanks for your support and cooperation as well as our best wishes for the Club's bright future in the coming years.

Sincerely,

Marek Zebrowski, Director        Krysta Close, Assistant Director

University of
Southern California
840 West 34th Street
Los Angeles,
California 90089-0851
Tel: 213 821 1356
Fax: 213 821 4040
polmusic@
thornton.usc.edu
www.usc.edu/
dept/polish_music/

# POLISH AMERICAN FILM SOCIETY
## LOS ANGELES

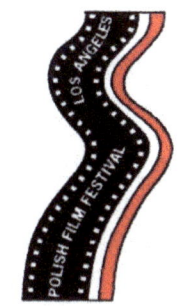

www.polishfilmLA.org

**HONORARY COMMITTEE**

Tomek Baginski
Andrzej Bartkowiak
Tony Bill
Jacek Bromski
Yola Czaderska-Hayek
Ewa Czeszejko-Sochacka
Krzesimir Debski
Ed Harris
Agnieszka Holland
Jan A. P. Kaczmarek
Jane Kaczmarek
Janusz Kamiński
Mimi Leder
Krzysztof Malkiewicz
Brett Ratner
Zbigniew Rybczyński
Andrzej Seweryn
Allan Starski

**OFFICERS**

Vladek Juszkiewicz
Executive Director
Marek Dzida
Manager

**BOARD OF DIRECTORS**

Elizabeth Kanski
President
Magda Jagucka
Vice President
Liz Smagala
Secretary
Mark Berger
Treasurer
Maciek Kolodziejczak
Community Partnerships
Mikolaj Novi

February 4, 2012

Maja Trochimczyk, Ph.D.
President
Helena Modjeska Art and Culture Club
8644 Le Berthon St.
Sunland, CA 91040

Dear Maja,

It is a real pleasure to congratulate Helena Modjeska Art and Culture Club in Los Angeles on the occasion of its 40th anniversary. During the four decades of its activities, this highly respected organization has sponsored hundreds of events promoting Polish culture in California, including theatrical performances, film screenings, lectures and concerts. Thanks to collaboration with the Polish Film Festival Los Angeles the most famous Polish actors and directors have been welcomed by the Club, to mention only a few: Andrzej Wajda, Krzysztof Zanussi, Agnieszka Holland, Jerzy Antczak, Danuta Stenka, Danuta Szaflarska, Piotr Adamczyk, Janusz Kaminski, Andrzej Seweryn and Alina Janowska.

Since its inception, the PFFLA has worked closely with the Modjeska Club, organizing joint events including the award ceremonies for the Annual Modjeska Prize established in 2010 to honor best Polish actors, Jan Nowicki in 2010, and Marian Dziedziel in 2011.

On the occasion of the Modjeska Club's 40th anniversary we wish you many more decades of artistic successes. We hope to continue our fruitful collaboration for years to come.

With best wishes,

Elizabeth T Kanski
President
Polish American Film Society

Vladek Juszkiewicz
Director
Polish Film Festival Los Angeles

7726 Ethel Ave. · North Hollywood, CA · 91605 · Ph: 818.982.8827 · Fx: 818.765.2714:

# POLSKI SALON ARTYSTYCZNY W SAN DIEGO
## Polish Art and Culture Society of San Diego

**Directors: Jerzy Barankiewicz, Zygmunt Belza, Maria Szmidt, Irena Wlodkowski, Henryk Wlodkowski**
12457 Carmel Cape, San Diego, CA 92130,
tel. 513-739-7293 ext. 121, fax. 513-841-0080, e-mail: jbaranki@aol.com

San Diego, 18 stycznia 2012

Klub Kultury im. Heleny Modrzejewskiej
W Los Angeles
Maja Trochimczyk
Prezes

*„Sukces nigdy nie jest efektem „słomianego zapału" –
tu trzeba przejść przez prawdziwy ogień..." (James Madison)*

Zarząd Polskiego Salonu Artystycznego w San Diego (PSASD) pragnie przekazać gorące gratulacje dla Klubu Kultury im. Heleny Modrzejewskiej, który pochwalić się może nie tylko osiągniętym przez czterdzieści lat dorobkiem, lecz także godną podziwu konsekwencją w jego pomnażaniu.

Serdecznie zatem gratulujemy Klubowi Kultury im Heleny Modrzejewskiej dotychczasowych osiągnięć i mamy nadzieję, że kolejne lata będą owocować dalszą naszą współpracą w kultywowaniu polskiej kultury w Południowej Kalifornii.

Za Zarząd PSASD

Jerzy Barankiewicz, Ph.D. – Prezes

**POLISH CENTER in LOS ANGELES**
3424 W. Adams Blvd
Los Angeles
Ca 90018

Maja Trochimczyk, President
Helena Modjeska Art and Culture Club
Los Angeles, Ca

Dear Maja,

Polish Center of Los Angeles would like to extend our sincere congratulations to Helena Modjeska Art and Culture Club your 40$^{th}$ Anniversary. We thank you for your 40 years of supporting and propagating Polish culture in Southern California. You have given us numerous opportunities to enjoy Polish music, meet Polish artists, film makers, cinematographers, and many other well known Polish personalities throughout your 40 years. 40 years is indeed an occasion to be proud of.
Congratulations to you and to all the members of the Helena Modjeska Club.

Gratulacje!

Andrzej Kozlowski, President
Polish Center
4 February 2012

**SERDECZNE PODZIĘKOWANIA DLA SPONSORÓW NASZEGO BALU 40-LECIA**

**IN APPRECIATION OF THE SPONSORS OF OUR 40TH ANNIVERSARY BALL**

POLAM Polish American Credit Union

Polish Center in Los Angeles

**ALBUM 40-LECIA – ANEGDOTY I ZDJĘCIA**
**Andrzej Maleski i Edward Piłatowicz**
**Pokaz slajdów prezentowany na Balu 40-lecia Klubu**
**w Mountainside Golf Course, Brentwood, 4 lutego 2012**

Prezes Maja Trochimczyk: Czterdzieste urodziny to poważny wiek. Z tej okazji poprosiłam dwóch naszych weteranów o przypomnienie nam najciekawszych momentów z historii Klubu. Przedstawiam Państwu Pana Andrzeja Maleskiego, czyli Pana A. i Pana Edwarda Piłatowicza, czyli Pana E.!

Pan E.: Dziękujemy, dziękujemy serdecznie Pani Prezes! (Maja schodzi ze sceny)

Pan A: Oj były momenty, były...

Pan E.: Co Ty możesz wiedzieć na ten temat, smarkaczu.

Pan A.: Tylko bez epitetów, Panie Weteranie.... Wojny Koreańskiej.

Pan E.: Przez szacunek powinieneś mówić do mnie „Panie Edwardzie". Kiedy tu przyjechałeś, my mężczyźni, staliśmy twardo u sterów Klubu. Jak pamiętasz Tadeusz Bociański, Witek Czajkowski, wreszcie ja. Tylko Zosia Czajkowska wkradła się w nasze męskie szeregi prezesów Klubu. (*Zdjęcie Zosi z orkiestrą*)

Pan A: (*aż wybrzmi muzyka*) Wybraliście ją z powodu urody....

Pan E: ...której towarzyszyła wybitna inteligencja, ale zauważ, że z kolei przez ostatnie piętnaście lat prezesowały nam same kobiety z wyjątkiem Ciebie.

Pan A.: Nie mów mi, że znalazłem się w ich towarzystwie z powodu urody.

Pan E.: Nie narzekaj, to piękne towarzystwo. Mogło Ci się gorzej trafić. Ja na przykład spędziłem ostatnie trzy lata mego życia wśród Chinek i tylko przybyło mi na wadze.

Pan A.: Właśnie to zauważyłem. Ten smoking to też jest chyba sprzed piętnastu lat i nawet widać gdzie musiałeś przesunąć guziki.

Pan E.: Przywdziałem strój archiwalny, po tym kiedy Pani Prezes zatrudniła nas do przeglądu archiwum klubowego. Podczas tego przeglądu sporządziłem pewne podstawowe statystyki: Otóż w ciągu ostatnich 32. lat (zapis spotkań klubowych zaczyna się od 1979 roku) odbyło się w Klubie ponad 300 spotkań, w tym trzy bale plus bal Sylwestrowy i szacując przeciętną frekwencję na 60 osób na każdym zebraniu – to przez Klub przewinęło się 18.000 osób plus goście. Czyli wypełnilibyśmy spory stadion.

Pan A: A celebrytów byłoby tam więcej niż na uroczystosci wręczania Golden Globe Awards.

Pan E.: Wróćmy do statystyk. Pozwól, że zajrzę do ściągawki. Czy wiecie Państwo, że aż 87% spotkań klubowych w ostatnim 15-to leciu odbyło się – jak to powiedział modnie mój przedmówca – „z celebrytami" sceny i filmu. Być może, jest to rezultat wpływów z zaświatów naszej patronki Klubowej....

Pan A.: ...albo też sąsiedztwa Hollywoodu. Z olbrzymiego wachlarza naszych spotkań klubowych chcielibyśmy przypomnieć Państwu najbardziej pamiętne wieczory oraz naszych specjalnych gości. *(Zaczyna się pokaz zdjęć z napisami i cicha muzyczka jako podkład: Skolimowski, Pietrzak, Hoffman, Agnieszka Holland – 2 zdjęcia + portret – pauza).*

Spotkanie z Agnieszką Holland pamiętam jak dziś. Odbyło się tuż po jej debiucie w Hollywood filmami *Tajemniczy ogród* i *Całkowite zaćmienie* i miało wyjątkową temperaturę. Cieszymy się z jej sukcesów. W tym roku jej nowy film *W ciemności* reprezentujący Polskę został nominowany do Oskara w kategorii filmów zagranicznych. *(pojawiają się dwa zdjęcia Magdy Zawadzkiej – chwilowe zatrzymanie).*

Pan E.: Magda Zawadzka – była to niewątpliwe atrakcja dla panów, ale szkoda, że zapowiedziany wraz z nią Gustaw Holoubek wówczas nie dojechał.

Pan A.: Chcesz powiedzieć, że Basieńka z *Pana Wołodyjowskiego* nie przypadła Ci do gustu?

Pan E.: W roli Basieńki jak najbardziej, ale podczas naszego spotkania w Klubie jej rozmówca, Tadeusz Bociański, zdominował ją intelektem i dowcipem.

*(Zdjęcie Olbrychskiego)* O… Daniel Olbrychski! *(Zdjęcie Olbrychskiego z kwiatami).* Czy pamiętacie Państwo wizytę Daniela Olbrychskiego? Był w Klubie bodajże dwa razy *(film z deklamacją Lokomotywy).*

Pan A.: To oczywiście była parodia wiersza *Lokomotywa* Juliana Tuwima.

Pan E.: Szczególnie utkwiła mi w pamięci jego pierwsza wizyta. Był jeszcze młody i jak pamiętamy bardzo sprawny. Chciał zaimponować paniom i po spotkaniu rzucił się na posadzkę i zaczął demonstrować pompki *(zdjęcie ze spotkania).* Panie były zachwycone. Otoczyły go ciasnym kółkiem prosząc o wspólne zdjęcia i autografy. Podczas kolejnej wizyty, po upływie lat dwudziestu, o pompkach nie było już mowy. *(Zdjęcie Olbrychskiego w fotelu. Następne zdjęcia: Gajda, Szczepkowska, Stuhr, Zanussi, Krafftówna. Zatrzymanie na zdjęciu Basi Krafftównej i Antczaków oraz Basi zbiorowe z innymi aktorami).*

Pan A.: Pani Barbara Krafftówna była jednym z najczęstszych gości w naszym Klubie. Nie tylko dlatego, że przez ponad dwadzieścia lat mieszkała w Los Angeles. Pani Barbara występowała w Klubie w różnych rolach: gościa, artystki, reżysera... Była ambasadorem Klubu w Polsce; do dziś pozostaje jego przyjacielem. Tu oglądamy ją podczas jej pierwszego koncertu w Los Angeles, który prowadził nasz niezastąpiony Tadeusz Bociański. *(Film ze spotkania z Tadeuszem. Następnie zdjęcie Jana Englerta z Jolą Zych i grupowe z kolekcji Plewni).*

Pan E.: Jan Englert również zaskarbił sobie tytuł specjalnego gościa i przyjaciela Klubu. Nasza przyjaźń z nim zawiązała się w zamierzchłych czasach, gdy przyjechał do Kalifornii z inscenizacją *Pana Tadeusza*. Zawsze czuł się świetnie w naszym towarzystwie i wracał do nas wielokrotnie wraz z bocianami.

Pan A.: Chciałeś powiedzieć „za sprawą naszego Klubowego Bociana".

Pan E.: Podczas jednego pobytu, na leżaku przy basenie, napisał adaptację *Dziadów* Mickiewicza dla Teatru Telewizji. Po zrealizowaniu widowiska przywiózł nam na pamiątkę kasetę video z nagraniem, która obecnie znajduje się w archiwach klubowych. *(Zdjęcia Szaflarskiej i Janowskiej – po dwa – zatrzymanie).*

Pan A.: Czy pamiętacie Państwo dwie wielkie gwiazdy polskiej sceny: Danutę Szaflarską i Alinę Janowską, które niedawno odwiedziły nasz Klub? Kto z Państwa pamięta w jakim filmie wystąpiły razem? *(Zakazane piosenki) (Pauza na odpowiedzi i zdjęcia ze spotkań: Kamiński, Szapołowska, Machulski, Seweryn – zatrzymanie na zdjęciu Wajdy).*

Pan E.: Gościliśmy również w Klubie laureatów Oskara. Andrzej Wajda zawitał do Klubu tuż po wręczeniu mu Oskara za "całokształt twórczości" w 2000 roku. Ach, co to było za wydarzenie! (*Zdjęcia Wajdy z zarządem i Wajdy z publicznością*) jakie napięcie, panie w etolach, tłok taki, że oddechu głębszego wziąć się nie dało. (*Zdjęcia Oskara*). Sam Oskar też był obecny, owszem godnego wymiaru, nie powiem, stał przy drzwiach jakby go zamurowało. O…o…proszę niech Państwo sami zobaczą jak to wyglądało! (*filmowy urywek z przemówienia Wajdy*).

Pan A.: Wtedy po raz pierwszy przekonałem się, że w Hollywood istnieje również polskie lobby. Nad tym, aby uhonorować Andrzeja Wajdę Oskarem rozpętała się na rok wcześniej wielka kampania promotorska w Hollywood. Jej inicjatorami byli Agnieszka Holland, Janusz Kamiński oraz inni polscy operatorzy pracujący w Hollywood, później za sprawą Janusza Kamińskiego dołączyli do tej grupy Steven Spielberg oraz David Lynch.

Naszymi gośćmi byli również inni laureaci Oskara. (*Padają nazwiska, pokazują się zdjęcia z podpisami*) Janusz Kamiński, dwukrotny laureat Oskara, czterokrotnie nominowany do tej nagrody, w tym roku za zdjęcia do filmu *War Horse* Spielberga. Jan A.P. Kaczmarek, kompozytor, otrzymał Oskara za muzykę do filmu *Finding Neverland* oraz Zbigniew Rybczyński, który otrzymał Oskara w 1983 roku za krótki film animowany *Tango* (*zdjęcia Kaczmarka a później Rybczyńskiego w tenisówkach*).

Pan E.: Tu mogą Państwo zobaczyć z bliska stopy laureata, które zbulwersowały Hollywood. Otóż nasz wielce utalentowany rodak, Zbigniew Rybczyński, nie znając słowa po angielsku pojawił się na Oskarowej gali w tenisówkach. Po odebraniu Oskara wymknął się na papierosa przez drzwi, na których widniał czerwony napis EMERGENCY EXIT. Kiedy już zaspokoił swój głód nikotynowy i chciał wrócić na salę, strażnik nie chciał wpuścić gościa w tenisówkach. Nie pomogły tłumaczenia po polsku kim jest i co tu robi, i fakt, że spiorunował go wzrokiem laureata Oskara, że po polsku głośno mu powiedział, co myśli o jego mamusi – strażnik ze spokojem zaaresztował go za zakłócenie porządku. Dama, z którą przyszedł na uroczystość Oskarową, przetańczyła całą noc z jego Oskarem, a rano wykupiła go z aresztu.

Pan A.: Nie możemy pominąć laureatów Nobla, którzy zaszczycili nas swoją obecnością (*zdjęcie z archiwów Tadeusza z Miłoszem plus z podpisem Miłosza*). W 1984 roku Tadeusz Bociański zorganizował spotkanie z Czesławem Miłoszem. Miało ono miejsce w cztery lata po otrzymaniu przez Miłosza literackiej nagrody Nobla.

(*Zdjęcia Szymborskiej i zaraz dwa zdjęcia ze spotkania z Rusinkiem.*) Trzy lata temu, ja z kolei zaprosiłem do nas noblistkę w dziedzinie literatury Wisławę Szymborską. Już wówczas nasza poetka nie czuła się najlepiej i wydelegowała do nas swego osobistego sekretarza Michała Rusinka. Jak zapewne wiecie Państwo, Wisława Szymborska odeszła od nas w tym tygodniu a nam pozostały wspomnienia o tym spotkaniu i tomik jej niepoważnej twórczości pt. *Rymowanki dla dużych dzieci*, który nam zadedykowała. Było to jedno z zabawniejszych spotkań poetyckich. Oprócz anegdot o legendarnej już skromności Szymborskiej i jej poczuciu humoru, Rusinek z pamięci cytował limeryki – ulubioną formę poetycką Szymborskiej. Panie Edwardzie (skoro Pan tak każe siebie nazywać) czy pamięta Pan choćby jeden?

Pan E.: Akurat wtedy byłem w Chinach, ale ze sprawozdania klubowego na stronie internetowej Klubu wyłowiłem pewien limeryk, który dotyczy nowych realiów w stosunkach politycznych z Chinami.

     Pewien juhas z Pękowego Brzysku
     przyszłość zobaczył w proroczym błysku:
     Szumi piknie Dunajec,
     a na mostku Kitajec,
     Jasinecka pierze po pysku.

Pan A.: Po laureatach może warto wspomnieć naszych gości, którzy byli nominowani do literackiego Nobla, i to nawet kilkakrotnie.

Pan E.: (*Zdjęcie Herberta*) Pośmiertny wieczór o twórczości Zbigniewa Herberta przygotowaliśmy sami. Długo polowaliśmy na Adama Zagajewskiego (*3 zdjęcia Zagajewskiego*). Moja żona i Jola Zych tak długo go tropiły i napastowały, że w końcu uległ i przyjechał do nas z Uniwersytetu w Houston, gdzie co roku prowadził wykłady jako urzędujący poeta.

Pan A.: Oprócz laureatów i nominowanych do Nobla gościliśmy również wielu innych pisarzy i poetów, (*zdjęcia w kolejności wymieniania*) jak Olgierd Budrewicz, Omar Sangare, Adriana Szymańska, Jacek Cygan i Leszek Długosz.

Pan E.: Zapomniałeś o Wojciechu Młynarskim? (*Zdjęcie Młynarskiego z Jolą Zych*)

Pan A.: Wojciech Młynarski mieści się w specjalnej kategorii przyjaciół Klubu. Bywał w Klubie częstym gościem i bawił nas swoimi piosenkami oraz wierszykami pisanymi *ad hoc.* (*Fragment piosenki z archiwów Tadeusza*). W ostatnich latach Wojciech Młynarski spoważniał i też, tak jak Ty, musiał sobie w smokingu przesunąć guziki. (*zdjęcie Młynarskiego czytającego własne wiersze*). Pisze mniej piosenek, ale za to rekompensuje swoim wielbicielom wierszem. Podczas ostatniej wizyty w Klubie podarował nam swój tomik poezji pt. *Róbmy swoje.*

Pan E.: Z tego właśnie tomiku pochodzi *Apel do rodaków*, który nam zadedykował:
 Róbmy swoje,
 Pewne jest to jedno, że
 Róbmy swoje,
 Bo jeśli ciut się jeszcze chce,
 Drobiazgów parę się uchowa:
 Kultura, sztuka, wolność słowa, Rodacy,
 Róbmy swoje,
 Może to coś da? Kto wie…

Pan A.: Jest w poezji nie tylko mądrość, rytm, ale i muzyka. Skoro mówimy o muzyce, to ja najbardziej pamiętam nasze jazzujące spotkania z kolejnymi przyjaciółmi Klubu (*na ekranie zdjęcia w kolejności wymieniania*) Krzesimirem Dębskim, Dariuszem Oleszkiewiczem oraz z Urszulą Dudziak, a także recital literacki Grzegorza Turnaua.

Pan E.: Zaraz, zaraz, w pierwszym rzędzie powinieneś mówić o muzyce poważnej. Sam niedawno organizowałeś wspólnie z Towarzystwem Muzycznym im. Paderewskiego koncert z okazji 200-lecia urodzin naszego Fryderyka. (*dwa zdjęcia artystów w akcji, jedno zdjęcie publiczności na sali*). Impreza bardzo okazała, wybitni artyści i do tego koncert prowadziła gwiazda polskiego pochodzenia, Jane Kaczmarek, recytując wiersze, m.in. Mai Trochimczyk. Chciałbym również przypomnieć dwa spotkania z kompozytorką Martą Ptaszyńską (*trzy zdjęcia –dwa z kompozytorką, jedno z wykonawcami*), która godnie reprezentuje polską muzykę współczesną w Ameryce…

Pan A.: …i na świecie. Sami również często promowaliśmy polską muzykę poważną współpracując z Centrum Muzyki Polskiej przy USC. Ot, choćby nasz koncert polskiej muzyki barokowej, który odbył się dwa lata temu – bardzo udane spotkanie bez celebrytów i wielkiej pompy. (*Zdjęcia wykonawców i publiczności*).

Pan E.: Wydaje mi się, że w natłoku tych wyliczanek coś nam dowcip przysiadł.

Pan A.: Mów za siebie. *(Na ekranie pojawia się zdjęcie Olbińskiego z Jolą i Leosiem*). Kto rozpozna tego Pana ? Nie tego w okularach, to nasz Klubowy artysta Leonard Konopelski, ale kim jest ten Pan z lewej? (*Następne zdjęcie Olbińskiego z plakatem*).

Pan E.: Spotkanie z nim odbyło się w moim domu, więc pamiętam. To Rafał Olbiński – znany plakacista, malarz o tematyce może nieco pikantnej, ale dzięki temu chodliwej. (*pojawiają się zdjęcia jego prac –3 zdjęcia – przeważają nagie kobiety*). To było wspaniałe spotkanie, podczas którego sprzedał wiele swoich prac. (*Następne zdjęcie jak sprzedaje prace*). Nic dziwnego, jego skojarzenia twórcze bardzo mi odpowiadają.

Pan A.: Mówimy tu o sztuce, ale przecież nasz Klub przez wiele lat był zdominowany przez inżynierów i naukowców, choć dopiero niedawno przebili się oni do głosu. Oto właśnie taki temat: *Cosmos – The Real Poetry*. Na zdjęciu sami technokraci i Pani Prezes (*Zdjęcie technokratów i dwa zdjęcia astronoma*) a potem jeszcze Aleksander Wolszczan – astronom.

Pan E.: Ci panowie trafili do nas, bo interesują ich głównie tematy nie z tej ziemi.

Pan A: A my sprowadzaliśmy ich na ziemię przez lata aplikując spotkania polityczno-społeczne (*Ciąg zdjęć z wymienionych spotkań z napisami*): z Biskupem Pieronkiem, Adamem Michnikiem, Krzysztofem Kozłowskim, Jego Ekscelencją Ambasadorem Januszem Reiterem, Ministrem Kultury Bogdanem Zdrojewskim, a ostatnio z profesorem Leszekiem Balcerowiczem, byłym Prezesem Narodowego Banku Polskiego, byłym Ministrem Finansów i wicepremierem w rządzie Tadeusza Mazowieckiego.

Pan E.: Chciałbym tu przypomnieć równie pamiętne spotkanie z Pierwszą Damą Polski, Panią Marią Kaczyńską, która zginęła tragicznie w katastrofie samolotowej pod Smoleńskiem. (*3 zdjęcia Kaczyńskiej, jedno z Heleną Kołodziej i grupą*).

Pan A.: Wielu z naszych gości odeszło od nas na przestrzeni ostatnich lat.

Pan E.: Odszedł filar naszego Klubu – Tadeusz Bociański... (*zdjęcie Tadeusza*).

Pan A.: ...również kolega, członek Klubu, pisarz i dramaturg, Henryk Rozpędowski (*zdjęcie Henryka*).

Pan E.: ...oraz przedwcześnie i niespodziewanie Andrzej Łowkis – anglista, tłumacz, wieloletni członek Zarządu oraz aktor i entuzjasta naszego Teatrzyku Dyletantów (*dwa zdjęcia Łowkisa z Piernikalii –pierwsze w todze, drugie w cylindrze*). Teatrzyk został stworzony przez naszych członków i działał przez lata pod patronatem Klubu Modrzejewskiej.

Pan A.: W Teatrzyku Dyletantów (*zdjęcie zespołu z napisem*), proszę Państwa, miały okazję wypłynąć ukryte talenty artystyczne naszych członków – a ile zabawy przy tym było – boki zrywać!

Pan E.: Najpierw wystawiliśmy *Piernikalia*...

Pan A.: W których przykładnie brałeś udział (*Zdjęcia ze spektaklu, jedno za drugim, wolno*).

Pan E.: Tu Kolega Kachelski, klubowy skarbnik, u boku ciepłej wdówki Ewy Świder.

Pan A.: A tu właśnie Pan Edward we własnej osobie romantycznie związany z babcią na hulajnodze... oraz mistrz konferansjerki zaangażowanej – Jacek Świder.

Pan E.: ...Tu koledzy Łowkis i Kachelski z moją żoną w oczekiwaniu na pociąg z Koluszek do Przymerskiej Guberni. (*film zaczyna sie od solo Jadzi*).

Pan A.: Nasz teatrzyk przygotował również wieczornicę wigilijną pt. *Historyjki Grudniowe* (*kolejno lecą dwa zdjęcia z Historyjek i jedno całego zespołu z Pastorałki*) oraz *Pastorałkę* Leona Schillera, którą większość z Państwa pewnie jeszcze pamięta. I tu kilka prześmiesznych zdjęć naszych koleżanek i kolegów z tej produkcji. Fragment jej trafił z czasem do programu TV Polonia. (*szereg zdjęć ze śmiesznymi komentarzami – wolno*).

Pan E.: Czy to Adam z w raju ? Nie, nie... to Jacek Świder, unikat biologiczny.

Pan A.: Tu moja żona opiera się pokusom.

Pan E.: Pierwszy pastuch klubowy, Kleo Rundzio no i Kolega Kachelski w swojej pierwszej dramatycznej roli kobiecej.

Pan A.: Ta scenka to nieporozumienie małżeńskie Państwa Świdrów – pan Świder w pozycji uniżonej i ten oto portret małżeństwa Piłatowicz – Pan Edward pierwszy z prawej. Na zakończenie trzech archaniołów – słusznego wzrostu i w okularach. (*pojawiają się zdjęcia Teatrzyku Śnieżynka*).

Pan E.: Jak wynika z Klubowego Archiwum, nasi członkowie mają silnie rozbudzone pasje teatralne. Aby dać upust nowym talentom aktorskim powstał również „Teatrzyk Śnieżynka" pod kierownictwem Doroty Olszewskiej, który bawił publiczność programem świątecznym.

Pan A.: Nasza prezentacja ma się już ku końcowi, ale jeżeli odczuwają Państwo niedosyt wspomnień – to dobrze, bo zgodnie z życzeniem naszej Pani Prezes, mieliśmy za zadanie pokazać lata naszej działalności Klubu w 15-minutowej kapsułce. Na następną okrągłą rocznicę spróbujemy się sprężyć i zmieścić nasz program w 30-sekundowej reklamówce, którą zamiast prezentacji na balu umieścimy na YouTube i Facebook.

Pan E.: Życzymy Państwu wspaniałej zabawy, ale zanim spotkamy się wszyscy na parkiecie mamy dla Państwa niespodziankę.

Pan A.: Pragniemy Państwa zapewnić, że duch twórczy w Klubie nie ginie! Oto grupa wokalna *Kwiatuszki Sisters*, która stawia sobie za ambicje kontynuowanie tradycji Teatrzyku Dyletantów! Zapraszamy!

## SPOTKANIA PODCZAS KADENCJI PREZES MAI TROCHIMCZYK, JESIEŃ 2012

**30 września 2012** – *Opowieści Poli Negri* Kazimierza Brauna po polsku, wyk. Agata Pilitowska i Maria Nowotarska. Teatr Polski z Toronto, w Teatrze Magicopolis, Santa Monica.

**11 października 2012** – Barbara Krafftówna otrzymuje Nagrodę im. Modrzejewskiej podczas galowego otwarcia Polskiego Festiwalu Filmowego, Kino Egipskie (Egyptian Theater), Hollywood.

**13 października 2012** – Spotkanie z Barbarą Krafftówną z okazji otrzymania Nagrody im. Heleny Modrzejewskiej. Rozmawia Andrzej Maleski w rezydencji Państwa Iwańczyk.

**27 października 2012** – Z Leszkiem Jażdżewskim rozmawia Marcin Frybes w Galerii Hellada, Long Beach.

**24 listopada 2012** – Wycieczka do Historycznego Domu Heleny Modrzejewskiej, Arden i piknik w parku.

**2 grudnia 2012** – Anna Seniuk w sztuce Stanisława Balińskiego *Wieczór w Teatrze Wielkim* – z muzycznym akompaniamentem Magdaleny Maleckiej. Teatr Magicopolis, Santa Monica.

**8 grudnia 2012** – Rezygnacja Prezes Klubu, Mai Trochimczyk. Prezes *ad interim* Elżbieta Kański i Zarząd kontynuują działalność Klubu.

*Barbara Krafftówna. Danuta Żuchowska, Bogdan Plewnia, Maja Trochimczyk i Andrzej Maleski.*

# SPOTKANIA W OKRESIE OD CZERWCA 2012 DO 8 GRUDNIA 2012

*Przyjęcie z gwiazdami: Maja Trochimczyk, Maria Nowotarska, Ewa d'Angelo, Agata Pilitowska i Halina Jagoda.*

Sezon jesienny rozpoczęło przedstawienie teatralne, *Opowieści Poli Negri*, zagrane po polsku przez Teatr Polski z Toronto w Magicopolis, 30 września 2012. Sztuka Kazimierza Brauna, oparta na biografii słynnej aktorki filmu niemego, narzeczonej Rudolfa Valentino, otoczonej kontrowersjami, zachwyciła widzów dzięki mistrzowskiemu wykonaniu **Agaty Pilitowskiej** w roli głównej oraz **Marii Nowotarskiej**. Spektakl ilustrowały fragmenty filmów Negri, gdzie można było zobaczyć jej urodę i sposób gry oraz posłuchać jej śpiewu. Przyjazd teatru umożliwił grant Senatu RP. W tym czasie zamknięta była autostrada 405 z powodu remontu mostu, więc dojazd był bardzo trudny, ale publiczność i tak dopisała!

11 października 2012 roku **Nagrodę im. Heleny Modrzejewskiej** za całokształt osiągnięć artystycznych otrzymała Pani **Barbara Krafftówna**, genialna aktorka związana blisko z Klubem i Kalifornią. Krafftówna otrzymała nagrodę podczas galowego otwarcia Festiwalu Filmowego w Los Angeles, w sali Egyptian Theater w Hollywood. Nagrodę wręczyła Prezes Klubu, dr Maja Trochimczyk.[1]

Dwa dni później, 13 października 2012, uroczystość klubowa i spotkanie z laureatką miały miejsce na przyjęciu u Państwa Elżbiety i Jana Iwańczyk. Rozmowę poprowadził zaprzyjaźniony z gwiazdą Andrzej Maleski, a ona sama zaprezentowała wielką klasę komediową w przygotowanym programie kilku wdzięcznych jednoaktówek. Krafftówna rozpoczęła karierę aktorską w 1946 roku, występując na deskach scenicznych, w filmie i telewizji. Na jej dorobek składają się 62 wybitne role teatralne (w teatrach w Gdyni, Łodzi, Wrocławiu, Warszawie i Los Angeles), 33 role w teatrze telewizji i ponad 43 role filmowe (w filmach Wojciecha Hasa – *Jak być kochaną*, 1962; Andrzeja Wajdy – *Popiół i diament*, 1958; oraz filmach Jana Nowickiego, Kazimierza Kuca, i innych).

---

[1] Zob. *Modjeska Art And Culture Club Gives and Receives Awards,* „PAHA Newsletter", t. 70 nr 1, 2013, s. 13.

Jej zasługi dla kultury polskiej, dla naszego Klubu i dla historii teatru w Los Angeles są szczególnej rangi. Specjalizowała się w repertuarze teatru groteski i absurdu (Stanisław Ignacy Witkiewicz, Witold Gombrowicz, Eugene Ionesco, i in.). W 1983 roku grała tytułową rolę w sztuce Witkacego *Matka*, wyreżyserowanej przez założyciela Klubu, Leonidasa Dudarew-Ossetyńskiego w Los Angeles; sztukę tę uhonorowano 11 nagrodami. Krafftówna otrzymała ponad 20 nagród i odznaczeń, w tym Krzyż Komandorski Orderu Odrodzenia Polski, Medal Gloria Artis, i in.

*Marcin Frybes, Marek Dzida, Maja Trochimczyk i Leszek Jażdżewski, Hellada Gallery, Long Beach, 2012.*

Po dwóch tygodniach, czas na następne spotkanie. W Hellada Art Gallery Marka Dzidy w Long Beach, rozmowę z młodym aktywistą z Polski, **Leszkiem Jażdżewskim** przeprowadził historyk **Marcin Frybes** (27 października 2012 r.). Tematem spotkania była przyszłość Polski w Unii Europejskiej oraz nowe tematy nurtujące Polaków w tym okresie. Widzowie zwiedzili też wystawy grafiki i malarstwa w galerii.

*Klub im. Heleny Modrzejewskiej w salonie w dworku Modrzejewskiej, Arden – na pierwszym planie replika rzeźbionego stołu z lwami ufundowana przez Państwa Płochockich, sponsorów wielu elementów wyposażenia dworku aktorki, w ramach prac naszej bratniej organizacji, Fundacji im. Heleny Modrzejewskiej.*

Ogromną przyjemność sprawiła wszystkim bardzo udana wycieczka do domu Heleny Modrzejewskiej „Arden" w Santiago Canyon w Hrabstwie Orange, 24 listopada 2012 roku. Wycieczka (z ograniczoną liczbą miejsc) miała w programie obejrzenie filmu o dziejach Historycznego Domu i Parku Modrzejewskiej, zwiedzanie dworku, ogrodu, i parku z przewodniczkami w stylowych kostiumach z Fundacji im. Heleny Modrzejewskiej oraz piknik po drugiej stronie ulicy, w parku imienia aktorki.

Ostatnim projektem w 2012 roku, który zrealizowałam jako Prezes Klubu był spektakl teatralny **Anny Seniuk**, z muzyką w wykonaniu córki artystki, altowiolistki **Magdaleny Maleckiej**. *Wieczór w Teatrze Wielkim* Stanisława Balińskiego to komiczny i sentymentalny hołd złożony artyście i muzykom tamtych czasów, przedwojennej Warszawy. Poeta romantyczny opowiadał o czasach, w których teatr porównywano do religii oraz o ogromnym znaczeniu i szacunku, jakim teatr cieszył się w społeczeństwie. Anna Seniuk po mistrzowsku zaangażowała publiczność w komicznym i ujmującym spektaklu w Teatrze Magicopolis.

Osobiście przygotowałam i przywiozłam na to przedstawienie dekoracje, plakaty, programy, sprzęt nagłośnieniowy, oraz ormiańskie przysmaki i napoje na przyjęcie po spektaklu. Sama wszystko transportowałam małym Saturnem, w deszczu na szpilkach rozładowałam, a po bardzo udanym wieczorze załadowałam, przełożyłam sprzęt do garażu i... postanowiłam zrezygnować z zaszczytnej, ale jakże trudnej roli Prezes Klubu.

Po rezygnacji w dniu 8 grudnia 2012 r. obowiązki Prezesa *ad interim* spoczywały w rękach **Elżbiety Kańskiej**, dotychczasowej Wiceprezes Klubu. Następujące wydarzenia zostały już zaplanowane i mogły być realizowane według uznania nowej administracji:

• **15 grudnia 2012** – Wigilia z Wojtkiem Szeremetą i grupą Kolędników (tylko dla klubowiczów) u Państwa Katarzyny i Artura Chmielewskich w Pasadenie; zostały już wysłane zaproszenia i gotowy był śpiewnik.
• **12 stycznia 2013** – Wystawa i wykład Ewy Matysek-Mazur i prof. Andrzeja Mazura w galerii sztuki w Pacific Palisades.
• **9 lutego 2013** – Uroczystość wręczenia nagród byłym Prezesom i aktywistom zarządu Klubu Modrzejewskiej w Rezydencji Konsulatu RP (tylko laureaci i zaproszeni członkowie klubu). Przeniesione na 15 marca.
• **23 lutego 2013** – Spotkanie z Balbiną Bruszewską o nowym pokoleniu w polskim filmie w Galerii Hellada w Long Beach.

• **9 marca 2013** – Studencki Kabaret Hybrydy Uniwersytetu Warszawskiego z recitalem poetycko-pieśniowym, z Dominiką Świątek – spotkanie odwołane przez Klub, natomiast sponsorowane przez Moonrise Press w czerwcu w Ruskin Art Club, Los Angeles.
• **maj 2013** – Spotkanie z Marcinem Frybesem i Andrzejem Sikorą, prezesem Instytutu Literackiego w Paryżu, o Leonidasie Dudarew-Ossetyńskim, założycielu Klubu (i pośmiertna nagroda od rządu RP). Spotkanie zostało odwołane.

*Katarzyna i Artur Chmielewski oraz Monika Chmielewski Lehman otrzymują dyplomy za udzielanie domów na spotkania Klubu, 2013.*

W trakcie prac nad jubileuszem 40-lecia Klubu napisałam nominacje o przyznanie medali za promocję kultury polskiej za granicą następującym działaczom i członkom Klubu Kultury im. Heleny Modrzejewskiej: Leonidas Dudarew-Ossetyński, założyciel Klubu; dr Franciszka Tuszyńska, pierwszy Wiceprezes; Jerzy Gąssowski, członek Zarządu oraz trzeci Prezes; Państwo Wanda Baran, Stefanie Powers, i Stefan Wenta aktywni do 1978 roku, Tadeusz Bociański, Prezes w latach 80-tych; Zofia i Witold Czajkowscy, aktywni jako Prezes i Wiceprezes w latach 80-tych i 90-tych; Edward i Maria Piłatowicz, Prezes i Wiceprezes Klubu w latach 90-tych; Tadeusz Podkański specjalista od technologii i Wiceprezes Klubu; Jolanta Zych, Prezes przez cztery kadencje; Krystyna Kuszta wieloletni Wiceprezes oraz Sekretarz Klubu; Krystyna Okuniewski, wieloletni Dyrektor Artystyczny; Danuta Żuchowski, wieloletni Skarbnik; Andrzej Maleski, Prezes w latach 2008-10, Dorota Olszewska, Prezes w latach 2006-08 i prelegent, oraz Elżbieta Kański, wieloletni Sekretarz i Wiceprezes Zarządu. Nie zabrakło nominacji i dla mnie, Prezesa w latach 2010-12 i wieloletniego organizatora spotkań i prelegenta w Klubie. Ceremonia przekazania medali odbyła się 15 marca 2013 w rezydencji Konsul Generalnej RP dr Joanny Kozińskiej-Frybes, gdy aż 20 działaczy zostało uhonorowanych medalami, bijąc, tym samym, wszelkie polonijne rekordy.

*Maja Trochimczyk*

*Nagroda im. Modrzejewskiej dla Barbary Krafftówny podczas otwacia Festiwalu Filmowego, 2012.*

*Prezentacja dyplomów od Hrabstwa Los Angeles dla Państwa Heleny i Stanley Kołodziey za użyczanie gościny Klubowi przez wiele lat. Helena Kołodziey, reprezentant Los Angeles, dr Maja Trochimczyk i Stanley Kołodziey.*

## SPOTKANIA PODCZAS KADENCJI PREZES ELŻBIETY KAŃSKIEJ, 2012-2013

### SPOTKANIA W OKRESIE GRUDZIEŃ 2012 – MARZEC 2013

- **15 grudnia 2012** – Spotkanie świąteczne.
- **12 stycznia 2013** – Wystawa malarstwa Ewy Matysek-Mazur i Andrzeja Mazura *Światło i kolor*.
- **11 lutego 2013** – Spotkanie z Adrianną Biedrzyńską w Ruskin Art Club, Los Angeles.
- **15 marca 2013** – Uroczystość wręczenia medali byłym prezesom i członkom zarządów Klubu Modrzejewskiej z okazji 40-lecia Klubu w rezydencji Konsula Generalnego RP.

*Witold Czajkowski, Danuta Żuchowska, Zofia Czajkowska, Maja Trochimczyk, Tadeusz Podkański, Krystyna Kuszta, Maria Piłatowicz, Edward Piłatowicz, Jolanta Zych, Dorota Czajka-Olszewska, Krystyna Okuniewska, Elżbieta Kański i Andrzej Maleski w rezydencji Konsula Generalnego RP Joanny Kozińskiej-Frybes, 15 marca 2013.*

Po rezygnacji Mai Trochimczyk pełniącej funkcję prezesa Klubu do 8 grudnia 2012 roku zgodnie ze Statutem Klubu jako wiceprezes przejęłam *ex officio* jej funkcję. Zbliżało się **tradycyjne kolędowanie, które zostało wyznaczone na 15 grudnia**. Spotkanie w domu Państwa Katarzyny i Artura Chmielewskich w Pasadenie rozpoczęło się od polskiej tradycji łamania się opłatkiem i składania życzeń. Zgodnie z tradycją amatorskich popisów członków Klubu, wieczór uświetniła grupa muzyczna, przy akompaniamencie której wszyscy obecni mogli zaśpiewać ulubione polskie kolędy: Wojtek Szeremeta (gitara, akordeon), Andrzej Warzocha (pianino), oraz chór w składzie – Kazia Kmak, Marek Kmak, Jola Siwik i Andrzej Malinowski. Kolacja obfitowała w tradycyjne potrawy polskie przyniesione przez klubowiczów.

Pozostałe spotkania w trakcie mojej kadencji były wcześniej przygotowane przez Maję oraz Zarząd, który został przez nią wybrany przy obejmowaniu przez nią funkcji Prezesa.

**12 stycznia 2013 roku** w galerii w Pacific Palisades odbyła się wystawa malarstwa **Ewy Matysek-Mazur** i **Andrzeja Mazura** *Światło i kolor*. **Ewa** ukończyła studia malarskie i konserwatorskie w warszawskiej Akademii Sztuk Pięknych. Od 1982 roku pracuje i tworzy w USA. Najwyższymi umiejętnościami, talentem i uczciwością zawodową zdobyła na przestrzeni lat praktyki konserwatorskiej silną pozycję i zaufanie w środowisku kolekcjonerów, sprzedawców dzieł sztuki i muzealników. Prof. dr hab. **Andrzej Mazur** po studiach w warszawskiej Akademii Sztuk Pięknych (w latach 1973-79) rozpoczął pracę w charakterze nauczyciela akademickiego na Wydziale Konserwacji Dzieł Sztuki, gdzie wykłada do dzisiaj. Jego prace doktorska i habilitacyjna służą jako podręczniki na polskich uczelniach. Równolegle do działalności naukowo-dydaktycznej w Katedrze Konserwacji oraz Technik i Technologii Malarstwa Ściennego prowadzi prace konserwatorskie w obiektach zabytkowych.

*Zaproszenie na wystawę Ewy i Andrzeja Mazur w Pacific Palisades.*

**Spotkanie z piosenką kabaretową, i nie tylko…** Tak było zatytułowane kolejne spotkanie Klubu Modrzejewskiej, które odbyło się **17 lutego 2013 roku** w Ruskin Art Club w Los Angeles. Piosenki kabaretowe i nie tylko, wykonywała w wypełnionej po brzegi sali znana w Polsce z cyklu Piosenki Biesiadne Pani **Adrianna Biedrzyńska**, aktorka teatralna, TV i kabaretowa. Pani Adrianna jest absolwentką Szkoły Filmowej w Łodzi. Jako dziecko uczyła się gry na skrzypcach, nie została jednak – wbrew planom – skrzypaczką. Zagrała w wielu filmach, serialach telewizyjnych i przedstawieniach teatralnych. Pani Adrianna porwała całą salę do wspólnego śpiewania jak i do tańca. Spotkanie zakończyło się przy poczęstunku w bardzo radosnej i zrelaksowanej atmosferze.

*Danuta Żuchowska, Krystyna Kuszta, Elżbieta Kański, Maja Trochimczyk, Andrzej Maleski, Dorota Czajka-Olszewska, Jolanta Zych, Tadeusz Podkański. 15 marca 2013.*

Z okazji 40-lecia Klubu w 2012 roku nadano medale Ministra Kultury Rzeczpospolitej Polskiej, „Zasłużony dla kultury polskiej" członkom zarządu, byłym prezesom, założycielom i działaczom Klubu. Ceremonia wręczenia nagród odbyła się **15 marca 2013 r.** w rezydencji Konsul Generalnej Rzeczpospolitej Polskiej w Pacific Palisades. Podczas wydarzenia, Konsul Generalna Joanna Kozińska-Frybes wręczyła medale 20 byłym prezesom i członkom zarządu Klubu.

Niezwykle duża liczba wyróżnień podkreśla wyjątkową rolę, jaką Klub odgrywa w promocji kultury polskiej w południowej Kalifornii od momentu powstania w 1971 roku. Założyciel i pierwszy prezes Klubu Leonidas Dudarew-Ossetyński (1910-1989), aktor, reżyser i pisarz, otrzymał Krzyż Kawalerski Orderu Zasługi Rzeczpospolitej Polskiej. Pozostałe wyróżnienia to: dr Franciszka Tuszyńska, Jerzy Gąssowski, Wanda Baran, Stefanie Powers, Stefan Wenta, Tadeusz Bociański, Witold i Zofia Czajkowski, Edward & Maria Piłatowicz, Tadeusz Podkański, Jolanta Zych, Krystyna Kuszta, Krystyna Okuniewska, Danuta Żuchowski, Andrzej Maleski, Dorota Olszewska, Maja Trochimczyk i Elżbieta Kański. Nie obyło się bez stosownych toastów i eleganckiego menu.

*Elżbieta Kański, Prezes*

*Maja Trochimczyk, Andrzej Maleski, Dorota Czajka-Olszewska, Jolanta Zych, Tadeusz Podkański, Edward i Maria Piłatowicz, Zofia i Witold Czajkowski w rezydencji Konsul Generalnej RP, Joanny Kozińskiej-Frybes.*

## SPOTKANIA PODCZAS KADENCJI PREZESA ANDREW Z. DOWENA, 2013-2014

- **4 maja 2013** – Spotkanie z Balbiną Bruszewską, Hellada Gallery, Long Beach.
- **2 czerwca 2013** – Koncert fortepianowy Krystiana Tkaczewskiego w rezydencji Państwa Jolanty i Alexa Wilk w Anaheim Hills.
- **30 czerwca 2013** – Koncert i odczyt o pianistce-kompozytorce Marii Szymanowskiej: dr Maja Trochimczyk i prof. Wojciech Kocyan w Bowers Museum, Santa Ana.
- **11 sierpnia 2013** – Pokaz filmu *Wenecja* Marcina Walewskiego.
- **24 sierpnia 2013** – Spotkanie z byłymi żołnierzami Armii Krajowej, rozmowę z Prezesem Koła Weteranów AK Andrzejem Stefańskim i weteranami prowadzą Dorota Olszewska i Jolanta Wilk.
- **19 października 2013** – Spotkanie z Ryszardem Bugajskim i Marią Mamoną, prezentacja Nagrody im. Heleny Modrzejewskiej dla Ryszarda Bugajskiego.
- **27 października 2013** – Koncert fortepianowy Krystiana Tkaczewskiego, Loyola Marymount University, Murphy Hall.
- **2 listopada 2013** – Krzesimir Dębski – spotkanie z Mistrzem w rezydencji Państwa Heleny i Stanley'a Kołodziey w Beverly Hills.
- **10 listopada 2013** – *Tajemnice Ordonki,* sztukę Kazimierza Brauna przedstawia Teatr Polski z Toronto. Agata Pilitowska i Maria Nowotarska, w Teatrze Magicopolis, Santa Monica.
- **31 grudnia 2013** – Bal Sylwestrowy – Bal Maskowy w Galleria Ballroom, Glendale.
- **25 stycznia 2014** – Wykład prof. Marka Jana Chodakiewicza w bibliotece Santa Monica.
- **8 lutego 2014** – *Gruziński toast albo szkielet śledzia* Stanisława Górki w rezydencji Państwa Audrey i Andrzeja Nowaczek w Sunland,
- **15 marca 2014** – Wywiad z Bronisławem Wildsteinem w rezydencji Państwa Wilk w Anaheim Hills
- **12 kwietnia 2014** – Astronomia z prof. Krzysztofem Górskim, Sala Von Karman, JPL/NASA.
- **3 maja 2014** – Spotkanie z Krzysztofem Zanussim w rezydencji Państwa Kołodziey, Beverly Hills.
- **18 maja 2014** – Spotkanie z Konsulem Generalnym RP Mariuszem Brymorą w Ladera Ranch.
- **15 czerwca 2014** – Walne Zebranie Sprawozdawczo-Wyborcze Klubu w rezydencji Państwa Żuchowskich w Pasadenie.

Po krótkotrwałej prezesurze Elżbiety Kańskiej stery w Klubie Kultury im. Heleny Modrzejewskiej objął Andrew Dowen wystosowując następujący list do członków Klubu:

*Drodzy Członkowie Klubu,*                                                                                          *29 kwietnia 2013 r.*

*Jak wszyscy wiecie, Maja Trochimczyk zrezygnowała z prezesury w Klubie Modrzejewskiej w grudniu 2012 roku, w wyniku czego wiceprezes – Elżbieta Kańska – objęła obowiązki Prezes Klubu. Zgodnie z wymogami Regulaminu Klubu i pod czujnym okiem Komisji Wyborczej rozpoczęto poszukiwania nowego Prezesa i Zarządu. Wysiłek ten nie przyniósł pozytywnych rezultatów. Ponieważ bardzo ważne jest, aby Klub kontynuował swoją znakomitą pracę w środowisku polonijnym, Zarząd Klubu Modrzejewskiej, działając zgodnie z Regulaminem Klubu, wybrał Prezesa spośród swojego grona.*

*To prowadzi nas do dnia 2 kwietnia 2013 roku, kiedy ja, Andrew Dowen, przyjąłem nominację Zarządu i zostałem kolejnym Prezesem Klubu Modrzejewskiej. Wiem, że wielu z Was zastanawiało się, co się stanie z Klubem i jaka będzie jego przyszłość. Zapewniam, że nasz Klub jest zdrowy, żywy i ma przed sobą długą przyszłość. Zrobię wszystko, co w mojej mocy, aby kontynuować działalność Klubu od teraz do czerwca 2014 roku, kiedy odbędą się następne regularne wybory. Teraz chciałbym przedstawić Państwu skład obecnego Zarządu Klubu im. Modrzejewskiej oraz harmonogram naszych najbliższych działań.*

> ***Zarząd:***
> *Andrew Z. Dowen, Prezes*
> *Krystyna Bartkowski, Wiceprezes*
> *Danuta Żuchowski, Skarbnik*
> *Jolanta Uniejewski, Sekretarz*
> *Leela Chmielewska, Dyrektor ds. obsługi imprez*
> *Krystyna Okuniewska, Dyrektor ds. miejsc wydarzeń i dekoracji*
> *Wanda Presburger, Dyrektor zarządzająca wydarzeniami*
> *Jolanta Wilk, Dyrektor zarządzająca wydarzeniami*

*Balbina Bruszewska i Danuta Żuchowska w Gallerii Hellada, maj 2013 r.*

**4 maja 2013 roku** członkowie Klubu mieli okazję spotkać się z **Balbiną Bruszewską,** znakomitą reżyserką, scenarzystką i autorką filmów animowanych, programów telewizyjnych i teledysków, absolwentką Państwowej Wyższej Szkoły Filmowej, Telewizyjnej i Teatralnej w Łodzi z dyplomem animacji filmowej i efektów specjalnych w kinematografii. Pani Bruszewska pokazała nam swój 17-minutowy film *Miasto płynie* – http://www.miastoplynie.com, animowany musical dokumentalny o społecznych i politycznych podtekstach. W bardzo zabawny sposób ukazuje obraz życia we współczesnej Polsce i mieście Łodzi oczami dziecka, kompozytora, sprzedawcy i różnych innych osób. Film jest podróżą poprzez zakamarki miasta i ludzkiego serca. Jest to eksperymentalne, wielowarstwowe dzieło pełne urzekającego stylu, zjadliwej satyry i piękna ekspresji. W 2009 roku film zdobył nagrodę jury Stowarzyszenia Filmowców Polskich dla najlepszego polskiego filmu na Międzynarodowym Festiwalu Animacji ReAnimacja. Spotkanie odbyło się w Galerii Hellada w Long Beach.

**2 czerwca 2013 roku** w rezydencji Państwa Jolanty i Alexa Wilk odbył się koncert fortepianowy w wykonaniu **Krystiana Tkaczewskiego**. Mieliśmy wyjątkowe szczęście, że Pan Tkaczewski był nas w stanie odwiedzić i uraczyć swoim występem. Jest bardzo zajęty sędziowaniem na różnych konkursach pianistycznych i swoją pracą artystyczną. Maestro rozpoczął koncert nokturnem C-moll Chopina i kontynuował mazurkami. Pierwszą część recitalu zakończył Wielki Polonez, którego wykonanie poruszyło do łez większość słuchaczy. Po przerwie zachwycano się misternym wykonaniem *Obrazków z wystawy* Mussorgskiego. Mistrz Tkaczewski pokazał nam swoją grą i interpretacją dlaczego tylko prawdziwi wirtuozi podejmują się wykonania tej kompozycji. Na zakończenie i na bis wysłuchaliśmy z podziwem wariacji C-dur, KV 265 Mozarta, które zaczynają się jak kołysanka a kończą ogromnym wybuchem wspaniałych dźwięków. Po oficjalnej części wieczoru przeszliśmy do poczęstunku w przyjacielskiej i pogodnej atmosferze.

*Prof. Wojciech Kocyan, dr Maja Trochimczyk, Andrew Z. Dowen i Nancy Warzer-Brady w Bowers Museum.*

**30 czerwca 2013 roku** w Bowers Museum w Santa Ana w Norma Kershaw Auditorium odbył się koncert i odczyt o polskiej nadwornej pianistce rosyjskich carów i kompozytorce **Marii Szymanowskiej** (1789-1831). Jej salon muzyczny w Petersburgu był miejscem zgromadzeń dla arystokratów, poetów i artystów a jej romantyczne utwory muzyczne były inspiracją dla Chopina. Spotkanie było połączone z wystawą *From the Tsar's Cabinet* dostępną dla uczestników spotkania. Odczyt poprowadziła dr Maja Trochimczyk, muzykolog,[2] a koncert wykonał prof. Wojciech Kocyan, profesor fortepianu w Loyola Marymount University. W trakcie koncertu prof. Kocyan przeprowadził quiz dla publiczności, aby podkreślić podobieństwo stylu muzyki, prosząc o zgadywanie kto skomponował dany utwór, Szymanowska czy Chopin.

**11 sierpnia 2013 roku** odbył się pokaz *Wenecji* w reżyserii **Jana Jakuba Kolskiego** i spotkanie z **Marcinem Walewskim** w Galerii Hellada w Long Beach we współpracy Klubu z Festiwalem Polskich Filmów w Los Angeles. Fabuła filmu jest następująca: Marek kocha Wenecję. Dziadkowie i rodzice Marka co roku bawili w Wenecji. Marek ma 11 lat i zna z pamięci nazwy wszystkich ulic i placów publicznych w Wenecji, ale nigdy tam nie był. Nadchodzące wakacje 1939 roku miały spełnić wszystkie jego marzenia. Niestety, niemiecka agresja nasila się, ojciec Marka dołącza do wojska, a chłopiec zostaje wysłany do domu swojej ciotki Weroniki

---

[2] Wykład na podstawie pracy „On Genius and Virtue in the Professional Image of Maria Szymanowska" opublikowanej w „Annales de Centre Scientifique de'l Academie Polonaise des Sciences a Paris", t. 14 (2012): 256-278.

w Zaleszczykach niedaleko rzeki San. Wędrując po posiadłości szuka wspomnień, które zostały mu odebrane. Nie jest szczęśliwy w domu swojej ciotki i nie chce tam być. Wkrótce udaje mu się znaleźć ulgę i komfort w zalanej piwnicy, gdzie buduje replikę swojego wymarzonego miasta. Z pomocą rodziny i dzięki wyobraźni i wizji przekształca to miejsce w swoją ukochaną Wenecję. Piękny, poetycki film, w którym Kolski niezwykle przekształca wizję prowincji otoczonej płomieniem wojny. Kolski uważany jest za twórcę „magicznego realizmu" w polskiej kinematografii. **Marcin Walewski**, polski aktor dziecięcy nakręcił pierwszy film w wieku 6 lat. Grał w wielu filmach i serialach. Marcin zagrał głównego bohatera Marka z brawurą. Za rolę Marka otrzymał debiutancką nagrodę na Festiwalu Polskich Filmów Fabularnych w Gdyni.

**24 sierpnia 2013 roku** odbyło się spotkanie z byłymi **żołnierzami Armii Krajowej**. Rozmowę z Prezesem Koła Weteranów AK **Andrzejem Stefańskim** i weteranami prowadziły Dorota Olszewska i Jolanta Wilk. W rezydencji Państwa Marii i Edwarda Piłatowicz w West Hills można było również obejrzeć wystawę pod tytułem *69 rocznica wybuchu Powstania Warszawskiego* udostępnioną przez Konsula Małgorzatę Cup. W obchodach rocznicy wybuchu Powstania uczestniczyli harcerze ze Związku Harcerstwa Polskiego w Los Angeles. W trakcie spotkania prezentowano poniższy wiersz.

„Wspomnienia Powstańca"
Lila Świerczyńska-Ciecek, ppor. AK pseudonim „Stefa"

Rozszumiały się wierzby płaczące,
zew do męstwa zerwał się w stolicy,
gdy sierpniowe schylało się słońce
rozszalały się warszawskie ulice.

I wybiła pamiętna godzina,
w polskich żyłach krew zatętniła.
Zwycięstwo! to myśl nasza jedyna,
Polska wolna nam się przyśniła!

I ruszyła bohaterska Warszawa,
idą dzieci, ich matki, ojcowie
aby pomścić niemiecką nawałę,
burzy serc ich nikt nie wypowie.

O wolności piosenka zabrzmiała,
i warszawskie śpiewają ją dzieci
z bagnetami idące na czołgi,
w młodych dłoniach stal broni się świeci.

Ponad miastem wzniósł się Orzeł Biały
by pokrzepiać serca w agonii,
aby dodać nadziei na chwałę.
I brzmi hasło: do broni! do broni!

Zaszumiały sztandary zwycięstwem,
szał ogarnął barykady i szańce.
Oto „Pasta" zdobyta ich męstwem!
Zachłysnęli się szczęściem powstańcy.

Świszczą kule, padają granaty,
żołnierz polski wymierza zapłatę,
wróg natarciem zmaga młode siły.
Na ulicach rosną mogiły.

Łuną znaczy się niebo stolicy,
gruzem kładą się dumne jej mury,
w rękach matek płoną gromnice,
nad Warszawą wiszą śmierci chmury.

Kanałami snują się żołnierze
ze Starówki, od Zośki i Parasola,
męką, głodem i walką znużeni,
Boska trzyma ich przy życiu wola.

Na Krakowskim Przedmieściu pada Chrystus
pod krzyża ciężarem, zraniony,
oblicze zbolałe rozjaśniają pożary,
i On cierpi z narodem skrzywdzonym.

Matka Boża na barykady przybyła,
zapłakała nad płonącą Warszawą,
nad żołnierzem rannym czule się schyliła
i otarła mu łzy chustą krwawą.

I do Syna swego się przyczynia:
daj im siłę Jezu dobrotliwy,
za ich męstwo, niewolę, cierpienia
ześlij pokój na te polskie niwy.

Zmiłuj się Chryste, bo nie zasłużyli
abyś pogromem karał ich tak srodze,
krwią bohaterską już winy swe zmyli,
przywróć im wolność miłosierny Boże.

...Rozpłakały się wierzby szumiące,
dumny orzeł otarł smutne lica.
Gdy październikowe schylało się słońce
żegnałam ukochaną stolicę...

**19 października 2013 roku.** Spotkanie z **Ryszardem Bugajskim** i **Marią Mamoną** poprowadził Andrzej Maleski. Zadawał pytania naszym gościom i rozmawiał z nimi o ważnych filmach w ich karierach zawodowych, np. o filmie *Przesłuchanie*. Najwięcej czasu poświęcono najnowszemu filmowi pt. *Układ zamknięty*, który mieliśmy okazję obejrzeć na tegorocznym Polskim Festiwalu Filmowym.

Film o trudnej tematyce, inspirowany prawdziwymi wydarzeniami, które miały miejsce w Krakowie w 2012 roku. Właściciele pewnej dobrze prosperującej firmy zostali brutalnie aresztowani przez oddział antyterorystyczny, skuci, rzuceni na ziemię, dzieci przydeptane butami. Spędzili w więzieniu siedem miesięcy, ich firmy zostały zniszczone, rodziny rozbite. Dlaczego ktoś ich tak skrzywdził, dlaczego ktoś postanowił ich zniszczyć? Jest to film fabularny o tym w jaki sposób organy demokratycznego państwa niszczą, prześladują zwykłych obywateli, ludzi którzy zasługują na wielki szacunek. Reżyser nie wnika w przyczyny dlaczego tak się dzieje, ale interesuje go psychika człowieka, który reprezentuje to państwo. W Polsce trudno jest zbudować nowe przedsiębiorstwa, stworzyć nowe organizacje, bo okazuje się, że przeciwstawiają się one staremu układowi, takiemu który jest właściwie „układem zamkniętym". Układ, który nie dopuszcza nowych ludzi i eliminuje ludzi, którzy temu układowi zagrażają.

Pan Bugajski otrzymał **Nagrodę im. Heleny Modrzejewskiej** (Modjeska Prize) za całokształt twórczości artystycznej w dziedzinie filmu. Nagrody przyznawane od 2010 dotychczas otrzymali tacy aktorzy jak Jan Nowicki, Anna Dymna i Barbara Krafftówna.

**27 października 2013 roku.** Koncert fortepianowy **Krystiana Tkaczewskiego** w Loyola Marymount University zorganizował prof. Wojciech Kocyan i Uniwersytet, we współpracy z naszym Klubem. Program obejmował utwory Chopina (mazurki, nokturny, Sonatę b-moll i *Andante Spianato* z Polonezem op. 22) oraz *Obrazki z wystawy* Modesta Mussorgskiego.

**2 listopada 2013 roku.** Prywatne spotkanie z kompozytorem, dyrygentem i wirtuozem **Krzesimirem Dębskim** i jego żoną, wokalistką **Anną Jurksztowicz** na rzecz Centrum Muzyki Polskiej w USC odbyło się w rezydencji Państwa Heleny i Stanley'a Kołodziey w Beverly Hills. Krzesimir Dębski wygłosił doroczny Wykład im. Paderewskiego w USC 20 października 2013 roku. Skomponował ponad sześćdziesiąt utworów symfonicznych i kameralnych, w tym operę, dwie symfonie, dzieła religijne i dziewięć koncertów instrumentalnych. Napisał muzykę do ponad siedemdziesięciu filmów, otrzymał osiem platynowych albumów i skomponował muzykę do najbardziej kasowego filmu w historii polskiej kinematografii *Ogniem i mieczem*. Zrobił również błyskotliwą karierę jako jazzman; jest liderem grupy „String Connection". Anna Jurksztowicz to popularna wokalistka jazzowa. W wieku szesnastu lat stała się profesjonalną artystką, dzieląc scenę z najsłynniejszymi polskimi artystami. Jej głos można usłyszeć na licznych ścieżkach dźwiękowych do filmów, w tym *W pustyni i w puszczy*. Nagrywała również dla seriali telewizyjnych *King Size*, *Matki,*

*żony i kochanki*, *Na dobre i na złe* i *Rancho*. Wiele jej piosenek stało się wielkimi i trwałymi przebojami dla kolejnych pokoleń młodych słuchaczy.

**10 listopada 2013 roku** Klub gościł ponownie Teatr Polski z Toronto, który zaprezentował nam sztukę Kazimierza Brauna *Tajemnice Ordonki*. Główne role grały, znane już nam z poprzednich spektakli, **Maria Nowotarska** i **Agata Pilitowska**. Ich życiorysy i osiągnięcia zostały dokładnie opisane w poprzednich latach Wspaniale wyreżyserowana sztuka, pokazuje nam Ordonkę w dwóch odsłonach: o historii jej życia opowiada nam jej starsza przyjaciółka, aktorka i autorka tekstów Zofia Bajkowska, a jej wspomnienia są przerywane legendarnymi piosenkami Ordonki. Widzimy wtedy Hankę Ordonównę w pełnej krasie i pełni talentu; podziwiamy jak pięknie potrafiła śpiewać o miłości, jak potrafiła wzruszać widzów kabaretów i teatrów. Przez sztukę przewijają się kabarety Warszawy okresu międzywojennego: Sfinks, Miraż, i oczywiście Qui Pro Quo, którego została gwiazdą. Ordonówna reprezentuje filar tradycji polskiej kultury i sztuki czasu Polski wolnej i Polski walczącej o niepodległość. Na początku była zwolenniczką swobodnego stylu życia, ale pod wpływem wojennych przeżyć, dojrzała wewnętrznie. Żyła w oblężonej Warszawie pod okupacją niemiecką a w Wilnie pod okupacją sowiecką. Następnie była więziona przez Niemców a potem została zesłana do więzienia przez Sowietów. Te wszystkie życiowe doświadczenia dokonały w niej wielką przemianę duchową oraz zmianę hierarchii wartości. Z pozycji wielkiej gwiazdy, uwielbianej, egocentrycznej, przyzwyczajonej do hołdów, odnajdujemy kobietę, która swoim życiem daje przykład innym: śpiewa przede wszystkim dla polskich żołnierzy (armia generała Andersa), opiekuje się polskimi wygnańcami i ratuje polskie sieroty na tej nieludzkiej ziemi. Z wielkiej gwiazdy rodzi się wielki człowiek. Nie dane jej było wrócić do Polski; jako żona polskiego dyplomaty, a na dodatek hrabiego oraz jako uosobienie wolnej ojczyzny nie była mile widziana przez komunistyczny reżim. Dopiero w wolnej Polsce zwrócono jej miejsce w historii, przypomniano jej życie i osiągnięcia. Wróciła do panteonu wielkich Polek i Polaków. Dzięki wspaniałej grze aktorskiej Marii Nowotarskiej i Agaty Pilitowskiej warto było wrócić do Hanki Ordonównej. "ARTIFICEM COMMENDAT OPUS"!!!!!!!!!!!!!!!!!!!

**31 grudnia 2013 roku** odbył się elegancki **Bal Sylwestrowy** w Galleria Ballroom w Glendale. Oryginalne dekoracje zaprojektowała Krystyna Okuniewska. Tematem był „bal maskowy", więc wszyscy uczestnicy poproszeni zostali o przyniesienie własnych masek. Szampańską zabawą powitaliśmy Nowy Rok 2014.

**25 stycznia 2014 roku.** Wykład prof. **Marka Jana Chodakiewicza** miał miejsce w Santa Monica Library, Martin Luther King Auditorium. Profesor Chodakiewicz jest polskim historykiem, specjalizującym się w historii Europy Środkowej i Wschodniej XIX-XX wieku. Jest szczególnie zainteresowany post-sowiecką strefą, drugą wojną światową i czasem powojennym, historią Polski, cywilizacją Zachodnią i jej intelektualną tradycją, myślą konserwatywną, badaniem stosunków polsko-żydowskich, polityką środowiskową oraz nurtami ekstremalnymi takimi jak komunizm i faszyzm. Urodził się w 1962 roku w Warszawie i mieszka teraz w okolicach Washington, D.C. Licencjat uzyskał na stanowym uniwersytecie w San Francisco w 1988 roku, tytuł magistra zdobył na uniwersytecie Columbia w Nowym Jorku a tytuł doktora zdobył na uniwersytecie Columbia w 2001 na podstawie pracy doktorskiej pod tytułem: *Accommodation and Resistance: A Polish County Kraśnik during the Second World War and its Aftermath, 1939-1947*. Otrzymał też wiele nagród i wyróżnień, np. grant Prezesa Rady Ministrów Rzeczypospolitej Polskiej (2001), grant The Earhart Foundation

Fellowship; (2004), Krzyż Kawalerski Orderu Odrodzenia Polski (2007) i grant Smith Richardson Fellowship (2009-2010).

*Marek Chodakiewicz w bibliotece Santa Monica. Z Wildsteinem rozmawiają Sławek Brzeziński i Jolanta Wilk.*

**8 lutego, 2014 roku** W pięknej i gościnnej rezydencji Audrey & Andrew Nowaczek w Sunland nasz wielokrotny gość **Stanisław Górka** przedstawił monodram *Gruziński toast albo szkielet śledzia*, który przeniósł nas w czas przeszły, do okupowanej Polski, do Rosji i do lat dziecięcych. Opowieść przesycona jest faktami, ale jednocześnie pozwala odnaleźć uniwersalne refleksje nad współczesnością i losem człowieka. Są to liryczne wspomnienia nie pozbawione lekkiego humoru, gęsto poprzetykane piosenkami Agnieszki Osieckiej, Wojciecha Młynarskiego, Bułata Okudżawy, Juliana Tuwima oraz Włodzimierza Wysockiego.

**15 marca 2014 roku** w rezydencji Jolanty i Alexa Wilków odbyła się sesja pytań i odpowiedzi z **Bronisławem Wildsteinem** prowadzona przez Sławka Brzezińskiego i Jolę Wilk. Bronisław Wildstein to były polski dysydent, dziennikarz, publicysta i pisarz. Współzałożyciel Studenckiego Komitetu Solidarności (SKS) związanego z Komitetem Obrony Robotników (KOR). W latach 1980-1989 mieszkał za granicą, gdzie pracował jako dziennikarz dla polskiego magazynu „Kontakt" i dla Radia Wolna Europa. Po powrocie do Polski został dyrektorem Radia Kraków a w 1993 przeniósł się do Warszawy i pracował w gazecie „Życie Warszawy". Od 11 maja 2006 do 28 lutego 2007 był dyrektorem generalnym Telewizji Polskiej. Pracował również w gazecie „Rzeczpospolita" i jako niezależny autor publikował artykuły w wielu gazetach i czasopismach. Obecnie swój czas poświęca Niezależnej Telewizji S.A. i jej stacji Telewizja Republika, gdzie możemy obejrzeć jego program *Bronisław Wildstein Wprowadza*. Jest autorem kilku książek, takich jak *Jak woda* (1989), *Brat* (1992), *Mistrz* (2004), *Dolina nicości* (2008), *Czas niedokonany* (2011) i *Ukryty* (2012).

**12 kwietnia 2014 roku** Spotkanie z prof. dr hab. **Krzysztofem Górskim,** polskim astrofizykiem z Obserwatorium Astronomicznego Uniwersytetu Warszawskiego, który obecnie pracuje jako Senior Research Scientist w NASA Jet Propulsion Laboratory w Pasadenie, odbyło się w sali wykładowej Von Karman w JPL. Prof. Górski podzielił się z nami pięknymi zdjęciami naszego Wszechświata, ilustrującymi najnowsze osiągnięcia astronomicznych misji satelitarnych oraz podkreślił wkład polskich uczonych do astronomii, od Kopernika po dzisiaj. Spotkanie odbyło się w języku angielskim.

**3 maja 2014 roku** spotkanie z **Krzysztofem Zanussim** miało miejsce w rezydencji Państwa Heleny i Stanley'a Kołodziey w Beverly Hills. Wybitny reżyser opowiadał o swoich filmach, estetyce twórczej, filozofii sztuki i karierze. Rozmowę prowadził Andrzej Maleski, a w spotkaniu, zorganizowanym we współpracy z Festiwalem Polskich Filmów w Los Angeles, brali udział wybitni aktorzy, goście festiwalu, m. in. Piotr Adamczyk i Katarzyna Śmiechowicz, oraz Konsul Generalny RP w Los Angeles, Pan Mariusz Brymora. Muzyczne interludium zaprezentowała 17-letnia Dominika Geier. Sprawozdanie prasowe opublikowała Jadwiga Inglis.[3]

*Krzysztof Zanussi. Leela Chmielewski, Wanda Presburger, dr Krystyna Bartkowska, Jolanta Uniejewski, Andrew Dowen, Danuta Żuchowska w Beverly Hills, maj 2014.*

*Krzysztof Zanussi, Konsul RP Mariusz Brymora, Katarzyna Śmiechowicz, Piotr Adamczyk, Helena Kołodziey.*

**15 czerwca 2014 – Walne Zebranie Sprawozdawczo-Wyborcze Klubu,** tylko dla członków z opłaconymi składkami w gościnnej rezydencji Danuty i Wiesława Żuchowskich, Pasadena. Wybór Prezesa Andrew Dowena i zarządu na następną kadencję.

---

[3] Jadwiga Inglis, „Art of Krzysztof Zanussi. Helena Modrzejewska Art and Culture Club Meeting, May 3, 2014", w „The Post Eagle", 28 maja 2014, s. 7.

## SPOTKANIA PODCZAS KADENCJI PREZESA ANDREW Z. DOWENA, 2014-2016

- **6 września 2014** – Recital Bartosza Urbanowicza w rezydencji Państwa Lehman w Pasadenie.
- **14 września 2014** – *Radiation. The Story of Maria Skłodowska-Curie*, sztuka Kazimierza Brauna w wykonaniu Agaty Pilitowskiej i Marii Nowotarskiej, Teatr Odyssey w Los Angeles, we współpracy z Konsulatem RP w Los Angeles.
- **4 października 2014** – Spotkanie z Arturem Żmijewskim w rezydencji Państwa Kołodziey w Beverly Hills, rozmowę prowadzi Dorota Olszewska.
- **22 listopada 2014** – *Audiencja, czyli Raj Eskimosów*, sztuka Bogusława Schaeffera w reżyserii Bogusława Semotiuka w wykonaniu Katarzyny Michalskiej i Marcela Wiercichowskiego w teatrze Odyssey w Los Angeles.
- **14 grudnia 2014** – Świąteczne kolędowanie w McGroarty Arts Center, Tujunga.
- **24 stycznia 2015** – Spotkanie z artystą, wynalazcą i matematykiem Januszem Kapustą.
- **8 marca 2015** – Spotkanie z Anna Sochą VanMatre i muzykami jazzowymi.
- **25, 25, 27 marca 2015** – *Emigranci* Sławomira Mrożka w teatrze Odyssey, Los Angeles.
- **31 maja 2015** – Recital Artura Gotza w rezydencji Państwa Chmielewskich w Pasadenie.
- **19 września 2015** – Koncert wokalistki jazzowej Grażyny Auguścik i Paulinho Garcia w rezydencji Państwa Lehman w Pasadenie.
- **17 października 2015** – Spotkanie z Tomaszem Kotem, rozmowę w rezydencji Państwa Kołodziey w Beverly Hills prowadzi Elżbieta Kański.
- **27 lutego 2016** – Spotkanie z dr Bogusławem Kusztą w rezydencji Państwa Chmielewskich.
- **2 kwietnia 2016** – Spotkanie z dr Pawłem Goryńskim w Leisure World, Seal Beach.
- **16 kwietnia 2016** – Koncert Piotra Rubika w Grace Ford Salvatori Auditorium.
- **21 maja 2016** – Koncert grupy jazzowej Dixie Company w rezydencji Państwa Lehman, Pasadena.
- **5 czerwca 2016** – Spotkanie z Sybirakami: Elżbieta Nowicka, Zofia Cybulska-Adamowicz, Wiesław Adamowicz, Roma King, Andrzej Dąbrowa, Zofia Janczur i Bożena Gryglaszewska. Rozmowę prowadzi Dorota Czajka-Olszewska w rezydencji Państwa Piłatowicz w West Hills.

**6 września 2014 roku.** Recital **Bartosza Urbanowicza** w ogrodzie Państwa Moniki i Davida Lehman w Pasadenie przyciągnął tłumy gości. Bartosz Urbanowicz to bas-baryton, śpiewak operowy, który jeszcze jako student Akademii Muzycznej w Katowicach został zaproszony do współpracy z Teatrem Wielkim w Poznaniu oraz Operą Śląską. Debiutował w roli Varlaama w operze *Borys Godunow*. Przez wiele lat współpracował z Operą Krakowską, Operą Wrocławską oraz Operą Narodową w Warszawie. Brał udział w światowej prapremierze opery Rogera Watersa *Ça ira*. Jest laureatem wielu międzynarodowych konkursów wokalnych. Od września ubiegłego roku jest solistą Opery Narodowej w Mannheim w Niemczech. Recital Bartosza składał się z trzech części, obejmujących największe przeboje muzyki operowej, musicalowej i rozrywkowej. W pierwszej części usłyszeliśmy arie operowe: Arię Torreadora z opery *Carmen*, „La calunnia" z *Cyrulika Sewilskiego* i in. W drugiej części, Bartosz zaśpiewał arie musicalowe oraz pieśni neapolitańskie, wśród których usłyszeliśmy „Gwiazdy" z musicalu *Nędznicy* i „O sole mio". W trzeciej części Bartosz zaprezentował przeboje muzyki rozrywkowej z repertuaru m.in. Franka Sinatry i Elvisa Presleya.

*Krystyna Bartkowska prowadzi spotkanie. Bartosz Urbanowicz i Wanda Presburger, wrzesień 2014.*

**14 września 2014.** Członkowie Klubu mieli możliwość obejrzenia sztuki w języku angielskim, *Radiation. The Story of Maria Skłodowska-Curie*, napisanej przez Kazimierza Brauna. W sztuce wystąpiły znane i lubiane aktorki z Teatru Polskiego w Toronto (Polskiego Salonu Artystycznego) Agata Pilitowska i Maria Nowotarska. Spektakl w teatrze Odyssey w Los Angeles przygotowano we współpracy z Konsulatem RP w Los Angeles.

**4 października 2014 roku.** Spotkanie z **Arturem Żmijewskim** odbyło się w gościnnej rezydencji Państwa Heleny i Stanley'a Kołodziey w Beverly Hills a rozmowę z naszym gościem poprowadziła Dorota Olszewska.

**22 listopada 2014.** Kolejna wycieczka do teatru zawiodła klubowiczów na przedstawienie pt. *Audiencja, czyli Raj Eskimosów*. Sztukę Bogusława Schaeffera w reżyserii Bogusława Semotiuka obejrzeliśmy w wykonaniu Katarzyny Michalskiej i Marcela Wiercichowskiego w teatrze Odyssey w Los Angeles.

**14 grudnia 2014 roku.** Świąteczne kolędowanie dla członków Klubu odbyło się w McGroarty Art Center w Tujunga, w uroczym dworku poety John Steven McGroarty, ulokowanym w parku, wśród wielkich sosen i dębów, z widokiem na góry. Po świątecznym koncercie w wykonaniu Pani Ewy Angeli i Henryka Chrostka, członkowie zapewnili wszystkim obecnym uroczysty poczęstunek złożony z tradycyjnych polskich potraw.

**24 stycznia 2015 roku.** Spotkanie z **Januszem Kapustą**, prawdziwym człowiekiem Renesansu, odbyło się w gościnnej rezydencji Państwa Joanny i Andrzeja Maleskich w Studio City. Rozmowę z naszym szanownym gościem poprowadził Pan Leonard Konopelski. Janusz Kapusta, wynalazca i artysta, jest rysownikiem, malarzem i scenografem, który interesuje się matematyką i filozofią. Studiował sztuki piękne, architekturę i historię filozofii. Ukończył wydział architektury na Politechnice Warszawskiej. Jego prace obejmują grafikę, plakaty, ilustracje do magazynów literackich oraz książek, scenografię i malarstwo. Od 1981 roku mieszka w Nowym Jorku i publikuje w „New York Times", „Wall Street Journal", „Washington Post" oraz innych czasopismach. Zilustrował też książkę naszego noblisty Czesława Miłosza pod tytułem *Zniewolony umysł*. Jego prace znajdują się w wielu galeriach i muzeach światowych, takich jak Muzeum Sztuki Nowoczesnej w Nowym Jorku i w Łodzi oraz w kolekcji IBM. W 1985 roku Janusz Kapusta odkrył (lub wynalazł) jedenastościenną bryłę geometryczną, którą nazwał K-Dron i która znalazła już praktyczne zastosowanie, np., wykorzystując ten kształt zbudowano budynek w Hollywood. Janusz Kapusta jest autorem trzech książek: *Prawie każdy* (1985), *Janusz Kapusta w New York Times* (1995, książka uznana jako jeden z najpiękniejszych albumów sztuki opublikowanych w Polsce w danym roku), i *K-Dron. Opatentowana nieskończoność* (1995).

**8 marca 2015 roku.** W rezydencji Państwa Zofii i Witolda Czajkowskich gościliśmy malarkę i graficzkę **Annę Sochę VanMatre** oraz trzech mistrzów jazzu: **Darka Oleszkiewicza, Ricka VanMatre** oraz **Larry'ego Koonse.** Była to prawdziwa uczta – wieczór dla wielbicieli malarstwa i sztuki pięknej oraz dla koneserów muzyki jazzowej! Prezentacja trwała około pół godziny, a następnie odbył się godzinny koncert jazzowy. **Anna Socha VanMatre** ukończyła warszawską Akademię Sztuk Pięknych. Wystawiała swoje obrazy w wielu krajach, między innymi w Polsce, Stanach Zjednoczonych, w Izraelu, Niemczech, Szwecji, Maroku i w Danii. Tworzy dramatyczne i monumentalne struktury trójwymiarowe obrazujące skłębienie i zawirowania materii. **Rick VanMatre** przez wiele lat prowadził Wydział Jazzu na Uniwersytecie w Cincinnati, College-Conservatory of Music. Grał z orkiestrą Duke'a Ellingtona i Woody Hermana, współczesnymi latynoskimi grupami Rolanda Vazqueza oraz z wieloma indywidualnymi artystami. **Darek „Oles" Oleszkiewicz** jest kontrabasistą jazzowym. W 1983 roku na Jazz Juniors w Krakowie uzyskał pierwszą nagrodę za kompozycję jazzową i drugą w kategorii jazz combo. W 1988 roku przyjechał do Los Angeles, gdzie rozpoczął naukę pod kierunkiem legendarnego basisty Charlie Hadena. Nagrał sam oraz z innymi artystami ponad 100 płyt kompaktowych, występował na setkach koncertów w Ameryce, Europie i Azji. Liczne nagrania były nominowane do Grammy Awards. **Larry Koonse** jest gitarzystą jazzowym i gra na gitarze od siódmego roku życia. Tuż po ukończeniu studiów w USC, Larry koncertował przez sześć lat jako członek kwartetu Johna Dankwortha. Obecnie gra w sekstecie Billy Childs'a, który wydał płytę kompaktową pod tytułem *Lyric*, nominowaną do Grammy Awards w kategorii jazzu instrumentalnego. Na zaproszenie Nelsona Mandeli i UNICEF, Larry wraz z kwintetem Steva Houghtona pojechał do Południowej Afryki, aby wystąpić na pierwszym festiwalu SAMIX. Występował również w Carnegie Hall, Disney Hall i w operze w Sydney.

**27, 28, 28 marca 2015 roku.** *Emigranci* Sławomira Mrożka. W The Odyssey Theater w Los Angeles Piotr Cyrwus i Szymon Kuśmider, znani aktorzy z Teatru Polskiego w Warszawie, wystąpili w mrocznej komedii Mrożka i jednej z najważniejszych sztuk polskiego i europejskiego dramatu drugiej połowy XX wieku. Dwóch emigrantów z nienazwanego kraju, intelektualista i robotnik, mieszka razem w piwnicy domu gdzieś w Europie Zachodniej. Intelektualista wyemigrował z powodów politycznych, robotnik aby znaleźć pracę. Mocny głos polskiego dramaturga o problemach emigracji, alienacji, domu i wielu innych. Występ w języku polskim z angielskimi napisami.

**31 maja 2015 roku.** Recital **Artura Gotza.** Państwo Kasia i Artur Chmielewscy użyczyli swojej rezydencji na spotkanie z **Arturem Gotzem,** aktorem oraz wokalistą młodszego pokolenia rodem z Krakowa. Występuje na scenie od jedenastego roku życia, a obecnie jest aktorem scen Warszawy (Teatr „Piętro" Michała Żebrowskiego) i Łodzi (Teatr Nowy im. K. Dejmka). Jako wokalista debiutował w krakowskiej Piwnicy pod

Baranami, gdzie współpracował z kompozytorem Zygmuntem Koniecznym. W 2010 roku miała miejsce premiera jego debiutanckiej płyty *Obiekt seksualny* a w Walentynki 2015 wyszła jego druga płyta *Mężczyzna prawie idealny*. Wszystkie teksty i muzykę do tego albumu napisała Agnieszka Chrzanowska, która jest znakomitą aktorką, piosenkarką, autorką muzyki i tekstów. Każda piosenka z trzynastu utworów jest opowieścią o innym mężczyźnie. Bohaterami stali się: zakochani, naiwni, bogaci, nieśmiali, nawróceni, zdradzający, pewni siebie oraz idealni mężczyźni. Teksty piosenek są wzruszające, zastanawiające a zarazem pełne humoru oraz obnażają stereotypy, z jakimi zmaga się każdy mężczyzna na co dzień.

*Śpiewają Artur Gotz i Grażyna Auguścik z Paulinho Garcia w Pasadenie.*

**19 września 2015 roku**. Koncert wspaniałej wokalistki jazzowej **Grażyny Auguścik** z akompaniamentem **Paulinho Garcia**, światowej klasy gitarzysty jazzowego, odbył się w gościnnej rezydencji Państwa Davida i Moniki Lehman w Pasadenie. Rozmowę z naszymi gośćmi poprowadził Pan Mariusz Brymora, Konsul Generalny RP w Los Angeles. Grażyna Auguścik uczyła się gry na gitarze w szkole muzycznej w Słupsku, następnie szkoliła głos, a po przyjeździe do USA kontynuowała edukację muzyczną w Berklee College of Music w Bostonie, który ukończyła w 1992 roku. Debiutowała jako wokalistka na festiwalu piosenki w Toruniu w 1977 roku, a dwa lata później zdobyła główną nagrodę w konkursie debiutów w Opolu. W 1988 roku wyjechała do USA, gdzie występowała z parą wybitnych polskich jazzmanów Michałem Urbaniakiem i Urszulą Dudziak, a także z takimi sławami amerykańskiego jazzu jak: Jim Hall, Michael Brecker i Randy Brecker, John Medeski oraz Patricia Barber. Została uznana za najlepszą wokalistkę jazzową przez „Jazz Forum Magazine" w 2002, 2003, 2004 i 2006 roku. Nagrała 17 albumów, w tym dwa z Urszulą Dudziak. Koncertuje w wielu krajach świata, a jej albumy i płyty cieszą się olbrzymim uznaniem wśród miłośników jazzu i plasują się zawsze w pierwszej dziesiątce na listach przebojów. **Paulinho Garcia** urodził się w Belo Horizonte w Brazylii. Swoją karierę muzyczną rozpoczął w wieku dziewięciu lat. W 1979 roku przyjechał do Stanów i osiedlił się w Chicago. Dołączył do grupy Made in Brazil, a w 1991 roku założył własny zespół Jazzmineiro. Wydał 13 płyt, które cieszą się wielką popularnością na obu kontynentach amerykańskich.

*Krystyna Bartkowska i Tomasz Kot w Beverly Hills.*

**17 października 2015 roku.** Spotkanie z aktorem **Tomaszem Kotem** i przyjęcie dla VIP Polskiego Festiwalu Filmowego w Los Angeles, odbyło się w eleganckiej rezydencji Państwa Heleny i Stanley'a Kołodziey, w Beverly Hills. Rozmowę z naszym gościem poprowadziła Elżbieta Kański, Prezes Polsko-Amerykańskiego Towarzystwa Filmowego i zasłużona członkini naszego Klubu. Tomasz Kot jest znanym aktorem teatralnym i filmowym. Urodził w 1977 roku w Legnicy gdzie zadebiutował na scenie Teatru Dramatycznego w 1996 roku mając zaledwie 19 lat. W 2001 roku Kot ukończył Państwową Wyższą Szkołę Teatralną w Krakowie, od tego też roku jest aktorem Teatru Bagatela w Krakowie. Współpracuje z Teatrem Praga, Krakowskim Teatrem Scena STU oraz Teatrem im. Wojciecha Bogusławskiego w Kaliszu. Grał w Teatrze Telewizji oraz wielu serialach. Na dużym ekranie debiutował główną rolą w filmie *Skazany na bluesa* Jana Kidawy-Błońskiego w 2005 roku. Grał w wielu innych filmach: *Testosteron*, *Lejdis*, *Drzazgi*, *Operacja Dunaj*, *Lunatycy*, *Randka w ciemno*, oraz w filmie *Bogowie*, w którym wcielił się w postać Profesora Zbigniewa Religi – polskiego kardiochirurga i pioniera w dziedzinie przeszczepu serca. Za rolę w filmie *Bogowie* otrzymał na gali Orły 2015 nagrodę w kategorii Najlepsza Rola Męska. Jest to najcenniejsze trofeum filmowe w Polsce.

**27 lutego 2016 roku.** Spotkanie i rozmowa z wieloletnim członkiem Klubu – dr **Bogusławem Kusztą** odbyło się w gościnnej rezydencji Artura i Katarzyny Chmielewskich w Pasadenie. Dr. hab. inż. Bogusław Kuszta

wykładał elektronikę na Wydziale Elektrycznym Politechniki Warszawskiej w latach 1969-1979. Od roku 1979 związany był z California Institute of Technology (Caltech). Po przejściu na emeryturę w 2002 roku zmienił charakter pracy. W 2005 roku otrzymał nominację na Dyrektora Centrum Neuroinżynierii Klinicznej w Lublinie. Centrum specjalizuje się w konstrukcji przyrządów do wczesnego wykrywania choroby Alzheimera. Tematem rozmowy/pogadanki była choroba Alzheimera: czym ona jest a czym nie jest, jak ją zaobserwować i zdiagnozować, jakie można podjąć działania jeśli jest podejrzenie tej choroby i jakie są szanse jej wyleczenia.

**2 kwietnia 2016 roku.** Spotkanie z dr **Pawłem Goryńskim** pt, „Sytuacja zdrowotna ludności Polski na tle Unii Europejskiej i jej uwarunkowania" miało miejsce w Leisure World Seal Beach. Wykład obejmował natępujące tematy: Sytuacja przed transformacją ustrojową i po zmianach ustrojowych, czynniki ryzyka, polityka zdrowotna i ewolucja systemu opieki zdrowotnej, uwarunkowania demograficzne. Dr Paweł Goryński kieruje pracami Zakładu-Centrum Monitorowania i Analiz Stanu Zdrowia Ludności w Narodowym Instytucie Zdrowia Publicznego-PZH. Jest wybitnym ekspertem w dziedzinie zdrowia publicznego a w szczególności w zakresie zastosowań metod statystycznych w zdrowiu publicznym. Jest autorem ponad 250 prac z dziedziny antropologii, higieny i epidemiologii oraz biostatystyki. Dr Goryński prowadzi zajęcia dydaktyczne z zakresu statystyki, demografii i zdrowia publicznego w Warszawskim Uniwersytecie Medycznym, Centrum Medycznym Kształcenia Podyplomowego i Collegium Mazovia w Siedlcach.

**16 kwietnia 2016 roku.** Koncert **Piotra Rubika** i jego zespołu odbył się w Grace Ford Salvatori Auditorium, 637 Lucas Ave., Los Angeles, CA 90017. W programie, z którym wystąpił Piotr Rubik wraz z zespołem i solistami, zaprezentowane zostały wybrane, znane i lubiane utwory z ogromnego dorobku artystycznego kompozytora. Wspaniałe teksty, piękna muzyka, perfekcyjne wykonanie dostarczyły słuchaczom wiele niezapomnianych emocji. Piotr Rubik, pianista, wiolonczelista, kompozytor, aranżer, dyrygent, producent muzyczny, można powiedzieć śmiało – człowiek orkiestra. Talent odziedziczył po dziadku, a szlifował go podczas kilkunastoletniego procesu edukacji muzycznej na wszystkich jej poziomach, kończąc w Akademii Muzycznej im. Fryderyka Chopina w Warszawie. Komponował muzykę do wielu filmów, sztuk teatralnych i programów telewizyjnych. Jest laureatem licznych nagród, m.in. Wiktora 2006 w kategorii gwiazdy piosenki oraz zdobywcą laurów na Krajowym Festiwalu Polskiej Piosenki w Opolu: Superjedynki 2006 w kategorii płyta literacka i nagrody publiczności za oratorium *Tu Es Petrus*, Superjedynki 2007 w kategorii płyty pop oraz nagrody publiczności dla najpopularniejszego laureata Superjedynek za płytę *Psałterz wrześniowy*.

**21 maja 2016 roku** miał miejsce bezpłatny koncert poznańskiej grupy jazzu tradycyjnego **Dixie Company** i amerykańskiej solistki jazzowej **Diane Davidson** w Magicopolis Theater w Santa Monica. Dixie Company została założona przez puzonistę Krzysztofa Zarembę w 1993 roku. Od tego czasu zespół zagrał kilkaset koncertów w wielu prestiżowych miejscach w kraju i za granicą. Grupa współpracowała między innymi z takimi artystami jak Acker Bilk, Kenny Ball, Donna Brown oraz z zespołem Papa Bue's Viking Jazz Band, a ostatnio z Diane Davidson, z którą nagrała wspólną płytę i z którą koncertowała w Europie i Ameryce (festiwal w Sacramento). Od kilku lat zespół z dużym sukcesem organizuje w Poznaniu Festiwal Jazzu Tradycyjnego. Cechą charakterystyczną Dixie Company jest intensywność maksimum swingu oraz pełne ekspresji i żywiołowości improwizacje solistów. Duże wrażenie robią popisy sekcji instrumentów dętych podparte sekcją rytmiczną.

**5 czerwca 2016 roku. Spotkanie z Sybirakami.** Sybiracy to ostatni świadkowie dramatycznej historii deportacji Polaków na tereny Syberii i Kazachstanu w latach 1940-1941. Syberia to niezmierzone przestrzenie, bogactwa naturalne, a także miejsce zsyłki wrogów politycznych carskiej Rosji, a następnie Związku Radzieckiego. Po przyłączeniu ziem Zachodniej Białorusi i Zachodniej Ukrainy do ZSRR, władze radzieckie podjęły decyzję o przystąpieniu do usuwania „niepewnego politycznie elementu" z zajętych obszarów i przesiedlania tamtejszych osadników właśnie na tereny Syberii oraz Kazachstanu. W ciągu 15 miesięcy sowieckiej okupacji wywieziono około 700 tysięcy osób, a w czasie całej wojny szacuje się, że nawet do 1,5 miliona polskich obywateli. Do chwili podpisania umowy Sikorski-Majski i wydania przez władze radzieckie w sierpniu 1941 roku aktu amnestii, co najmniej 10 procent wszystkich deportowanych zmarło z głodu, zimna, nieludzkiego traktowania i wyczerpania spowodowanego morderczą pracą fizyczną. Rozmowę z gośćmi poprowadziła Dorota Olszewska, córka Sybiraczki, członek Związku Sybiraków, zaś materiał filmowy i muzyczny przygotował Sławek Brzeziński. Mała wystawa plansz z mapami i podstawowymi faktami o deportacjach przybliżyła obecnym tę tragedię. Gościny Klubowi udzielili Państwo Maria i Edward Piłatowicz, w West Hills.

*Zofia Janczur i Dorota Olszewska podczas spotkania z Sybirakami.*

**10 lipca 2016. Walne Zebranie Sprawozdawczo-Wyborcze** odbyło się w gościnnej rezydencji Danuty i Wiesława Żuchowskich, w Pasadenie; udział brać mogli jedynie członkowie Klubu z opłaconymi składkami. Program obejmował sprawozdanie Prezesa Andrew Dowena, wybory nowego Prezesa i Zarządu, oraz prezentacje i dyskusje planów na następny rok. Oprócz głosowania członkowie mieli okazję przedstawić swoje pomysły i sugestie dotyczące działalności Klubu, które były poddane dyskusji. Dokonano wyboru Prezesa Andrew Z. Dowena i Zarządu na następną kadencję, do czerwca 2018 roku.

# WSPOMNIENIA SYBIRACZKI
## Zofia Cybulska-Adamowicz[4]

## ŚLADAMI TRAGICZNEJ HISTORII

Historia Drugiej Wojny Światowej boleśnie doświadczyła Polaków z Kresów Wschodnich, zwłaszcza niewinne dzieci. Gehenna Golgoty Wschodu dała swój początek kiedy 17 września wojska sowieckie bez wypowiedzenia wojny wkroczyły na tereny Wschodniej Polski. Zaczęły się masowe aresztowania, bez wyroków wtrącano ludzi do więzienia, bito i torturowano bezlitośnie. Mój ojciec znalazł się wśród aresztowanych już w Dzień Zaduszny 2 listopada 1939 roku. Był wtedy organistą w Parafialnym Kościele w Medyce. Podczas Mszy Świętej NKWD wkroczyło do kościoła, a kiedy skończył grać usłyszał „pajdziosz z nami". Księdza proboszcza tejże parafii, Szymona Korpaka, aresztowano w zakrystii, gdy odszedł od ołtarza. Powiew strachu i niepewności jutra ogarnął całe Kresy.

Niebawem nadszedł 10 luty 1940 roku – zapowiadano bardzo ostrą zimę. Z 9-tego na 10-tego lutego, wczesnym świtem, w tysiącach domów NKWD waliło do drzwi kolbami, groźnie wołając „Otwieraj!" Zrywano ze snu wystraszone dzieci, starców, ciężarne kobiety – popychając ich kolbami „sobieraj sia", dawano 20 minut na spakowanie najbardziej potrzebnych rzeczy. Dorobek całego życia, ukochany dom, pokoleniowe pamiątki – trzeba było to wszystko zostawić. Ładowano wszystkich na sanie – a na stacjach czekały już bydlęce wagony na swoich skazańców – wpychano po 50-60 osób do jednego wagonu z wyciętą dziurą na środku, która miała służyć do celów oczywistych.

Tak w nieludzkich warunkach z 80 stacji kolejowych z Kresów Wschodnich ruszyły pociągi w nieznane – Gdzie? I dlaczego? Nikt nie mógł na to odpowiedzieć... Na dalekiej Syberii i stepach Kazachstanu czekały na zesłańców stare, chylące się baraki i ciężka praca w lasach za kawałek chleba, dlatego tylko że byli POLAKAMI.

Według IPN (Instytut Pamięci Narodowej) pierwsza wywózka liczyła około 140-150 tysięcy ludności, w następnej deportacji 13 kwietnia 1940 roku było około 330 tysięcy, dwa miesiące później, 20 czerwca – 300 tysięcy, i ostatnia, w czerwcu 1941 roku, w przeddzień wojny sowiecko-niemieckiej – 300 tysięcy. Dokładna liczba zesłańców nie jest znana.

---

[4] Maszynopis rozdawany podczas spotkania Klubu z Sybirakami w czerwcu 2016.

W czasie transportu, który trwał 5-6 tygodni ludzie umierali w wagonach w nieludzkich warunkach. Ciała wyrzucano przy torach, na oczach dzieci wyrzucano matki – na oczach matek wyrzucano dzieci. Nie sposób to sobie wyobrazić, lecz trudniej jeszcze było to przeżyć. Najbardziej pokrzywdzone były dzieci – nie mogły zrozumieć, za co i dlaczego pozbawiono ich domu, dzieciństwa, rodziców. Dowodem tego były setki sierot później tułających się po obozach w afrykańskim buszu, Indiach, Meksyku, w obcych krajach, bez matek. Powyższe fakty tragicznych cierpień naszego Narodu do dziś są mało znane na świecie, a nawet w Polsce brakuje całkowitej świadomości o dokonanych zbrodniach, do czego przyczyniła się propaganda komunistyczna, która nie dopuszczała do mówienia prawdy o tej tragedii.

My, których Opatrzność ochroniła od śmierci, mówmy światu i nowym pokoleniom o Golgocie Wschodu, jest to naszym obowiązkiem wobec tych, którzy tam zostali. Zapalmy świeczki w naszych domach 10 lutego i złączmy się duchowo w modlitwie... „Wieczne odpoczywanie racz im dać Panie a światłość wiekuista niechaj im świeci na wieki wieków, Amen." … „Jeśli zapomnę o nich – ty Boże zapomnij o mnie"…

*Zofia Cybulska-Adamowicz*

## WIGILIA W BUSZU

Wiosna, rok 1942, rok w którym odetchnęliśmy wolnością opuszczając tajgi syberyjskie i tę „nieludzką ziemię" na zawsze. Pierwszy, przejściowy postój to Teheran. Skromne, prymitywne warunki, po kilkadziesiąt osób w jednej dużej hali. Ale wolni – niegłodni i bezpieczni. Jest nam dobrze.

Wielkanocne „otrzyjcie już łzy płaczący, żale z serca wyzujcie, wszyscy w Chrystusa wierzący weselcie się, radujcie", zaintonowane przez biskupa Józefa Gawlinę, który był ordynariuszem wszystkich Polaków na uchodźstwie, rozbrzmiało radośnie wyciskając łzy szczęścia u młodych, starców i dzieci. Miałam wtedy 11 lat, do dziś pamiętam ten dzień i pozostanie on w mojej pamięci do końca życia.

Sześć miesięcy czekamy w Teheranie na decyzję, jakie będą nasze dalsze losy. W obozach są przeważnie matki i dzieci plus kilku starców. Wszyscy mężczyźni wyjeżdżają z II-gim Korpusem generała Władysława Andersa na środkowy Wschód, a młodzi chłopcy do szkół junackich do Palestyny. Pod koniec lata zapada decyzja – wyjazd przez Zatokę Perską, Ocean Indyjski do Karachi, tam krótki postój i dalsza droga do Mombasy, Ugandy i obozu Masindi.

Groźna wojna trwa, niebezpieczeństwo na morzu i w prawie każdym zakątku ziemi. Jest już wrzesień 1942 roku, z Mombasy ruszamy pociągiem do Nairobii, a potem podróżujemy otwartymi ciężarówkami przez afrykański busz, ciekawy, bardzo bogaty ale tajemniczy i wydaje się nam niepokojący. Jedziemy przez prawdziwą, afrykańską dżunglę. Mijamy lokalne wioski, a z okrągłych, małych chatek wybiegają rozkrzyczani tubylcy, nie wiemy, czy to okrzyki powitania, czy też protestują na widok „inwazji" obcych.

Gęsty, lianami splątany tropikalny las jest inny, a przy tym zadziwiająco spokojny. Oczarowani tym niezwykłym widokiem, trochę przerażeni, gdzie też nas zawiózł, oczekujemy końca podróży.

Zakurzeni, brudni, rozgrzani równikowym słońcem wysiadamy z ciężarówek. Na środku obozu jest pompa na wodę, małe, słomiane chatki rozchodzą się na cztery uliczki. Wokół bujna, wysoka na metry, trawa słoniowa.

Rozpacz i przerażenie na twarzach naszych matek dodaje nam, dzieciom strachu, co będzie dalej. Rozmieszczamy się po 10 osób do nieprzytulnych, prymitywnych chatek, naokoło zarośniętych zachłanną, dziką roślinnością. W nocy słuchamy odgłosów małp, hien i innej dzikiej zwierzyny. Świat deskami zabity.

Kierownikiem naszego transportu był Jerzy Skolimowski, architekt, który przed wojną budował Polski Pawilon w Nowym Jorku na międzynarodową wystawę. Myślę, że trudniejszym zadaniem było prowadzenie transportu około 440 kobiet i dzieci do dziewiczej dżungli afrykańskiej. I to właśnie pan Jerzy Skolimowski musiał przestraszone nasze mamy pocieszać, że będzie dobrze.

Wrzesień w Ugandzie to okres tropikalnych burz z piorunami, były nawet wypadki, gdzie trzy osoby zginęły rażone piorunem. Po takiej ulewie czarno-brunatna maź spływała do naszych chatek. Jesteśmy narodem twardym i żywotnym, potrafimy sobie radzić w ciężkich sytuacjach, więc i wtedy trzeba było zacząć budować nowe życie.

Dużymi krokami zbliżały się Święta Bożego Narodzenia. Przed chatkami wyrosły zadbane, małe ogródki, kwiaty i klomby wyłożone kamykami. Stworzyło to atmosferę zagospodarowania i tymczasowej stabilizacji. Wierzyliśmy święcie, że to tylko krótki postój na okres wojny w drodze do wolnej ojczyzny, o którą nasi ojcowie i bracia walczyli. Pod żarem równikowego, afrykańskiego słońca nadeszła Wigilia, z daleka od polskich wiosek i miast, rodziny, ojców, braci. W wigilijny wieczór w naszym domku B6 nad małym stołem zrobionym prowizorycznie z okiennicy, zawisła gałąź z dżungli ubrana łańcuszkami z kolorowych papierków – to był symbol naszej polskiej, pachnącej choinki. Z pierwszą gwiazdką na niebie otoczyliśmy stół dzieląc się białym opłatkiem, radośni – bo na wolności, ze łzą w oku – bo bez ojca i bez tych, którzy pozostali w syberyjskich tajgach, jak mój dziadek, moja siostra i tysiące niewinnych, zamęczonych Polaków. *Wśród nocnej ciszy...* zabrzmiało radośnie. Z każdego domku dolatywały inne kolędy, *Bóg się rodzi, Lulajże Jezuniu* – wszystko to zlało się w jedną, piękną harmonię naszych kolęd. Cała dżungla zamilkła w ten święty, wigilijny wieczór. Zdawało się, że nawet krzyczące małpy zamilkły. Otaczająca nas słoniowa trawa w naszej wyobraźni zamieniła się w polskie sosny i świerki. Myślami i sercem każdy był przy swoich bliskich, w rodzinnym domu.

*Dorota Olszewska przedstawia grupę Subiraków, czerwiec 2016 r. Fot. Maja Trochimczyk.*

Po skończonej skromnej wieczerzy wigilijnej, aby tradycji stało się zadość, mieszkająca w naszym domku pani Kristman poprzebierała nas, dzieci, w co mogła i poszliśmy do sąsiednich domków kolędować. I tak z domku do domku zebrała się grupa kolędników, a echo niosło polskie kolędy po całym obozie. O godzinie dwunastej w nocy wszyscy wylegli na polową Pasterkę, którą uroczyście odprawiał ks. Franciszek Winczowski. Wśród modlących słychać było ciche łkania, czy też można było zauważyć łzy na twarzach matek. Była to pierwsza

Pasterka na wolności. W głąb dzikiego buszu echo niosło nasze kolędy: „Cicha noc, święta noc, pokój niesie ludziom swym". Gorąco modliliśmy się o szybki pokój i powrót do wolnej Ojczyzny. Lecz los nie pozwolił nam wrócić.

Obozy afrykańskie trwały do lat 1950-tych, obóz Masindi do 1949 roku. W latach 1943-45 wybudowaliśmy tam duży, murowany kościół z napisem *Polonia Semper Fidelis*, z umieszczoną tablicą z napisem po polsku i w języku swahili „Ten kościół ku czci Najświętszej Marii Panny, Królowej Korony Polskiej wybudowali wygnańcy polscy podczas tułaczki do wolnej ojczyzny". Kościół nasz stoi tam do dziś i jest jednym z większych kościołów w Ugandzie. Co roku, 15-tego sierpnia odbywają się tam pielgrzymki z biskupem na czele. Nas już tam nie ma od dawna, ale świątynia wybudowana przez polskich uchodźców pozostanie w afrykańskim buszu jeszcze przez długie lata. My, rozrzuceni dziś po wszystkich kontynentach, tak zwani „afrykańczycy" dbamy o ten kościół po dzień dzisiejszy, mamy kontakt z obecnym tam proboszczem i w ostatnich dziesięciu latach przesłaliśmy już ponad $50.000 na remont i reperacje.

Za tę pierwszą polską wigilię na wolności w afrykańskim buszu naszym matkom i naszym wychowawcom należy się hołd i uznanie, za to, że tyle mil od Polski, w prymitywnych warunkach przekazały nam naszą piękną, polską, wigilijną tradycję, którą my przekazujemy nowemu pokoleniu. Należę do pokolenia, które już odchodzi, a przed oczami mam do dziś tę wigilię w afrykańskim buszu, przebrana za aniołka, w białym prześcieradle, z grupą kolędników śpiewających pod strzechą afrykańskich chatek *Bóg się rodzi*, a echo poniosło nasze polskie kolędy w dal dżungli i zawisło w buszu.

*Zofia Cybulska-Adamowicz*

*Od lewej stoją: Dorota Czajka-Olszewska, Elżbieta Nowicka, Zofia Cybulska-Adamowicz, Wiesław Adamowicz, Roma King. W pierwszym rzędzie: Andrzej Dąbrowa, Zofia Janczur oraz Bożena Gryglaszewska.*

## SPOTKANIA PODCZAS KADENCJI PREZESA
## ANDREW Z. DOWENA, 2016-2018

- **24 września 2016** – *Damy i huzary* Aleksandra Fredry, Teatr Fantazja z Sydney, Australia, w teatrze Odyssey, Los Angeles.
- **1 października 2016** – *Klub Kobiet Porzuconych* Magdaleny Wołłejko, Teatr Fantazja z Sydney, Australia w teatrze Magicopolis, Santa Monica.
- **9 października 2016** – Spotkanie z poetą Johnem Z. Guzlowskim w bibliotece Południowej Pasadeny, zorganizowane we współpracy z wydawnictwem Aquila Polonica w ramach promocji książki *Echoes of Tattered Tongues: Memory Unfolded.*
- **15 października 2016** – Spotkanie z VIP gośćmi Festiwalu Filmów Polskich zorganizowane we współpracy z Festiwalem – aktorką Lorettą Swit oraz reżyserami Janem Jakubem Kolskim i Januszem Zaorskim w rezydencji Państwa Kołodziey w Beverly Hills. Spotkanie prowadzą aktorka Katarzyna Śmiechowicz i Elżbieta Kański.
- **10 grudnia 2016** – Kolędowanie w gościnnej rezydencji Państwa Maleskich w Studio City.
- **29 kwietnia 2017** – Spotkanie z prof. dr hab. Janem Wiktorem Sienkiewiczem i promocja książki *Artyści Andersa* w bibliotece Beverly Hills.
- **27 maja 2017** – Koncert pianistki Joanny Różewskiej-Kulasińskiej w rezydencji Konsula Generalnego RP Mariusza Brymory.
- **18 czerwca 2017** – Spotkanie z Kwartetem Gitarowym Erlendis Quartet w prywatnym Klubie Flintridge w Ladera Ranch.
- **30 września 2017** – Spotkanie z kompozytorką Hanną Kulenty w bibliotece Południowej Pasadeny, rozmowę prowadzi dr Maja Trochimczyk. Prezentacja we współpracy z Moonrise Press, wydawcą surrealistycznej książki Kulenty.
- **21 października 2017** – Spotkanie z Andrzejem Sewerynem, w rezydencji Ewy i Ephraima Barsam w Woodland Hills. Wydarzenie zorganizowane we współpracy z Festiwalem Filmów Polskich.
- **9 grudnia 2017** – Występ Stanisława Górki oraz kolędowanie w McGroarty Arts Center, Tujunga.
- **27 stycznia 2018** – W sztuce *Kredyt* występują aktorzy Przemysław Sadowski i Marcel Wiercichowski, w Teatrze West w Los Angeles.
- **3 marca 2018** – Spotkanie z reżyserem Lechem Majewskim w rezydencji Państwa Chmielewskich w Pasadenie. Rozmowę prowadzi Elżbieta Kański.
- **10 marca 2018** – Spotkanie z dyrektorem teatru lalek Markiem Chodaczyńskim w bibliotece Bevery Hills.

- **17 marca 2018** – Spotkanie z piosenkarzem Stanem Borysem w rezydencji Państwa Czajkowskich w Huntington Beach.
- **24 czerwca 2018** – Walne Zebranie Sprawozdawczo-Wyborcze w Pasadenie.

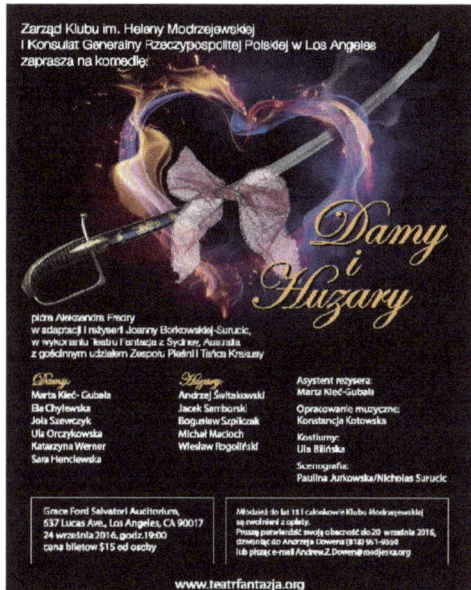

**24 września 2016 roku** – **Teatr Fantazja** z Sydney, Australia, przedstawił sztukę *Damy i huzary* Aleksandra Fredry w Grace Ford Salvatori Auditorium w Los Angeles. Członkowie Klubu oraz goście mieli okazję obejrzeć komedię pióra Aleksandra Fredry w adaptacji i reżyserii Joanny Borkowskiej-Surucic. W spektaklu gościnnie brał udział Zespół Pieśni i Tańca Krakusy. W zorganizowaniu wydarzenia współuczestniczył Konsulat Generalny Rzeczpospolitej Polskiej w Los Angeles. Przyjazd Teatru finansowany był przez grant z Konsulatu.

**1 października 2016 roku** – *Klub Kobiet Porzuconych* **Magdaleny Wołłejko** w wykonaniu **Teatru Fantazja** z Sydney, Australia. W Teatrze Magicopolis w Santa Monica odbyło się wyjątkowe spotkanie z *Klubem Kobiet Porzuconych*. Spektakl w wykonaniu zespołu Teatru Fantazja z Australii wyreżyserowała Joanna Borkowska-Surucic, zaś jego autorką jest Magdalena Wołłejko. *Klub Kobiet Porzuconych* to farsa o kobietach-przyjaciółkach, które wzajemnie wspierają się w sytuacjach kryzysowych. Popijając dobre wino i rozkoszując się specjałami włoskiej kuchni, narzekają na niewłaściwe życiowe wybory. Ale czy można żyć bez miłości? *Klub Kobiet Porzuconych* to sztuka pikantna w swej formie, skierowana do widza w pełni dojrzałego. W sztuce wykorzystano piosenki „Upić się warto" do słów Mariana Hemara, „Jaka jesteś Mario" z repertuaru Urszuli Sipińskiej, „Gdzie ci mężczyźni" z repertuaru Danuty Rin, „Brunetki, blondynki ..." z repertuaru Jana Kiepury oraz „Baby, ach te baby" z repertuaru Ryszarda Rynkowskiego.

**Magdalena Wołłejko** to aktorka teatralna i filmowa związana przez wiele lat z warszawskim Teatrem Kwadrat. Teatralne i komediowe doświadczenie wykorzystuje od ponad 10 lat, pisząc scenariusze telewizyjne i filmowe, monologi, teksty piosenek i sztuki teatralne. Jej *Klub Hipochondryków* ze Zbigniewem Zamachowskim, Wojciechem Malajkatem i Piotrem Polkiem, grany jest od 2003 roku przy pełnej widowni i doczekał się już blisko 300 spektakli. Premiera drugiej części sztuki pt. *Coś dla ducha, czyli Klub Hipochondryków 2* odbyła się w roku 2006. Pisząc dla telewizji, używała męskiego pseudonimu (Maciej Pisz), zaś na afiszach teatralnych figuruje jako tajemnicza Angielka, Meggie W. Wrightt. *Klub Kobiet Porzuconych* to pierwsza sztuka podpisana własnym imieniem i nazwiskiem.

**9 października 2016** – Spotkanie z poetą **Johnem Z. Guzlowskim** w bibliotece Południowej Pasadeny, zorganizowane we współpracy z wydawnictwem Aquila Polonica w ramach promocji książki *Echoes of Tattered Tongues: Memory Unfolded*. Rozmowę prowadziła dr Maja Trochimczyk wraz z wydawcą Aquila Polonica, Terry Tegnazian. Podczas spotkania poeta czytał wiersze z książki, nagrodzonej w wielu konkursach, a poświęconej pamięci rodziców autora, którzy poznali się w obozie dla przesiedleńców w Buchenwaldzie po gehennie uwięzienia w obozach koncentracyjnych (ojciec) i obozach pracy (matka). Tragiczne losy rodziny zainspirowały ostrą, dramatyczną poezję pełną drastycznych opisów cierpienia i ukazującą bestialstwo żołnierzy i cywilów niemieckich wobec zniewolonych Polaków. Publiczność zadała autorowi wiele pytań.

**15 października 2016** – Spotkanie z **VIP gośćmi Festiwalu Filmów Polskich** – aktorką **Lorettą Swit** oraz reżyserami **Janem Jakubem Kolskim** i **Januszem Zaorskim** w rezydencji Państwa Kołodziej w Beverly Hills. Zorganizowane we współpracy z Festiwalem, i prowadzone przez znakomitą aktorkę **Katarzynę Śmiechowicz** oraz **Elżbietę Kański,** spotkanie wprowadziło obecnych w tajniki warsztatu twórczego wybitnych filmowców.

*Maria Kubal, Krystyna Bartkowska, Lila Dowen, Agata Kowalska, Joanna Maleska, Małgorzata Brzezińska, Krystyna Kuszta, Danuta Żuchowska u Państwa Joanny i Andrzeja Maleskich.*

**10 grudnia 2016 roku** – **Kolędowanie** w rezydencji Państwa Maleskich w Studio City. W magicznym okresie świątecznym czas przyspieszył, bowiem – jak co roku – wszyscy próbowaliśmy przed jego końcem pozałatwiać sprawy, które dotąd bezskutecznie oczekiwały na swoją kolej. W tym okresie zaczynamy poważnie myśleć o prezentach dla bliskich, o spotkaniach z nimi, o pięknych chwilach przed nami. W tej przedświątecznej atmosferze spotkaliśmy się przy przedwigilijnym stole, podzieliliśmy się opłatkiem i wspólnie śpiewaliśmy kolędy. Gościny z tej okazji udzielili członkom Klubu Państwo Joanna i Andrzej Malescy, zapewniając wielki wybór świątecznych potraw, wzbogacony deserami od członków Klubu. Kolędowanie prowadzili nasza ulubiona Jolanta Tensor, sopran i gitarzysta Tomasz Fechner.

*Dr Maja Trochimczyk, Krystyna Bartkowska, prof. dr hab. Jan Wiktor Sienkiewicz, Lila Dowen, Jadwiga Inglis, Alicja Bobrowska. Po prawej: prof. Sienkiewicz, Lila Dowen i Prezes Andrew Z. Dowen.*

**29 kwietnia 2017 roku** – Spotkanie z prof. dr hab. **Janem Wiktorem Sienkiewiczem**, historykiem i krytykiem sztuki, który swoje wieloletnie badania poświęcił tematyce sztuki emigracyjnej, odbyło się w Beverly Hills

Library. Wynikiem badań jest książka zatytułowana *Artyści Andersa*. Podczas wykładu Prof. Sienkiewicz powiedział: „Przeszedłem praktycznie szlak Andersa w przeciwną stronę – od Anglii poprzez Włochy na Bliski Wschód. To tysiące źródeł, niezwykła ikonografia. Przede wszystkim moje opracowanie przynosi zmianę optyki na polską kulturę artystyczną po 1939 roku – którą w dużej mierze uratował, a później promował Generał Władysław Anders". Spotkanie poświęcone było sztuce w okresie niewoli sowieckiej, artystycznej twórczości na Bliskim i Środkowym Wschodzie, w Afryce, na Półwyspie Apenińskim – po Monte Cassino – szczególnie w Rzymie, a od 1946 roku na Wyspach Brytyjskich. Wykładowi towarzyszyła bogata ikonografia zebrana przez prelegenta. Prof. Sienkiewicz prowadzi na Uniwersytecie Mikołaja Kopernika w Toruniu Katedrę Historii Sztuki i Kultury Polskiej na Emigracji.

*Jacek Roszkowski, Andrew Z. Dowen, Janna Różewska-Kulasińska, Danuta Żuchowska, Krystyna Okuniewska i Krystyna Bartkowska.*

**27 maja 2017 roku** – Koncert **Joanny Różewskiej-Kulasińskiej.** W rezydencji Pana Konsula Generalnego RP Mariusza Brymory mieliśmy przyjemność wysłuchać koncertu **Joanny Różewskiej-Kulasińskiej**, znakomitej polskiej pianistki młodego pokolenia. Był to wspaniały wieczór poświęcony wybitnym polskim kompozytorom. W repertuarze znalazły się utwory Chopina, Malawskiego, Szymanowskiego i Paderewskiego. Joanna Różewska-Kulasińska jest absolwentką Uniwersytetu Muzycznego w Warszawie i laureatką wielu międzynarodowych konkursów pianistycznych. Światowe uznanie zyskała po bardzo udanym występie podczas ostatniego XVI Międzynarodowego Konkursu Chopinowskiego, do którego została zakwalifikowana jako jedyna kobieta wśród siedmiu Polaków reprezentujących nasz kraj między 400 pianistami startującymi w eliminacjach. Obecnie na stałe mieszka w San Francisco i ostatnio koncertuje głównie poza granicami Polski.

**18 czerwca 2017 roku** – Spotkanie z **Kwartetem Gitarowym Erlendis Quartet** w pięknym, prywatnym Klubie Flintridge w Ladera Ranch. Mieliśmy przyjemność spędzić popołudnie słuchając występu cenionego Kwartetu Gitarowego z Poznania. Repertuar składał się z gitarowych utworów klasycznych, nowoczesnych i flamenco. W skład zespołu wchodzą Anna Chorążyczewska, Adrian Furmankiewicz, Wojciech Jurkiewicz i Karol Mruk. Wszyscy artyści zostali nagrodzeni w wielu konkursach gitarowych w Europie. Gospodynią spotkania była Kinga Rymsza Sarabia, córka członkini Klubu, Wandy Presburger. Po występie, podczas oglądania zachodu słońca, cieszyliśmy się swoim towarzystwem przy kulinarnych pysznościach.

**30 września 2017 roku** – Spotkanie z kompozytorką **Hanną Kulenty** w bibliotece Południowej Pasadeny prowadziła dr Maja Trochimczyk. Polsko-holenderska pani kompozytor opowiadała o swojej filozofii muzyki surrealistycznej, ewolucji muzycznego stylu, technik, i poglądów. Kulenty ilustrowała swój wykład przykładami nagrań oraz wykonała utwór na fortepian. Spotkanie odbyło się w pięknej sali biblioteki Południowej Pasadeny a słuchacze mogli obejrzeć partytury utworów Kulenty oraz nabyć książkę jej wspomnień i impresji, *Odwrócony dom*. Kulenty realizuje liczne zamówienia na utwory wykonywane w wielu krajach świata; studiowała w Polsce i Holandii a obecnie jest pracownikiem naukowym Akademii Muzycznej w Bydgoszczy. Jest autorką ponad stu kompozycji – od utworów solowych, poprzez kameralistykę, symfonikę, opery, a kończąc na muzyce teatralnej i filmowej. Charakterystyczny styl muzyczny z techniką „polifonii łuków" (opracowaną w pracy magisterskiej), następnie techniką „transu muzyki europejskiej" i w końcu techniką „polifonii czasoprzestrzeni" (opracowaną w pracy doktorskiej), jest rozpoznawalny niemalże od pierwszej nuty, a trzymający w napięciu do ostatniej. Jej utwory są wykonywane na wszystkich kontynentach.

*Hanna Kulenty rozmawia z dr Mają Trochimczyk, sala koncertowa biblioteki Południowej Pasadeny.*

**21 października 2017 roku** – Spotkanie z aktorem **Andrzejem Sewerynem** odbyło się z okazji Festiwalu Filmów Polskich, z udziałem VIP gości Festiwalu. Andrzej Teodor Seweryn, wybitny polski aktor teatralny i filmowy, reżyser, dyrektor Teatru Polskiego im. Arnolda Szyfmana w Warszawie odwiedził gościnny dom Państwa Ewy i Ephraima Barsam w Woodland Hills, aby opowiadać o swej karierze i pasjach twórczych. Andrzej Seweryn należy do grona najwybitniejszych polskich aktorów. Dla wielu niedościgniony wzór aktorskiego kunsztu i niebywałego smaku. Jego dorobek artystyczny to ponad 40 ról filmowych i 30 teatralnych. Grał zarówno w Polsce, jak i we Francji.

Jest drugim aktorem obcego pochodzenia, któremu zaproponowano pracę w słynnym teatrze Comédie Française, którego nadal jest aktorem i członkiem Zarządu. Pracował między innymi z Andrzejem Wajdą, Andrzejem Żuławskim, Giorgio Trevesem, Stevenem Spielbergiem i Agnieszką Holland. Przez 40 lat, od lat siedemdziesiątych, Seweryn mieszkał we Francji, wykładając w Państwowej Wyższej Szkole Sztuki i Technik Teatralnych (Ecole Nationale Superieure des Arts et Techniques du Theatre) w Lyonie. Spotkanie poprowadził Leonard Konopelski a głównym tematem był najnowszy film w reżyserii Jana P. Matuszyńskiego, *Ostatnia rodzina*, w którym główną rolę grał Andrzej Seweryn. Film opowiada o losach słynnego polskiego malarza Zdzisława Beksińskiego, jego żony Zofii oraz ich syna, Tomasza – kultowego dziennikarza muzycznego oraz tłumacza filmowego.

*Andrzej Seweryn i Andrew Z. Dowen. Publiczność na spotkaniu z Sewerynem w październiku 2017 roku.*

**9 grudnia 2017 roku** – Klub powrócił do uroczego dworku w górach, McGroarty Arts Center w Tujunga, na spotkanie świąteczne, przygotowane we współpracy z Towarzystwem Teatralnym Pod Górkę. Występ **Stanisława Górki** w programie pt. *Płoną izby drzewka blaskiem* oraz wspólne kolędowanie były atrakcją wieczoru. Znany dobrze wszystkim klubowiczom, **Stanisław Górka** odwiedził Los Angeles z programem świątecznym, składającym się z kolęd i piosenek Młynarskiego. Przywiózł w walizce mini-dekoracje i kostiumy. Z tak małą ilością rekwizytów był w stanie wykreować unikalny nastrój świąteczny. Muzykę nagraną na laptopie prezentował Jacek Roszkowski. Po części „profesjonalnej" członkowie Klubu mogli razem z gościem zaśpiewać wspólnie polskie kolędy. Przyjęcie – to pokaz talentów kulinarnych i tradycyjnych polskich przysmaków na święta, jak bigos, pierogi, lukrowane pierniczki, pączki i keksy. Czego tam nie było! Kolędowanie tylko dla członków Klubu odbyło się w uroczym McGroarty Arts Center w Tujunga. Odwiedzamy to miejsce, gdy tęsknimy za Beskidami czy Zakopanem. Na kamiennym fundamencie, drewniany dom z rzeźbionymi belkami w suficie i ogromnym kominkiem przypomina zakopiańską willę.

| *Lukrowane pierniczki Marysi Kubal.*

**27 stycznia 2018 roku** – W sztuce *Kredyt* występują aktorzy Przemysław Sadowski i Marcel Wiercichowski, w Teatrze West w Los Angeles. Klub z przyjemnością powitał polskich aktorów w komedii Jordi Galceran o nietypowym spotkaniu klienta z bankierem, pełnym błyskotliwych dialogów, żywej akcji i zaskakujących ripost. Sztukę wyreżyserował Marcel Wiercichowski, który zapewnił też spektaklowi oprawę muzyczną.

**3 marca 2018 roku** – Spotkanie z reżyserem **Lechem Majewskim**, reżyserem filmowym i teatralnym, pisarzem, poetą i malarzem, członkiem Gildii Reżyserów Amerykańskich i Europejskiej Akademii Filmowej, odbyło się w domu Państwa Artura (Bartka) i Katarzyny Chmielewskich w Pasadenie. Rozmowę prowadziła Elżbieta Kański, Prezes Polsko-Amerykańskiego Towarzystwa Filmowego. W zaproszeniu, Prezes Andrew Dowen napisał: "W naszych zainfekowanych duchem ścisłej specjalizacji czasach, osoby, które zajmują się więcej niż jedną wąsko określoną dziedziną zwykło się określać zbanalizowanym terminem 'ludzi Renesansu'. Lech Majewski jest człowiekiem, w wypadku którego termin ten banalny być przestaje. Majewski jest w jednej osobie Ślązakiem i Wenecjaninem, Polakiem i obywatelem świata, filmowcem, pisarzem, poetą, producentem, kompozytorem, artystą wizualnym, człowiekiem teatru, amatorem nauk hermetycznych i reżyserem oper. Wyliczać dalej? Majewski to człowiek, który jednego dnia realizuje w Stanach film z hollywoodzkimi gwiazdami i gawędzi ze Stanleyem Kubrickiem, by nazajutrz otworzyć wystawę swoich instalacji w katowickiej galerii, dwa dni później wydać tomik poezji w prestiżowym krakowskim wydawnictwie, a po tygodniu inscenizować operę w litewskim teatrze".

**10 marca 2018 roku.** *Lalka też człowiek*, spotkanie z dyrektorem teatru lalek, **Markiem Chodaczyńskim**, jednym z najbardziej aktywnych i najlepiej znanych lalkarzy polskich, odbyło się w Beverly Hills Library. Pan Chodaczyński mówił o historii teatru lalkowego w Polsce, w tym teatru lalek dla dorosłych, tajemnicach form animowanych, własnej karierze oraz swych osiągnięciach. Przywiózł ze sobą też trochę lalek i pokazał krótką formę teatralną zatytułowaną *Balaam, czyli problem winy obiektywnej*, która powstała w oparciu o twórczość prof. Leszka Kołakowskiego. Do nabycia były materiały audiowizualne poświęcone działalności teatralnej i festiwalowej pana Chodaczyńskiego.

*Andrew Z. Dowen, publiczność na spotkaniu. Poniżej: Zbigniew Orzol, Małgorzata Brzezińska, Andrew Z. Dowen, Stan Borys, Lila Dowen, gość, Jan Maculewicz, Konsul Ignacy Żarski, goście z San Diego, Halina Biel, Iga Supernak.*

**17 marca 2018 roku** – Spotkanie z piosenkarzem **Stanem Borysem** odbyło się w rezydencji Państwa Witolda i Zofii Czajkowskich w Huntington Beach. Piosenkarz, autor tekstów, aktor, reżyser i poeta, **Stan Borys** to artysta wybitny, którego twórcza wrażliwość budziła wiele emocji kilku pokoleń Polaków. Artysta zaprezentował wieczór poezji składający się z dwóch części. Pierwsza podkreślała klimat patriotyczny z poezją C. K. Norwida i Jana Pawła II, doskonale tym samym wpisując się w klimat zbliżającej się setnej rocznicy odzyskania przez Polskę niepodległości. W programie zaprezentowane zostały ponadto pieśni i wiersze autorstwa artysty z tomiku *Daleko do nikąd*. Program Stana Borysa opierał się na trzech wartościach odzwierciedlających doświadczenie historyczne Polaków: wolności, poszanowaniu godności człowieka i jego praw oraz solidarności rozumianej jako „duch polskiego patriotyzmu". Nasz gość to legenda polskiej sceny, postać charyzmatyczna, przyciągająca tych, którzy szukają w życiu wrażliwości i piękna.

**24 czerwca 2018 roku – Walne Zebranie Sprawozdawczo-Wyborcze** w rezydencji Państwa Żuchowskich w Pasadenie. Andrew Z. Dowen zdał sprawozdanie z działalności Klubu podczas jego kadencji i stwierdził: „Bardzo dziękuję Ministerstwu Spraw Zagranicznych Polski jak również Konsulowi Generalnemu Polski w Los Angeles, Panu Mariuszowi Brymorze, za wspaniałe wsparcie dla Klubu im. Heleny Modrzejewskiej w Los Angeles. To wsparcie bardzo pomogło Klubowi zorganizować dużo spotkań z wieloma wybitnymi osobistościami ze środowisk naukowych, kulturalnych, akademickich i politycznych Polski." Po podziękowaniu ustępującemu Zarządowi wybrano Prezes Maję Trochimczyk i Zarząd na następną kadencję do czerwca 2020 roku.

## SPOTKANIA PODCZAS KADENCJI PREZES MAI TROCHIMCZYK, 2018 – 2020

### SPOTKANIA W OKRESIE CZERWIEC 2018 – CZERWIEC 2019

- **24 czerwca 2018** – Zebranie Sprawozdawczo–Wyborcze i prezentacja programu Klubu. Wybrano zarząd w składzie: Maja Trochimczyk, Prezes; dr Witold Sokołowski, Wiceprezes; dr Elżbieta Trybuś, Sekretarz; Elżbieta Przybyła, Skarbnik; Chris Justin, Dyrektor Techniczny, Ewa Barsam, Dyrektor ds. Relacji Społecznych; Krystyna Okuniewska, Dyrektor Artystyczny.
- **22 września 2018** – Spotkanie z dr Janem Iwańczykiem, laureatem nagrody Wybitny Polak, 2018.
- **20 października 2018** – *100 lat Polski w muzyce*, prelekcja dr Mai Trochimczyk, mini-recital pianisty-kompozytora, Miro Kępińskiego, pieśni patriotyczne w wyk. mezzosopranu Katarzyny Sądej z akompaniamentem Barbary Bochenek, rezydencja Państwa Kołodziey w Beverly Hills.
- **5 listopada 2018** – Koncert z okazji 100 Rocznicy Odzyskania Niepodległości przez Polskę przy współpracy z Konsulatem Generalnym RP. Gra Kate Liu. Specjalny gość Senator Anna Maria Anders. Grant Polskiej Fundacji Narodowej, Colburn School of Music.
- **15 grudnia 2018** – *Wieczór kolęd*, śpiewaczka Teresa Kubiak, pianista Wojciech Kocyan; Nagroda im. Heleny Modrzejewskiej dla Jadwigi Barańskiej, McGroarty Arts Center, Tujunga.
- **12 stycznia 2019** – *Sztuka widzenia* wystawa gobelinów i rozmowa z Moniką Lehman oraz prelekcja Marka Dzidy, właściciela Galerii Hellada, Long Beach.
- **3 lutego 2019** – Koncert *Mickiewicz akustycznie* w wykonaniu duetu z zespołu Piramidy z Polski, Piotr Kajetan Matczuk i Tomasz Imienowski, Playa Vista Centerpoint Club.
- **17 lutego 2019** – Wywiad Andrzeja Maleskiego z autorką biografii Krzysztofa Komedy, Magdaleną Grzebałkowską, w rezydencji Państwa Piłatowicz, West Hills.
- **14 marca 2019** – Prezentacja dyplomów od Klubu im. H. Modrzejewskiej i Kongresu Polonii Amerykańskiej dla harcerza, Thomasa Nelsona, honorowanego za odnowienie polskiego samolotu wojskowego w Muzeum Lotnictwa March Air Force Base w Riverside.
- **17 marca 2019** – Koncert Wiktorii Tracz i spotkanie z Krzysztofem Dzikowskim „Tekściarzem", w sali koncertowej biblioteki Południowej Pasadeny.
- **28 marca 2019** – *Who Was Helena Modjeska?* Wykład dr Mai Trochimczyk w Laguna Art Museum, z okazji wystawy rękopisu bajki napisanej i ilustrowanej przez Modrzejewską.
- **19 maja 2019** – Prapremiera sztuki *Helena* Marty Ojrzyńskiej, Teatr Magicopolis, Santa Monica.

- **8 czerwca 2019** – *Qui Pro Quo*, kabaret w wykonaniu artystów z polskiego kabaretu z Las Vegas, sala koncertowa biblioteki Południowej Pasadeny.
- **15 czerwca 2019** – Spektakl *The Trial of Dali*, reżyser i autor Andrzej Kolo, Teatr Fantazja z Sydney, Australia, Hollywood Fringe Festival. Spotkanie z aktorami w Hellada Art Gallery, Long Beach.
- **28 czerwca 2019** – Spektakl *The Seven Year Itch* z udziałem Moniki Ekiert, polskiej Marylin Monroe, Hollywood Fringe Festival.

*Koncert „100 lat Polski w muzyce" wyk. Katarzyna Sądej i Barbara Bochenek oraz Miro Kępiński, Od lewej Konsul Ignacy Żarski, Ewa Barsam, Małgorzata Miller, Miro Kępiński, Katarzyna Sądej, Barbara Bochenek, Maja Trochimczyk, Elżbieta Trybuś, Janusz Madej, Katarzyna Śmiechowicz, Tadeusz Podkański. W ostatnim rzędzie Chris Justin, Witold Sokołowski, Marcin Harasimowicz, Elżbieta Przybyła i młodzi filmowcy. Bevery Hills, 2018.*

*„Ogromnie dziękujemy za fantastyczny wieczór w Klubie im. Heleny Modrzejewskiej. Dziękujemy za koncert i zaproszenie, znakomitą organizację i gościnę. Dziękujemy wszystkim członkom Klubu za to, że byliście z nami pomimo finału SuperBowl. I dziękujemy Pani Mai Trochimczyk za wszystko 😊. W L.A. jest super, będziemy ogromnie miło wspominać nasz pierwszy pobyt i koncert w USA". Wpis grupy Piramidy (Piotr Kajetan Matczuk, Tomasz Imienowski) do Księgi Spotkań, 2019. Archiwum Klubu.*

## SPOTKANIA W OKRESIE LIPIEC 2019 – CZERWIEC 2020

- **21 września 2019** – *Granice cywilizacji*, spotkanie z prof. dr Andrzejem Targowskim, laureatem Nagrody Wybitny Polak 2019, rezydencja Państwa Iwańczyk.

- **29 września 2019** – Recital fortepianowy rodziny Yoder. Występują bracia Kasper, Dominik i Łukasz Yoder w rezydencji pianisty Wojciecha Kocyana, Baldwin Hills.

- **9 listopada 2019** – Koncert Shandy i Eva, duetu Shandrelica Casper i Ewy Żmijewskiej, transmisja i nagranie na żywo w Kulak's Woodshed, North Hollywood.

- **7 grudnia 2019** – *Świąteczne kolędowanie* i wywiad z Marcinem Gortatem. Kolędy w wykonaniu solistki Karoliny Naziemiec, rozmowę przeprowadził Marcin Harasimowicz. Beverly Hills, rezydencja Państwa Heleny i Stanley Kołodziey.

*Maja Trochimczyk, Elżbieta Przybyła i Ewa Barsam witają gości w Klubie.*

- **31 grudnia 2019** – Bal Sylwestrowy w The Olympic Collection, Los Angeles.

- **31 stycznia 2020** – *Dobry wieczór, Monsieur Chopin*, spektakl Salonu Poezji, Muzyki i Teatru z Toronto oraz prezentacja Nagrody im. Heleny Modrzejewskiej dla aktorek tego teatru Marii Nowotarskiej i Agaty Pilitowskiej, Magicopolis, Santa Monica.

- **29 lutego 2020** – Koncert *Groszki i róże* w wykonaniu Dominiki Świątek, z akompaniamentem pianisty Andrzeja Perkmana, oprawa techniczna Andrzej Warzocha. Audytorium Biblioteki w Santa Monica, ostatnie spotkanie „na żywo".

- **15 maja 2020** – Decyzją Komitetu Wyborczego Byłych Prezesów, wybory przełożono o rok i przedłużono kadencję obecnego zarządu. Dr Elżbieta Trybuś, Sekretarz i Elżbieta Przybyła, Skarbnik zrezygnowały z dalszej pracy na swych stanowiskach, pozostając w zarządzie. Na ich miejsca do zarządu weszły Maria Kubal jako Skarbnik i Barbara Nowicka jako Sekretarz.

*Róża Kostrzewska-Yoder, Dominik Yoder, młodzi pianiści (Kasper, Dominik, Łukasz Yoder), z zarządem Klubu (dr Witold Sokołowski, Anna Sadowska, Syl Vès, Chris Justin, Elżbieta Przybyła, Beata Czajkowska, dr Maja Trochimczyk) w rezydencji Wojciecha Kocyana w Baldwin Hills, wrzesień 2019.*

# Klub Kultury
## im. Heleny Modrzejewskiej w Los Angeles

# HELENA MODJESKA
# ART AND CULTURE CLUB

### BIULETYN PREZESA – KADENCJA 2018-2020

Szanowni Państwo,                                                      20 czerwca 2020 roku

Od rozpoczęcia naszej kadencji w **czerwcu 2018 r.,** odbyło się wiele wydarzeń, które teraz wspominamy z nostalgią, czekając na możliwość organizowania równie wspaniałych wieczorów, koncertów, czy przyjęć. Od wykładu wybitnego naukowca, wieloletniego członka klubu **Dr Jana Iwańczyka** 22 września 2018 r. do koncertu **Dominiki Świątek** w Santa Monica 29 lutego 2020 r., cieszyliśmy się z comiesięcznych spotkań. Były wśród nich imprezy tylko dla nas (kolędowanie z Karoliną Naziemiec i Marcinem Gortatem w 2019 r.) oraz współorganizowane z innymi, np. Klubem PAPA w Orange County (Teatr Polski z Toronto). Spotykaliśmy się też na wydarzeniach sponsorowanych przez Klub – w tym galowe otwarcie Festiwalu Filmowego, Koncert Galowy Konsulatu RP, lub Wykład im. Ignacego Jana Paderewskiego w USC.

*Publiczność na koncercie 100-lecia Odzyskania Niepodległości, Kate Liu gra Paderewskiego. Fot. Maria Kubal.*

*Kate Liu przy klawiaturze. Senator Anna Maria Anders z prof. Andrzejem Targowskim i P. Jasieńskimi.*

W 2018 roku obchodziliśmy 100-lecie odzyskania niepodległości Polski organizując koncert pieśni patriotycznych w wykonaniu **Katarzyny Sądej** i **Barbary Bochenek** (opisany w tym tomie). Pomogliśmy

Konsulatowi zorganizować Koncert Niepodległości 5 listopada 2018 w Colburn School of Music, gdzie honorowym gościem była Senator **Anna Maria Anders**, a grała młoda gwiazda pianistyki, **Kate Liu.**

*Po koncercie "100 lat Polski w muzyce, 2018. Od lewej: Elżbieta Trybuś, Marcin Gortat, Katarzyna Sądej, Ewa Barsam, Miro Kępiński. Za nimi: dr Witold Sokołowski, Maja Trochimczyk i Chris Justin. | Dar Młodzieży w San Pedro w grudniu.*

Podczas naszego kolędowania 15 grudnia 2018 r. Nagrodę im. Heleny Modrzejewskiej otrzymała Mistrzyni Mowy Polskiej, **Jadwiga Barańska** a mini-recital kolęd wykonali legendarna sopran **Teresa Kubiak** i znakomity pianista, prof. **Wojciech Kocyan**, z udziałem dzieci z Polskiej Szkoły. Nagroda im. Heleny Modrzejewskiej, ustanowiona w 2010 r., jest nagrodą za całokształt twórczości w dziedzinie aktorstwa. Do tej pory laureatami byli m.in. Jan Nowicki, Anna Dymna i Barbara Krafftówna. Nowi członkowie Klubu otrzymali pamiątkowe certyfikaty.

*Prezentacja Nagrody im. H. Modrzejewskiej dla Jadwigi Barańskiej, 2018. McGroarty Arts Center, Tujunga.*

Rok wydarzeń 100-lecia niepodległości zakończyliśmy zwiedzaniem żaglowca **Dar Młodzieży** w porcie San Pedro. Odbywał on podróż dookoła świata i zatrzymał się w Kalifornii.

*Nowi członkowie Klubu z certyfikatami członkowstwa w grudniu 2018 roku: Syl Vès, Urszula Budoin Jaskółka, Jolanta Budny, dr Wojciech Kocyan, Aleksandra Kaniak, dr Maja Trochimczyk, Katarzyna Śmiechowicz, Agnieszka Depińska, Marcin Depiński, Sylwia Wilk, Izabella St. Clair.*

W styczniu 2019 r. w Galerii Hellada odbyła się prezentacja sztuki gobelinów **Moniki Chmielewskiej Lehman**, w tym nowego projektu oraz eksperymentalnej sukni pokazanej przez Agnes Kaźmierczak. W lutym zawitał do nas z Polski duet **Piramidy** z koncertem piosenki aktorskiej *Mickiewicz akustycznie* – **Piotr Kajetan Matczuk** (głos, fortepian, gitara) i **Tomasz Imienowski** (gitara basowa); grali dla nas w eleganckiej sali Centerpointe Club w Playa Vista (fotografie poniżej), wzbogacając koncert dowcipną narracją.

W tym samym miesiącu **Magdalena Grzebałkowska**, biograf Krzysztofa Komedy, opowiadała o swej książce o wybitnym, tragicznie zmarłym pianiście, jazzmanie i kompozytorze. Jego "Kołysanka" z filmu *Rosemary's Baby* Romana Polańskiego stała się międzynarodowym przebojem. Wywiad prowadził Andrzej Maleski.

*Monika Lehman i Maja Trochimczyk instalują gobelin w galerii Hellada, styczeń 2019. Thomas Nelson i Maja Trochimczyk z dyplomami w muzeum lotnictwa w Riverside, marzec 2019.*

W marcu 2019 r. miałam ogromną przyjemność prezentowania dyplomów z gratulacjami od naszego Klubu i od Kongresu Polonii Amerykańskiej harcerzowi polskiego pochodzenia, **Thomasowi Nelsonowi** za odnowienie polskiego samolotu wojskowego w zbiorach muzeum lotnictwa March Air Force Base w Riverside (14 marca 2019).

*Grupa Piramidy na koncercie Mickiewicz akustycznie w Playa Vista, luty 2019 r.*

Trzy dni później młoda gwiazda muzyki popularnej, **Wiktoria Tracz**, wystąpiła w programie piosenek z tekstami **Krzysztofa Dzikowskiego**, słynnego librecisty czyli "tekściarza" polskich muzyków, np. grup Czerwono-Czarni, Niebiesko-Czarni, Czerwone Gitary i Alibabki. Seweryn Krajewski, Stan Borys, Irena Jarocka, Maryla Rodowicz, Kasia Sobczyk, Ewa Bem, Tadeusz Chyła, Anna German, Krystyna Janda, Anna Maria Jopek, Stenia Kozłowska, Czesław Niemen, Jerzy Połomski i Ludwik Sempoliński śpiewali piosenki ze słowami Dzikowskiego. Wśród jego przebojów są: „Anna Maria", "Ciągle pada", "Dozwolone do lat osiemnastu", "Dzień jeden w roku", "Gondolierzy znad Wisły", "Mały książę", "Tak bardzo się starałem" i "Wiatr od Klimczoka". Wiktoria Tracz nagrywa piosenki i występuje w programach telewizyjnych od wczesnego dzieciństwa, otrzymując wiele nagród na międzynarodowych konkursach. Spotkanie odbyło się w sali koncertowej Biblioteki Południowej Pasadeny; obsługę techniczną zapewniła muzykom Ella Czajkowska. Wywiad z wybitnym gościem prowadziła Ewa Barsam.

*Wiktoria Tracz wpisuje się do Księgi Spotkań i podczas koncertu w bibliotece Południowej Pasadeny, marzec 2019.*

29 marca 2019 r. zaprosiłam Klub na własny wykład *Kim była Helena Modrzejewska? (Who Was Helena Modjeska?)* towarzyszący wystawie Heleny Modrzejewskiej w **Laguna Art Museum**. Tekst wykładu stał się osnową jej biografii w niniejszym albumie. Nasza patronka to producent i reżyser, autorka kostiumów i scenografii. To gwiazda teatru i ikona stylu. Okazała się również utalentowaną literatką o surrealistycznej wyobraźni i talencie plastycznym: dwujęzyczną bajkę-moralitet dla wnuka Feliksa zilustrowała własnymi

akwarelami fantastycznych przygód oraz wiernymi reprezentacjami flory kalifornijskiej. Unikalna książka jest obecnie w zbiorach specjalnej biblioteki Uniwersytetu Kalifornijskiego w Irvine.

*Krzysztof Dzikowski, Witkoria Tracz, i Chris Justin po koncercie  Agata Pilitowska, Elzbieta Trybus, Maria Nowotarska i Maja Trochimczyk w Huntington Library, styczeń 2020. Dr Maja Trochimczyk w Laguna Art Museum, marzec 2019.*

W maju 2019 roku w Magicopolis odbyła się prapremiera eksperymentalnej sztuki *Helena* o Helenie Modrzejewskiej, napisanej i wykonanej przez aktorkę Teatru Starego w Krakowie, **Martę Ojrzyńską** (tekst z „Culture Avenue" jest reprodukowany w naszym albumie).

W czerwcu zaprosiliśmy klubowiczów do kabaretu: ***Qui Pro Quo – Polski Kabaret*** to program dobrze znanych i ukochanych piosenek z Piwnicy pod Baranami, Qui Pro Quo i Kabaretu pod Egidą w wykonaniu  Polskiego Klubu z Las Vegas. W sali koncertowej Biblioteki Południowej Pasadeny pokazaliśmy 10 surrealistycznych obrazów Katarzyny Kociomyk, malarki z Las Vegas. Wieczór uprzyjemniła gorąca kolacja z restauracji Polka.

*Syl Vès, Andrzej Warzocha, Anna Sadowska, Ewa Barsam. | Kabaret z Las Vegas z zarządem Klubu, czerwiec 2019.*

10 dni później, w czerwcu, odbyło się spotkanie z **Teatrem Fantazja** z Sydney, Australia, który przywiózł do Hollywood Fringe Festival sztukę kalifornijskiego malarza **Andrzeja Kołodzieja (Andrew Kolo)** o Salvadorze Dali, *The Trial of Dali*. Na tym samym festiwalu mieliśmy też okazję podziwiać talent **Moniki Ekiert** w sztuce *The Seven Year Itch*, w słynnej roli uwiecznionej przez Marylin Monroe.

*Polski kabaret z Las Vegas w Południowej Pasadenie, czerwiec 2019. | Andrzej Warzocha i Chris Justin z Emmy.*

Sezon 2019-20 rozpoczęliśmy we wrześniu 2019 r. od wykładu prof. **Andrzeja Targowskiego** w rezydencji Państwa Iwańczyk. Prof. Targowski zaprezentował swoją najnowszą książkę *Granice cywilizacji*, która zainspirowała wiele dyskusji wśród publiczności. 29 września 2019 r. w rezydencji prof. Wojciecha Kocyana odbył się cudowny recital fortepianowy braci Yoder. **Łukasz, Dominik i Kasper Yoder** to dzieci pianistów Róży Kostrzewskiej-Yoder, znanej jako wybitna nauczycielka fortepiano, promująca polską muzykę oraz profesora fortepianu, Douglasa Yoder. Młodzi pianiści (12 do 19 lat) biorą udział w licznych międzynarodowych konkursach i wygrywają wiele nagród. Naprawdę warto było zaprezentować ich talenty.

*Dr Irmina i prof. Andrzej Targowski, wrzesień 2019. | Dr Witold Sokołowski, Joanna Borkowska-Surucic (dyrektor Teatru Fantazja z Sydney), Andrzej Kołodziej (Andrew Kolo), autor sztuki, czerwiec 2019. | Nowy członek Klubu Marcin Gortat i Prezes dr Maja Trochimczyk na otwarciu Polskiego Festiwalu Filmowego, październik 2019.*

W październiku 2019 r. Klub był jednym ze sponsorów Polskiego Festiwalu Filmowego oraz Wykładu im. Paderewskiego w nietypowym formacie, tj prezentacji nowego musicalu o *Trzech Paderewskich*. W listopadzie zaprosiliśmy naszych członków na koncert **Shandy & Eva** w studio Kulak's Woodshed w North Hollywood, promując ich nową płytę CD *Spróbuj*. Shandy (Shandrelica Casper) jest perkusistką z Curacao na Karaibach, Eva (Ewa Żmijewska) jest gitarzystką z Warszawy, magistrem kompozycji z California Institute of the Arts. Niezapomniany koncert w maluteńkiej salce na 30 osób, gdzie zmieściło się nas ponad 60 jak sardynki w puszce, miał unikalną atmosferę i energię muzyki nagranej i transmitowanej na żywo przez sześć kamer i tuzin mikrofonów. Dr Elżbieta Trybuś w swoim sprawozdaniu napisała: „Obydwie artystki zaprezentowały nowoczesne utwory jazzowe wykazując doskonałe przygotowanie zarówno instrumentalne jak i wokalne. Każdy z utworów poprzedzony był krótkim ale niezwykle ciekawym wprowadzeniem na temat powstania i inspiracji do jego napisania. Pomimo małego pomieszczenia oraz nagrywania płyty z koncertu nastrój był wyśmienity. Można było zakupić dysk z nagraniami oraz skorzystać ze smacznego poczęstunku przygotowanego przez zarząd Klubu. Goście dopisali mimo bardzo upalnej pogody jak na listopad".

*Same blondynki: Jola Herz, Helena Kołodziey, Halina Jagoda, Katarzyna Ligwińska, Katarzyna Śmiechowicz i Elżbieta Michałkiewicz. Grają Shandy i Eva w Kulak's Woodshed, Hollywood, listopad 2019.*

W grudniu 2019 r. gościli nas Państwo Kołodziey w swej eleganckiej willi w Bevery Hills na spotkaniu z koszykarzem i filantropistą **Marcinem Gortatem.** Z bohaterem wieczoru rozmawiał aktor-dziennikarz sportowy **Marcin Harasimowicz**. Oczywiście śpiewaliśmy kolędy, pięknie prowadzone przez **Karolinę Naziemiec**. Jak stwierdziła Elżbieta Trybuś, „Harasimowicz, polski aktor i dziennikarz zamieszkały w Los Angeles, przeprowadził ciekawy wywiad z Marcinem Gortatem na temat jego kariery w koszykówce i jego osiągnięć w sławnych zespołach w Polsce, w Niemczech i w USA. Gortat opowiadał z dużą dozą humoru o początkach swojej kariery w Polsce i za granicą. Poinformował również o swojej emeryturze jako zawodowy koszykarz oraz o akcjach charytatywnych. Wieczór kolęd poprowadziła Karolina Naziemiec, wybitna altowiolistka i wokalistka jazzowa przy akompaniamencie **Oliwii Kierdal**, pianistki rodem z Australii. Wieczór ten był naprawdę bardzo wyjątkowy a goście składali sobie wzajemnie życzenia świąteczne". Film ze spotkania nagrała polonijna ekipa telewizyjna.

*Spotkanie świąteczne: Chris Justin, Helena Kołodziey, Marcin Gortat, Elżbieta Przybyła, Karolina Naziemiec, dr Maja Trochimczyk, Beata Czajkowska, dr Elżbieta Trybuś, Ewa Barsam i Anna Sadowska. Bal Sylwestrowy, 31 grudnia 2019: E. Trybuś, M. Trochimczyk, E. Barsam, E. Przybyła, C. Justin, B. Czajkowska oraz Syl Vès.*

Klub przywitał Nowy Rok 2020 w dniu 31 grudnia 2019 roku eleganckim **Balem Sylwestrowym** w Imperial Ballroom, The Olympic Collection, Los Angeles, ze Zbigniewem Gałązką jako wodzirejem. Nagrodę im. Heleny Modrzejewskiej za 2019 r. zarząd Klubu przyznał aktorkom emigracyjnym, **Marii Nowotarskiej** i **Agacie Pilitowskiej** z Toronto. Laureatki wystąpiły we własnej sztuce *Dobry wieczór, Monsieur Chopin*, opartej na listach Chopina. Spektakl odbył się 31 stycznia 2020 w Magicopolis, Santa Monica. Dr Elżbieta Trybuś stwierdziła: "Sztuka została napisana i reżyserowana przez Marię Nowotarską i sponsorowana przez Senat Rzeczypospolitej Polskiej. Muzyka Chopina była wspaniałym akcentem spektaklu. Dekoracja sali teatralnej została wykonana głównie przez Prezes Klubu (gwiazdy zatrzymały się u niej i przywiozły jej meble do teatru). Po spektaklu z licznymi bisami, dr Maja Trochimczyk wręczyła obydwu aktorkom 2019 Nagrodę Klubu im. Modrzejewskiej oraz pogratulowała owocnej współpracy i sukcesów w krzewieniu sztuki i kultury polskiej za granicą. Był to wspaniały wieczór pełen artystycznych przeżyć".

*Maja Trochimczyk, Dominika Świątek, Maria Kubal, po koncercie "Groszki i róże", luty 2020.*

**Dominika Świątek** z akompaniamentem **Andrzeja Perkmana** pięknie interpretowała ulubione piosenki Ewy Demarczyk, Jacka Kaczmarskiego i innych w recitalu *Groszki i róże* 29 lutego 2020 r., w sali koncertowej Biblioteki Santa Monica. Recital okazał się pożegnaniem spotkań „na żywo". Cały koncert to był hołd dla wspaniałej polskiej poezji i prezentacja ważnej części polskiej kultury: oryginalnej tradycji polskiej piosenki poetyckiej. Świątek, związana z Teatrem Hybrydy Uniwersytetu Warszawskiego, to piosenkarka, poetka i kompozytorka. W pierwszej części koncertu prezentowane były utwory Ewy Demarczyk, m.in. *Tomaszów, Groszki i róże, Grande Valse Brillante, Skrzypek Hercowicz*, i inne. Dobrze znane i przejmująco wykonane piosenki głęboko wzruszyły słuchaczy. W drugiej części wysłuchaliśmy ciekawych piosenek Jacka Kaczmarskiego, *Nasza klasa, Mucha w szklance lemoniady*, i in.

Po spotkaniu w lutym 2020, Klub im. Modrzejewskiej odwołał wszystkie zaplanowane występy ze względu na zakaz spotkań przez stan Kalifornia. 25 kwietnia 2020 roku Zarząd zatwierdził jednomyślnie wieloletnich członków Klubu na pozycje Sekretarza (**Barbara Nowicka**) oraz Skarbnika (**Maria Kubal**). Dr Elżbieta Trybuś, były Sekretarz i Elżbieta Przybyła, były Skarbnik, pozostały w zarządzie. Witamy nowych członków Zarządu i dziękujemy dwóm Elżbietom odchodzącym ze swoich stanowisk za pracę dla Klubu. Nie wszystkie zmiany w Zarządzie były szczęśliwe: 21 listopada 2019 r. zmarł tragicznie w wypadku samochodowym dr **Witold Sokołowski**, Wiceprezes Klubu. Jest to dla nas wszystkich niepowetowana strata. Do zakończenia roku 2020 uhonorowaliśmy pamięć Witka pozostawiając wakat funkcji Wiceprezesa.

*Dr Maja Trochimczyk, Prezes*

*Prezes Maja Trochimczyk, Maria Nowotarska, Agata Pilitowska, styczeń 2020. Jan i Elżbieta Iwańczyk, 2018.*

*Magdalena Grzebałkowska, Andrzej Maleski. | Edward i Maria Piłatowicz, M. Grzebałkowska, Chris Justin, luty 2019.*

*Syl Vès, Dominika Świątek, Elżbieta Romuzga, Eva Violet, luty 2020. | Koncert Andrzeja Perkmana i Dominiki Świątek.*

# STO LAT POLSKI W MUZYCE
## dr Maja Trochimczyk, wykład w Beverly Hills, 20 października 2018 r.

W 2018 roku, obchodzimy 100-lecie odzyskania przez Polskę niepodległości w 1918 roku. Ponieważ myślę, że słowo „odzyskanie" jest dość niezgrabne, zatytułowałam nasz koncert „100 lat Polski w muzyce". W tym roku Klub Kultury im Heleny Modrzejewskiej liczy 47 lat, a powstał w 1971 roku. Ale, co ciekawe, w ciągu stu lat, które minęły od 1918 roku, Polska była niepodległa tylko przez 50 lat (minus sześć lat drugiej wojny światowej pod okupacją niemiecką i sowiecką, oraz 44 lata rządów sowieckich w PRL, 1945-1989). W rzeczywistości jesteśmy mniej więcej w tym samym wieku...

Niemniej nasz Klub nawet z 47-letnią historią jest pół żartem, pół serio. Poważnie: gdybyśmy mieli umieścić w tej sali wszystkie książki, artykuły, dzieła sztuki i wynalazki naszych członków, nie byłoby miejsca dla gości, te liczby są w tysiącach! Poważnie traktujemy nasze amerykańskie kariery i mamy ugruntowane pozycje w naszych dziedzinach – akademickich, biznesowych, medycznych lub artystycznych. Humorystycznie: ponieważ dbamy o dobry humor; cieszymy się nawzajem własnym towarzystwem i lubimy dzielić się tą radością z innymi, jednocześnie promując polską kulturę w Kalifornii. Towarzystwo Wzajemnej Adoracji? Być może...

Dziś świętujemy 100 lat muzyki polskiej. Dlaczego w muzyce? Zacznę od anegdoty. Kiedy przeprowadziłam się z Polski do Kanady w 1988 roku, byłam bardzo zaskoczona zawartością informacji dostępnych w mediach, gazetach i wieczornych wiadomościach telewizyjnych. Muzyka klasyczna, sztuka – wszystko to było nieobecne. W *mojej* Warszawie otwarcie Konkursu Chopinowskiego, Festiwalu Warszawska Jesień, Festiwalu Filmowego Konfrontacje lub Jazz Jamboree były uhonorowane w ogólnopolskich wiadomościach telewizyjnych i na pierwszych stronach gazet. Muzyka klasyczna i sztuka były zawsze bardzo ważne i poważane w PRL, Polskiej Rzeczypospolitej Ludowej. Mimo, że był to kraj marionetkowy, pod kontrolą ZSRR, jednak cenił sztukę i artystów. Polska czciła Chopina, pół-francuskiego emigranta, pianistę i kompozytora jako swój narodowy symbol. Piękno. Artyzm. Wzruszenie.

Może dlatego, że materialne dobra kraju były tak wiele razy zniszczone? Nasz kraj przeżył jedną tragedię po drugiej. Polska przetrwała 123 lata rozbiorów, bez własnego rządu lub struktur państwa. Naród przeżył, bo „poszedł do domu": rodziny czytały polskie książki i śpiewały polskie piosenki „przy kominku" – kolędy i piosenki wojskowe, krakowiaki i mazurki, albo ballady ze słynnych *Śpiewów Historycznych* Juliana Ursyna

Niemcewicza z 1816 roku[1], które zostały zebrane, aby utrwalić w narodowej pamięci pokoleń Polaków historię polskich królów i bohaterów. Historia ukryta w przebraniu piosenek po polsku. Kluczowymi słowami są tutaj: muzyka, pamięć, odporność. „Resilience" po angielsku to też „hardiness" – Polacy są „hardy" po angielsku – i są też „hardy" po polsku – niezniszczalni.

*"Kazimierz Wielki" pieśń ze* Śpiewów Historycznych *Juliana Ursyna Niemcewicza (pierwsze wydanie 1816).*

Doskonałą ilustrację tej „odporności" można znaleźć w filmie *Zakazane piosenki* z 1946 roku. Dziś rozpoczniemy nasz koncert utworem zainspirowanym muzyką z tego filmu z 1946 roku. To pierwszy film fabularny zrealizowany po sześciu latach drugiej wojny światowej. Jego gwiazda, Danuta Szaflarska, była gościem naszego klubu w 2010 roku, w cudownym wydarzeniu, które wszyscy dobrze pamiętamy. Miałam zaszczyt i przyjemność poprowadzić to fascynujące spotkanie i rozmowę z prawie stuletnią gwiazdą. Debiutowała w *Zakazanych piosenkach*. Akcja filmu rozgrywa się podczas okupacji Warszawy i przedstawia historię kilku mieszkańców tego samego budynku. Ich opowieści są luźno związane z zestawem piosenek, zarówno przedwojennych ballad popularnych podczas wojny, jak i piosenek, które wyśmiewają się z okupacji niemieckiej. Premiera filmu odbyła się w styczniu 1947 r. Niestety, już w 1948 r. film został przerobiony z powodów politycznych, dodając pochwały dla Armii Czerwonej i krytykę Armii Krajowej. Po trzech latach nadziei na wolność panowała w Polsce noc stalinizmu. Wszystko było widziane w krzywym zwierciadle propagandy PRL.

Nasz utalentowany gość z Polski, kompozytor-pianista Miro Kępiński zagra swoje *Zakazane piosenki – Inspiracje* na rozpoczęcie naszego koncertu.

Chciałabym podzielić się z Wami przyczynami, dla których wybraliśmy te właśnie piosenki do naszego programu. W 1918 roku kraj się odrodził. My, Kalifornijczycy, lubimy przypisywać ten cud Ignacemu Janowi Paderewskiemu, bo jesteśmy wdzięczni m.in. za przekonanie prezydenta Woodrowa Wilsona do dodania 14 punktów do Traktatu Pokojowego, w tym niepodległej Polski jako punkt nr 13. Już kiedyś pisałam o pochwałach dla Paderewskiego przekazanych mu przez Amerykanów za to osiągnięcie.[2] Dlatego zaczynamy nasz recital pieśni patriotycznych od *Hej Orle Biały*, czyli od hymnu bitewnego napisanego w 1917 roku: zarówno tekst, jak i muzyka były dziełem samego Paderewskiego. Przeznaczył go dla „Błękitnej Armii"

---

[1] Maja Trochimczyk, „ History in Song: Maria Szymanowska and Julian Ursyn Niemcewicz's *Śpiewy historyczne"* w „Annales de Centre Scientifique de'l Academie Polonaise de Sciences a Paris", t. 16, 2014. http://www.maria-szymanowska.eu/pub/files/Maja_Trochimczyk.pdf.
[2] Maja Trochimczyk, „Paderewski and Poland's Independence" wykład na konferencji Polsko-Amerykańskiego Towarzystwa Historycznego w Waszyngtonie, styczeń 2018, tekst na blogu *Chopin with Cherries*, t. 9, nr 1 (2018).

Gen. Hallera, utworzonej w USA i Kanadzie, aby pomóc w wyzwalaniu Polski podczas pierwszej wojny światowej. Ta Wielka Wojna, by zakończyć wszystkie wojny, która nic nie zakończyła…

*Paderewski - portret autorstwa Artura Szyka. Kartka pocztowa, kolekcja prywatna. Okładka* Hej Orle Biały *autorstwa Paderewskiego. Polskie Muzeum w Ameryce, Chicago.*

Błękitna Armia składała się z około 90.000 Amerykanów i Kanadyjczyków, którzy wyemigrowali z ziem polskich, Galicji lub Podhala. Ci biedni chłopi przekształcili się w robotników fabrycznych w Chicago, czy Toronto, ale wrócili do Europy, by walczyć – najpierw razem z Francją przeciwko Niemcom, a następnie w Polsce, aby przywrócić niepodległość kraju i bronić go podczas wojny sowieckiej 1920 r. Cud nad Wisłą – a potem powrót weteranów do ciężkiego życia w Chicago, Milwaukee, lub Toronto. Błękitna Armia została celowo zapomniana przez propagandystów PRL; historia obrony Europy przed Sowietami nie mogła być nauczana wtedy w szkołach. Przynajmniej dzisiaj o nich pamiętajmy.

W naszym programie na razie pomijamy lata międzywojenne. Druga wojna światowa. Kolejny wysiłek, by zakończyć wszystkie wojny. Znowu niepowodzenie. Wojny, te straszne tragedie, są całkowicie bez sensu! *Dziś do Ciebie przyjść nie mogę* to piosenka napisana w 1943 roku z tekstem i muzyką Stanisława Magierskiego, farmaceuty z Lublina i członka Armii Krajowej. Przypomnijmy, że AK to największy zorganizowany podziemny ruch oporu przeciwko Niemcom na świecie: około 400.000 osób spiskujących przeciwko okupantom niemieckim i sowieckim podczas drugiej wojny światowej.

Niestety, podobnie jak *Zakazane piosenki,* ta nostalgiczna piosenka została przywłaszczona przez propagandę PRL i przeniesiona od Armii Krajowej do partyzantów Armii Ludowej, utworzonej w 1944 roku i kontrolowanej przez Sowietów. Ich liczba była znacznie mniejsza (około 30.000), ale byli oni przedstawiani jako najważniejsi bohaterowie i bojownicy o wolność przez propagandę powojenną. Tymczasem, „wyklęci" żołnierze Armii Krajowej kontynuowali walkę przeciwko Sowietom i, podobnie jak odważny rotmistrz Witold Pilecki, byli bezlitośnie ścigani i zabijani. Dopiero teraz możemy odtworzyć wspomnienia o nich, robić filmy i pisać książki o ich ofiarnym życiu.

Kolejną piosenką, także z II wojny światowej, są *Czerwone maki na Monte Cassino* napisaną w 1944 roku w przededniu tragicznego zwycięstwa polskich żołnierzy. Monte Cassino było klasztorem benedyktynów, w którym pochowano św. Benedykta i jego siostrę św. Scholastykę. Niemcy przekształcili klasztor w twierdzę, która zablokowała główną drogę w kierunku Rzymu i zatrzymała siły alianckie. Polacy zostali poświęceni, aby szturmować tę cytadelę – większość żołnierzy zginęła na stokach Monte Cassino. Co ciekawe, jeśli dzisiaj odwiedzasz ten klasztor, pierwszą rzeczą, którą zauważysz, jest to, że mnisi benedyktyni – synonim ciężkiej pracy – odbudowali swój klasztor i kościół dokładnie tak, jaki był przez stulecia, ze wszystkimi wykwintnymi mozaikami, architekturą, czy witrażami. Zajęło im to ponad 20 lat, ale nie chcieli zaakceptować zniszczenia wojny i wymazali jej pamięć.

Powróćmy do *Czerwonych maków*. Feliks Konarski (1907-1991) napisał tekst, a Alfred Schütz (1910-1999) napisał muzykę. Konarski był żołnierzem II Korpusu gen. Władysława Andersa i reżyserem wojskowej grupy teatralnej („Polska Parada"). W okresie międzywojennym w Polsce pisał teksty do popularnych piosenek jako „Ref-Ren". Był także jednym z tych, którzy przeżyli wojnę a po jej zakończeniu osiedlił się w Londynie i wystawił ponad 30 przedstawień teatralnych dla Polonii. Po 1965 roku trafił do Chicago, gdzie przez wiele lat prowadził program radiowy *Czerwone maki*. Słynna piosenka została skomponowana dla Armii Andersa, a wraz z nią honorujemy żołnierzy walczących o niepodległość Polski poza Polską. Wybraliśmy ten utwór, aby zilustrować trzy fakty z polskiej historii.

*"Miejsce uświęcone krwią Polaków, którzy zginęli za wolność ojczyzny"*
*- pomnik upamiętniający masakrę ludności cywilnej na Woli, 5 sierpnia 1944 r., Powstanie Warszawskie. Ten pomnik jest blisko mojego domu na Woli, w pobliżu Rosyjskiego Cmentarza Prawosławnego i Parku Sowińskiego. Zdjęcie: Maja Trochimczyk.*

Po pierwsze: Polska walczyła u boku Aliantów na wielu frontach, a mimo to w 1945 r. odmówiono jej niepodległości. Ta gorzka prawda jest doskonale zilustrowana w filmie premierowym na Gali Otwarcia Festiwalu Filmu Polskiego w Los Angeles, *Dywizjon 303*, z fantastyczną rolą Macieja Zakościelnego. Na podstawie popularnej powieści Arkadego Fiedlera, film przedstawia udział bohaterskich polskich pilotów w bitwie o Anglię: zestrzelili 126 niemieckich samolotów, tracąc jedynie osiem własnych. Jednak odmówiono im prawa do marszu w Paradzie Zwycięstwa po zakończeniu wojny, bo Churchill i Roosevelt współpracowali ze Stalinem. Rząd polski na uchodźstwie, znajdujący się w Londynie, i odmawiający akceptacji radzieckiej okupacji kraju, był przysłowiowym "cierniem w ich boku".

Drugi fakt: Polska straciła ponad połowę swoich ziem po tym, jak Sowieci przejęli obszary, gdzie jest teraz Litwa, Białoruś, Ukraina – tzw. Kresy. W latach 1940-41, deportowano na Syberię, do Kazachstanu i Azji Środkowej ok. 1,5 miliona Polaków; zginęło około 500.000 osób. Spośród tych, którzy przeżyli, armia Andersa zgromadziła prawie 80 tysięcy żołnierzy i przyjęła ponad 37 tysięcy zesłańców cywilnych, kobiet, dzieci i sierot wojennych. Wyruszyli do Iranu, Palestyny, Włoch i dalej w świat. Indie powitały tysiąc polskich sierot z Hanką Ordonówą – słynną przedwojenną gwiazdą, Ordonką – jako ich nauczycielką (można przeczytać jej historię w jej pamiętniku, wkrótce ukaże się po raz pierwszy w angielskim tłumaczeniu). Nowa Zelandia otrzymała „na przechowanie" pięćdziesiąt polskich dzieci, istnieje tam muzeum, które to potwierdza! Polskie obozy dla uchodźców znajdowały się w Kenii, Ugandzie, Rodezji, Australii i Meksyku. Możemy dowiedzieć się więcej, jeśli dołączymy do grupy „Kresy-Siberia" na portalu Facebook i przeczytamy wiadomości od dzieci ocalonych, rozsianych dosłownie po całym świecie.

Trzeci fakt historyczny: ok. 10% Armii Andersa stanowili Żydzi, w tym większość muzyków. Możemy tu wymienić Jerzego Petersburskiego (1895-1979), który napisał ostatnią piosenkę w naszym programie, czy Henryka Warsa, czyli Henryka Warszawskiego, czyli Henry'ego Varsa (1902-1977), którego archiwum znajduje się obecnie w Centrum Muzyki Polskiej w USC, a jego dzieci mieszkają w Los Angeles. Pamiętamy Alfreda Schütza, kompozytora piosenki *Czerwone maki*. Po wojnie, Schütz wyjechał do Brazylii na 15 lat, ale wylądował w Monachium, pracując dla Radia Wolna Europa przez kolejne 25 lat. Paradoksalnie po śmierci Schütza w 1999 r. i jego żony (bezdzietnie) tantiemy za *Czerwone maki*, hymn walki antyniemieckiej polskich żołnierzy, były zabrane przez kraj związkowy Bawaria, to samo państwo, które widziało początki dojścia Hitlera do władzy. Dopiero w 2015 roku przyznano rządowi polskiemu honoraria za ten hymn.

  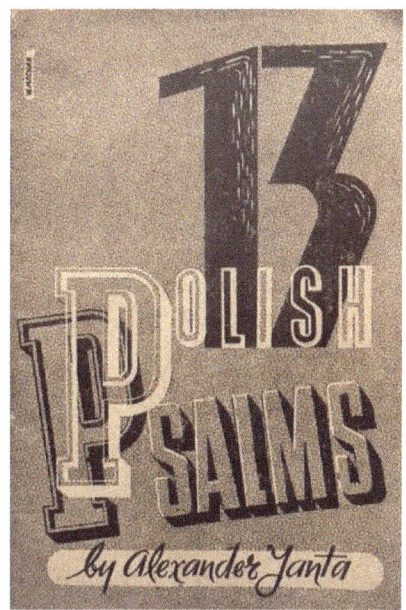

*Aleksander Janta-Połczyński (1908-1974), okładki* Kłamałem, aby żyć *oraz* 13 Polish Psalms. *Portret autora.*

Tak więc trzema wojennymi pieśniami upamiętniamy ogromne ofiary Polaków podczas obu wojen światowych: cierpienia i tragedie, które doprowadziły do powstania narodowego stresu pourazowego, jaki nadal nas dotyka. (Taka przynajmniej jest teza Macieja Świrskiego z Polskiej Fundacji Narodowej). Polacy nie mogli powiedzieć prawdy przez 50 lat po wojnie: przeszli z ognia w ogień, od opresyjnych rządów niemieckich i sowieckich, do sowieckiej okupacji kraju podzielonego na pół i przekształconego z wieloetnicznego, kulturowo zróżnicowanego narodu, w prawie jednolicie polski i katolicki. Według brytyjskiego historyka Normana Daviesa, polski spis ludności z 1931 r. wymieniał narodowości: polska 69% populacji, ukraińska 15%, żydowska 8,5%, białoruska 4,7%, niemiecka 2,2%, rosyjska 0,25%, litewska 0,25% i czeska 0,09%.[3] Tak więc jedna trzecia ludności Polski składała się z mniejszości.

Jednak po wojnie Polska stała się w większości etnicznie polska, nie tylko z powodu Holocaustu i wyjazdu resztek Żydów w latach 1946-48 (ocaleni nie chcieli żyć pod rządami sowieckimi, a wielu z nich udało się do nowo-powstałego Izraela), ale także z powodu deportacji Polaków z terenów przejętych przez Związek Radziecki (ok. 4,5 mln deportowanych) i wypędzenia Niemców ze Śląska i Pomorza, ziem nadanych Polsce w zamian za utracone prowincje wschodnie. Granice się zmieniły, kraj się skurczył i stracił także mieszkańców słowiańskich. Białorusini, Rusini, Ukraińcy, Litwini pozostali tam, gdzie żyli od pokoleń, ale znaleźli się w republikach radzieckich po przesunięciu granic.

Straty były ciężkie dla wszystkich; nie ma polskiej rodziny, która nie straciłaby kogoś w czasie II wojny światowej. Słyszeliśmy już w naszym Klubie wspomnienia kalifornijskich Sybiraków (ostatnio w 2016 r.); spotkania organizowała Dorota Czajka-Olszewska, była Prezes Klubu, z rodziny deportowanych. Sama wyliczyłam moje rodzinne straty w dwóch książkach poetyckich *Krojenie chleba* (2014) i *Deszczowy chleb* (2016).[4] Od dawna Polacy nie mogli stawić czoła przeszłości, radzić sobie z bólem i iść naprzód. Niewyleczona trauma wciąż wybucha w miejscach publicznych – w postawach ofiar, ostrym tonie ataków w mediach społecznościowych, pełnych nienawiści. Przez prawie 50 lat fakty historyczne nie mogły być dyskutowane publicznie, chociaż wszyscy znali je z domu – wiedzieli np. o morderstwie polskich oficerów w Katyniu, o deportacjach, ludobójstwie i zdradach.

---

[3] Norman Davies, *God's Playground: A History of Poland*, Columbia University Press, t. 2, s. 460.
[4] Maja Trochimczyk, *Slicing the Bread*, Finishing Line Press, 2014; *The Rainy Bread: Poems from Exile* ( Moonrise Press, 2016), drugie rozszerzone wydanie, 2021.

Po 1945 roku Polacy stanęli przed trudnym wyborem. *Linia Podziału*,[5] przechodziła przez każdą rodzinę, każde serce. Przytoczyłam tu tytuł bardzo interesującej pracy emigracyjnego pisarza Aleksandra Janty-Połczyńskiego (1908-1974) o etycznych i osobistych dylematach emigrantów, moim zdaniem znacznie lepszej analizie problemu niż *Emigranci* Sławomira Mrożka czy Janusza Głowackiego, bardziej zgodnej z prawdą, ale niewygodnej dla propagandy PRL i jej spadkobierców. Mam nadzieję, że Klub im. Heleny Modrzejewskiej zaprezentuje inscenizację tego fantastycznego spektaklu po polsku, w Kalifornii. Podobny temat, tragedii emigracji, pojawia się w cyklu wierszy Janta-Połczyńskiego, pt. *13 Polish Psalms*[6] (Londyn, 1944). Wyrażają one przejmujący smutek i traumę wysiedlonych Polaków, martwiących się o swoje rodziny w Polsce, próbujących pogodzić się ze stratą i cierpieniem.

Jakie były powojenne opcje dla Polaków? Opcja numer jeden: Zapewnienie przetrwania Polski jako narodu w obrębie jej historycznych granic, jednak zmniejszonej, poprzez zaakceptowanie radzieckiej dominacji i utrzymanie przy życiu polskiego języka i kultury. Oznaczało to pozostanie na miejscu, posiadanie dzieci i pomoc w ich wyrośnięciu np. na twórców filmowych, których dziś witamy. Oznaczało to jednak: kompromis, orwellowski podwójny głos, „double-speak". Opcja numer dwa: Zagwarantowanie przetrwania prawdy o Polsce poza krajem, bez kłamstw, masek i propagandy poprzez emigrację, by utrzymać kruchą polską tożsamość w obcych stronach. Oznaczało to pozostawienie Starego Kraju i odtworzenie go na nowo w Nowym Świecie. To my, członkowie Klubu im. Heleny Modrzejewskiej, polscy Kalifornijczycy. Oznaczało to: utratę korzeni i geograficznie spójnej tożsamości narodowo-kulturowej.

Pierwsza strategia doprowadziła do biologicznego przetrwania i zachowania Polski jako narodu na obszarze (mocno okrojonych) własnych ziem. Druga strategia spowodowała rozproszenie „reszty" wśród wielu krajów przyjmujących emigrantów. To tak, jakby bomba wybuchła w środku Polski i wysłała Polaków na cały świat. Moglibyśmy spojrzeć na to jako na ogromną tragedię, albo na zwycięstwo, bo teraz cały świat należy do Polaków i wszędzie jest Polska.

*Katarzyna Sądej i Basia Bochenek w sukniach wieczorowo-patriotycznych projektu Eweliny Barlak, fot. Lucyna Przasnyski. | Występują Sądej i Bochenek, fot. Iga Supernak, 2018.*

Przejdźmy teraz do następnej części programu, popularnych piosenek Derwida, napisanych przez awangardowego kompozytora Witolda Lutosławskiego (1913-1994) pod pseudonimem, a teraz nagranych przez Katarzynę Sądej i Basię Bochenek. Te utwory ilustrują pierwszą opcję, strategię przetrwania przez udawanie, noszenie masek i adaptację, przy jednoczesnym upewnieniu się, że jądro prawdy pozostaje ukryte we wnętrzu. Przypominają mi się maski noszone przez bohaterów fantastycznej powieści Witolda Gombrowicza *Ferdydurke* (1937) – maski do ukrycia prawdziwej tożsamości, maski noszone na maskach, po maskach. To polski kompromis, „mała stabilizacja". Gombrowicz (1904-1969), autor surrealistycznych sztuk

---

[5] Aleksander Janta Połczyński, *Linia Podziału,* Londyn: Oficyna Poetów i Malarzy, 1963.
[6] Maja Trochimczyk, "13 Psalms by Aleksander Janta-Połczynski", blog *Chopin with Cherries*, t. 9 nr 6, 2018. http://chopinwithcherries.blogspot.com/2018/08/from-13-polish-psalms-by-alexander.html. Poeta lubił formę psalmów, wydał też w dwóch językach *Psalmy z domu niewoli* (Glasgow, 1944), *Psalms of Captivity* (Nowy Jork, 1947).

i powieści, sam był emigrantem. Spędził lata 1939-1963 w Argentynie, a później wrócił do Europy – najpierw do Niemiec, a potem do południowej Francji. Nie miał po co wracać do Polski. Jego Polska już nie istniała.

*Dr Elżbieta Trybuś, Marcin Gortat, Katarzyna Sądej, dr Witold Sokołowski, dr Maja Trochimczyk, Ewa Barsam, Chris Justin, Miro Kępiński po koncercie w Beverly Hills.*

Słuchając piosenek Derwida, możemy zadać sobie pytanie – kim był prawdziwy Lutosławski: światowej sławy awangardowy eksperymentator, czy też ten, który świętował dzieciństwo, pory roku, humor i miłość w swoich uroczych i stylowych piosenkach popularnych? Co było prawdą? Co przetrwa? W PRL musieliście ukrywać to, co znaliście; trzeba było udawać i kłamać, aby żyć „jako tako" – nazywaliśmy to „po japońsku" – i robić swoje. W wielu miejscach nadal musimy to robić i dzisiaj. Kłamać, aby przeżyć. Załóż maskę, aby zachować pracę, aby przeżyć.

Oczywiście spadkobiercy tych, którzy zostali wywłaszczeni przez PRL po 1945 r., mieli prawo do odzyskania własności. Ale ci, którzy stracili ziemie i majątek w Związku Radzieckim, nic nie otrzymali, a straty wielu, którzy zostali okradzeni i zmasakrowani lub zamordowani przez niemieckich żołnierzy i obywateli, również nie zostały spłacone. Powróciła demokracja, a wraz z nią niekończące się spory i nieporozumienia, które pogrążyły Polskę przed jej upadkiem w 1795 roku i zagrażają jej niezależności nawet teraz… Smutna historia, więc wróćmy do muzyki.

Kompozytor ostatniego utworu naszego programu, Jerzy Petersburski (1895-1979), polski Żyd i weteran II Korpusu Generała Andersa, jest przykładem Opcji nr 2 – tych, którzy wyjechali z kraju. Po odbyciu służby wojskowej, pracował jako pianista w Argentynie i Wenezueli, ale pod koniec życia powrócił do swojej ukochanej Polski. Oto kolejny paradoks: powrócił w 1967 roku, zaledwie rok przed ostatnim masowym wydaleniem żydowskiej pozostałości z Polski w 1968 roku, kiedy tak wielu polskim Żydom kazano opuścić kraj i odebrano polskie obywatelstwo. Petersburski nie tylko powrócił, ale prosperował; ożenił się po raz trzeci (jego druga żona zmarła w 1967 r.). Piosenka *To ostatnia niedziela* z 1935 roku, nostalgiczne tango, pozostała jednym z największych przebojów, szlagierów, okresu międzywojennego i jest popularna do dziś.

Sam utwór pojawił się w wielu filmach, w tym w rosyjskiej *Syberiadzie*, amerykańskiej *Schindler's List*, polsko-francuskiej *Bieli* z *Trzech kolorów* Krzysztofa Kieślowskiego. Pierwotnie był wykonywany i nagrany przez Mieczysława Fogga (1901-1990), którego historia przetrwania była jeszcze bardziej niesamowita niż słynnego pianisty, Władysława Szpilmana. Weteran wojny polsko-sowieckiej 1920 roku, wokalista od 1928 roku, między wojnami Fogg pracował w teatrze kabaretowym i rewiowym. Podczas drugiej wojny światowej został członkiem Armii Krajowej, prowadząc wiele potajemnych działań i walcząc w Powstaniu Warszawskim. Uratował życie żydowskiego kompozytora Iwo Wesby'ego (Ignacy Singer, 1902-1961) i jego rodziny, chroniąc ich we własnym domu do końca wojny. Potem Wesby trafił do Nowego Jorku, a Fogg został w Polsce; teraz piosenkarz znajduje się na liście Sprawiedliwych wśród Narodów Świata.

Nie zapominajmy o nich. Ich historie czekają na filmy. Dokumentalne. Fabularne. Proszę, nie zapomnijmy o Ordonce i tysiącach polskich sierot wojennych w Indiach. To niezrównana historia bohaterstwa, siły charakteru, i woli przetrwania. Jestem pewna, że przekonałam was już teraz, że dzięki pieśni i muzyce polska tożsamość przetrwała i rozkwitła. My, członkowie Klubu im. Heleny Modrzejewskiej, będziemy mieli okazję wspólnie zaśpiewać polskie kolędy 15 grudnia 2018 roku podczas corocznego przyjęcia świątecznego. Robimy to po amerykańsku, przed świętami Bożego Narodzenia. Jesteśmy Polakami w Ameryce i jesteśmy wdzięczni za nasz nowy dom.

Jak wiadomo, po 1989 roku Polska odzyskała niepodległość, następnie stała się częścią Unii Europejskiej, która miała zagwarantować suwerenność kraju przeciwko sowieckiej dominacji, ale, niestety, zmieniła się w coś innego... To zupełnie inna historia. Około 70% polskich mediów znajduje się obecnie w rękach Niemców. Jeśli chodzi o fabryki, grunty, firmy i nieruchomości należące niegdyś do Polskiej Rzeczypospolitej Ludowej, ich ponowna prywatyzacja była monumentalnym „przekrętem" – to proces, w którym byli dyrektorzy PZPR i inni politycy stali się właścicielami ogromnych części tego, co poprzednio należało do całego narodu w ramach „systemu socjalistycznego". Smutno i hadko. Jako spadkobiercy wspaniałej patriotycznej tradycji, posłuchajmy rady naszego Wieszcza, Adama Mickiewicza: „miej serce i patrzaj w serce".

Pozwolę sobie zakończyć rocznicową lekcję historii w muzyce fragmentem wiersza z mojej najnowszej książki, antologii poezji, *Grateful Conversations*.[7]

*W świetle poranka*

[...] Żyjemy na planecie, na której pada deszcz diamentów.
Mocny deszcz. Musujące kropelki kryształu.
Chodzimy po niezliczonych skarbach, których nie widzimy.
Zapominamy, zapominamy i zapominamy –
skąd pochodzimy – gdzie jesteśmy – dokąd zmierzamy –

[...] Jesteśmy dziećmi Słońca, błogosławieństwem blasku.
Nosimy w sercach złote gwiazdy miłości – świecimy
i kwitniemy w kosmicznym ogrodzie gwiazd Światła,
na diamentowej planecie tego, co JEST –
w sercu wielkiej, wielkiej Ciszy ...

Dziś jesteśmy bardzo wdzięczni za niesamowitą gwiazdę opery, polsko-kanadyjską mezzosopran Katarzynę Sądej, która zgodziła się uświetnić nasze wydarzenie swoim zadziwiającym głosem i niezwykłą muzykalnością. Jej wspaniały głos jest jeden na milion, wkrótce usłyszycie Państwo jego piękno. Jeśli przeczytacie jej biografię w naszym programie, zobaczycie, jak wiele teatrów operowych już zaprosiło ją do występów. Jesteśmy zachwyceni jej obecnością. Jesteśmy wdzięczni za wsparcie i muzykalność utalentowanej pianistki Barbary Bochenek. Teraz, zatem, bez dalszych ceregieli, dziękuję Państwu za uwagę i zapraszam do wysłuchania *Stu lat Polski w muzyce*!

~ *Dr Maja Trochimczyk, Prezes*

*Konsul Ignacy Żarski, wykonawcy i Klub im. Modrzejewskiej po koncercie "Sto lat Polski w muzyce".*

[7] Maja Trochimczyk, „In Morning Light," w Maja Trochimczyk i Kathi Stafford, red. *Grateful Conversations: A Poetry Anthology,* Moonrise Press, 2018.

# UROCZYSTOŚĆ "100 LAT ODZYSKANIA NIEPODLEGŁOŚCI POLSKI"

## 5 listopada 2018, Colburn School of Music, Los Angeles

### PRZEMÓWIENIE KONSULA GENERALNEGO JAROSŁAWA ŁASIŃSKIEGO

Dobry wieczór, Szanowni Państwo,

Mam zaszczyt przywitać Państwa na wyjątkowym wieczorze upamiętniającym szczególną datę w historii, będącej niezwykłą okazją dla naszego spotkania. Ten rok jest tak wyjątkowy, bo obchodzimy stulecie odzyskania przez Polskę niepodległości. W 1918 r., po 123 latach niebytu Polski na mapach Europy, odzyskaliśmy wolność i niepodległość. W mrocznych czasach rozbiorów nieustannie próbowaliśmy o nią walczyć. Wiele krwi przelano za naszą wolność. Mimo bohaterskiej walki zbrojnej, nasze wysiłki o odzyskanie niepodległości kończyły się niepowodzeniem. Tragiczne w skutkach zniewolenie Ojczyzny nie powstrzymało naszych wysiłków o zachowanie i podtrzymanie tożsamości narodowej. Działania te były wielorakie i angażowały szerokie rzesze ludzi. Nie starczy mi dziś czasu by wspomnieć każdego, kto przyczynił się w istotny sposób do odzyskania naszej państwowości. Zamiast tego spróbuję skupić się na jednej osobie znanej każdemu Polakowi, znanej też i mieszkańcom Kalifornii na tyle, by mogli uznać go za swojego krajana. Mam na myśli Ignacego Jana Paderewskiego.

Filantrop, mąż stanu, wirtuoz fortepianu i kompozytor, który mieszkał niedaleko stąd, w Paso Robles. Był także producentem wina, jednym z pionierów sprowadzenia do Kalifornii szczepu winorośli odmiany Zinfandel. My, Polacy, jednak pamiętamy Ignacego Jana Paderewskiego nie ze względu na jego zasługi w produkcji wina ale dlatego, że to jego starania przybliżyły nam odzyskanie niepodległości. Paderewski znał osobiście pięciu prezydentów Stanów Zjednoczonych. To jego znajomość z Prezydentem Woodrow Wilsonem sprawiła, że sprawa niepodległości Polski znalazła się w słynnych czternastu punktach Wilsona. W orędziu do kongresu wygłoszonym w dniu 8 stycznia 1918 r. przedstawił on program pokojowy, zawierający jego wizję przyszłego porządku świata po zakończeniu pierwszej wojnie światowej. Punkt 13 tego orędzia nawoływał do powstania niepodległego państwa polskiego.

Ignacy Jan Paderewski walnie przyczynił się do mobilizacji młodych polskich emigrantów, którzy opuścili swoje nowe domy w Kanadzie i Stanach Zjednoczonych, by wstąpić do Błękitnej Armii, armii generała

Hallera, by wrócić do Europy, by walczyć o wolność Polski na froncie zachodnim I wojny światowej. Nie może więc dziwić, że ukoronowaniem tych wysiłków było, że to Ignacy Jan Paderewski był z ramienia Polski sygnatariuszem traktatu wersalskiego w 1918 roku. W styczniu 1919 roku jako premier stanął też na czele pierwszego polskiego rządu. Uhonorujemy jego pamięć w programie naszego koncertu, ponieważ dziś wieczorem usłyszycie Państwo kilka utworów skomponowanych przez Ignacego Jana Paderewskiego.

Życie w Polsce przez te 123 lata narodowego niebytu, pod ciężkim butem zaborców nie było łatwe. Przetrwaliśmy ten czarny okres w naszej historii jako naród, gdyż łączyła nas wspólna kultura. Byli też w Polsce Ci, którzy nam w tym przetrwaniu pomogli. Mam na myśli poetów, jak Adam Mickiewicz, Cyprian Kamil Norwid, czy Juliusz Słowacki. Mówię o pisarzach, takich jak Henryk Sienkiewicz, który pisał swe powieści ku pokrzepieniu serc. Wspominam malarzy i kompozytorów.

Wśród nich, szczególne miejsce w naszych sercach zajmuje Fryderyk Chopin. Jego muzyka jest synonimem polskości, bo w jego muzyce odnajdziecie Państwo polską duszę i polskiego ducha narodowego. Znaczenie Fryderyka Chopina wykraczało daleko poza samą muzykę. Nie trzeba przyjmować tych słów na wiarę, gdyż zacytuję tu samego Maestro Paderewskiego, który w słynnym przemówieniu wygłoszonym w 1910 roku we Lwowie, podczas obchodów 100. lecia urodzin Fryderyka Chopina, wypowiedział te słowa:

> „Zabraniano nam wszystkiego: mowy ojców, wiary przodków, czci dla świętych, przeszłości pamiątek, strojów, obyczajów, pieśni narodowych, Słowackiego, Krasińskiego, Mickiewicza. Nie zabroniono nam tylko Chopina. A jednak w Chopinie tkwi wszystko czego nam wzbraniano: barwne kontusze, szlacheckich brzęk szabel, jęk zranionej piersi, bunt spętanego ducha, krzyże cmentarne, przydrożne wiejskie kościółki, modlitwy serc stroskanych, niewoli ból, wolności żal, tyranów przekleństwo i zwycięstwa radosna pieśń".

Nie powinno więc nikogo dziwić, że dzisiejszy uroczysty wieczór uświetnią także utwory skomponowane przez Chopina.

*Jarosław Łasiński*
*Konsul Generalny Rzeczypospolitej Polskiej w Los Angeles*

*Przemówienie wygłoszone w dniu 5 listopada 2018 r. w Zipper Hall, Los Angeles, w języku angielskim.*

*Maja Trochimczyk, Kate Liu, Konsul Jarosław Łasiński. Po prawej: Barbara Bochenek, Chris Justin, Konsul Jarosław Łasiński, Katarzyna Sądej i Ewa Barsam na przyjęciu po koncercie.*

## PRZEMÓWIENIE SENATOR ANNY MARII ANDERS

Szanowni Państwo, Dobry Wieczór,

Właśnie wysiadłam z samolotu z Warszawy, zaledwie kilka godzin temu. Jestem naprawdę zaszczycona i zachwycona, że znów tu jestem, znów jestem w pięknej Kalifornii. Niestety moja wizyta jest bardzo krótka. Przyjechałam dzisiaj a jutro wieczorem wyjeżdżam. To pracowity miesiąc. Chodzi o to, że obchody 100-lecia odzyskania niepodległości trwają prawie cały rok, ale ten miesiąc jest szczególnie pracowity.

W każdym razie, jestem tutaj, jak zostałam przedstawiona, jako Sekretarz Stanu ds. Dialogu Międzynarodowego. Jestem też senatorem w Polsce, ale tutejszym Polakom byłam znana od wielu, wielu lat jako córka generała Andersa, który był Naczelnym Wodzem Wojska Polskiego w czasie II wojny światowej. Myślę, że to znaczące, że wspomnieliśmy w tym miejscu o generale Andersie, ponieważ on i jego armia walczyli o wolność i myślę, że jak mówimy o niepodległości, to oczywiście mówimy o wolności. Wolności nigdy nie można brać za pewnik. Historia Polski pokazała, że jest ona rzeczywiście w niepewnej sytuacji. Myślę więc, że powinniśmy, oprócz świętowania 100-lecia, modlić się, aby Polska nigdy więcej nie przeżyła tego, co stało się w przeszłości.

Muszę tu dodać coś bardzo ciekawego. Właśnie wróciłam z Edynburga w Szkocji, gdzie świętowaliśmy pamięć generała Maczka. Generał Maczek był bohaterem; walczył o wyzwolenie Belgii i Holandii. Ale podczas tej uroczystości nie mogłam oprzeć się wrażeniu, że to ironia, iż ludzie tacy jak mój ojciec i generał Maczek i jego żołnierze walczyli o wolność. Dzięki nim Europa była wolna. Przyczynili się do wolności świata po II wojnie światowej, ale niestety Polska nie żyła tą wolnością przez wiele lat.

Oczywiście świętujemy 100 lat niepodległości, ale nie zapominajmy, że Polska po wojnie nie była wolna; była poddana wieloletnim rządom komunistycznym. Dlatego myślę, że ta uroczystość jest dla nas jeszcze ważniejsza dzisiaj. Myślę, że potrzebujemy tych wydarzeń, aby przypomnieć światu, jakim naprawdę wspaniałym krajem jest Polska.

Jako senator w Polsce, a raczej tak długo, jak długo jestem w polskim rządzie i tyle podróżowałam ile podróżowałam, zdałam sobie sprawę, że ludzie na całym świecie niewiele wiedzą o Polsce. Jestem zaszokowana, że wciąż są ludzie w Stanach Zjednoczonych, którzy nawet nie wiedzą, że Niemcy najechały na Polskę w 1939 roku. Ludzie pytali mnie na całym świecie, dlaczego jest tak wielu polskich emigrantów? Jak to się dzieje, że Polacy są rozproszeni po całym świecie? Nie wiedzą, że tyle lat komunizmu to sprawiło. Ludzie mówili o nazistowskich Niemczech, mówili o obozach koncentracyjnych, ale nie mówili o deportacjach.

Nie mówili o ponad milionie ludzi zesłanych do Rosji; nie mówili o 120.000 deportowanych i uwięzionych Polakach, którzy wyszli ze Związku Radzieckiego z generałem Andersem i byli rozproszeni po całym świecie, żyli na wygnaniu. Generał Anders, podobnie jak generał Maczek, przez wiele lat żył na emigracji. Mój ojciec nigdy nie doczekał wolnej Polski. Marzył o wolnej Polsce. Nie wiem, bo byłam małą dziewczynką, ale myślę, że po wojnie wierzył, że rzeczy się zmienią, że może będzie trzecia wojna światowa i Polska znów będzie wolna, ale zmarł w 1970 roku.

I myślę, że to właśnie sprawia, że dzisiaj, jako członek polskiego rządu, pracując na stanowisku, którego nigdy sobie nie wyobrażałam, nawet pięć lat temu, chcę wierzyć, że mój ojciec, gdzieś tam w górze, cieszy się, że przynajmniej jestem tutaj – tutaj w Ameryce, reprezentując wolną Polskę, ale też i tutaj w Polsce, reprezentując jego.

Myślę więc, że gdy dzisiaj słuchamy pięknej muzyki, myślimy o naszej historii, bądźmy szczęśliwi. Cieszmy się tym, że w końcu możemy być dumni z tego, kim jesteśmy. Myślę, że szczególnie ważne jest, aby przekazać to młodym ludziom. Bo młodzi ludzie są naszą przyszłością. Ludzie w Polsce zaczynają zdawać sobie sprawę, że polską młodzież naprawdę należy uczyć dumy: być dumnym ze swoich wojennych bohaterów; być dumnym z takich ludzi jak Paderewski, Chopin, czy Kościuszko. Nasza młodzież musi wierzyć, że oni też mogą coś osiągnąć – bo każdy może osiągnąć wszystko, czego chce, przy odrobinie szczęścia i odrobinie ambicji.

Polacy są wspaniali, choć przez tak wiele lat byli poddani surowej krytyce. Myślę, że skoro tu dzisiaj jesteśmy, bądźmy dumni z tego, że jesteśmy Polakami, że jesteśmy tu razem. A dla ludzi tutaj, którzy nie są Polakami, cóż, mam nadzieję, że i tak będziecie się dobrze bawić.

Tak cudownie spotkać ludzi, których wcześniej nie spotkałam. Widzę także wiele znajomych twarzy. To mój drugi lub trzeci pobyt tutaj, więc czuję się otoczona przyjaciółmi. Dziękuję za zaproszenie. Dziękuję Polskiej Fundacji Narodowej za wsparcie i nie mogę się doczekać wieczoru i koncertu, a później naszego przyjęcia. Dziękuję Wam bardzo.

*Anna Maria Anders*
*Senator i Sekretarz Stanu Rzeczpospolitej Polskiej*
*Przekład dr Maja Trochimczyk*

*Senator Anna Maria Anders i pianistka Kate Liu. Konsul Jarosław Łasiński i Jeffrey Prang z gratulacjami od Hrabstwa Los Angeles. Po prawej: Senator Anna Maria Anders i dr Maja Trochimczyk.*

# SPEKTAKL *HELENA* MARTY OJRZYŃSKIEJ W SANTA MONICA
## Marta Ojrzyńska, „Culture Avenue", 6 czerwca 2019

19 maja 2019 roku w Magicopolis Theater w Santa Monica w Kalifornii odbył się spektakl *Helena*, napisany i zagrany przez aktorkę Teatru Starego w Krakowie, Martę Ojrzyńską. Organizatorem przedstawienia był Klub Kultury im. Heleny Modrzejewskiej.

*Marta Ojrzyńska, jako Helena Modrzejewska, fot. Ignacy Żarski.*

Postacią Heleny Modrzejewskiej zainteresowałam się pracując w Teatrze Starym w Krakowie. Od 2005 roku jestem w zespole aktorskim. Niemal codziennie mijałam obraz Heleny Modrzejewskiej, kopię słynnego obrazu Tadeusza Ajdukiewicza, wiszący w foyer teatru. W 2015 roku przyjechałam do Los Angeles i tutaj spojrzałam na postać Modrzejewskiej z nowej perspektywy – perspektywy kobiety, która podobnie jak ja przyjechała do Ameryki w poszukiwania nowego życia i nowych możliwości. Doceniłam jej ogromny talent, wielkie ambicje i ogromny dorobek artystyczny.

W tym roku zgłosiłam się do pani Mai Trochimczyk z Klubu Kultury im. Heleny Modrzejewskiej w Los Angeles, z propozycją przygotowania spektaklu o tej wielkiej artystce. Bardzo się ucieszyła, ustaliłyśmy datę premiery i miejsce, a ja rozpoczęłam prace nad pisaniem scenariusza i opracowaniem sztuki. Było to duże wyzwanie, bo sama pisałam tekst, reżyserowałam i grałam. Po raz pierwszy pracowałam w ten sposób. Mam doświadczenie reżyserskie i dramaturgiczne, natomiast nigdy wcześniej nie zrobiłam monodramu. Bartosz Nalążek zrobił piekne video, które kręciliśmy na Hollywood Blv. i w domu Modrzejewskiej w Arden. Był również reżyserem świateł. Sztuka jest napisana w języku polskim, tylko fragmenty sztuk z repertuaru Modrzejewskiej gram w języku angielskim.

Przedstawienie zostało bardzo dobrze odebrane. Jestem ogromnie szczęśliwa, że doszło do premiery w Teatrze Magicopolis w Santa Monica. Tam jest magiczna, bardzo piękna scena. Dziękuję Mai Trochimczyk za zaproszenie i wielkie wsparcie. To było wielkie wyzwanie i wspaniała przygoda. Moim marzeniem jest teraz podróżowanie z tym spektaklem śladami Modjeskiej/Modrzejewskiej po Ameryce i Polsce.

*Marta Ojrzyńska jako Helena Modrzejewska, fot. Ignacy Żarski.*

*Scenariusz, reżyseria, kostiumy i występ: Marta Ojrzyńska. Reżyseria świateł i wideo: Bartosz Nalążek. Tekst opublikowany po spektaklu, 6 czerwca 2019,* https://www.cultureave.com/spektakl-helena-marty-ojrzynskiej-w-santa-monica. *Wcześniej zapowiedź w przeddzień prapremiery.* https://www.cultureave.com/helena-prapremiera-sztuki-marty-ojrzynskiej-o-helenie-modrzejewskiej-w-kalifornii/

## SPOTKANIA PODCZAS KADENCJI PREZESA MAI TROCHIMCZYK, 2021 – 2022

### SPOTKANIA W OKRESIE LIPIEC 2020 – CZERWIEC 2021

- **12 września 2020** – Poezje Anny Marii Mickiewicz z Londynu, po polsku i angielsku.
- **10 października 2020** – Polski Hollywood, wywiad Elżbiety Kańskiej z aktorami Aleksandrą Kaniak, Marcinem Harasimowiczem i Moniką Ekiert, Los Angeles.
- **24 października 2020** – Wycieczka na plażę, Venice Beach.
- **14 listopada 2020** – Polska i Hollywood, wywiad Elżbiety Kańskiej z aktorką Katarzyną Śmiechowicz, aktorem-reżyserem Markiem Proboszem i reżyserem Mattem Szymanowskim, Los Angeles. Nagranie na YouTube.
- **20 grudnia 2020** – Kolędy i pastorałki prezentuje prof. Stanisław Górka z Polski. Nagranie na YouTube.
- **2 stycznia 2021** – Modjeska Prize 2020 dla Andrzeja Seweryna, wywiad Katarzyny Śmiechowicz oraz prezentacja nagrody Klubu im. Heleny Modrzejewskiej; rozmowa z Warszawy, prezentacja nagrody z Los Angeles. Nagranie na YouTube.
- **31 stycznia 2021** – Instytut Józefa Piłsudskiego w Nowym Jorku, dr Iwona Korga, Prezes Instytutu, mówi z Nowego Jorku o jego zbiorach i projektach. Nagranie na YouTube.
- **27 lutego 2021** – Elżbieta Kański prowadzi spotkanie ze znaną aktorką, malarką i rzeźbiarką, Beatą Poźniak, w Los Angeles.
- **27 marca 2021** – Święto Kobiet: Krystyna i Katarzyna Sądej, spotkanie z wybitnymi artystkami, matką i córką z okazji Miesiąca Kobiet, Ottawa, Kanada. Nagranie na YouTube.
- **8 maja 2021** – Wykład prof. Johna Radzilowskiego z Uniwersytetu Południowej Alaski, na temat „Law vs. Justice? Claims to Plundered Art and Cultural Treasures from Poland, East-central Europe, and Beyond" w języku angielskim. Nagranie na YouTube.
- **22 maja 2021** – *Muzycy sukcesu*, kompozytor Mikołaj Stroiński i dyrygent Tomasz Golka.

W związku z ciągle przedłużanym zakazem imprez kulturalnych i spotkań w większym gronie przez gubernatora Kalifornii i burmistrza Los Angeles, Klub Kultury im. Heleny Modrzejewskiej przeniósł swoje jesienne spotkania na platformę Zoom. W sobotę, 12 września o 11-tej rano (tak wcześnie ze względu na czas londyński!) przedstawiliśmy znakomitą poetkę emigracyjną z Londynu, **Annę Marię Mickiewicz**). *Contemporary Writers of Poland* (USA), założycielkę portalu *Fale Literackie/Literary Waves,* http://faleliterackie.com. Od lat mieszka i tworzy poza Polską: początkowo w Kalifornii, obecnie w Londynie.

Publikuje w języku polskim i angielskim. Członkini Związku Pisarzy Polskich na Obczyźnie (The Union of Polish Writers Abroad). Najnowsze tomy poezji Mickiewicz to m.in. *Londyńskie bagaże literackie* (2019) i *The Mystery of Time and Other Poems* (Flutter Press, 2019). Wycyzelowane miniatury poetyckie Mickiewicz wzruszyły słuchaczy, zainteresowanych też jej pokrewieństwem ze słynnym wieszczem, Adamem Mickiewiczem (odpowiedź negatywna).

W sobotę 10 października 2020, nasz Klub miał przyjemność zaprezentować **Polski Hollywood z Aleksandrą Kaniak, Marcinem Harasimowiczem** i **Moniką Ekiert** w formacie Zoom.[8] Spotkanie poprowadziła Elżbieta Kański, była Prezes Polsko-Amerykańskiego Towarzystwa Filmowego i aktywna członkini polskiego Hollywood. Wszyscy troje byli urodzeni w Polsce i wybrali Kalifornię jako miejsce dla swej kariery. Harasimowicz jest dziennikarzem sportowym i aktorem. Ekiert najpierw pracowała we Francji. Aktorzy opowiadali o trudnościach „ustawienia się" w nowym środowisku, pomocy agentów, szczęściu czy ciężkiej pracy, które umożliwiały im zbudowanie kariery w nowym języku i innej kulturze. Dzielili się marzeniami i wspomnieniami o swoich najwspanialszych sukcesach. Opowiadali o sposobie pracy nad rolą i nieustannej aktywności przygotowań do ciągle nowych wyzwań. Kariera w świecie filmowym w USA nie jest łatwa a jednak im się to udało.

*Elżbieta Kozłowska, dr Maja Trochimczyk, Andrzej Kozłowski i członkowie Klubu w Venice.*

W październiku wybraliśmy się na piknik na plażę w Venice Beach. Grupka odważnych zmarzła nieco, ale bardzo cieszyła się z osobistego spotkania pod gołym niebem.

---

[8] Informacje biograficzne w blogu Klubu opublikowanym 19 września 2020.
https://klubmodrzejewskiej.blogspot.com/2020/09/polski-hollywood-aleksandra-kaniak-i.html

Tematyka Polek i Polaków w Hollywood okazała się tak interesująca, że format spotkania grupowego kontynuowaliśmy 14 listopada 2020 r. Spotkanie zatytułowane „**Polska i Hollywood: Katarzyna Śmiechowicz, Marek Probosz, Matt Szymanowski**" prowadziła Elżbieta Kański.[9] Nagranie zostało umieszczone w YouTube: https://youtu.be/aGKb14MoOBE. **Katarzyna A. Śmiechowicz** występująca czasem jako Kasia A. Leconte jest polską aktorką pracującą od wielu lat w Polsce i USA. Katarzyna gra w filmach i serialach, pisze scenariusze i pracuje w dubbingu. Wychowuje 10-letnich synów Antoniego i Fabiana, którzy są dziecięcymi aktorami i modelami. **Marek Probosz**, polsko-amerykański aktor, reżyser, scenarzysta, autor i producent, ma na swoim koncie około 60 ról filmowych. Wiele z tych filmów zdobyło nagrody na prestiżowych festiwalach, takich jak Cannes, Berlin, San Sebastian, Karlove Vary, etc. Probosz wyemigrował do USA u szczytu swojej kariery w Europie. Jego kariera filmowa i telewizyjna obejmuje role w produkcjach i koprodukcjach polskich, czeskich, niemieckich, francuskich, włoskich i amerykańskich. Jest laureatem wielu nagród. **Matt Szymanowski,** urodzony w Ameryce, syn polskich imigrantów, wrócił do rodzimej Polski, aby studiować reżyserię filmową i teatralną w prestiżowej PWSFTviT w Łodzi. Jest autorem dwóch filmów. *The Purple Onion* i *Glorious Empire.* Warto było posłuchać fascynujących opowieści wybitnych aktorów, znanych w Polsce i na świecie, o początkach ich karier, warsztacie pracy, sukcesach w Hollywood i nie tylko. Miło, że Matt, urodzony w USA, pięknie mówił po polsku.

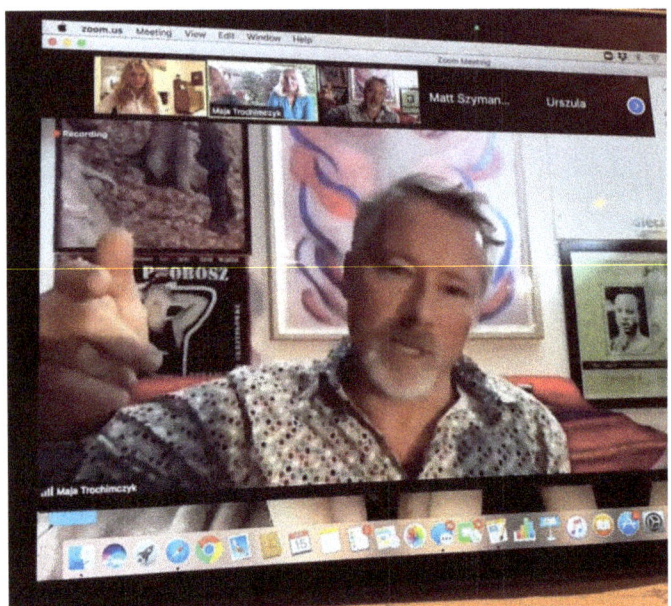 

*Marek Probosz, Elżbieta Kański, dr Maja Trochimczyk w programie Zoom, listopad 2020.*

Choć można nagrać i łatwo opublikować rozmowy w formacie Zoom, bez kosztów wynajmowania ekipy filmowej i można zapraszać gości z daleka, ogromną stratą jest brak osobistego kontaktu, owej specyficznej atmosfery, wręcz mistycznej energii, gdy grupa ludzi w jednej sali przeżywa wspólne emocje wzruszenia, radości czy nostalgii. **Stanisław Górka** znakomicie umie stworzyć tak piękną świąteczną atmosferę na żywo, jak pokazał w 2017 roku w „prawie-podhalańskim" dworku poety Johna Stevena McGroarty w Tujunga. Zebrani na kolędowaniu mogli po uczcie duchowej spróbować różne smakołyki przyniesione przez członków Klubu – wszystkie z domowych kuchni i tradycyjnych polskich przepisów. Niestety, kolędowanie w czasie pandemii nie może być zbyt wesołe, ale znając talent profesora Górki, postanowiliśmy właśnie jego poprosić aby przeniósł nas, internetowo, spod palmy pod polską choinkę.

W sobotę 20 grudnia 2020 o godzinie 12.20 po południu (ze względu na różnicę czasu oraz aby było łatwiej zapamiętać) odbyło się w formacie Zoom spotkanie świąteczno-kolędowe z prof. **Stanisławem Górką,** który zaśpiewał kolędy i czytał wiersze świąteczne. Podczas poprzedniego pobytu, w McGroarty Arts Center w

---

[9] Informacje biograficzne i listy filmów na naszym blogu, https://klubmodrzejewskiej.blogspot.com/2020/10/polska-i-hollywood-katarzyna.html.

Tujunga – wydaje się tak dawno, gdy jeszcze mogliśmy się zebrać osobiście – prof. Górka stworzył unikalną, ciepłą, serdeczną atmosferę, prawdziwie polską i domową... W 2020 roku, o dziwo, udał mu się ten cud w zimnym komputerze. Tylko zabrakło świątecznych smakołyków. W programie piosenek i kolęd z akompaniamentem własnej gitary lub nagranej ścieżki dźwiękowej, grupy instrumentalnej, prof. Górka rozpoczął koncert na przywitanie czołową piosenką z serialu *Plebania*, „Stoisz sam pośrodku świata". „Wśród nocnej ciszy" otworzyło wspólne śpiewanie kolęd. Tylko, że każdy sobie śpiewał do ekranu w domu, bez mikrofonu, bo inaczej pojawiłyby się w komputerze koszmarne echa i sprzężenia zwrotne. Usłyszeliśmy i zaśpiewaliśmy tradycyjne kolędy, jak „Przybieżeli do Betlejem pasterze", „Lulajże Jezuniu", „Jezus malusieńki" i triumfalny polonez „Bóg się rodzi". Obok nich – piosenki świąteczne, jak „Na całej połaci śnieg". Wiersze „Powrót" Gałczyńskiego i „Kolęda" Jana Lechonia urozmaiciły program, pełen życzeń „od serca" i marzeń o wspólnym osobistym spotkaniu za rok.
https://klubmodrzejewskiej.blogspot.com/2020/12/koledowanie-z-profesorem-stanislawem.html

*Prof. Górka w domu i wesołe elfy z Photoshopu w ogrodzie: Maria Kubal, Maja, Elżbieta, Syl Vès, 20 grudnia 2020.*

I tak zakończył się, w pieleszach domowych, rok 2020. Balu sylwestrowego oczywiście nie było, bo w Kalifornii być nie mogło. Co innego by było, na przykład, w Szwecji, gdzie wszystko wolno.

Rok 2021 rozpoczęliśmy od wielkiej uroczystości: wirtualnej prezentacji **Nagrody im. Heleny Modrzejewskiej za rok 2020** (Modjeska Prize 2020) wybitnemu polskiemu aktorowi **Andrzejowi Sewerynowi**.[10] Ceremonia miała miejsce w sobotę drugiego stycznia 2021 roku w formacie Zoom. Rozmowę z naszym znamienitym gościem przeprowadziła członkini Klubu, znana aktorka Katarzyna Śmiechowicz. Wręczenie nagrody odbyło się w ogrodzie Prezesa Klubu Mai Trochimczyk, z udziałem Anny Sadowskiej i Syl Vès reprezentujących zarząd Klubu oraz Elżbiety Kańskiej, reprezentującej świat filmowy.

Znajdujący się od dawna w małej grupie najbardziej szanowanych polskich aktorów, Seweryn wystąpił w ponad 50 filmach w Polsce, Francji i Niemczech. Obecnie jest dyrektorem Teatru Polskiego w Warszawie. Seweryn należy do elitarnego grona zaledwie trzech cudzoziemców przyjętych do Comédie-Française. Jego wysoko cenione przez krytyków role filmowe i teatralne przyniosły mu wiele wyróżnień i nagród. Kilkakrotnie odwiedził Klub Modrzejewskiej, ostatnio w 2017 roku, kiedy prezydentem był Andrew Dowen a Ewa Barsam była gospodarzem spotkania w Woodland Hills. Spotkanie styczniowe 2020 zostało nagrane i umieszczone w YouTube, https://youtu.be/gXguc-S6qrg. Sprawozdania opublikowały gazety polonijne, „Culture Avenue" w Teksasie, po polsku, oraz „The Post Eagle", po angielsku. Skrócony wywiad jest w naszym albumie.

Aby przybliżyć naszym członkom i gościom ważne organizacje polonijne, w niedzielę 31 stycznia 2021 r. prelekcję o **Instytucie im. Józefa Piłsudskiego** w Nowym Jorku wygłosiła jego Prezes i Dyrektor, **dr Iwona**

---

[10] Więcej wiadomości, biografie Seweryna i Śmiechowicz:
https://klubmodrzejewskiej.blogspot.com/2020/12/andrzej-seweryn-virtualnie-otrzymuje.html
https://www.cultureave.com/andrzej-seweryn-laureatem-nagrody-im-heleny-modrzejewskiej-w-los-angeles/

**D. Korga.**[11] Program, pt. „Instytut Piłsudskiego w Ameryce: historia, ludzie i działalność" był bogato ilustrowany krótkimi filmami i slajdami. Nasz prelegent to historyk, badacz Polonii; pochodzi z Krakowa, a w Nowym Jorku mieszka od 1991 roku. Z Instytutem Piłsudskiego związana jest od 1994 roku, najpierw jako bibliotekarz i archiwista, potem wicedyrektor i dyrektor wykonawczy (od 2005) a od 2016 roku – prezes.

*Uczestnicy spotkania z Andrzejem Sewerynem, od góry: E. Trybuś, M. Trochimczyk, Anna Sadowska, Maria Kubal, Andrzej i Irmina Targowski, Krystyna Kuszta, Katarzyna Śmiechowicz, Jolanta Zych, Andrzej Seweryn, Elżbieta Kański.*

27 lutego 2021 r. odwiedziła Klub słynna aktorka, artystka, i aktywistka, czyli kobieta renesansu, **Beata Poźniak**.[12] W programie – fragmenty wideo i występ na żywo oraz rozmowa prowadzona przez Maję Trochimczyk i Elżbietę Kański. Beata Poźniak została nie tylko pierwszą Polką, ale pierwszą nie-anglojęzyczną aktorką, którą zatrudniło do pracy jako lektora do nagrywania książek największe anglojęzyczne wydawnictwo literackie na świecie – Penguin Random House. Zbiera za tę pracę wiele nagród. W Polsce jako aktorka zadebiutowała w serialu *Życie Kamila Kuranta*, a w USA u Olivera Stone'a w wielo-oskarowym filmie *JFK*. W Klubie występowała wielokrotnie i zawsze podziwialiśmy jej energię i talent.

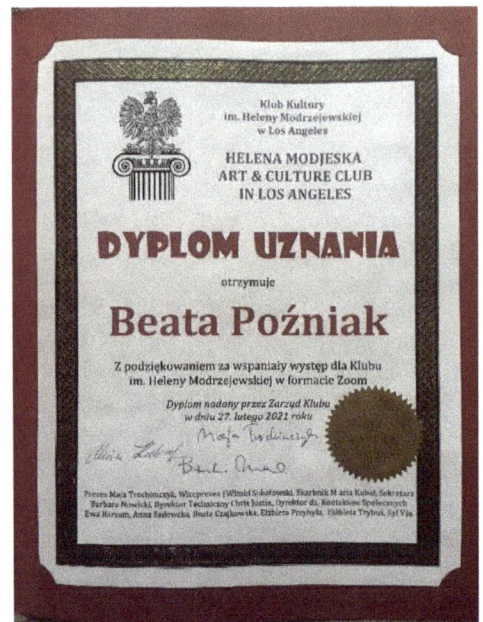

„Marcowe Święto Artystycznych Kobiet – Mama i Córka, **Krystyna i Katarzyna Sądej**" – to ciekawe spotkanie via Zoom sprowadziło nam do domów gości z Kanady w sobotę, 27 marca 2021 r.[13] Ponieważ w USA obchodzimy Święto Kobiet przez 31 dni marca, postanowiliśmy zaprosić dwie wybitne damy polskiej kultury, matkę i córkę. Krystyna Sądej to artystka sztuki gobelinów „fiber art", a jej córka Katarzyna Sądej to słynny mezzosopran, gwiazda opery, którą mieliśmy przyjemność gościć w Klubie w 2018 roku. Unikalne prace eksperymentalne Krystyny Sądej obejmują dynamiczny zakres faktur, wzorów, kolorów i materiałów. Wykorzystując materiały pochodzące z recyklingu tworzy nowoczesne formy, kreując piękno z odpadów. Krystyna ma na swoim koncie wiele wystaw między-narodowych w Kanadzie, Stanach Zjednoczonych, Azji oraz w Polsce i w licznych krajach Europy. www.krystynasadej.com. Mezzosopran Katarzyna Sądej urodziła się we Wrocławiu. Jej międzynarodowa kariera obejmuje

---

[11] Więcej informacji na naszym blogu, a wideo z wykładu jest w YouTube: https://youtu.be/a6dihbNHiKo. https://klubmodrzejewskiej.blogspot.com/2021/01/dr-iwona-korga-31-stycznia-2021-g-16ta.html.
[12] klubmodrzejewskiej.blogspot.com/2021/02/beata-pozniak-aktorka-i-autorka-w.html.
[13] Nasze wideo w YouTube: https://youtu.be/mwreT8Ho5fg. Informacje biograficzne na naszym blogu. https://modjeskaclub.blogspot.com/2018/10/100-years-of-poland-in-music-text-of.html
https://klubmodrzejewskiej.blogspot.com/2021/03/marcowe-swieto-artystyczych-kobiet-mama.html

koncerty, operę, muzykę kameralną, oratorium, film, recitale solowe i role lektora. Katarzyna ma na swoim koncie wiele prawykonań i kilkanaście nowych utworów skomponowanych specjalnie dla niej (KatarzynaSadej.com). Wystąpiła w Klubie im. Heleny Modrzejewskiej w październiku 2018 r., w recitalu polskich pieśni. Koncert odbył się w wypełnionej sali w prywatnej rezydencji w Beverly Hills. Jej talent i muzykalność zadziwiły publiczność i wtedy i teraz. Obie artystki bogato ilustrowały swoje wykłady slajdami, zdjęciami i fragmentami video.

Aby uczcić święto narodowe Polski, Święto Konstytucji 3 maja, Klub im Heleny Modrzejewskiej miał przyjemność zaprezentować wykład w formacie Zoom, pt. „Law vs. Justice? Claims to Plundered Art & Cultural Treasures from Poland, East-central Europe, and Beyond".[14] Prelekcję ilustrowaną slajdami wygłosił **prof. John Radzilowski** z Uniwersytetu Alaski Południowy-wschód. Wykład w języku angielskim odbył się 8 maja 2021 roku. Prelekcja rozpoczęła się od opisu skutków niekwestionowanej grabieży dzieł sztuki i dokumentów historii Polski: kraj nasz stracił około 90% swojego dorobku dziejowego, najpierw skradzionego lub zniszczonego przez wojska niemieckie, potem przez wojska sowieckie, gdy Armia Czerwona wycofując się do ZSRR zabierała po drodze wszystko. ZSRR traktował zagrabione dzieła jako rekompensatę za straty wojenne, ale to nie Polska spowodowała te straty tylko Niemcy, a Polska została za to podwójnie „ukarana". Wykład poruszał trudne zagadnienia konfliktowych roszczeń opartych na różnych przesłankach moralnych do tego samego dzieła oraz współczesną grabież sztuki, zwłaszcza antycznej na Bliskim Wschodzie, związaną z wojnami i finansowaniem terrorystów.

[14] Informacje biograficzne na naszym blogu. https://klubmodrzejewskiej.blogspot.com/2021/04/wyklad-z-historii-polski-prof-john.html

*Maestro Tomasz Golka i Filharmonia Riverside w formacie Zoom.*

**22 maja 2021 r.**, w sobotę o godz. 12.00 w samo południe (ze względu na różnicę czasu w stosunku do Polski) Klub Kultury im. Heleny Modrzejewskiej miał przyjemność zaprezentowania dwóch wybitnych polskich muzyków, których kariera w Kalifornii wspaniale się rozwinęła.[15] **Tomasz Golka**, wybitny polski skrzypek, kompozytor i dyrygent, jest dyrektorem muzycznym Riverside Philharmonic. **Mikołaj Stroiński** to znany polski kompozytor muzyki filmowej i muzyki do gier komputerowych, zdobywca wielu nagród. Muzycy opowiadali o swoich muzycznych pasjach, karierze, sukcesach, i planach na przyszłość. Obaj znamienici goście w ramach prezentacji odtworzyli fragmenty nagranych kompozycji muzycznych oraz wideo. Publiczność mogła zadawać pytania i uczestniczyć w fascynującej i ożywionej dyskusji.

*Mikołaj Stroiński w studio w Polsce, Zoom.*

Do zakończenia sezonu 2020-21 pozostaje zorganizowanie jeszcze jednego spotkania, tym razem na plaży z latawcami. Zajmuje nas również korekta obecnego tomu wspomnień o bogatej historii Klubu im. Heleny Modrzejewskiej, a zarazem historii Polonii w Kalifornii.

*Dr Maja Trochimczyk, Prezes*

---

[15] Informacje biograficzne na naszym blogu, https://klubmodrzejewskiej.blogspot.com/2021/05/w-samo-poludnie-tomasz-golka-i-mikolaj.html

**O SZTUCE AKTORSKIEJ MÓWI ANDRZEJ SEWERYN**
**Wywiad z okazji nadania Nagrody im. Heleny Modrzejewskiej**[16]
**Z Andrzejem Sewerynem rozmawia Katarzyna Śmiechowicz, 2 stycznia 2021 r.**
**Transkrypcja: Elżbieta Czajkowska. Redakcja: dr Elżbieta Trybuś**

**Maja Trochimczyk:** Witam Państwa serdecznie na uroczystości prezentacji Nagrody im. Heleny Modrzejewskiej za rok 2020, przyznanej przez zarząd Klubu im. Heleny Modrzejewskiej polskiemu aktorowi światowej sławy, Andrzejowi Sewerynowi. Jestem Prezesem Klubu Kultury im. Heleny Modrzejewskiej w Los Angeles, który działa tutaj od 1971 roku. W 2021 roku obchodzimy nasze pięćdziesięciolecie. Nagrodę im. Heleny Modrzejewskiej wręczamy najwybitniejszym przedstawicielom polskiego teatru i filmu od roku 2010, zatem tych nagród nie było jeszcze tak wiele. Jesteśmy więc ogromnie zaszczyceni, że Pan Andrzej Seweryn zgodził się na przyjęcie naszej Nagrody. Bardzo serdecznie dziękujemy za obecność i z góry cieszymy się z rozmowy, którą poprowadzi wspaniała aktorka, członkini naszego Klubu, Katarzyna Śmiechowicz. Prezentacja Nagrody przez Zoom odbędzie się po wywiadzie z Mistrzem sztuki aktorskiej. Witamy Państwa serdecznie! Kasiu, oddaję mikrofon w Twoje ręce.

*Katarzyna Śmiechowicz: Jestem niezmiernie zaszczycona, że przypadło mi w udziale zaprezentować jednego z najwybitniejszych polskich aktorów, wspaniałego pedagoga, reżysera, dyrektora teatru oraz artystę o niesamowitej energii zjednującej widzów – dla mnie i nie tylko dla mnie -- jesteś Mistrzem, który potrafi zbudować każdą postać wielowarstwowo, gdzie waga słów jest bardzo istotna i jakże urzekająca. Twoja kariera aktorska jest niezwykle imponująca. Współpracowałeś z największymi twórcami polskiej kinematografii. Wymienić tu można Jana Świderskiego, Jana Rybkowskiego, Andrzeja Wajdę, Krzysztofa Kieślowskiego, Andrzeja Żuławskiego, Jerzego Hoffmana, Agnieszkę Holland, Jerzego Domaradzkiego, Jerzego Antczaka, Jacka Bromskiego, Teresę Kotlarczyk, Jana Kidawę-Błońskiego, Jana A. Matuszyńskiego, Janusza Majewskiego, Roberta Glińskiego oraz Stevena Spielberga i licznych świetnych twórców francuskiego*

---

[16] Sprawozdanie w języku polskim, „Andrzej Seweryn laureatem nagrody im. Heleny Modrzejewskiej w Los Angeles", „Culture Avenue", 5 maja 2021 r., https://www.cultureave.com/andrzej-seweryn-laureatem-nagrody-im-heleny-modrzejewskiej-w-los-angeles/. W języku angielskim, „Eminent Polish Actor Receives 2020 Modjeska Prize", „The Post Eagle", 9 maja 2021. http://www.posteaglenewspaper.com/eminent-polish-actor-receives-2020-modjeska-prize/. Więcej wiadomości, biografie Seweryna i Śmiechowicz:
https://klubmodrzejewskiej.blogspot.com/2020/12/andrzej-seweryn-virtualnie-otrzymuje.html
https://www.cultureave.com/andrzej-seweryn-laureatem-nagrody-im-heleny-modrzejewskiej-w-los-angeles/

*kina. Tuż przed stanem wojennym wyjechałeś do Francji, gdzie zostałeś zaangażowany do jednego z najbardziej prestiżowych teatrów na świecie, Comédie Française (jako jeden z trzech cudzoziemców w historii teatru) – brawo! Zostałeś profesorem w Ecole Nationale Superieure Des Art Techniques Du Theatre w Lyonie oraz Conservatorie National Superieur D'art Dramatique w Paryżu, za co zostałeś uhonorowany największymi francuskimi odznaczeniami.*

*Czy uważasz, mój drogi, że miłość do aktorstwa została zaszczepiona przez mamę? Przez to, że przez wiele lat pracowała w Teatrze Polskim – tam, gdzie obecnie jesteś dyrektorem teatru?*

**Andrzej Seweryn:** Przede wszystkim chciałbym przywitać wszystkich Państwa, Panie, wszystkich tych, którzy będą, być może, oglądać nagranie naszej rozmowy. Chciałbym powiedzieć, że jestem zaszczycony tym, że mogę z Państwem rozmawiać, że dostąpiłem zaszczytu otrzymania dzisiaj tego niezwykle ważnego odznaczenia, waszej nagrody. Coś wiem na temat, teoretycznie, na temat losu aktora, czy aktorki, którzy pracują nie w swoim języku, nie w swoim kraju. Trudno moje życie porównywać do życia Modrzejewskiej; nigdy bym nie śmiał czegoś takiego dokonywać, ale wiem, co to znaczy pracować w nie swoim środowisku. Nie wiem, ile razy musiała powtarzać tekst pani Helena Modrzejewska przed wejściem na scenę, ale domyślam się, że wiele razy. Zapewniam Państwa, że ja – kilka tysięcy.

Pracowałem zawsze nad tekstem wiele godzin więcej niż aktorzy, z którymi grałem. Czasami to miało zaskakujące rezultaty. Pamiętam kiedyś w teatrze Chaillot, to było w latach 90. zeszłego stulecia, dyrektor teatru, Antoine Vitez – wielki, wielki reżyser, znawca teatru, języków – reżyserował przedstawienie *L'Échange* Paula Claudela. Ten tekst jest napisany wierszem, ale wierszem bardzo nieregularnym, który sprawiał ogromne kłopoty moim francuskim kolegom i koleżankom. Wychowany na wierszu romantyzmu polskiego, na Norwidzie, Krasińskim, Mickiewiczu czy Słowackim, a później na nowoczesnej literaturze polskiej XX-tego wieku, mam tu na myśli poezję Przybosia, Gałczyńskiego, czy Tuwima, miałem łatwość z wierszem Claudela. I proszę sobie wyobrazić, że kiedy aktorzy, koledzy moi, mieli kłopoty, to reżyser stawiał mnie za przykład; *im* stawiał *mnie* za przykład. Było to dla mnie niewątpliwie satysfakcją, ale było też związane z zakłopotaniem, bom wcale nie godzien czegoś takiego. Opowiadając o tym epizodzie, chciałem po prostu nawiązać do życia pani Heleny Modrzejewskiej, dając konkretny przykład z mojego i powiedzieć, jak bardzo jestem szczęśliwy.

Teraz, jeśli chodzi o Twoje pytanie, to nie, to nie mama. Gdy moja mama pracowała w Teatrze Polskim, ja już byłem aktorem, tak zwanym, dojrzałym, po wielu latach pracy i nawet dzwoniłem do niej już z Paryża, czyli to było w latach 80-tych. Pamiętam zresztą, że któregoś dnia zadzwoniłem do niej. Mama miała tam swoje takie miejsce w szatni, w którym przebywała wtedy, kiedy nie musiała iść do garderób. Przechodził koło niej w tej szatni Dyrektor Dejmek i ona mówi: „Panie Dyrektorze, Panie Dyrektorze, o, tutaj mój syn." Ja mówię do niej: „poproś Pana Dyrektora." Pan Dyrektor jednak wolał nie ryzykować, bo to były lata stanu ennego. Otóż mnie się wydaje, że moje aktorstwo, chęć pracy w teatrze zrodziła się w czasie tak zwanych obozów Walterowskich; to było takie czerwone harcerstwo Jacka Kuronia przepojone komunizmem, przepojone takimi nazwiskami jak Karol Świerczewski „Walter". Miałem żal do Jacka, miałem żal do moich przyjaciół, że tak późno dowiedziałem się prawdy o tym człowieku, Karolu Świerczewskim, bo nie byłbym tak zaangażowanym harcerzem „czerwonym", noszącym czerwone chusty, w latach 50-tych w Warszawie. Było to zdumiewające dla niektórych ludzi; wyobrażam to sobie bardzo dobrze. Otóż myśmy wyjeżdżali często na obozy w czasie wakacji i w czasie tych obozów organizowaliśmy najróżniejsze ogniska dla mieszkańców tej okolicy. Byłem w to zawsze bardzo zaangażowany, bom śpiewał, tańczył, podskakiwał i tak dalej, i jakieś tam skecze wykonywałem. I to mi się bardzo podobało. Sprawa losu ojczyzny, losu społeczeństwa nie była mi obojętna tak, jak moim przyjaciołom. Wtedy wydawało mi się, że moja troska o kraj może się wyrazić również w mojej pracy artystycznej, więc podjąłem decyzję o zdawaniu do szkoły teatralnej, po kilku miesiącach pracy w teatrze młodzieży w Pałacu Kultury, Nauki i Sztuki... czyli w pałacu Stalina w Warszawie. Pani Profesor Radziwiłł, ostatnia księżniczka polska, która była moim profesorem historii, bardzo protestowała przeciwko tej decyzji. Mówiła, że powinienem iść na historię, a co najwyżej, w sensie co najniżej, na SGPiS, ale nigdy do szkoły teatralnej, żeby być jakimś aktorem. Dla księżniczki zawód aktora był zawodem niegodnym człowieka. I takie były te moje początki. Przepraszam za ten długi wstęp, ale miałem potrzebę, żeby w ten sposób zacząć naszą rozmowę.

***Śmiechowicz:*** *Pamiętam, że powiedziałeś kiedyś, że współpraca z Peterem Brookiem stała się dla Ciebie okresem przełomowym w Twojej karierze, bowiem od tamtego czasu przestałeś grać, a zacząłeś być, bo zrozumiałeś, że jedność słowa, jedność ciała, emocji, intelektu, jest stopieniem w jedność.*

**Seweryn:** Tak, to jest bardzo ciekawe i bardzo jestem Ci wdzięczny Kasiu, że przywołujesz ten epizod z mojego życia. Rzeczywiście, po kilkunastu latach pracy we Francji, zostałem zaproszony na spotkanie z Peter Brookiem. Po kilku próbach zaproponował mi pracę w przedstawieniu *Mahabharata*. Obsada tego przedstawienia była międzynarodowa. *Mahabharata* to jest słynny tekst kultury hinduskiej. Nie jest świętym tekstem, ale oczywiście opowiada o historii bogów, Kriszny i innych. Objeździliśmy z tym przedstawieniem kawał świata. Graliśmy też w Los Angeles, w Raleigh Studio. Pamiętam jak Jack Nicholson wkradał się tam od tyłu na nasze przedstawienie; Jon Voight również. To było dla mnie bardzo ważne przedstawienie. Graliśmy najpierw wersję francuską, a później angielską. Miałem więc szczęście grać w tych dwóch językach. Praca z Brookiem nad tym tekstem spowodowała, żem zaczął patrzeć troszkę inaczej na mój zawód, na siebie samego w nim. Przekonałem się, że moje ciało nie jest wystarczająco żywe na scenie. Zrozumiałem, że kochać na scenie trzeba od pięt aż do czubka głowy. A nie tylko....

***Śmiechowicz:*** *W słowach.*

**Seweryn:** Tak jest, w słowach i to w słowach właściwie nie osadzonych we mnie samym. Śp. Wojtek Pszoniak, mówił mi, że właśnie aktor francuski to taki aktor, który gra tylko tą częścią ciała, od pasa w górę. Myślę, że upraszczał bardzo, bo znam fantastycznych aktorów francuskich, ale świetnie podawał definicję słabości aktorskiej. Rzeczywiście to, o czym wspomniałaś w swoim pytaniu, a więc jedność ciała, umysłu i emocji, jest warunkiem tego, aby nasza praca, nasza rola, nasza obecność na scenie, była przekonywującą. I to właśnie sformułował mi kiedyś podczas rozmowy Peter Brook. Mówił o tym, że ciało, uczucie i umysł to są trzy instrumenty, które tworzą orkiestrę, trio muzyczne. Jak któreś zaczyna źle grać, nie w rytmie, albo zbyt głośno, utwór znika, nie ma roli. I to było bardzo, bardzo piękne, a tego mi było brak w szkole teatralnej w Polsce, i przez wiele lat pracy w kraju.

Nikt tak celnie nie potrafił sformułować esencjum naszego zawodu, a przecież mieliśmy wybitnych profesorów w szkole teatralnej. Na przykład, pani profesor Wanda Szczuka. Celowo mówię o niej, a nie o znanych aktorach, jak profesorowie Świderski, Wyrzykowski, Kreczmar albo profesor Korzeniewski, który aktorem nie był, ale był wspaniałym reżyserem. Profesor Szczuka była światowej sławy nauczycielem ruchu scenicznego. Styl w teatrze ! Tego nas uczyła. Kiedyś pracowałem we Francji nad rolą Orgona w „Tartuffie" w teatrze Gennevilliers i wymyśliłem, że kiedy na końcu przedstawienia wchodzi wysłannik króla, przerażony Orgon kłania mu się bardzo nisko. No, ale kłania mu się tak, jak się kłaniał dwór wersalski kilka set lat temu. Otóż tego aktorzy francuscy nie umieli, ponieważ nikt ich tego nie uczył. Oni nie wiedzieli, jak należało się kłaniać w XIX-tym wieku, w baroku, na początku XX-tego wieku i tak dalej. Dla nich to było bez różnicy.

Obawiam się, że coś takiego dzieje się również dzisiaj w teatrze w Polsce. Wszystkie sztuki grane są w gruncie rzeczy w podobnym stylu, w podobnych kostiumach, w podobnych dekoracjach. Czy to jest Ravenhill, czy to jest Szekspir, czy to jest Ibsen, czy Zapolska.

***Śmiechowicz:*** *Samograj.*

**Seweryn:** Tak. To zubaża teatr, zubaża naszą sztukę aktorską i ja jestem temu przeciwny. Jestem z tych, którzy uważają, że należy założyć kostium, jeżeli sztuka jest napisana w XIX wieku czy w XVI-tym. Trzeba przykleić sobie nos, założyć perukę, jeśli trzeba, a nie grać tą samą twarzą w filmie, w serialu, w jednym przedstawieniu w teatrze i w drugim przedstawieniu w tym samym teatrze. Dziwię się widzom, że nie protestują.

***Śmiechowicz:*** *Ale dla mnie jako dla aktorki, od samego początku swojej artystycznej drogi byłeś w każdej postaci na sto procent. Każda z tych ról jest znakomita i niepowtarzalna. Ja bym powiedziała, że mimo upływu lat i doświadczenia każda z tych postaci wykreowana przez Ciebie jest cudna, ma jakąś niesamowitą, przejrzystą energię, zrozumiałą przez widza. Jak Ty, co Ty robisz, że się tak utożsamiasz i tak potrafisz stworzyć coś genialnego, drogi Mistrzu. Masz jakąś recepturę?*

**Seweryn:** Moja odpowiedź może spowodować taką reakcję: O, panie, niech pan nie kokietuje. Albo: proszę pana, fałszywa skromność i tak dalej. Otóż, moim zdaniem nasza praca zależy od wielu czynników. Od teatru, w którym pracujemy. Od tego, czy to jest teatr, czy film. Zależy od języka: czy to jest angielski, czy to jest polski, czy francuski. Od reżysera. I zależy od tekstu. W końcu również od partnerów, z którymi gramy. To są czynniki, które wpływają w sposób decydujący na naszą pracę.

***Śmiechowicz:*** *I od stanu emocjonalnego w danym momencie.*

**Seweryn:** Oczywiście! Bardzo dobrze, że o tym mówisz. Nie ma dwóch identycznych przedstawień, nawet jeżeli my wykonujemy podobne gesty w podobnych miejscach na scenie. Dzieje się to również z powodu naszego stanu emocjonalnego. Moja rola w „Ostatniej rodzinie" w reżyserii Janka Matuszyńskiego została pozytywnie oceniona przez krytykę i opinię publiczną. A nawet nagradzana. Tylko że ta rola nie została zbudowana wyłącznie przeze mnie. Udział w jej konstruowaniu miał i scenograf, który zbudował przestrzeń, i operator filmu, który mnie oświetlił. Jest również zbudowana przez Zdzisława Beksińskiego, wybitnego polskiego malarza, którego grałem. Poprzez aurę wokół jego rodziny, poprzez aurę wokół śmierci matki, syna, wreszcie ojca, a w związku z tym zbudowana jest także przez widza, który w tym całym zespole elementów przyjmuje moją pracę. Podobnie dzieje się, kiedy gramy Moliera. Wiemy bowiem, jakie wspaniałe role napisał dla aktorów. A Szekspir?... Ale jeżeli gramy jakąś sztukę współczesną to pomoc autora jest zupełnie inna.

Musimy tym więcej pracy sami wykonać. Często powtarzam, że łatwiej jest zagrać Hamleta, ponieważ jest fantastycznie napisany. Wystarczy nic nie robić przeciwko autorowi i już będzie dobrze.

*Śmiechowicz: No, ale trzeba dodać, że jesteś również niezwykłym obserwatorem podczas tworzenia postaci. Tak więc zastanawiam się, czy kierujesz się bardziej doświadczeniem, czy intuicją? A może po prostu jeszcze jakimś innym kluczem.*

**Seweryn:** To jest też bardzo ciekawe pytanie. Jak to się dzieje, że aktor zaczyna tworzyć? Jakie procesy mają miejsce? Kiedyś w Comédie-Française grałem rolę molierowskiego Don Juana. Była to moja pierwsza rola w świątyni Moliera. Rozpoczęliśmy tym przedstawieniem festiwal w Avignon 7 lipca 1993 roku. Wydaje mi się, że to było bardzo piękne przedstawienie, które zagrałem ponad dwieście razy. Kiedy przystępowałem do pracy, postanowiłem przeczytać dużo o Don Juanie. O tej mitycznej roli, o tym micie. Po przeczytaniu pierwszej książki okazało się, że należało przeczytać następną. Po przeczytaniu drugiej, czekała trzecia. A książek o Don Juanie pewnie jest paręset, jeśli nie więcej. I wtedy zrozumiałem, że nie dam rady przeczytać całej biblioteki, że życia mi na to nie starczy. Mało tego, że biblioteka nie wystarcza. Odłożyłem bibliotekę, skupiłem się na scenariuszu, bo zrozumiałem, że sama sztuka Moliera daje fenomenalny materiał do stworzenia roli. Uzmysłowiłem sobie, że pracuję z wybitnym reżyserem, którym był ś.p. Jacques Lassalle. I last, but not least, że to ja, a nie kto inny gra tę rolę. Zacząłem korzystać również z tego, jak sam mogłem wzbogacić tę rolę. Pomyślałem o mojej fizyczności, o moich doświadczeniach, wrażliwości.

I tu wracam do Twojego pytania. Czy korzystamy z doświadczenia, czy z intuicji? Moim zdaniem każdy z nas aktorów robi to inaczej; a jest aktorów na ziemi—nie wiem, w Chinach jest dużo aktorów —myślę, że paręset tysięcy przynajmniej, a może i więcej. Nie ma więc uniwersalnych, obowiązujących zasad takich, jak na przykład przy budowaniu mostu czy produkcji gwoździ. Jesteśmy wolnymi artystami, każdy pracuje jak potrafi i jak od niego się tego wymaga. Na początku mojej drogi aktorskiej, pracowałem tylko i wyłącznie według tego, czego mnie nauczono w szkole teatralnej. Dzisiaj jest inaczej. Myślę, że wszystkie metody są dozwolone, każdy sposób jest dobry. Namawiałem moich uczniów, żeby usiedli czasami w kawiarni i patrzyli na przechodzących ludzi: na stających nagle ludzi gdzieś tam, na szepczących do siebie, na płaczących, na śpieszących się, albo właśnie idących bez pośpiechu. Aby patrzyli na ich ubrania, na ich twarze, okulary, czapki, szaliki, buty i domyślali się kim są. Co jest ich problemem dzisiaj. Czyli taka obserwacja życia. Ale warto również studiować obrazy malarskie. Dają nam bowiem niezwykły materiał do pracy nad rolami. To nie musi być tak, że jeżeli oglądam Fra Angelico to nic mi nie daje, bo to są takie nierealistyczne obrazy, natomiast jeżeli oglądam, powiedzmy, Rembrandta, to już jest lepiej, bo Rembrandt proponuje nam n.p. fenomenalne charakteryzacje. Nie, każde dzieło sztuki może służyć aktorowi. Piękna symfonia Szostakowicza czy Mozarta mogą nam się przydać. Wszystko może się przydać aktorowi. Ja kiedyś byłem graczem koszykówki i nie wiedziałem, czy kiedykolwiek z tego skorzystam. I nagle pojawiła się rola w greckim filmie Christoforisa „Rosa", gdzie była scena na boisku koszykówki. Moje lata w sekcji koszykówki w Polonii Warszawskiej się wtedy przydały.

*Śmiechowicz: A powiedz mi, jak Ty się przygotowujesz do roli, bo ja na przykład, kiedy się uczę, to muszę dużo czytać na ten temat tak jak Ty, a i później po prostu powtarzam tekst, czytam, przepisuję i to gdzieś tam do mnie dociera i czuję się w postaci. A powiedz mi, jak Ty...?*

**Seweryn:** Naturalnie! Powiedzmy najpierw o filmie. Dam ciekawy przykład pracy nad *Ostatnią rodziną*. Myśmy spotkali się na rok przed rozpoczęciem zdjęć i w gruncie rzeczy można powiedzieć, że do rozpoczęcia zdjęć cały czas mieliśmy próby. Ale czy to znaczy, że cały rok pracowaliśmy? Oczywiście nie. Tylko w ciągu całego roku. Tych spotkań było na pewno z kilkadziesiąt; siadaliśmy sobie po prostu i czytaliśmy. Rozmawialiśmy o wszystkim.Tekstu raczej nie zmienialiśmy, bo tekst Roberta Bolesto był świetnie napisany, ale szukaliśmy sytuacji, szukaliśmy relacji, czy się nienawidzimy w tej chwili, czy się kochamy? Co znaczą te słowa dla nas? Czy charakter tych słów oznacza, że stoję przy oknie, czy raczej siedzę? Albo leżę, albo płaczę, albo krzyczę. W czasie tych prób doświadczaliśmy tego wszystkiego. Mieliśmy zdjęcia artysty, zdjęcia rzeźb, obrazów, grafik komputerowych Beksińskiego, mieliśmy jego literaturę, przecież on był pisarzem. Również jego dziennik. I mniej więcej na miesiąc przed rozpoczęciem zdjęć odłożyłem wszystkie materiały, został nam scenariusz, partnerzy i reżyser. I później pamiętam, że w czasie zdjęć to chyba raz, raz tylko spojrzałem jeszcze w te materiały; później już nie pracowałem nad nimi. Więc tak było w kinie. To jest najbardziej krańcowy przykład pełnego zaangażowania się.

Grałem ostatnio rolę tytułową w filmie *Zieja* i pracowałem podobnie, chociaż sam. Słuchałem nagrań księdza, oglądałem filmy dokumentalne, gdzie widać było jak się poruszał. Czytałem jego teksty, czytałem teksty o nim, no i po prostu zastanawiałem się jak to robić. Wolałem nie naśladować jego głosu, ale przede wszystkim "zagrać" charakter jego homilii, sposobu w jaki mówił. Czy było to przekonywujące, czy nie, to to jest kwestia widzów, to państwo już zdecydujecie, ale takeśmy nad tym pracowali.

W teatrze jest inaczej z powodu, przede wszystkim, czasu i jednego miejsca, w którym spotykamy się przez, powiedzmy, dwa miesiące prób. Proszę sobie wyobrazić, że rozmawiamy o tekście, cztery godziny mijają, czas do domu. Wieczorem próba, drugie cztery godziny. Ale poza pracą, poza próbami, ten tekst, ten przykładowy Szekspir czy Molier, wykonuje w naszych głowach, w naszym ciele, pewną robotę. Oni już nas tworzą. W czasie prób najpierw czytamy, znowu dogadujemy się, kto co ma w danej scenie zagrać. Potem przechodzimy na scenę. To jest moment bardzo trudny dla wielu z nas. Przedtem tylko czytaliśmy: „ja Cię kocham." A tu mam stanąć na scenie i to powiedzieć. Ale zaraz, czy ja siedzę, czy ja stoję? Jak to jest? Gdzie jest widownia? Gdzie są drzwi, dekoracje? I tak dalej. Dekoracja przecież warunkuje nasze życie w przestrzeni, prawda? Nie można abstrahować od scenografii. Uważam, że dzisiaj to, że ktoś gra dobrze w jakimś przedstawieniu, w ogóle nie ma takiego znaczenia jak kiedyś. To jest niewystarczające. Do tego, żeby ktoś grał dobrze, musi też dobrze grać partner, a jeżeli partnerzy grają dobrze, to wtedy zespół gra dobrze. Ale ja potrzebuję do tego jeszcze dobrego światła, dobrych kostiumów, dobrej muzyki, prawda? Dobrej reżyserii. Teatr dzisiaj jest zjawiskiem totalnym. No i, jak wiadomo, jest królową sztuk, królem sztuk, bo przecież to w teatrze wszystkie sztuki się realizują: taniec, muzyka, malarstwo, literatura. W teatrze! Teraz nawet kino jest pochłaniane przez teatr, prawda? Są reżyserzy, którzy wykorzystują fragmenty filmów, czy filmy stworzone przez nich, czy po prostu wideo w swoich przedstawieniach.

Ale wracam do kwestii prób: czas! Czas to jest luksus. Rozwijamy się dzięki niemu. Przygotowujemy przedstawienie powiedzmy przez dwa miesiące, czyli jesteśmy dzień w dzień, dzień w dzień, dzień w dzień w roli. Tymczasem w filmie, jeżeli mamy 20 dni zdjęciowych, czyli wielką rolę, to jest jednak tylko 20 dni. To jest nic w porównaniu z pracą w teatrze. Tym bardziej, że po premierze w teatrze praca jest kontynuowana. W kinie nagramy i jest po herbacie. W teatrze nie. W teatrze gramy dalej. To jest ten drugi wielki etap pracy. Dzięki temu pierwszemu etapowi i dzięki temu drugiemu możemy się rozwijać, ponieważ mamy możliwość natychmiastowego poprawiania. Możemy grać przecież inaczej. My nie gramy nigdy tak samo. To zresztą z naukowego punktu widzenia jest niemożliwe. Niemożliwe jest, żebyś był taki sam z gestem, ze spojrzeniem, z potarciem brwi i tak dalej, jak wczoraj. Bzdury. Zawsze gra się inaczej, ale można wprowadzać poważniejsze zmiany, niż tylko zmiany małego gestu. Zmiany relacji, to się wszystko pogłębia. Peter Brook mówił, że każde przedstawienie ma swoją strukturę. Ma swoje sytuacje, tekst, światła, muzykę, kostiumy i tak dalej. Ale jest coś takiego, co on nazywał underground theater. Czyli taki teatr ukryty, taki teatr, którego nie widać, który ujawnia się w trakcie przedstawienia w sposób przedziwny właśnie. Dzieje się coś dziwnego, wspólnego, między aktorami, między publicznością i stajemy wobec rzeczywistości, której nie przewidywaliśmy. Tego w kinie nigdy przeżyć nie możemy. Nigdy. Dlatego też myślę, że publiczność amerykańska jest pokrzywdzona, bo nie ma teatru na co dzień, jak publiczność europejska.

**Śmiechowicz:** *Teatr Piccolo, na przykład.*

**Seweryn:** Tak jest. To wielki teatr w Mediolanie, Piccolo Teatro Giorgia Strehlera. Widziałem fenomenalne przedstawienia Giorgia Strehlera, *Burzę*, czy *Wiśniowy sad*...

**Śmiechowicz:** *Ja widziałam Jak wam się podoba. Też było piękne.*

**Seweryn:** *Jak wam się podoba* czy *Bezludna wyspa*. Cudownie.

**Śmiechowicz:** *Zauważam, że bardzo często wracasz, albo reżyserzy wracają do Ciebie. Jakby wasz kontakt, wasza współpraca powoduje, że kiedy pojawia się jakakolwiek postać, którą mógłbyś zagrać, to od razu do Ciebie dzwonią. Bo wydaje mi się, że po prostu ta relacja, którą tworzysz sobie z każdym reżyserem, tak zapada im w pamięci, że chcą to powtórzyć. To po prostu, tak jak z Panem Andrzejem Wajdą, który, z tego co czytałam, próbował sceny z Danielem Olbrychskim, z Wojtkiem Pszoniakiem, a Ciebie wiedział dokładnie, że chce obsadzić, tak?*

**Seweryn:** Tak.

**Śmiechowicz:** *Czy wydaje Ci się, że to, że wracasz do reżyserów, albo że reżyserzy wracają do Ciebie, to jest pewnego rodzaju komfort? Czy raczej poprzeczka? Czy chcesz czegoś innego, niż do tej pory?*

**Seweryn:** Chcę czego innego, nowego. Ja chcę się ciągle rozwijać, bez reżysera to niemożliwe. Ale te ponowne spotkania to na pewno komfort. Jan Holoubek, Janek Matuszyński ostatnio. Kiedyś Andrzej Wajda. Grałem w *Ziemi obiecanej*, potem w *Dyrygencie*, potem w *Bez znieczulenia*, potem w *Zemście*, w *Panu Tadeuszu*. Właśnie literatura tworzyła wartość tych prac. Jak porównywać pracę w *Dyrygencie*, rolę tego biednego Adama, z rolą Sędziego w *Panu Tadeuszu*? To są zupełnie inne literatury i te inne literatury dawały mi możliwość pracy. Jeśli chodzi o relacje z reżyserami filmowymi czy teatralnymi, to właściwie nie pamiętam jakichś większych problemów. Nie należę do aktorów konfliktowych. Nie jestem też aktorem, który uważa, że zawsze ma rację, że wiem wszystko i że, w związku z tym w gruncie rzeczy, reżyser ma im służyć tzn. czyli właściwie ustawić partnerów, światło, muzykę i będzie dobrze. Nie. Wiem, że dzisiaj teatr nie istnieje bez reżysera, że dzisiaj teatr jest teatrem przede wszystkim reżysera. Jest tak w Polsce i Francji, nie w Anglii. Tam teatr jest jeszcze teatrem aktora. Aktor ma większą władzę.

Otóż ja nigdy nie wchodziłem w konflikty, być może z pewnej umiejętności dogadywania się lub z powodów „higienicznych'" mianowicie ja naprawdę mam dosyć cierpienia. Po co mam cierpieć idąc do pracy, jeszcze mam się kłócić z reżyserem, bić z partnerami, albo być policzkowanym przez partnerkę? Po co mi to? Przecież to choroba. Nigdy nie brałem żadnych narkotyków przy pracy, więc w ogóle nie wiem co to jest. A wiem, że są tacy, jest ich nawet wielu, którzy takie metody pracy też stosują. To jest dla mnie zupełne szaleństwo.

Dlatego też reżyserzy może jakoś oni czuli pewien luksus, czy wygodę, że jak mnie zatrudnią, to wiadomo, czego się po mnie spodziewać. Otóż mam nadzieję, że czasami ich jednak zaskakiwałem.

Był reżyser, który się na mnie zawiódł. Był to jeden z najwybitniejszych reżyserów polskich, mianowicie Krzysztof Kieślowski. Kiedyś zaproponował mi udział w swoim pierwszym filmie, dał mi scenariusz do przeczytania. Spotkaliśmy się na drugi dzień. Byłem wtedy tak zmęczony, przeczytałem scenariusz tak szybko, że nie domyśliłem się, że akcja scenariusza rozgrywa się w nocy. Było to dość kompromitujące dla młodego aktora, który otrzymał propozycję od młodego reżysera. Był to scenariusz dobrego filmu *Podziemne przejście*. Jakieś pięć lat temu ktoś przysłał mi dyskietkę, nagranie. Mówi: „to chyba pana powinno zainteresować". Patrzę, Kieślowski. Patrzę, *Pozwolenie na odstrzał* Zofii Posmysz. Reżyseria: Kieślowski. Proszę Państwa, zapomniałem, że w ogóle pracowałem drugi raz z Krzysztofem Kieślowskim! Po prostu zapomniałem. Tak dużo działo się w moim życiu, a to przedstawienie nawet nie miało kolaudacji w telewizji, tylko zostało odrzucone gdzieś tam na półki i zniknęło. I ja przez tych kilkadziesiąt lat pracując intensywnie w zawodzie, po prostu o nim zapomniałem. No więc zobaczyłem ten film i uważam, że młody człowiek, którym wówczas byłem, pod kierownictwem Krzysztofa Kieślowskiego grał zupełnie porządnie. Mówił prawdziwie, nie przegrywał, nie było w nim nic z tak zwanego, teatralnego gestu.

*Śmiechowicz: Fałszu.*

**Seweryn:** Fałszu. Bardzo byłem tym uradowany. Podobnie jak było z panem Jackiem Woszczerowiczem. Pan Woszczerowicz był aktorem teatru Ateneum, legendarnym aktorem, bardzo niskiego wzrostu, bardzo wymagającym. Grał kiedyś fenomenalnie *Ryszarda III* Szekspira i reżyserował to przedstawienie, z którym pojechali do Paryża na Festiwal Narodów i odnieśli wielki sukces. Pan Jacek, w pewnym momencie swojego życia, kiedy zobaczył mnie w pierwszym roku mojej pracy w teatrze Ateneum, postanowił, że będzie ze mną pracował, najpierw nad rolą Birbanckiego w *Dożywociu* Fredry, a później wymyślił sobie, że nagramy razem, on i ja, *Studium o „Hamlecie"*. On miał mówić teksty Wyspiańskiego, a ja teksty Hamleta. I, proszę sobie

wyobrazić, że przygotowywaliśmy się do tego u niego w domu. Pan Jacek kładł się na tapczanie, bo chciał patrzeć na mnie jakoś tak, żeby było mu wygodnie. On kładł głowę na wałku i patrzył na mnie. Ja byłem, no powiedzmy, wysoki, a on był niski. Leżał sobie na tapczanie i mną dyrygował. Ja mówiłem: „Być albo nie być." On mówił: „Nie, nie, nie, nie, nie! «Być albo nie być?»" Myślę sobie: ja, tak właśnie mówię. Więc mówię: „być albo nie być." On mówi: „Nie, nie, nie! «Być albo nie być.»" I tak to trwało parę minut. Wreszcie on jakoś akceptował, to co powiedziałem. Ja sobie myślałem, że to było fałszywe; że to, w co on mnie wprowadza, jest fałszywe. Zaprezentowaliśmy tę pracę Pod Jaszczurami w Krakowie. Później nagraliśmy to w Polskim Radiu.

I znowu, dlatego mi się to przypomniało, że jakieś 10 lat temu wpadła mi do rąk kaseta z tym nagraniem. Może ktoś mi ją ofiarował. Myślę sobie: no dobra, teraz zacznę go słuchać i będę się denerwował na siebie jak ja to fałszywie grałem, bo pan Jacek mówił to, co mówił. Włączam te płytkę. Znowu idzie ten cudowny głos pana Jacka Woszczerowicza i dochodzimy do tekstów samego Hamleta i ja słyszę z przyjemnością, że to jest prawdziwe. Nie fałszywe. Rytmiczne, werset jest zachowany, w tym jest myśl, to jest po prostu w porządku. I to było dla mnie bardzo pouczające, bo oznaczało, co? Że ja byłem za głupi. Pamiętam, że kiedy rozpoczynałem moją pracę w teatrze Ateneum zagrałem rolę tytułową w *Głupim Jakubie* w reżyserii pana profesora Świderskiego. On grał Szambelana, graliśmy razem kilka scen. Kiedy grałem z nim, to grałem tak, jak on kazał, ale jak on czekał na swoje wejście w kulisach, to ja grałem tak, jak ja chciałem. Głupszego zachowania być nie może. To jest po pierwsze głupie, bo niekonsekwentne, po drugie głupie, bo nieuczciwe wobec partnerów, nieuczciwe wobec reżysera, wobec teatru. Idiotyzm. Na szczęście mam to już za sobą. Wracam do przykładu, do historii z panem Jackiem Woszczerowiczem. To oznaczało, że aktor, szczególnie młody, nie jest w stanie dobrze ocenić swojej pracy. I w ogóle można postawić pytanie, czy w ogóle aktor może sam z zewnątrz patrzeć na siebie? Oczywiście znamy historię tego trzeciego oka, które mędrcy teatru japońskiego nam proponują, że aktor musi mieć trzecie oko, które cię obserwuje. To wszystko wiemy, ale czy jesteśmy naprawdę w stanie samych siebie obserwować? Tak, żeby siebie najlepiej wyreżyserować? Ja osobiście mam wątpliwości.

*Śmiechowicz:* *Czyli mówisz, że lubisz wracać do reżyserów, z którymi praco-wałeś, bo chcesz ich zaskoczyć?*

**Seweryn:** Bardzo. Tak było z reżyserem francuskim, który się nazywał Bernard Sobel, u którego zagrałem cztery różne, inaczej komponowane role. Zagrałem Saladina, czyli wyzwoliciela Jerozolimy w *Natanie mędrcu* Lessinga, Orgona w *Tartuffie* Moliera, sprzedawcę wody Wanga w *Dobrym człowieku z Seczuanu* Brehta i Agamemnona w *Hekubie* Eurypidesa. To były naprawdę różne role, ale zależało to przede wszystkim od literatury, a nie tylko ode mnie, który chciał zaskoczyć reżysera. Marlon Brando umiał zaskoczyć reżysera i producenta *Ojca chrzestnego*, którzy nie chcieli mu powierzyć roli Don Corleone.

*Śmiechowicz:* *Ja natomiast muszę powiedzieć, że podczas naszego wspólnego filmu Jacka Bromskiego, kiedy dowiedziałam się, że dostałam rolę Wandy, a Twoją żoną ma zostać nasza koleżanka, to byłam zła i mówię do Jacka: „cholera, Jacek, mogłam coś innego zagrać". A Jacek mówi: „Nie, ta rola jest zarezerwowana". Ale powiem, że po obejrzeniu filmu z Małgosią Pieczyńską rozmawiałyśmy i Małgosia przyznała mi rację, że byłabym lepszą Twoją żoną.*

**Seweryn:** *No comment.* Reżyserzy obsadzają, prawda? Czasami producenci obsadzają. Jestem dyrektorem teatru, ale nigdy nie używałem swojej władzy, aby obsadzać jakąkolwiek sztukę. To odpowiedzialność reżysera i trzeba to uszanować.

*Śmiechowicz:* *To jest naprawdę piękne, bo wiemy o tym doskonale, jak bardzo często dyrektorzy narzucają obsadę. Drodzy Państwo, ja myślę, że oczywiście nie zdołam wyliczyć nagród, które osiągnął i otrzymał Andrzej Seweryn. Wszyscy wiemy, że i Srebrny Niedźwiedź na festiwalu w Berlinie, Order Sztuki i Literatury we Francji, Krzyż Oficerski Orderu Odrodzenia Polski. Narodowy Order Zasługi we Francji. Za rolę Prymasa Złotą Kaczkę i nagrodę na Festiwalu Filmowym w Gdyni. Złoty medal w kulturze Gloria Artis.*

**Seweryn:** Może zostawmy to już.

*Śmiechowicz:* *Oczywiście jesteś też laureatem Legii Honorowej we Francji. Jest tego dużo, dużo i oczywiście czujemy się zaszczyceni, nie tylko ja jako członkini tego naszego Klubu, ale wszyscy, że możemy ofiarować Ci tegoroczną nagrodę.*

**Seweryn:** Bardzo dziękuję.

*Śmiechowicz:* *...ponieważ jesteś wybitnym aktorem, wspaniałym człowiekiem. Obserwując Ciebie poprzez to, że Kasia jest moją koleżanką, wiem że jesteś też wspaniałym mężem. Także to wszystko, to jest całość, to jest jedność. Mówiliśmy wcześniej o jedności, o stopieniu jedności w aktorstwie; widzę, że u Ciebie się stworzyła taka genialna jedność Twojej osobowości w ogóle, życiowa osobowość, za co chylę czoła... Dziękuję Państwu, że mogłam się z Państwem dzielić refleksjami i oczywiście drogi Andrzeju rozmawiać z Tobą. Teraz przekazuję pałeczkę Mai, która jest Prezesem i teraz Ty, Majeczko kochana.*

**Seweryn:** Dziękuję bardzo za rozmowę. Dziękuję pięknie, Kasiu, dziękuję bardzo.

*Maja Trochimczyk:* *Dziękuję serdecznie za wspaniałą rozmowę. Było bardzo dużo tematów, które jeszcze bym chciała przedyskutować i myślę, że zrobimy po prezentacji jeszcze taki moment na pytania od publiczności. [Prezentacja Nagrody, dyplomu uznania i kwiatów od Klubu im. Heleny Modrzejewskiej].*

*Trochimczyk:* *A teraz zapraszamy naszą publiczność do zadawania pytań. Ja bym zaczęła od własnego pytania.*

**Seweryn:** Bardzo proszę.

***Trochimczyk:*** *Ja jestem poetką i często publicznie czytam własne wiersze. Czytam z papieru, ponieważ nie jestem w stanie zapamiętać i cytować mojego własnego wiersza. Czasami mnie to dosyć irytuje, ale raz próbowałam wyrecytować, zamiast tego się speszyłam, popatrzyłam w bok i już nic nie pamiętałam. Naprawdę ogromnie podziwiam aktorów, zwłaszcza teatralnych, którzy są w stanie zapamiętać całą sztukę i potem ją zagrać 200 czy 300 razy. Po prostu dla mnie jest to cud! Proszę, może Pan skomentować jak można zapamiętać tak olbrzymi tekst, monologi, dialogi?*

**Seweryn:** Wie Pani, to jest chyba także praktyka. Praktykowanie tego staje się codziennością, staje się czymś zwyczajnym; można to tak sformułować. Ponieważ wiemy, że musimy to zrobić. Musimy, bez tego nie ma naszego zawodu. Przyznam się, że po latach następuje pojawienie się takiego zjawiska, chyba nieświadomego, w głowie, że jesteśmy w stanie uczyć się logicznie. To znaczy, jeżeli zdanie zaczyna się od „czy" to już wiemy, że istnieją pewne słowa, które po tym słowie nie mogą się pojawić. Wiemy to oczywiście tylko podświadomie, prawda? Lub po słowie „kocham" musi nastąpić jakieś tam… i tak dalej. Chodzi mi o pewną technikę, nieświadomą w nas. Druga rzecz, którą chcę powiedzieć na temat uczenia się tekstów to to, że wiele zależy, oczywiście od języka, bo francuski, angielski czy polski, to jednak jest co innego. Jestem przekonany, że technika uczenia się na pamięć może być różna. Ja wiem, że gdybym miał za godzinę powiedzieć monolog – za godzinę – to bym wziął ten monolog i bym go pisał sobie. Pisałbym: „Litwo ojczyzno moja ty jesteś jak zdrowie, ile cię trzeba cenić ten tylko się dowie, kto cię stracił. Dziś piękność Twą…" i tak dalej.

***Śmiechowicz :*** *Tak jak ja.*

**Seweryn:** To już sprawdziłem. Po tej godzinie może nie nauczyłbym się na 100%, ale byłbym w stanie oszukać Państwa, że się tak wyrażę. Istnieje takie zabawne zjawisko u mnie osobiście, że lepiej uczę się tekstu w tak zwanych trudnych warunkach. Jeżeli jestem u siebie w domu, leżę na kanapie, nikt mi nie przeszkadza i w ogóle wszystko jest tak, jak powinno być, to jest mi ciężko się nauczyć tekstu. Jeżeli jadę autobusem – tak było w każdym razie kiedyś w moim życiu – jeżeli jadę autobusem, wszystko mi przeszkadza, tu jakiś facet chce przejść, dotyka, potyka się. Nie wiadomo co, nieważne. Ja wtedy tym silniej wracam do tekstu. Dzisiaj kiedy zbliża się przedstawienie, przeżywam niewątpliwie coś zupełnie innego niż przed laty. Nie pamiętam żadnego stresu na temat tekstów, zapamiętania lub niezapamiętania, w ogóle. A dzisiaj, kiedy wiem, powiedzmy, że pod koniec lutego zagram jakieś tam przedstawienie, to ja wolę sobie już teraz przeczytać ten tekst. Potem przeczytam sobie go w połowie stycznia, potem pod koniec stycznia, już go powiem prawie na pamięć. No, a na początku lutego powiem zupełnie na pamięć i wtedy na próbie, w połowie lutego, czy później, będę już go znał. Innymi słowy, istnieje inny stosunek do tekstu w związku z upływem czasu, żeby to tak elegancko nazwać.

***Trochimczyk:*** *Bardzo dziękuję za bardzo ciekawą odpowiedź i jeszcze mam jedno pytanie. Wspomniał Pan o tym, że wielkie role wspaniałej literatury są tak świetnie napisane, jak Hamlet, że po prostu to się samo gra. Natomiast role współczesne nie są tak dobre, nie są tak pięknie napisane, w związku z tym aktor jakoś inaczej się przygotowuje do tej roli. Inaczej to wygląda na scenie czy w przedstawieniu. Czy można jeszcze poprosić o komentarz o tym właśnie czego brakuje tym współczesnym pisarzom, czego oni nie umieją, co klasycy literatury umieli?*

**Seweryn:** To jest oczywiście bardzo ciekawe pytanie, na które jest bardzo trudno odpowiedzieć. Ja zresztą nie mówiłem, że we współczesnej literaturze nie ma wspaniałych ról i dobrych sztuk. Tylko mówiłem, że w porównaniu z Szekspirem we współczesności jest trudniej znaleźć tak wspaniałe role. Jeżeli pracujemy nad tekstami Tennessee Williamsa czy Artura Millera, nie przesadzajmy jednak, to są wspaniałe utwory i wspaniałe role i wielokrotnie na ekranie widzieli Państwo przecież, jak wielcy aktorzy amerykańscy fenomenalnie grają te postacie. Natomiast, gdybym jednak zaczął się silić na jakąś odpowiedź na to pytanie, to powiedziałbym, że takie uwikłanie w codzienności, jakkolwiek ona by ważną nie była, czyni, że nie ma spojrzenia ani uniwersalnego, ani takiego ponadczasowego na naszą rzeczywistość w tych tekstach. O tak bym to sformułował. To jest oczywiście dość mgliste, ale ja wiem, co ja mam konkretnie na myśli. Bo jeżeli robimy przedstawienie o tym, że był wypadek na moście, pod mostem w Warszawie i że coś tam się stało, obawiam się, że trzeba geniusza Szekspirowskiego, żeby z tego uczynić sztukę uniwersalną w czasie i w przestrzeni. Ja zresztą myślę, że nie jest tak, że tylko takie sztuki mają sens. Ja myślę, że są sztuki, które są sztukami tak zwanymi zaangażowanymi, które mają tak zwany krótki byt, ale mają swój głęboki sens, więc powracam do tej mojej definicji o uniwersalizmie w czasie i przestrzeni, ale ze wszystkimi zastrzeżeniami. Tak bym to sformułował.

*Elżbieta Trybuś: W 2017 roku w ogrodzie Ewy Barsam, powiedział Pan, że jest także pedagogiem i dyrektorem teatru. Byłam ciekawa jak Pan postępuje ze studentami albo młodymi aktorami, bo praca zespołowa jest bardzo ważna, a w Ameryce to nawet w College of Business, w biznesie musimy studentów uczyć, żeby pracowali w zespole. Oni są już od dziecka przyzwyczajeni, że oceny są indywidualne, że jak ktoś będzie miał najlepszą ocenę, to wygra konkurs o pracę. Zatem bardzo trudno ich nauczyć pracy zespołowej, a w Polsce jakoś to jest samoistne, ludzie są bardziej sobie życzliwi i nie boją się konkurencji. Inny problem to taki, że Helena Modrzejewska, nie znając języka nauczyła się go bardzo szybko. Grała oczywiście główne role i wyobrażam sobie, jaka była jej praca z zespołem. Może dlatego, że miała główną rolę, to nie musiała się martwić. To oczywiście jest hipoteza bo nie wiemy, jak to było dawniej.*

**Seweryn:** Ja myślę, wyobrażam sobie – bo nie mam wiedzy historyka – wyobrażam sobie, że sytuacja teatru amerykańskiego w czasach Heleny Modrzejewskiej pracującej w Stanach Zjednoczonych była nieco inna niż teatru polskiego dzisiaj, czy amerykańskiego, chociaż stanu teatru amerykańskiego tak naprawdę, tak dogłębnie, dzisiaj nie znam. Chodzi mi o to, że to były teatry prywatne, które musiały mieć pełną widownię. W związku z tym, wszystko było podporządkowane wymaganiu, żeby sala była pełna i jeżeli aktorka grająca główną rolę nie spełniała tych warunków, to jej nie było po prostu, ale jeżeli spełniała, to była królową. Te dwie, trzy osoby, które grały główne role, prawdopodobnie były uprzywilejowanymi elementami zespołu. Nie przypuszczam, żeby tam zwracano wielką uwagę na coś, co nazywałbym sztuką teatru, w tym sensie, w jakim przyniosła to reforma teatralna z początku XX wieku. Gordon Craig, Stanisławski, Reinhardtczycy, Meyerhold i tak dalej. To się po prostu wszystko zmieniło. Teatr, ja nie pamiętam dokładnie lat Modrzejewskiej, kiedy pracowała w Stanach Zjednoczonych, ale teatr się po prostu bardzo zmienił na świecie. W ogóle jest to zupełnie co innego. Wprawdzie teatr bardzo się opiera, do dzisiaj nawet, tej wielkiej reformie sprzed 100 lat, bo często mamy przedstawienia, które godne są początku XX wieku, ale myślę, że reforma miała ogromne znaczenie i trudno z tym teatrem porównywać pozycję Modrzejewskiej w trupie, która jeździ do Pittsburgha, na wschód, na zachód. Wiadomo. Natomiast, jeśli chodzi o to pojęcie pracy zespołowej to naprawdę ja to od wczesnych moich lat pracy zawodowej rozumiałem. Tak mi to przekazano w szkole teatralnej. Nie umiałem tego pojąć naprawdę, ale przekazano mi to; wiedziałem teoretycznie i krok po kroku, coraz bardziej to rozumiałem, dzięki tej intensywności mojego życia.

Jeśli chodzi o studentów, to jest to bardzo też zabawna historia. Wiecie Państwo, jest tak, że ja zauważam to zjawisko nie tylko w Polsce, ale również we Francji, czy gdzie indziej. Jedną z naszych cech, taką właściwie światową – w Ameryce jest troszkę inaczej – jest narzekanie. Nie tylko narzekanie, ale krytykowanie negatywne, nie konstruktywne. Jak gdyby w niedoskonałości było nam lepiej razem. Jak gdyby – teraz powiem ostrzej – jak gdyby nienawiść nas łączyła. To jest straszne, to jest okropne, ale z tym zjawiskiem naprawdę mamy do czynienia i wiem, o czym mówię. Otóż, nie chcę narzekać na aktorów. Są i starzy aktorzy, którzy czasami są głupi, i młodzi, którzy są głupi; i starzy, którzy nic nie umieją, i młodzi, którzy nic nie umieją. Ale są młodzi, którzy umieją dużo, których słychać. Bardzo dobrze słychać na dużej scenie Teatru Polskiego w ostatnich rzędach. Także narzekanie na młodzież nie powinno mieć charakteru takiego ogólnego, generalnego. Nie, nie. Gienek jest bardzo dobry, a Józio jest bardzo słabiutki i tyle. Tak jak wszędzie, tak jak zawsze.

***Trybuś:*** *Ale można jeszcze coś z niego wydobyć.*
**Seweryn:** A to jest też bardzo ciekawa refleksja, wie Pani, to mi kiedyś powiedział dyrektor administracyjny Teatru Polskiego, Ryszard Kowalski: „jest mniej aktorów niezdolnych niż złych reżyserów, którzy nie potrafią z nich nic wydobyć." Myślę, że dobrze prowadzony średni aktor jest w stanie zagrać wielką rolę w teatrze.

***Śmiechowicz:*** *Ja bym tak dodała, ponieważ mam do czynienia z moimi chłopcami, którzy są już aktorami i właśnie to zauważam, że jak się ich dobrze poprowadzi, to w zasadzie są w stanie zagrać wszystko to, co by się chciało oczekiwać. Ale wystarczy jeden, powiedzmy sobie, idiota, który z nimi współpracuje i oni gdzieś tam czują się w kącie. Tak więc wydaje mi się...*

**Seweryn:** Dobrze prawi.

***Śmiechowicz:*** *Tylko dzieci, no to dzieci, niewinne postacie, takie budulce, z których można bardzo wiele, jakby, stworzyć.*

**Seweryn:** Oczywiście, oczywiście.

***Śmiechowicz:*** *Ale tak samo jest z aktorami, którzy są już doświadczonymi aktorami. To jest takie zagranie psychologiczne: każdego człowieka można zniszczyć, stłamsić, ale również każdemu można pomóc rozwinąć skrzydła.*

**Seweryn:** Absolutnie. Wajda na przykład wiedział, że wiele zależy od obsady w jego filmach. Moim zdaniem filmy Andrzeja Wajdy są obsadzane fenomenalnie. Andrzej umiał kokietować aktorów. Ja myślę, że ich kochał, ale właściwie nie zależy mi na miłości, czy braku miłości reżysera. Zależy mi na tym, co on mi przekazuje, a on był bardzo czuły, zawsze. Przed premierą w Paryżu, głaskał mnie po głowie, głaskał mnie po twarzy, i mówił: „słuchaj, to jest przecież tylko kolejna twoja rola". Okazało się, że ta kolejna moja rola stała się otwarciem do nowego zupełnie życia, które trwało 33 lata. Mała rola. Jedna z kolejnych ról. Ale rzeczywiście ten sposób pracy z aktorem, sposób traktowania go poważnie, sposób szanowania go, troski o niego, nie jest zawsze cechą polskich reżyserów – reżyserów w ogóle na świecie.

***Trybuś:*** *Jerzy Antczak powiedział, że trzeba pozwolić aktorom grać. Taka była jego odpowiedź.*

**Seweryn:** To bardzo ładne. Mistrz Jerzy miał absolutnie rację. Też kochający aktorów. Miałem szczęście pracować z nim nad *Nocami i dniami*. Tak.

***Trochimczyk:*** *Cudownie. A teraz profesor Andrzej Targowski ma pytanie. Andrzej, Twoja kolej.*

***Andrzej Targowski:*** *Przede wszystkim jestem pod wrażeniem Pana wspaniałej syntezy teatrologii. Pan praktycznie rozwiązał tę triadę grecką jedności czasu, akcji, serca, albo triadę jedności umysłu, emocji, głowy, tam ciała. Można to uznać jako rozszerzenie. Wspomniał pan o Woszczerowiczu. Ja pamiętam jego świetną rolę w* Ryszardzie III, *a szczególnie był dobry w rosyjskich sztukach dzięki jego specjalnemu akcentowi. Odnośnie Pana uwagi, że Amerykanom brakuje teatru to dodam, że przez 38 lat mieszkaliśmy w Kalamazoo,* w stanie Michigan, w którym występowała swojego czasu Modjeska. Otóż tam jest pięć żywych teatrów. Jest to miasto uniwersyteckie. Takich miast jak Kalamazoo w Ameryce jest około 100 i w każdym z tych miast są dwa, trzy, może nawet jest pięć teatrów. Są uniwersytety z wydziałami aktorskimi, więc aktorzy muszą gdzieś grać. Oczywiście w Los Angeles, w Nowym Jorku, aktorzy giną, prawda? Bo Los Angeles jest tak wielkie, jak Czechosłowacja. Dla mnie, nie powiedziałbym, żeby tak było źle z teatrem, daj Boże, żeby w Polsce było tak z teatrem. A teraz, a propos, pytanie. Chciałbym się zapytać, czego Pan się nauczył jako świetny polski aktor w Comédie-Française? I vice versa, czego od Pana się nauczyli aktorzy francuscy, jako od przedstawiciela świetnego polskiego teatru we Francji?

**Seweryn:** Najpierw chciałem słówko o tych teatrach w Stanach Zjednoczonych. Jeżeli jest tak, jak Pan mówi, a rozumiem, że tak jest, co ja ignorowałem, czego nie wiedziałem, no to daj Bóg, to fantastycznie. Mnie chodziło o to, że nie ma podobnego systemu, co w Europie, gdzie właściwie każde miasto ma teatr, tam są etatowi aktorzy, tam są zespoły i tak dalej. Ale to, co Pan mówi, mnie po prostu raduje. Bardzo się cieszę, że jest tyle teatrów w tych miejscach, o których Pan mówi. Jeśli chodzi o Comédie-Française, to myślę, że nauczyłem się.... Właśnie, widzi Pan, zacznę nie bezpośrednio od aktorstwa, ale od innego aspektu życia teatru, a mianowicie organizacji pracy. Comédie-Française istnieje od 300 lat. Może trochę więcej, ale to nieważne. To jest mechanizm „naoliwiony" – na podstawie statutów Comédie Française, które zostały napisane przez Napoleona pod Moskwą. Jak my żartujemy, nie miał co robić, to napisał statuty. I te statuty – oczywiście są w nich pewne poprawki, pewne aneksy i tak dalej – zostały tak wymyślone, że obowiązują do dzisiaj, że mają sens. Sens, który polega na tym, że było i jest w tych statutach powiązanie aspektu finansowego z artystycznym. Opłaca się grać ambitne sztuki i opłaca się grać komedie, które wypełnią teatr. Tam jest równowaga zachowana. Jest również zachowana równowaga między trzema polami władzy w teatrze: administratorem, zebraniem ogólnym zespołu i komitetem administracyjnym. Między administracją a zespołem. To jest naprawdę rzecz wybitna.

Nie można tego przenieść po prostu tak, jeden do jednego, do Polski. Oczywiście, że nie. Nie da rady. I ja, jako dyrektor w Teatrze Polskim, mogę powiedzieć, że pod tym względem, pod względem jakiegoś modernizowania czy zmiany systemu teatru w mojej pracy, nie odniosłem najmniejszego nawet sukcesu. Ja może odniosłem sukces w takim sensie organizacji codziennej: pewne obyczaje zostały wprowadzone i są respektowane do dzisiaj. Do pandemii, nigdy przez 10 lat nie było przesuniętej daty premiery. To się nie zdarza nigdzie w Polsce. Wyznaczona jest rok wcześniej premiera 29 stycznia i mamy rok później premierę 29 stycznia. Przez 10 lat tak było, do pandemii.

Nauczyłem się, czy praktykowałem, no bo to chyba tak trzeba, w każdym razie potwierdziłem konieczność pewnej dyscypliny pracy. Próba zaczyna się o godzinie 14.00, kończy się o 18.00 i koniec, prawda? To oczywiście nie jest gwarancją sztuki, ale to nie przeszkadza sztuce. Nauczyłem się języka francuskiego, ale nauczyłem się języka francuskiego w tym sensie, że... Paradoksalnie to wychowanie na wierszu romantyzmu polskiego, czy nowatorskiej poezji XX-tego wieku, w połączeniu z realizmem codziennym, dawało siłę aktorowi polskiemu, który tam znalazłszy się otrzymywał jako podstawową siłę język. Nic innego. Nikt tam ode mnie nie wymagał pracy nad ciałem, ćwiczeń i tak dalej, aż do spotkania z Brookiem. Tylko, że Comédie-Française była po Brooku, w związku z czym ja do Comédie-Française przyszedłem nie tylko jako polski aktor, ale jako również aktor Brooka, czyli aktor podejrzany.

*Targowski: Peter Brook to Anglik, chyba.*

**Seweryn:** Tak, Peter Brook jest Anglikiem. Jest łotewskim Żydem, który przyjechał z Łotwy. Moja tam polskość była bardzo atrakcyjną, ja wyreżyserowałem trzy przedstawienia i po prostu miałem swoje miejsce. Po roku pracy w Comédie-Française zaproponowano mi wejście do samego Society of French Actors, co znaczy, że zostałem Sociétériuszem Komedii Francuskiej, czyli współwłaścicielem Komedii Francuskiej. Co ja tam przyniosłem? Ja przyniosłem realizm polski, poetycki realizm, i wyobraźnię. I pewne szaleństwo. Pewną dyscyplinę. Jeśli chodzi o samo aktorstwo to jest słowo, jeżeli nie obce, to w każdym razie podejrzane we Francji. Zbyt często mówi się w środowisku francuskim, że należy wchodzić w pewien stan i potem grać. Natomiast moim zdaniem, po lekturach Stanisławskiego, po lekturach Meyerholda, po praktykowaniu wielu, różnych teatrów, różnych faktur teatralnych, jestem przekonany, że dyscyplina niczemu nie przeszkadza, najdelikatniej mówiąc. Myślę też, że to co moi uczniowie – najlepiej jest mówić o studentach, bo o kolegach z Comédie-Française trudno mi mówić, że oni ode mnie coś wzięli albo przyjęli – studenci na pewno przejęli ode mnie sposób analizy ról, scen, pracy nad wyobraźnią, pracy nad ciałem. Miałem przez siedem lat wykłady w szkole w Conservatoire de Paris w Paryżu i jestem o tym głęboko przekonany.

**Targowski:** *A czy koncepcja Vilara, jeśli dobrze pamiętam, czyli teatr bez dekoracji, jest ciągle jeszcze we Francji aktualna?*

**Seweryn:** To zależy od reżysera. Są takie spektakle, tak zwane minimalistyczne. One są albo z wyboru minimalistyczne, albo z powodów ekonomicznych, naturalnie. Vilar przede wszystkim był człowiekiem lewicy. On nie był członkiem partii komunistycznej, ale był artystą sympatyzującym z lewicą. Zresztą trzeba powiedzieć, że po wojnie lewica, najpierw partia komunistyczna, później lewica szeroko pojęta, miała ogromne znaczenie. To zaczynało się kończyć w 90 latach. Chciałbym podkreślić coś, co wydaje mi się jeszcze ważniejsze mianowicie, że przez 50 lat lewica, nie zawsze wygrywając właściwie władzę, pierwszy raz socjaliści objęli rządy za Mitterranda w 80 roku, i nie zawsze mając rację, była pewnym odniesieniem w życiu intelektualnym, duchowym Francji i odniesie-niem dla części środowiska, na pewno kultury, śro-dowiska teatralnego czy filmowego. Dzisiaj tego nie ma. Dziś jest, tak zwana, wolna amerykanka. Ja nie mówię, co było lepiej, co było gorzej. Ja mówię tylko o roli lewicy, prawda? Gérard Philipe był członkiem partii komunistycznej. Nawet mówiło się o tym, że był rosyjskim szpiegiem. Więc taka to była rzeczy-wistość. Otóż Vilar pierwszy stworzył Théâtre Populaire de Villeurbanne. To właśnie on wraz z André Malraux, który był ministrem kultury de Gaulle'a, stworzył Centre Dramatique National w całej Francji. W Polsce to się nazywa strasznie, czyli Domy Kultury. Ale w tych Domach Kultury były wielkie sceny i oni mieli wielkie pieniądze. Rozpo-częło się fantastycznie bogate życie kulturalne. I tego owoce mamy dzisiaj, niezależnie od ocen stricte politycznych. Więc, Vilar stworzył Théâtre Natio-nale de Villeurbanne i grał, lecz jego adresatem już nie był ten przysłowiowy mieszczanin paryski, ale robotnik lyoński. Muszę powiedzieć, że to były wielkie przedstawienia. Jean Vilar miał ogromne zasługi dla rozwoju teatru właśnie *populaire*, teatru tworzonego dla ludu, dla mieszkańców małych miasteczek. To fantastyczne.

**Targowski:** *No ale głównie to było, że scena była pusta. W związku z tym, co Pan powiedział, że można każdą sztukę grać w ten sam sposób: jak scena jest pusta, wtedy pozostaje tylko słowo.*

**Seweryn:** Tak i piękny kostium. A u Vilara zawsze były to kostiumy fenomenalne. Opowiadała mi o tym Maria Casarès, która była jedną z głównych aktorek tego teatru.

*Dr Maja Trochimczyk i Anna Sadowska prezentują Nagrodę im. Heleny Modrzejewskiej.*

**Trochimczyk:** *Ja mam jeszcze pytanie a propos aktorek, żeby wrócić do Heleny Modrzejewskiej. Jak czytałam, jej dzienniki, czy biografie, ona uczyła się ról właśnie w pociągu, ponieważ jeździła salonką z miasta do miasta, gdy występowała w małych miasteczkach. Sama projektowała swoje kostiumy, sama niektóre przedstawienia w ogóle produkowała, wszystko załatwiała, omawiała – olbrzymie dekoracje – i była w stanie, kursując po całym kraju, promować sztukę teatralną w Ameryce. Może dlatego w tak wielu miejscach teraz, w małych miasteczkach są małe teatry, bo mamy zasługę naszej wspaniałej Modrzejewskiej. Jednak jak myślę o Modrzejewskiej, myślę o akcencie, bo ona jednak miała cały czas akcent polski. Właśnie, jak to wygląda u Pana z akcentem? Bo słyszę francuski i wydaje się cudowny.*

**Seweryn:** Wie Pani, to jest tak moim zdaniem, że przyjaciele i sprzyjający mi widzowie i ludzie mówią, że: „Ach, Pan to nie ma akcentu i jak Pan wspaniale mówi." I tak dalej. Moim zdaniem to jest nieprawda. Ja mam, jeżeli nie akcent, bo wypowiadam słowa prawidłowo, to moim zdaniem to, co się nazywa *l'accent tonique*. Znaczy, ja mam pewną melodię mówienia po francusku, która nie jest, no, najdelikatniej mówiąc, rozpo-wszechniona w ojczyźnie Charles de Gaulle'a.

*Trybuś: Ja mam także jeszcze jedną uwagę, że nie ma chyba w Polsce odpowiednika Broadway'u. Więc, czy ktoś myśli w Polsce o napisaniu muzyki i słów, żeby mieć coś bardziej popularnego, dla młodszej publiczności?*

**Seweryn:** Są takie teatry w Polsce. Jest Teatr Roma w Warszawie, jest Capitol we Wrocławiu, jest Teatr Muzyczny w Poznaniu, jest Teatr Muzyczny w Gdyni, jest Teatr Buffo w Warszawie. Jest takich teatrów kilka i to są czasami bardzo piękne przedstawienia. Nawet jest już w tej chwili otwarty wydział w krakowskiej szkole teatralnej dla aktorów muzycznych...

*Trochimczyk: Rzeczywiście, wygląda na to, że moglibyśmy dalej kontynuować i rozmowę, i pytania przez następne dwie godziny, bo mamy tu z nami prawdziwą kopalnię wiadomości, ale chciałam na zakończenie jeszcze raz pokazać tutaj do kamery nasze godło i dyplom, który właśnie mamy do przekazania na ręce Pana Andrzeja Seweryna. Nasz dyplom wygląda tak.*

**Seweryn:** Dziękuję bardzo.

*Trochimczyk: A tutaj obok jest nasza cudowna statuetka, nagroda im. Heleny Modrzejewskiej, którą przekazujemy w dobre ręce.*

**Seweryn:** Przyjedziemy ją odebrać, przyjedziemy. Bardzo dziękuję. Bardzo, bardzo dziękuję.

*Trochimczyk: Jest to dla nas wielki honor. Na zakończenie jeszcze raz chcieliśmy podziękować za tyle mądrości, tyle informacji. Poznaliśmy odrobinę tajemnic warsztatu najwybitniejszego aktora: jest to coś naprawdę wspaniałego i za to jesteśmy serdecznie wdzięczni. Dziękuję bardzo i bardzo mi miło, że się spotkaliśmy przez internet w Kalifornii. Było to wspaniałe spotkanie, choć naprawdę byłoby dużo lepiej osobiście, no ale cóż. Robimy, co możemy. Serdecznie dziękuję. Bardzo dziękuję Kasi za wspaniałą rozmowę, cudowny wywiad. Bardzo dziękuję wszystkim obecnym, no a najbardziej dziękuję Andrzejowi Sewerynowi za całą karierę i wspaniałą rozmowę i tyle mądrości i tyle dobrych wiadomości dla wszystkich.*

**Seweryn:** Moje uszanowanie. Do widzenia.

*Trochimczyk: Serdecznie dziękujemy i pozdrawiamy. Do zobaczenia w Kalifornii!*

*Anna Sadowska i dr Maja Trochimczyk z nagrodą, dyplomem i kwiatami dla Andrzeja Seweryna.*

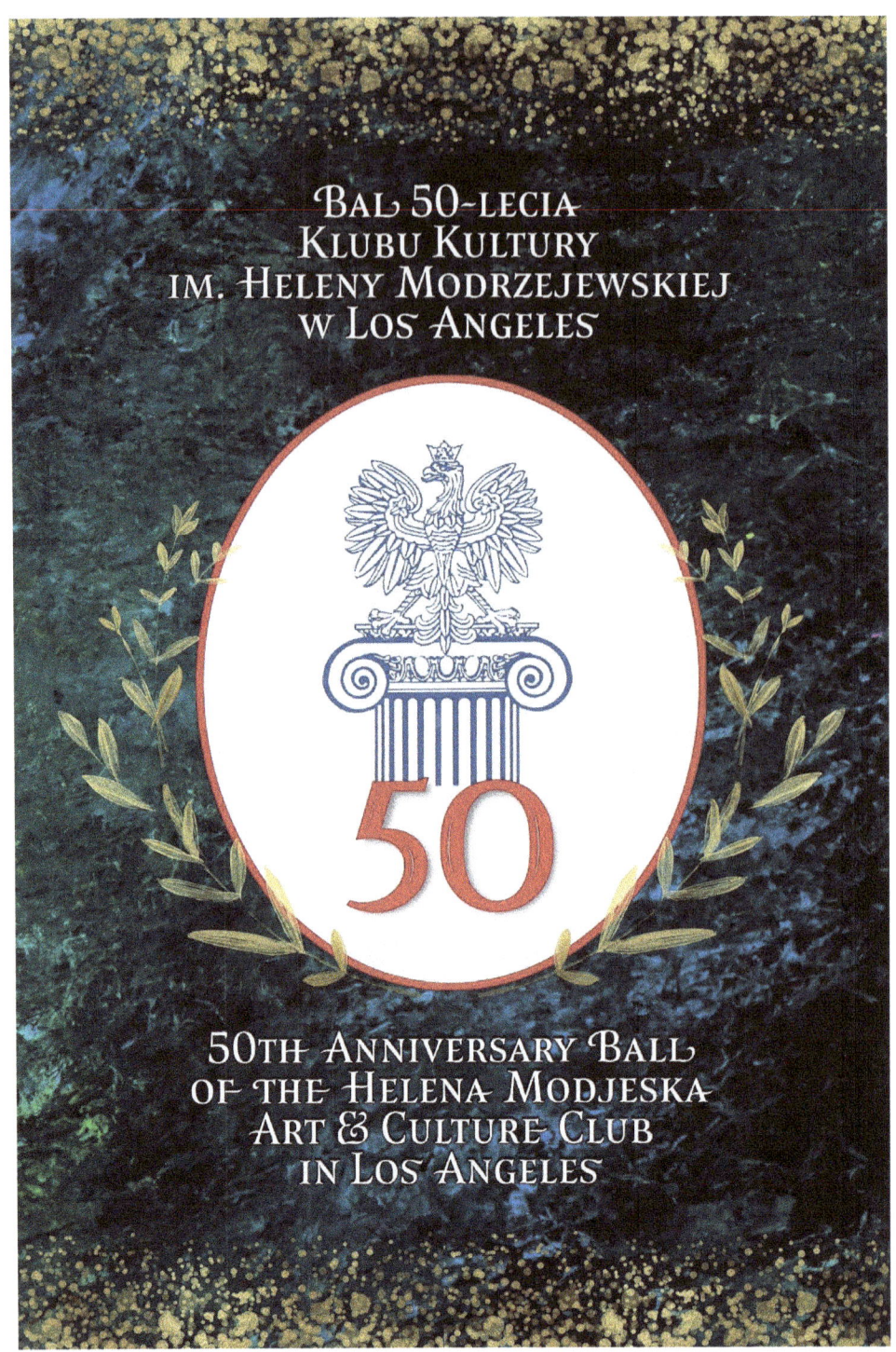

W niedzielę 10 października 2021 r. Klub Kultury im. Heleny Modrzejewskiej obchodził swoje "złote gody" czyli jubileusz 50-lecia w Klubie Uniwersyteckim Pasadeny. Rocznicową plakietkę i list od Konsula Generalnego Jarosława Łasińskiego prezentował Paweł Lickiewicz, Wicekonsul do spraw dyplomacji publicznej. Dyplomy z gratulacjami dla klubu i działaczy przekazali Zarządca Hrabstwa Orange, Donald P. Wagner; Zarządca Hrabstwa Los Angeles, Kathryn Barger; Radna Miasta Los Angeles, Monica Rodriguez; i Senator Stanu Kalifornia, Anthony Portantino. Prezes Klubu, dr Maja Trochimczyk nagrodziła volontariuszy dyplomami i kolorowymi rozetkami. Po prezentacji nagród dla Klubu i od Klubu, prof. Wojciech Kocyan zagrał Walca Es Dur, Op. 18 Chopina, a następnie Nagrody im. Heleny Modrzejewskiej wręczono Janowi Englertowi (zaocznie, video) i Beacie Poźniak (osobiście). Bal zaczął się od uroczystego Poloneza 50-lecia poprowadnego przez Marka Probosza, Mistrza Ceremonii i Wodzireja, wraz z żoną Małgorzatą. Piękna muzyka Wojciecha Kilara z filmu "Pan Tadeusz" nadała Polonezowi niezapomniany charakter. Dźwięk przygotował dwukrotny laureat nagrody Emmy Andrzej Warzocha. Oprawę graficzną zapewniła Elżbieta Czajkowska a wsparcie finansowe POLAM FCU, grupa byłych prezesów & działaczy oraz Moonrise Press.

*Gratulacje od Konsulatu Generalnego RP dla Klubu z okazji 50-lecia.*

*Maja Trochimczyk, Beata Poźniak, Marek Probosz i Wicekonsul Paweł Lickiewicz z nagrodami. Nagrody im. Heleny Modrzejewskiej przyznano Beacie Poźniak i Janowi Englertowi (nieobecny)*

# Certificate of Recognition

*Is hereby presented to*

## Helena Modjeska Art and Culture Club in Los Angeles

On behalf of the City of Los Angeles and the Seventh Council District, I congratulate you on the 50th Anniversary of the organization. Your service and dedication have led you to be one of the most highly distinguished and regarded Polish organizations in California. Your exemplary efforts have been of great value to our City of Los Angeles and the promotion of Polish culture statewide. I extend my best wishes for continued success in all your future endeavors.

October 9th, 2021

MONICA RODRIGUEZ
Councilwoman, 7th District

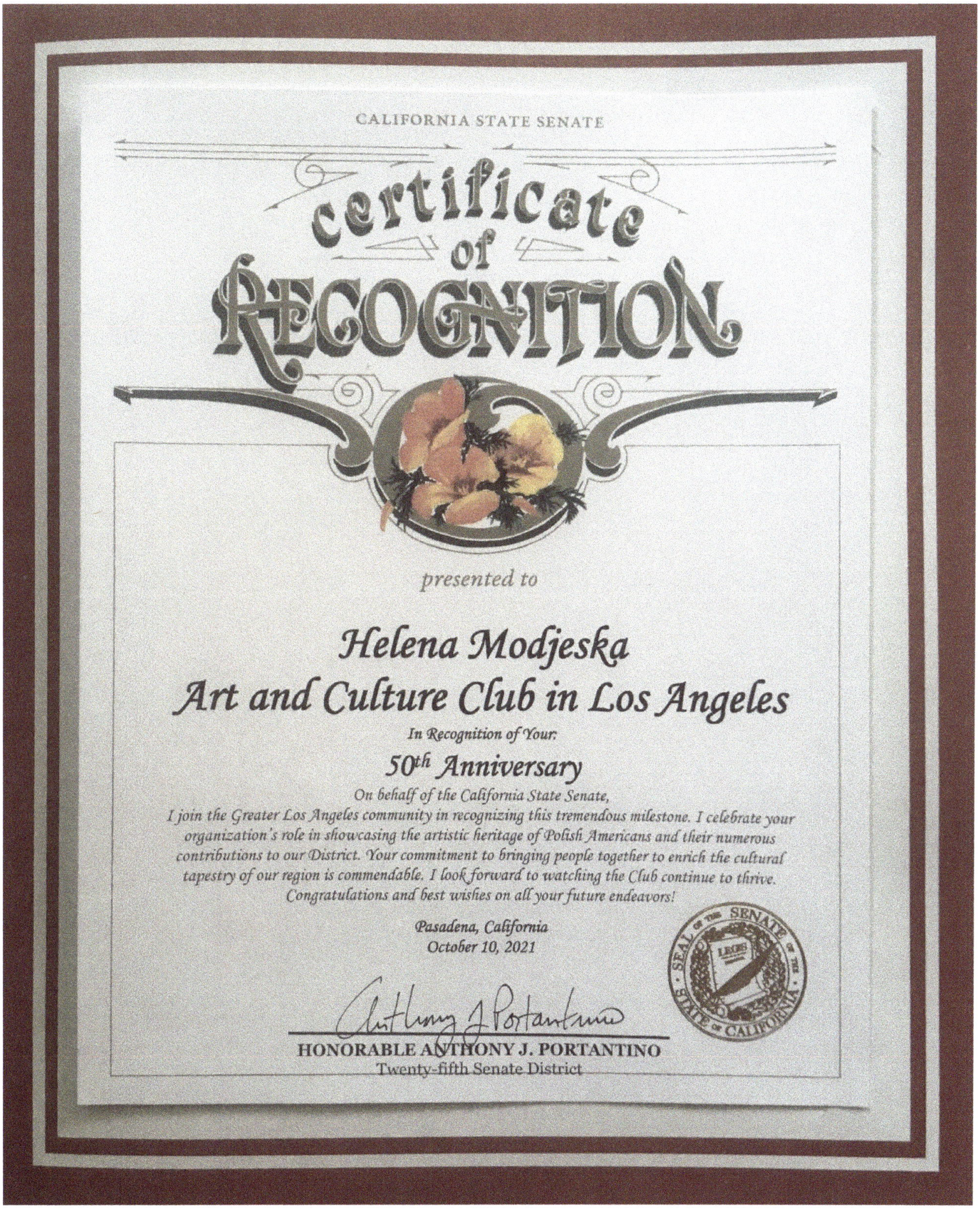

CALIFORNIA STATE SENATE

# Certificate of Recognition

*presented to*

## *Helena Modjeska*
## *Art and Culture Club in Los Angeles*

*In Recognition of Your:*

### *50th Anniversary*

*On behalf of the California State Senate,*
*I join the Greater Los Angeles community in recognizing this tremendous milestone. I celebrate your organization's role in showcasing the artistic heritage of Polish Americans and their numerous contributions to our District. Your commitment to bringing people together to enrich the cultural tapestry of our region is commendable. I look forward to watching the Club continue to thrive. Congratulations and best wishes on all your future endeavors!*

*Pasadena, California*
October 10, 2021

Anthony J Portantino

**HONORABLE ANTHONY J. PORTANTINO**
Twenty-fifth Senate District

SEAL OF THE SENATE OF THE STATE OF CALIFORNIA
LEGIS

www.ingramcontent.com/pod-product-compliance
Lightning Source LLC
Chambersburg PA
CBHW040736300426
44111CB00026B/2969